本著作是河北省高等学校人文社会科学研究项目：价值链视角下河北省外贸竞争新优势培育问题研究（编号：BJ2019214）研究成果之一

U0727464

价值链视角下外贸新优势培育研究

陈 肖 王军英 著

吉林大学出版社

·长春·

图书在版编目（CIP）数据

价值链视角下外贸新优势培育研究／陈肖，王军英
著． -- 长春：吉林大学出版社，2022.10
ISBN 978-7-5768-1031-8

Ⅰ．①价… Ⅱ．①陈… ②王… Ⅲ．①国际贸易 – 研
究 – 中国 Ⅳ．①F74

中国版本图书馆 CIP 数据核字(2022)第 209050 号

书　　名　价值链视角下外贸新优势培育研究
　　　　　JIAZHILIAN SHIJIAO XIA WAIMAO XINYOUSHI PEIYU YANJIU

作　　者　陈　肖　　王军英
策划编辑　徐　佳
责任编辑　李婷婷
责任校对　张　驰
装帧设计　王　瑜
出版发行　吉林大学出版社
社　　址　长春市人民大街 4059 号
邮政编码　130021
发行电话　0431 - 89580028/29/21
网　　址　http://www.jlup.com.cn
电子邮箱　jldxcbs@sina.com
印　　刷　济南万泉彩色印刷有限公司
开　　本　787mm × 1092mm　1/16
印　　张　18.75
字　　数　350 千字
版　　次　2022 年 10 月　第 1 版
印　　次　2024 年 5 月　第 2 次
书　　号　ISBN 978-7-5768-1031-8
定　　价　98.00 元

前　言

当前全球价值链呈现高级化、复杂化和中间化的发展趋势，给中国对外贸易发展带来深远影响。从全球价值链视角看，中国在全球贸易体系中地位不断攀升，对外贸易规模持续扩大，但与此同时，对外贸易附加值低、缺乏核心技术和跨国品牌、国际贸易环境不确定性因素增多等问题日益凸显。为此，应当采取借鉴发达国家成功经验、不断优化国内产业结构，推动自主创新生态建构、提高中国制造产品附加值，完善对外贸易合作体系、消除对外贸易合作壁垒，建构双循环新发展格局、促进消费和出口同向互动等措施，促进我国外贸新优势培育。

对贸易与产业之间的相关性从古典贸易理论的比较优势、新古典贸易理论的 H－O 模型到新贸易理论的规模经济优势，从发展经济学的出口导向战略到产业经济学贸易政策与产业政策有效地结合，或是从资源禀赋及配置效率，或是从竞争优势、产业优势的形成条件，或是从经济增长与经济结构转换的引致因素等，国内外学术界从不同角度进行了研究和论证，但目前还缺乏系统的理论分析。本书在全球价值链的视角下分析贸易新优势培育，对于我国不断提高经济质量，增强国际竞争优势，具有十分重要的理论价值和实践价值。

本著作由邢台学院陈肖副教授和王军英副教授合作撰写而成，其中陈肖撰写第一、二、五、八、九章（合计字数十八万字），并负责全书的通稿工作；王军英撰写第三、四、六、七章的内容（合计字数十七万字）。本书的研究撰写工作得到了河北省高等学校人文社会科学研究项目：价值链视角下河北省外贸竞争新优势培育问题研究（编号：BJ2019214）的大力支持，再此表示感谢。

由于作者水平有限，本书错漏之处在所难免，希望读者批评指正！

作　者
2021 年 12 月

目 录 Contents

第一章 全球价值链概述

1.1 全球价值链的相关概念

1.1.1 全球价值链的概念

一、价值链（Value Chain）

20 世纪 80 年代以来，众多学者相继提出价值链理论。1985 年，哈佛商学院教授迈克尔·波特在《竞争优势》一书指出："每一个企业都是在设计、生产、销售、发送和辅助其产品的过程中进行种种活动的集合体。所有这些活动可以用一个价值链来表明。"[①] 企业的价值创造是通过一系列活动构成的，这些活动可分为基本活动和辅助活动两类，基本活动包括内部后勤、生产作业、外部后勤、市场和销售、服务等；而辅助活动则包括采购、技术开发、人力资源管理和企业基础设施等。这些互不相同但又相互关联的生产经营活动，构成了一个创造价值的动态过程，即价值链。价值链管理强调企业应该从总成本的角度考察企业的经营效果，而不是片面追求单项业务活动的优化，通过对价值链各个环节加以协调，增强整个企业的业绩水平。波特分析了一般企业的价值链构成，提出了基本的

---

① 迈克尔·波特. 竞争优势：Competitive Advantage：Creating and Sustaining Superior Performance：英文版［M］. Simon & Schuster Inc，1985：5－6.

价值链结构模式。

在《竞争优势》中，波特还突破企业的界限，将视角扩展到不同企业之间的经济交往，提出了价值系统概念，这是全球价值链概念的基础①。在价值链的组成中，供应商具有创造和发送用于企业价值链之中外购投入的价值链，即上游价值。许多产品在到达顾客手里之前需要通过销售渠道的价值链，即渠道价值。企业的产品最终会成为其买方价值链的一部分，即顾客价值。这样，从上游价值到买方价值形成一个完整的价值系统。波特的"价值链"理论揭示，企业与企业的竞争，不只是某个环节的竞争，而是整个价值链的竞争，而整个价值链的综合竞争力决定企业的竞争力。用波特的话来说："消费者心目中的价值由一连串企业内部物质与技术上的具体活动与利润所构成，当你和其他企业竞争时，其实是内部多项活动在进行竞争，而不是某一项活动的竞争。"

二、全球价值链（GVC）

在整个 20 世纪 90 年代，格里芬等人的理论没有摆脱商品这一概念的局限，并没有突出强调在价值链上运营的企业在价值创造和价值获取方面的重要性。直到 2001 年，格里芬和该领域研究者从价值链的角度分析了全球化过程，认为应把商品和服务贸易看成治理体系，而理解价值链的运作对于发展中国家的企业和政策制定者具有非常重要的意义，因为价值链的形成过程也是企业不断参与到价值链并获得必要技术能力和服务支持的过程②。这份特刊在全球价值链研究中起到了里程碑式的作用。在特刊中，许多学者从全球价值链的治理、演变和升级等多个角度对全球价值链进行了系统的探讨和分析，并由此建立起了全球价值链基本概念及其基本理论框架。

斯特恩从组织规模、地理分布和生产性主体三个维度来界定全球价值链。从组织规模看，全球价值链包括参与了某种产品或服务的生产性活动的全部主体；从地理分布来看，全球价值链必须具有全球性；从参与的主体看，有一体化企业、零售商、领导厂商、交钥匙供应商和零部件供应商。他还对价值链和生产网络的概念进行了区分：价值链主要描述了某种商品或服务从生产到交货、消费和服务的一系列过程，而生产网络强调的是一群相关企业之间关系的本质和程度③。

总之，全球价值链是指在全球范围内为实现商品或服务价值而连接生产、销售、回收处理等过程的全球性跨企业网络组织，涉及从原料采集和运输、半成品和成品的生产和分

---

① 迈克尔．波特．竞争优势：Competitive Advantage：Creating and Sustaining Superior Performance：英文版［M］．Simon & Schuster Inc，1985：5 – 6.

② 潘豪．价值链治理模式及其拓展研究［J］．科技和产业，2010，10（8）：3.

③ 武文生，邵琳琳．"价值链"的变迁［J］．未来与发展，2003（1）：3.

销，直至最终消费和回收处理的过程。它包括所有参与者和生产销售等活动的组织及其价值利润分配，并且通过自动化的业务流程和供应商、合作伙伴以及客户的链接，以支持机构的能力和效率。全球价值链不仅由大量互补的企业组成，而且是通过各种经济活动联结在一起的企业网络的组织集，关注的焦点不只是企业，也关注契约关系和不断变化的联结方式。

1.1.2　全球价值链中经济租的产生和分配

在经济学上，"经济租"（economic rent）是生产要素所有者凭借垄断地位所获收入中，超过要素机会成本的剩余。经济租是要素收入（或价格）的一个部分，该部分并非为获得该要素于当前使用中所必需，它代表着要素收入中超过其在其他场所可能得到的收入部分。简言之，经济租等于要素收入与其机会成本之差。代表着要素收入中超过其在其他场所可能得到的收入部分。

只要存在垄断，不管是行政、市场还是天然的，就可能存在经济租。作为研究的起点，全球价值链理论分析了全球价值链各环节价值的产生过程和各环节收益的分配过程。这些收益从本质上讲产生于那些能保护自己远离直接市场竞争的价值链参与者，并且这种规避直接竞争活动的能力可用租的概念来理解。因为参与了全球化的国家、商家，都处在"全球价值链"的"治理"之下；而"价值链"的治理目标，正是索取各种各样的"经济租"，而不是要素回报或者企业家回报。所以"全球价值链"对全球市场、对全世界的经济生活的改造，是非常深刻的。如果能够全面分析近20年来的全球国际贸易的数据，结果将会支持以下这个判断：从全球化的生产和营销中获利的赢家获得的收入，已经不再是或者主要不是古典经济学所说的"要素回报"，或者相对于风险承担而得到的"企业家回报"了。获利的源泉，是基于"进入壁垒"或者垄断条件而产生的"经济租"。随着经济全球化进程中要素收益率的降低，进入壁垒开始成为"租"产生的重要因素。进入壁垒较高的环节能产生较高的"租"，而竞争激烈的低进入壁垒环节，收益是不可持续的，因为"租"会慢慢耗散。要保持较高收益，要么是该行业进入壁垒很高，行业外企业很难进入该行业与之竞争；要么是进入壁垒在不断发生变化，即企业的创新和生产能力在动态发展，不断从事新的经济活动，从而在该领域形成新的进入壁垒。

"经济租"分为内生的和外生的两大类，内生经济租中包括"技术经济租"，"人力资源租"，"组织—机构经济租（如日本新的生产组织形式，减少存货，做到优质和低成本，新产品迅速上市，在创新和设计方面更加灵活机动，）"，"营销—品牌经济租"，"关系经济租（以中小企业的聚集和企业之间正向的溢出为优势而获得的收入）"，还有以商业秘密和知识产权的形态存在的进入壁垒。外生经济租包括"自然资源经济租","政策经济租（有差别地进入机会，源于政府的政策）","基础设施经济租（如交通设施的便利）","金融租（融资机会）",等等。另外，"经济租"还具有累加性，而且永远处于变动中：已经得到的经济租会由于进入壁垒被突破而流失，由于技术扩散而消失；另一方面，新的经济租还会不断产生出来。因为经济租会随竞争性加强、进入障碍降低而减小，最终以低价或高质形式转化为消费者剩余。

全球价值链可分为三大环节：其一是技术环节，包括研发、创意设计、提高生产加工技术、技术培训等环节；其二是生产环节，包括采购、系统生产、终端加工、测试、质量控制、包装和库存管理等分工环节；其三是营销环节，包括销售后勤，批发及零售，品牌推广及售后服务等分工环节。当国际分工深化为增值过程在各国间的分工后，传统产业结构的国际梯度转移演变为增值环节的梯度转移。就增值能力而言，以上3个环节呈现由高向低再转向高的U形状，或曰"微笑曲线"状。价值链不同环节所创造的附加值是不同的，获得的经济租多少也是不一样的。靠近U形曲线中间的环节，如零部件、加工制造、装配等环节，在价值链中创造出较低的附加值，因而获得较低的经济租，靠近U形曲线两端的环节，如研发、设计、市场营销、品牌等在价值链中创造出较高的附加值，因而，获得更多的经济租。

例如：一个美国的服装公司可以在意大利完成设计，在印度采购天然面料，在韩国采购化纤辅料，在中国台湾地区采购拉链和纽扣，在我国缝制成衣，然后在我国香港检验、包装，再出口到美国销售。一件服装的生产被分解为诸多的生产加工环节，并放在不同的国家和区域完成，构成整个价值创造过程，不同环节生产附加值不同。

随着技术水平的不断提高，生产环节的进入壁垒不断降低，导致越来越多的国家参与经济全球化进程中的生产（组装）过程，这一环节的"租"日益耗散，导致生产环节增加值不断降低。

因此，能产生较高的"租"的领域越来越脱离具体生产过程而转向无形的过程，如研发和营销等领域，因为这些活动通常是技术或知识密集型的，会形成较高的进入壁垒、较长时间的知识产权保护，如长达70年的专利技术保护和接近永久性的品牌效应，是价值链中收益的重要来源。在知识经济时代，全球价值链上经济租的产生源泉正由有形活动转变为无形活动。这是因为无形活动越来越建立在知识和技能基础上，并且根植于组织体系中。一些无形活动，如：物流控制、广告、产品设计、品牌推广等，在全球价值链上发挥越来越重要的作用。因此，不难理解为什么大多数处于GVC生产环节上的发展中国家，其地位远不如发达国家了。

1.1.3　全球价值链的治理模式

随着国际分工的进一步细化，价值链也变得更加复杂，内部环节不断增加。这时要想通过提高价值链中的单个环节的效率从而提升整个价值链的收益变得很有限，因此，需要系统性地协调价值链中各个环节的活动，从而使整个价值链具有竞争力。这种系统性协调就是价值链的治理。治理本身就是"租"的重要来源，这是一种特殊的关系租。

通过价值链中公司之间的关系安排和制度机制，实现价值链内不同经济活动和不同环节间的非市场化协调。作为一种制度安排，治理在全球价值链上居于核心地位。因为价值链上各环节公司之间的各种活动、劳动分工以及价值分配，都处于价值链治理之下。激烈的竞争降低了进入壁垒，从而导致越来越多的国家进入全球生产和贸易活动中，导致收益不断减少。全球价值链的参与者开始寻找新的租金形式。价值链主导者一方面要求供应商或客户改变其自身的生产过程，另一方面也会不断寻找新的供应商和客户。这时，价值链的主导者变成了价值链的治理者（其管理程度随其在价值链中的权利不同而有所差异），开始对价值链的分工过程进行不同地区和制度环境下的全局安排，从而提高了价值链的整体效率，导致整个价值链的收益不断增加。

一、全球价值链治理的类型

全球价值链一般有三种典型的治理模式。一是网络型，即具有互补能力的企业之间对全球价值链的重要环节进行分工，各方共同定义产品。网络意味着企业之间是一种平等合作的关系，各自在全球价值链中分享核心能力。二是准层级型，即一家企业对其他企业实施高度控制，常常要指定产品的各种特征以及要遵循的流程。准层级意味着以下两类企业间的关系：一类是法律上虽然独立但要从属于其他公司的企业；另一类是在全球价值链中制定其他参与者不得不遵守的规则的主导公司。三是层级型，即主导公司对全球价值链上的某些运行环节采取直接的股权控制，跨国公司及其分支机构之间的关系就属于这一类。不过，正常的市场关系也可以视为一种无治理模式，即由于生产是标准化的或是产品容易定制化，交易双方并未发展成控制与被控制的关系。

全球价值链中不同环节的企业之间维持互相信任的机制是制定和执行各种规则和标准。只有通过全球价值链运转的规则和标准把全球生产和贸易的离散性片段区域联系起来，才能反映全球价值链动态性特征。同时，只有认识到治理规则和标准的重要性，厂商或集群才能顺利嵌入全球价值链实现升级。所以他们提出了一种新的治理分类方法，即全球价值链治理大致可分为规则制定治理、监督裁决性治理和执行性治理三种形式：第一是规则制定治理。规则制定治理主要是指制定一些参与 GVC 所需要的基本条件和规则。这些规则除了质量、价格和传递可靠性（QPD）和产品标准外，还包括一些社会标准，如质量标准（ISO9000）、环境标准（ISO14000），劳工标准（SA8000）和其他一些特别工业标准。有两类因素影响了规则制定：一是这些规则适应的范围，如国际性标准、地区性标准或企业特别标准；二是这些规则是否覆盖产品或工艺流程。第二是监督裁决性治理。监督裁决性治理主要是监测各行为主体是否遵从全球价值链的治理规则，以及进行成效评估等。存在于全球价值链之中的监测主体主要是主导厂商，如关键性购买者；存在于全球价值链之外的监测主体主要是政府或区域性标准办公室、非政府组织、新闻媒体等等。第三是执行性治理。执行性治理是指针对治理监测的结果而采取的措施，目的是让全球价值链参与者在行为上符合治理规则，并为其达到规则要求提供协助。存在于全球价值链之外的专门咨询公司、学习网络和政府代理机构，以及存在于全球价值链之中的规则制定企业、或其购买代理商等都是协助供应商达到全球价值链规则的机构。在全球价值链上实行奖罚分明的胡萝卜与大棒政策是实现治理功能的关键。此外，不同全球价值链具有不同的治理程度和形式，一些全球价值链基本上不存在治理，或者最多存在较弱的治理形式；绝大部分全球价值链在治理的三个领域（治理规则制定、监测和执行）存在多重治理点，形成一种水平形式和垂直形式治理重叠的局面。

综上所述，根据全球价值链中各行为主体之间协调能力的高低，本书将全球价值链治理模式划分为以下五种形式：市场、模块型、关系型、领导型和层级型，这五种治理模式中市场和层级制分别处于价值链中行为体之间协调能力的最低端和最高端。市场型是指各个经济行为主体通过货币买卖各种商品和服务，其运行的核心机制是价格机制。层级型则是以企业制为典型，运行的核心就是管理控制。模块型、关系型和领导型都属于网络型，介于市场型和层级型两者之间，其中的模块型是系统的分解与集成，各个子系统需要有很好的创新效率，并按照一定的规则相互联系集约交易费用；关系型模式中厂商由于社会同构性、空间邻近性、家族和种族性等联系集聚在一起；领导型模式则是众多中小厂商特别是小型厂商依附于几个大型厂商，由大型厂商对他们实施很强的监督和控制力。在现实世界的全球价值链治理中，这五种模式往往是相互交错的，且彼此之间存在着一个动态的转换机制。这五种全球价值链治理模式阐明了权力在全球价值链中的运作模式。例如，在领导型全球价值链中，主导公司直接对供应商行使权力，这种直接控制表明了一种高度的外在协调和权力不对称关系。在关系型全球价值链中，公司间的权力平衡更加对称，并存在大量的外在协调。在模块型以及市场型全球价值链中，客户和供应商的转换相对比较容易，权力的不对称性相对较低。从层级制到网络再到市场，显性协调和权力不对称的程度逐渐减弱。

二、全球价值链治理模式选择的决定因素

全球价值链治理模式的选择主要由以下因素决定：首先，交易的复杂性。价值链中交易越复杂，各主体之间的交互作用越强，采取的治理模式越倾向于网络型治理模式（模块型、关系型和领导型）和等级制的治理模式。其次，交易的可标准性。反映的是价值链中信息和知识的可获得性，及其传递效率和交易费用。某些行业的价值链中，关于产品、生产过程等的复杂信息经过编辑标准化处理后便很容易在价值链中传递，如果供应商有能力接受并实施这些标准化的信息，并且这些标准在价值链中被广泛采纳，则采用模块型治理模式；否则，价值链中的主导企业将垄断这些信息，对其他企业实施垂直一体化的控制，采用的是等级制治理模式，或者采取外包战略，但对承包企业实行紧密监控，采用的是领导型治理模式。再次，供应商的竞争能力，接受和实施价值链中的主导企业所传递的复杂信息，要求供应商具有较高的能力。如果供应商的能力较低，主导企业只能实行垂直管理，价值链采用的是等级制治理模式，或者外包，采用领导型治理模式。

全球价值链治理模式并不是静态，也不是严格与特定行业相关联的。同时，即使在特定地点和特定时间内，全球价值链的治理模式也可能从一种模式转换为另一种模式。原因主要是：当新的生产商获取新的产能时，权力关系可能会发生变化；由于投资的转换，对于主导公司来说，创建和维持严格的层级型治理模式代价巨大；企业和企业群往往并不局限于一条价值链，而可能是在多条价值链上运营，因此，有可能把从一条链上学到的能力应用到其他价值链中。价值链治理模式的变化，可能会导致交易的复杂性、交易的可标准性和供应商的能力等的变化。

三、全球价值链治理战略环节的识别

全球价值链理论的一个基本思路就是在整个价值链条众多的"价值环节"中，并不是每一个环节都能创造等量价值。每个环节创造的价值不同，某些辅助性环节并不创造价值，而高附加值的环节一般就是全球价值链上的战略环节。准确判断出全球价值链中的战略环节，为企业在全球布局不同的生产环节提供了依据，也指出了产业发展或升级的目标所在。同时，要保持企业或产业的竞争优势或核心竞争力，关键也是要抓住战略环节。谁抓住了这些战略环节，谁就抓住了整个价值链，谁也就控制了该行业，即由谁来治理这条价值链。因此，如何识别战略环节也是治理研究的主要内容之一。

在许多全球价值链中，可能存在多个参与治理的主导公司。同时，这些主导公司可能

位于不同环节上：如位于链条的最高端，或者链条的中部，或者链条的底端。战略环节有可能与产品直接相关，如可口可乐公司的饮料配方；也有可能是在价值链的"辅助性增值活动"环节上，例如，IBM 在计算机行业的竞争优势就来源于其覆盖全球的强大的组织体系，及其组织管理能力。全球价值链理论在分析战略环节时，弱化了传统分析中的市场销售比重和利润率等指标，采用了一些动态指标，以此可判断战略环节的变化，更突出了产业的动态改善过程和发展的治理理念。这对于企业适时调整战略和选择潜入全球价值链的切入点尤为重要。如汽车、电信等行业的战略环节明显地向产品使用和维护等下游环节转移，下游环节的增值呈现上升趋势。那么，企业通过降低生产成本，经营主导产品，开发差异性产品来维持竞争优势的传统战略就显示出局限性，在这种情形下，企业（尤其是对一些生产环节技术壁垒较高行业的企业）应积极开拓下游环节的增值业务，如多元化的客户服务，提供产品本土化方面的服务等，使其逐渐融入全球价值链之中。

1.1.4　全球价值链的产业升级模式

从全球价值链的角度来研究的产业升级，指的是价值链之中或尚未嵌入的企业通过嵌入价值链获取技术进步和市场联系，从而提高竞争力，进入到增加值更高的活动中。升级过程包括各个价值环节内在属性和外在组合两个方面的变动，这两方面都连接在同一链条之中或不同链条之间。由于一个国家或地区在全球价值链中所处的功能环节直接决定了其在该产业获得的附加价值，因此要想改变在价值链中的被动局面，发展中国家的产业必须进行升级。

一般来说，升级就是制造更好的产品、更有效地制造产品或者是从事需要更多技能的活动。英国 Sussex 大学创新研究小组的学者们（Humphrey，Schmitz，etc.，2000）提出了全球价值链中的产业升级的四种模式：工艺流程升级、产品升级、功能升级和链条升级[①]。

工艺流程升级是通过整合生产系统或者引入先进技术含量较高的加工工艺，把投入更为高效率地转化为产出，从而保持和强化对竞争对手的竞争优势。比如，传统制造业中计算机技术的使用就促进了流程升级。产品升级是通过提升引进新产品或改进已有产品的效率达到超越竞争对手的目的，具体体现为：从低附加值的低层次简单产品转向同一产业中高附加值的更为复杂、精细的产品，比如，从衬衫到西服的升级。功能升级是通过重新组合价值链中的环节来获取竞争优势的一种升级方式。企业从低附加值价值环节转向高附加值价值环节的生产，更多地把握战略性价值环节。比如，从制造环节到营销、设计等价值

---

① 程丽. 全球价值链理论综述［J］. 商情，2017，000（036）：29-30.

环节。通常把从委托加工到贴牌生产到自有品牌创造的转换看作是功能升级的基本路径。链条升级是从一产业链条转换到另外一条产业链条的升级方式。企业利用在特定价值环节获取的竞争优势嵌入新的、更加有利可图的全球价值链，比如，从自行车价值链到摩托车价值链再到汽车全球价值链的转变。对于工艺流程升级、产品升级、功能升级和链条升级四种产业升级的方式，众多研究表明，其内部是有一定规律可循的。普遍认为，产业升级一般都依循从工艺流程升级到产品升级再到产业功能升级最后到价值链条升级这一规律。但应强调指出：产业升级轨迹并不是完全依照这一规律，不可改变的。另外，产业升级过程中有一点是可以肯定的，就是随着产业升级的不断深化，附加价值不断提升，参与价值链中实体经济活动的环节变得越来越稀少，产业空心化程度也将不断提升。

全球价值链扩散功能和工艺流程为发展中国家企业提供了改善各种能力的机会。对于发展中国家的企业或企业集群而言，当务之急是将其融入更广泛的系统中去。这就要求有步骤地采取行动，使企业治理达到世界水准。另外，还必须通过有意识的创新和学习获得必要的技术能力。鉴于未来获得市场进入和先进技术的前景，上述努力是值得的。实际上，无论是采购者还是生产者驱动型价值链，为了进入国际市场，发展中国家的企业必须获得初始技术能力。当地企业一旦进入全球价值链，由供应联系所引发的学习效应就会出现。正是因为这个原因，企业应进入全球价值链以改善其技术能力，为价值链升级做好必要的准备。

总之，就产业升级的四个层次而言，无论哪个层次，都意味着从劳动密集型价值环节转向资本和技术密集型价值环节，从劳动密集型价值链条转向资本和技术密集型价值链条，其过程都伴随着资本深化。而资本深化总是意味着随着要素禀赋发生变化，企业在技术选择的过程中不断地以资本代替劳动，以进一步提高资源配置效率。通常产业升级遵循由流程升级、产品升级、功能升级和部门间升级的循序渐进过程，其渐进过程实质上体现了要素禀赋的比较优势循序渐进的变化过程。

1.2　全球价值链的形成机制

全球价值链是指为商品或服务价值的实现，连接生产、销售、回收处理等过程的全球性跨企业网络组织。它涉及从原料采集和运输、半成品和成品的生产和分销，直至最终消费和回收处理的整个过程。它包括所有参与者生产销售等活动的组织及其价值、利润分配。当前，散布于全球的、处于全球价值链上的企业进行着从设计、产品开发、生产制造、营销、出售、消费、售后服务、最后循环利用等各种增值活动。

全球价值链为研究经济活动提供了一种全新的视角，它揭示了现代生产活动的相互关系。全球价值链的形成是国际经济发展到一定阶段的产物。

关于全球价值链的形成机制的研究，国内的研究仍不够深入系统。传统的研究认为，大卫·李嘉图提出的比较优势理论，以及后来赫克歇尔与俄林所发展出的要素禀赋理论和迈克尔·波特所阐述的竞争优势理论，成为解释全球价值链形成原因的假设前提和基本理论框架。不过，这也只能从宏观层面找到解释全球价值链形成的原因和机理。但从微观层面看，这种分析框架具有相当大的模糊性和宽泛性。随着研究的深入，学术界普遍认为生产者驱动和购买者驱动作为全球价值链形成的两大动力机制。国内学者张杰则认为，"发达国家所主导的全球价值链分工体系得以实施的动机不仅仅在于其发挥自身所拥有的高端要素禀赋能力竞争优势，更为重要的是源自其对既包括传统产品、产业更包括新兴产品、新兴产业或已有需求市场的控制力和垄断势力的谋求"①。它说明了需求因素对全球价值链的形成具有核心导向作用。

1.2.1 解释全球价值链形成机制的模型

一、基本假设

假设世界上只有四个国家，分别用 A、B、C、D 表示，其中，A、B 均表示发达国家，人均收入高，市场容量大，属于高端市场国家；C 表示新兴工业化国家，国内人均收入与有效需求不断增长，属于新兴市场国家；D 表示发展中国家，人均收入较低，市场容量较小，属于低端市场国家。如果每个国家都有三个相互关联的上游企业和下游两个竞争企业共同生产一类终端产品，分别表示为 A1、A2、A3；B1、B2、B3；C1、C2、C3；D1、D2、D3。

无论是生产驱动型还是需求驱动型的价值链，开发和控制终端市场是聚集价值链各环节的核心动力。上图只是一个被高度抽象的国内价值链，其实，直接面向终端市场的企业之间仍然存在竞争，只是相对于其他价值链环节的次级市场具有一定的垄断性，所以印证了微笑曲线给人们提供的结论。以此类推，B、C、D 三个国家的企业之间同样存在上述关系。那么，在封闭状态下，当市场达到均衡时，企业面临的市场份额和所获得的利润分别表示如下：

A 国企业生产某种产品所获得的利润公式为 FA = MA - CA。FA 表示 A 国企业生产某

---

① 刘志彪，张杰. 从融入全球价值链到构建国家价值链：中国产业升级的战略思考 [M]. 社会科学文献出版社，2009：58 - 64.

种产品所获得的利润，MA 表示 A 国对于某种产业的市场容量，以金额表示，CA 表示 A 国企业生产 I 类产品的成本总额。以此类推，B、C、D 各国企业生产同类产品所获得的利润公式为：FB = MB − CB；FC = MC − CC；FD = MD − CD。

二、开放条件下的模型分析

在开放条件下，国际投资的便利化使各国的市场份额已不再是国内企业获取利润的专有资源，而是统一纳入世界竞争体系中的一个重要组成部分。因此，A、B、C、D 四个国家的国内市场的产品均衡被打破。对于任何一个国家的企业而言，产品市场由封闭状态下的国内市场扩张到世界市场的总份额，而产品的生产厂家由原先的 3 家扩大到 12 家，竞争的格局发生了根本性变化。竞争的焦点是对世界终端市场的争夺和控制。企业对终端市场的控制力，取决于企业的成本控制能力、产品竞争力、市场影响力和品牌建设能力等重要因素。其中，企业的技术创新能力具有决定性作用。由于发达国家的企业在资本和技术上具有明显优势，在开放条件下，发达国家企业在新的竞争格局中，具有更多的作为和更大的话语权。为了谋求更大的市场容量和获取更高利润，形成以下几种基本模式的全球价值链。

1. 通过技术的合作与创新来共享高端市场（AB 式）

它是指发达国家与发达国家企业之间的强强联合。当两个国家的市场需求规模与结构处于势均力敌状态下，不存在一方对另一方的市场具有控制和支配的能力，这种状况下两国会相互对对方开放低端和高端两个层面的需求市场。企业之间完全是一种技术能力互补、技术充分交流、市场共享、利益分配合理的双边合作关系。通过技术的充分合作与交流，形成对整个产业的技术优势，共同分享高端市场，甚至可以通过跟进式投资，双方将价值链条向 C 国延伸，以对其新兴增长的高端市场的共同控制。在 GVC 条件下，参与价值链分工协作体系的国家本土企业之间，不存在相互控制关系。

2. 通过技术的创新与应用来控制新兴市场（AC 式）

由于 C 国企业具有一定的自主研发能力，而且高端市场容量在不断增长，国内具有较完善的工业体系，对于发达国家 A 或 B 来说，为了抑制 C 国企业对新兴增长的市场的占领，同时吸引企业将研发出来的新技术及时形成现实的生产力，在对新技术的垄断和控制的条件下，不断满足 C 国日益增长的新兴高端市场需求，它必然要将简单的零部件和加工生产环节通过投资和外包的方式与 C 国企业开展分工协作，并能就地建立自己的销售网络，以达到对新兴市场的控制。由于 C 国工业化程度不断提高，工业基础较好，工业体系比较完善，A 或 B 与 C 开展分工协作，既能将研发出来的新技术及时转化为新的产业能力，又能回避强强竞争而两败俱伤。

3. 通过非核心业务的外包来占领终端市场（AD 或 BD 式）

这是一种强弱搭配式的全球价值链，当发达国家 A 或 B 通过直接出口的方式就能轻松地占领 D 国的终端市场，那么从机制上看，全球价值链还不能形成。而事实上，发展中国家 C 为了保护本国的低端市场，会采取保护措施对本国市场进行适当保护。而对于发展中国家 D 采取保护措施的常用办法就是通过关税壁垒或非关税壁垒等手段最终达到提高进口产品的成本，使之缺乏价格竞争优势。那么 A 国或 B 国将生产终端产品的劳动密集型环节转移到 D 国，并就地销售，这是绕开贸易壁垒的首选策略。

4. 通过全球战略的实施来控制全球终端市场（ABCD 式）

发达国家有实力的跨国公司并不满足于上述的几种价值链的分工，而是着眼于全球的有效资源。随着运输成本特别是通信成本的下降以及设计和生产模块化程度的提高，生产过程呈现出片段化的趋势，跨国公司在片段化的全球生产网络中的作用是在全球范围内调配资源，根据各个国家的比较优势将整个生产过程分割成不同环节，操纵着价值链的引擎，获取高额利润。它可以利用发达国家的技术优势，开展技术协作，并将简单的零部件生产环节外包给新兴工业化国家，同时将加工和组装环节等劳动密集型生产过程放置于发展中国家，并在全球范围内进行销售，它既可以充分发挥每个国家的比较优势，获取规模经济的利益；又可以降低生产成本，获取更多的世界市场份额，于是形成了 A→B→C→D 全球联系的价值链。

1.2.2　全球价值链形成机制分析

一、全球价值链形成的支持系统

1. 经济活动的全球化为全球价值链的形成提供了环境支持

在经济全球化出现之前，各个国家的生产要素只在本国境内流动和配置，从而形成了相对统一的国内市场。但全球化的日益深入、区域经济一体化的进程加快、世界贸易组织的扩张和工作的深入，推动了国际贸易和国际投资的自由化、便利化，大大消除了货物贸易、服务贸易、跨境投资的制度性障碍，使生产活动的全球性布局成为可能。而且，在新一轮的全球经济浪潮的推动下，各国政府为了抓住全球发展的机遇，使本国在新的分工格局中处于有利地位，大多在制度上鼓励外资进入本国市场，并对外资给予优惠，使生产活动的全球布局更加便利，为全球价值链的形成和发展提供了制度支持。

2. 信息技术的发展为全球价值链的形成提供了信息支持

以互联网技术为代表的信息技术的迅猛发展大大降低了信息跨国流动的成本，从而以跨国公司为主导的全球价值链分工得以在跨国境的范围内展开，既推动了传统产业生产与服务活动的模块化，使企业以往不可分离的生产与服务环节完全可以在空间上分离而不影响其衔接与运作的效率，大大降低了跨国公司的交易成本和管理成本。信息的快捷共享与信息成本的下降，推动了跨国公司在全球范围内配置资源，同时在全球范围内设置和管理网络化分支机构变成了现实。

3. 物流技术的进步为全球价值链的形成提供了硬件支持

同时，劳动力要素跨境流动的制度性障碍反而加大，跨国公司为降低成本，提高竞争力，开始大规模从发达国家向发展中国家进行产业转移，以往只在发达国家之间存在的产业内分工，越来越多地出现在发达国家与发展中国家之间。另外，技术方面的进步也促进了全球价值链的形成。以大型集装箱船为代表的运输技术的进步大大降低了货物跨境流动的成本。

二、全球价值链形成的动力系统

1. 终端市场的需求是全球价值链形成和发展的内在牵引力

从某种程度上讲，终端市场的需求对于全球价值链形成和发展具有核心导向作用，是全球价值链形成机制的关键所在，具体表现为以下几个方面。

首先，从生产出来的产品性质来看，资本性产品虽然不是直接用来供人们消费的，但是从它的用途指向来看，最终还是为生产消费性产品服务，否则，生产活动就失去了经济基础和社会基础。所以，整个全球价值链的链接与衍生，最终是受到终端市场的牵引。虽然处在全球价值链相同层次横向衍生的多个节点之间的协作与竞争形成了各自的子市场，但这些分支市场只是决定本层次范围内的竞争状态和生存状态，但从宏观上看，整条全球价值链服从和服务于终端市场的变化和需求。因此，在全球价值链治理模式中处于主导地位的龙头企业，会始终着眼于全球的终端市场的需求变化，借助一些治理工具协调和控制战略环节，以实现对全球终端市场的控制。

其次，从一个国家经济发展的宏观视角来看，终端市场的需求容量，是决定一切产品生产要素投入生产以实现价值增值活动能否最终得以实现的关键因素。同时，越是处于产品价值链高端环节的高端要素（如核心技术研发能力、品牌与销售终端），就越依赖于高速增长的新兴市场空间来实现其价值的转移和增值过程。在经济全球化背景下，产业或产品生产链的各个基本功能环节在全球地理空间上发生了广泛的分离，因此，发达国家如果仅仅具有产品价值链核心技术环节的控制力,而不具有产品终端需求市场的控制力,并不能实现其全球价值链高端环节高研发投入活动的补偿与收益,以及对其背后所隐含的更为关键的利益分配的控制力和主导权。从这个意义层面上来讲,发达国家所主导的全球价值链的形成与布局,就不能脱离对全球市场中需求因素的战略思考,也就是说,需求因素已成为全球价值链形成与分布格局中一个不可忽略的核心因素。

2. 加强对终端市场的控制是全球价值链形成的内在推动力

从需求决定生产的原理分析,市场主体只有掌握终端市场的控制权,才能及时地将准确的市场需求信息向企业内部聚集,指导企业内部的技术研发、组织和安排生产活动,并在对应的区域市场上建立自己的营销渠道和销售网络,不断完善售后服务系统,使终端市场成为生产价值的实现机制。但终端市场的需求具有多样性和发展性,也就决定了终端市场的竞争性。在竞争过程中,有实力的其他市场主体会在各自细分的市场领地保持一种动态平衡,而缺乏掌控终端市场能力的劣势企业,为了求得生存,只能以竞争的方式融入全球价值链的某一个环节上来。那么,参与全球价值链的企业在链节上所处的层次和地位是由什么因素决定的呢?企业在全球价值链上所处的层次与地位,不是由企业的主观愿望所决定的,而是由全球价值链的主导企业根据参与企业自身的实力与相对优势进行安排和配置,以谋求利润的最大化。同时,企业对终端市场的控制力总在动态平衡中此消彼长的,为了保持自身在全球价值链中的主导地位和对利润分配的话语权,企业总在不断地根据市场需求的变化和发展,适时地进行技术的研发和投入,将优势要素向企业的核心竞争力聚集,将非核心业务和增值较小的生产环节向外转移,以形成更大的市场竞争能力。企业不断地追求终端市场的控制力竞争行为,推动了全球价值链的形成和发展。

三、全球价值链形成的组织系统

跨国公司为全球价值链的形成提供了组织支持。从上述的分析可以看出,全球价值链是主导企业着眼于全球发展战略的必然结果,在整个价值链中居于主导地位的企业无论在技术实力、资本实力和组织管理实力等方面,都具有极大的优势。从理论和实践的双重角度看,跨国公司是推动全球价值链形成的组织力量,具体表现为下述两个方面。

首先,在国际竞争日趋激烈的大背景下,跨国公司如何在全球范围内挖掘战略机会并实现资源的整合,已成为决定其竞争优势的重要因素,这种变化在不断促进资本、技术和知识全球范围内流动的同时,极大地加速了全球化的进程,更为重要的是其直接造成了发展中国家区位优势和产业形态构成要素的改变。

其次,在全球经营战略的总体框架下,跨国公司在发展中国家的相关营运活动被进一步地纳入其全球化经营网络之中，发展中国家的产业发展也进一步地嵌入到跨国公司的全球价值链体系中。在这一过程中，跨国公司战略目标与发展中国家的发展目标之间、跨国公司内部文化与发展中国家当地文化和价值观念之间的对立与统一，以及双方议价能力的对比变化直接影响到跨国公司的战略选择和发展中国家的制度演进过程。

1.3　全球价值链变革与中国外贸发展

近些年来，全球价值链分工越来越明显，呈现出复杂化、高级化、中间化的发展趋势，中间品贸易在全球贸易中的占比超过60%，对多数发展中国家而言，能否真正融入全球价值链直接影响其国内产业升级和经济发展。改革开放以来，中国通过努力不断融入全球价值链体系，但一直未摆脱在全球价值链中的"低端锁定"状态。2008年美国次贷危机爆发后，欧美发达国家加速推进制造业回流，贸易保护主义泛滥，贸易壁垒不断增加，特别是特朗普执政期间，美国与中国、日本、欧盟等主要经济体之间的贸易争端日益加剧，致使全球价值链不得不面临调整的新发展态势。如何抓住全球价值链调整机遇进而推动中国对外贸易转型升级，成为当前中国对外贸易发展的重要任务。

1.3.1　全球价值链变革的本质及发展趋势

一、全球价值链是全球产业分工的必然结果

全球范围内的产业分工呈现从产业间或产品间向产品内转移的趋势，而价值链和产品附加值是推动产业分工的内在动力。这是因为在生产要素全球化配置的竞争环境中，每个企业都期望占领高附加值产业环节，以获取尽可能多的超额利润。为了能够在产品设计、技术研发、品牌推广等高附加值环节占据优势地位，企业不得不将更多资源和精力投放于这些高附加值环节，并将产品加工等环节交给其他企业，这必然会带来产业、产品的价值链重塑。此外，国家经济转型升级、国与国之间的经济竞争等也推动了全球价值链不断变革。如后发现代化国家往往遵循"以农业为主—以工业为主—以服务业为主"的发展模式。联合国工业发展组织《2019年工业发展报告》数据显示，1963—1987年间，100个国家产业结构与人均收入具有高度一致性。随着收入水平的提高，服务业在GDP中的占比会越来越高。国家内部的产业转型升级遵循了从低附加值向高附加值转移的基本规律，这种经济转型升级往往会影响到国际产业结构，进而强化全球价值链的深度整合。

二、全球价值链呈现高级化、复杂化的发展趋势

当前全球价值链是"超级经济全球化"的新模式,有空间广、主体多、协同性强、产业关联度高、充分开放竞争等特征。全球产业转移呈现高级化和复杂化的发展态势,高级化表现为产业从低附加值向高附加值的攀升;复杂化表现为产业转移类型更加多样,产业链各个环节都发生了跨区域的产业转移。从形成原因看,由于全球经济发展不平衡,参与全球产业分工的国家往往处于价值链的不同环节,发达国家、中等发达国家、欠发达国家都有产业转移或承接产业转移的需要。全球价值链分工促进了全球生产网络重构,不仅美日欧等发达国家参与到了产业转移,中国及东南亚、非洲的国家和地区也都融入了全球价值链,形成了多元参与、相互协作的全球经济体系。

此外,在全球价值链变革中,不仅承接能力、劳动力成本、产业基础等会影响到产业分工,运输成本、贸易成本等也会影响到产业分工,如为了降低运输成本,产业往往在相邻国家或地区间转移;为降低贸易成本,产业往往在自由贸易区范围内转移。这些都影响着全球价值链的发展趋势。

最后,全球价值链生产模式更加复杂,服务外包、特许经营、代工生产等越来越多,成了跨国公司进行价值链管理的重要方式。跨国公司在全球价值链体系中的作用更加凸显,成为全球价值链的主导性力量,如谷歌、苹果、三星、大众、丰田、微软等跨国公司涉及全球约80%的贸易。高科技巨头苹果公司旗下的产业链上有100多家公司,包括歌尔声学、立讯股份等多家在中国的上市公司。

1.3.2 全球价值链体系中中国对外贸易的发展现状

全球价值链是全球经济活动的重要载体,在全球价值链体系中,"最终产品"往往不是在某个国家独立完成的,而是被分割成若干附加值不同的产品,各国根据各自的资源禀赋和生产能力,在产品价值链上占据某个位置。在这种情况下,各国实现了从独立生产者向生产参与者的"身份"转换。全球价值链的深度变革给中国对外贸易带来了深远影响,因此必须从全球价值链视角考察中国对外贸易发展现状。

一、中国在全球价值链体系中的地位不断攀升

杨建龙等认为,产业链中的设计、研发、生产、物流、销售等环节的价值创造能力差异巨大,其中加工生产环节的利润率较低、资源消耗较大、环境污染较多。随着全球产业

分工的进一步深化，逐步形成了以垂直化分工为主的价值链分工，特别是在 20 世纪 90 年代后，全球产业分工实现了由产业间向产业内的转型，形成了以生产工序和生产环节为主的价值链分工体系。中国作为全球产业链中加工制造环节的重要主体，在全球价值链中的地位是不断攀升的。在改革开放初期，中国多数外贸企业都是以购买原材料、零部件等，按照委托商的外贸订单进行组装、加工或生产，然后再将产品出口至欧美国家和地区。以上海市为例，1992 年，上海市工业制成品出口占对外出口的比例高达 88%，但在这些出口产品中 78% 为轻纺产品。近些年来，中国的中高端制成品出口比例不断增大，对外出口的产品附加值持续上升。

二、对外贸易规模持续扩大，成为国际贸易中的重要主体

长期以来中国实施开放的对外贸易政策，积极对接国际产业链和价值链，对外贸易规模迅速扩大，贸易进出口额从 2003 年的 7.05 万亿元增至 2020 年的 32.16 万亿元，其中进口贸易额从 2003 年的 3.42 万亿元增至 2020 年的 14.23 万亿元，出口贸易额从 2003 年的 3.63 万亿元增至 2020 年的 17.93 万亿元，在此期间中国完成了多次产业结构调整，如今对外贸易已经成为中国经济的发展源动力。从地域分布看，中国对外贸易以沿海地区为重要阵地，特别是 2001 年中国加入 WTO 后，沿海地区的加工出口贸易更是快速增长。以珠三角为例，在改革开放 40 余年间，珠三角依靠地理和政策优势，积极引进外资和先进的管理方法及技术，引入高端人才，实现了对外贸易的几何级增长。截至 2020 年底，中国已成为全球第一大货物贸易国和外汇储备国，占全球工业增加值的 33% 左右，货物进出口贸易在全球货物进出口贸易中的占比约为 12%，在全球价值链中的地位越来越重要。

三、加工贸易占据较大比例，对外贸易产品附加值仍然较低

长期以来加工贸易在中国外贸体系中的占比一直较大，中国因此拥有了"世界工厂"的美誉。近些年来，中国加工贸易呈现逐步转型升级的态势。改革开放初期大多以原材料、初级农产品等出口为主，而进入 21 世纪后，外贸出口的产品附加值快速提升，中高端产品占比不断加大。从全球价值链视角看，中国对外贸易产品附加值比较低。OECD 和 WTO（经济合作与发展组织和世贸组织）2020 年相关统计数据将 8 个制造行业划分为低、中、高三个级别（低技术行业包括纺织品、皮革与鞋类、木材、纸制品、印刷与出版；中等技术行业包括化学品与非金属矿产品、基本金属与金属制品；高技术行业包括机械与设备、电子、电器与光学设备、运输设备、其他制造品及回收设备）。其中，中国低技术附加值产品在全球的占比在 23% 左右，中等技术附加值产品在全球的占比在 8% 左右，高技

术附加值产品在全球的占比在 20% 左右。这些数据说明，近些年来中国在全球价值链上的地位仍然比较低。

1.3.3 全球价值链变革中的中国对外贸易转型升级问题

从总体上看，全球价值链仍以制造业为主要载体，且具有"双核"特征。其中，价值链高端是以美国为主的发达国家，价值链低端是以中国为代表的发展中国家。美国等发达国家控制着全球价值链的超额利润，中国等发展中国家只能获得微薄的收益。此外，中国对外贸易在中低端领域还面临着越南、印度等国的竞争，在高端领域则面临着美国、欧盟等国家和地区的封锁、排挤、打压。显然，中国对外贸易转型升级之路任重而道远。

一、外贸出口面临诸多挑战，迫使中国对外贸易转型升级

随着经济规模不断扩大，中国经济发展和对外贸易结构中存在的问题日益凸显，如出口产品附加值较低、环境污染问题严重、劳动力成本上升、传统竞争优势逐步消失等。对外贸易增值率是评价一国对外贸易质量的重要指标，其计算公式可以表示为：（进口额 − 出口额）/进口额 × 100%，对外贸易增值率越高，一国对外贸易在价值链中的地位越高。中国以加工贸易以主，低端出口占比较高，高端出口占比仍然偏低。从贸易竞争力指数看，2006 年、2020 年的贸易竞争力指数分别为 0.1、0.45，其中鞋帽伞、玩具等低端产品的国际竞争力较强，医疗器械等高附加值产品的国际竞争力较弱。具体分析如下：

一是低端外贸出口面临挑战。海关总署统计数据显示，中国在服装、鞋帽、玩具、电子、电器等领域的对外贸易出口具有较大竞争优势，但纺织品、鞋帽等对外贸易出口面临着东南亚国家的挑战，优势呈逐渐下降趋势。从国内产业发展情况看，纺织品、鞋帽、皮革等产业多处于价值链底端，产品附加值偏低，这些低技术劳动密集型产业已经逐渐丧失了国际竞争优势。

二是中端外贸出口平稳发展。中国的中端产品多为化学制品、非金属矿产品、金属制品等，如化工材料、钢铁、铜、稀土等。中国属于人多地少、人均资源匮乏国家，在矿产品、金属产品出口方面并不占据优势地位，同时中国还面临着资源开采过度、生态系统失衡等发展问题，这些都会影响到中国中端产品出口的国际竞争力。

三是高端外贸出口遭遇瓶颈。近些年来，中国大力推动产业转型升级，积极发展新能源车、生物制药、5G 通信等新产业，电子设备、家用电器、光学设备等高端制造业出口呈逐渐上升趋势，促使了中国在全球价值链上的地位攀升。但在特朗普执政期间，美国对

中国高端制造业进行了严厉制裁，包括华为、海康威视、大疆等大型企业均被其列为制裁对象，对中国高端外贸出口造成较大冲击。同时，美欧日等发达国家在关键技术、核心零部件等环节设置较高贸易壁垒也极大程度上影响了中国高端制造业的发展。从长期看，中国高端制造业出口必然面临大国博弈、贸易保护主义等不确定性因素。

二、对外贸易转型升级制约因素较多，转型升级发展之路任重道远

在发达国家制造业回流、中西方科技鸿沟不断缩小的大背景下，中国很难依靠引进先进技术实现对外贸易转型升级。当前中国对外贸易转型升级主要面临自主知识产权缺失、核心技术储备不足、缺乏跨国领军企业等难题，对外贸易转型升级制约因素较多。

一是产品或服务的技术密度较小。20世纪90年代后，中国对外贸易增速加快，中高端制成品的出口占比持续攀升，远高于新加坡、马来西亚等国家的同类水平，但制成品技术密集度比较低。黄永明和张文洁的研究表明，中国加工贸易占比较高，但服务性贸易出口占比较低，其中知识性服务出口占比仅为5%，服务贸易出口技术含量较低。在马鹏和肖宇等设计的国家外贸评价标准中，中国出口技术复杂度指数为5409，与印尼、印度相近，而美国的该项指数为36 565，英、法等国的该项指数都在20 000以上，中国与美国、英国、法国等发达国家的差距显而易见。

二是缺乏自主知识产权和核心技术。在中兴、华为等事件中，中国高科技产业"缺芯少魂"已引起政府和社会的高度重视。在科技部列出的中国科技短板清单中，涉及芯片、半导体、精密制造、航空器、仪器仪表、生物医药等众多领域，充分说明中国对外贸易在关键技术、自主知识产权等领域仍然存在许多短板。《上海科技统计年鉴》数据显示，2000年高科技产业出口占比为23%，2011—2017年，这一占比一直在40%~50%之间徘徊，表明中国对外贸易转型升级遭遇了瓶颈。

三是缺乏具有国际影响力的跨国品牌。2018年英国Brand Finance全球品牌榜单中，中国品牌仅有55个，说明中国缺乏领军企业，缺乏具有国际影响力的跨国品牌，无法在全球价值链中获得更多的品牌溢价。

四是国际贸易环境不确定性因素较多。从国际贸易环境看，中国在全球价值链中的地位较低，是贸易摩擦和经济波动的受害者。国际贸易摩擦频频发生，不仅抬高了全球贸易成本，致使交易双方企业利益受损，还严重破坏了国际贸易秩序，致使国际贸易门槛不断提高，这些都给中国带来巨大挑战。在全球贸易摩擦加剧和新冠肺炎疫情蔓延的双重影响下，中国对外贸易面临的不确定性因素越来越多。

第二章　贸易优势及其相关问题

与国内贸易相比，国际贸易最显著的特点就是每一国家都凭借着某种优势参与到国际贸易之中，这种优势与一国产业结构的动态演进存在着必然联系，本章以此为研究的起点，确立全书的核心思想。

2.1　贸易优势的界定

一国出口贸易中商品的构成是多种多样的，为研究一国对外贸易与产业结构之间的内在联系，有必要对其全部出口商品进行分类，观察和分析处于主体地位的商品类别是如何成为主导出口产品并进行动态转换的。

2.1.1　贸易优势与贸易优势类型

一、贸易优势和商品类型

贸易优势（trade advantage）是指由主导产业决定并构成一国出口主体的某些商品类别集合，这种商品集合在国际贸易中具有优越势能或优胜趋向。

根据出口商品所归属的产业以及包含的要素投入比例，可从两个角度加以分类，第一种以产业分类为标准，第二种以要素密集度为标准。

从根本上说，产业结构决定着一国出口商品类别构成，产业结构中的主导部门及发展水平是影响一国主体商品出口最根本的因素。从生产力发展的进程中可知，产业结构不仅在客观上存在着三个层次，而且每一个层次又都处在变动之中。

第一层次是三大产业之间的关系，它反映一国生产力水平及由此决定的产业发展的层次。

第二层次是产业内部的变动关系，第一产业内部结构变动是指种植业、养殖业、渔业、林业、采掘等之间的比例关系。第二产业内部结构变动主要指工业化进程中的阶段序列，德国经济学家霍夫曼把工业化过程划分为四个阶段①。在工业化的第一阶段，消费资料工业的生产占据着统治地位，而资本资料工业的生产是不发达的，霍夫曼系数约在 5 附近；在第二阶段，虽然消费资料工业生产的规模仍远远大于资本资料工业，但资本资料工业开始获得了更快的速度，此时的霍夫曼系数约在 2.5 左右；在工业化的第三阶段，资本资料工业已达到了与消费资料工业基本相当的规模，霍夫曼系数已到达 1 的附近；到了第四阶段，资本资料工业的规模开始超过消费资料工业，霍夫曼系数也就降到了 1 以下。从发达国家现代化实践来看，工业产品的加工深度及与此相关的产品增值能力也将不断提高，呈现出第二产业内部"结构不断高度化的趋势"。一般说来，第二产业内部结构不断高度化趋势集中表现为工业化阶段的三个发展阶段：第一阶段，工业由以轻工业为中心的发展向以重工业为中心的发展推进的阶段，这就是所谓的"重化工业化"。第二阶段，在重工业化的发展过程中，其内部结构的变化又表现为以原材料工业为中心的发展向以加工、组装工业为中心的方向演进，即"高加工度化"。第三阶段，在"高加工度化"的过程中，工业结构将进一步表现出"技术集约化"趋势。这种趋势不仅表现为所有工业各部门将采用更先进的技术，而且表现为技术密集的所谓高新技术的兴起。

第三层次是各产业趋同的变动关系，即当经济发展水平达到一定的高度后，三次产业间的相对劳动生产率的差异将缩小，出现了产业结构的高级化或软化的趋势。所谓产业结构软化是指在社会再生产过程中，体力劳动和资源的投入相对减少，脑力劳动和科学技术的投入相对增大；产业内部直接从事生产性劳动的比重减少，而研究、设计开发和信息服务等服务性劳动的比重增加；在各产业发展中，有形产品和资源等硬生产要素的作用日益降低，而知识、技术、服务和信息等软生产要素的作用日益提高，在各产业中投入量迅速增大。劳动与资源密集型产业在经济发展中的主导地位和作用日益被知识或技术密集型产业所取代。总之，产业结构高级化或软化的本质就是指技术的集约化，即采用先进技术的部门在数量上和比例上的增加。

第二种分类以出口商品所包含的要素密集度为划分标准。任何生产活动都是投入和产出的过程，古典经济学理论认为，生产的投入要素主要由土地、劳动、资本构成。土地泛

---

① 王师勤. 霍夫曼工业化阶段论述评 [J]. 经济学动态，1988（10）：5.

指一切自然资源，既包括通常意义上的土地，也包括山川、河流、森林、矿藏等一切自然资源。劳动是人类为了获取各种产品而提供的劳务，包括体力劳动和脑力劳动。资本是由人类生产出来的用于生产其他物品的一切东西，包括机械、工具、厂房、仓库、设备等。新古典经济增长理论认为，经济增长取决于四个要素，它们是人力资源、自然资源、资本和技术。新古典经济增长理论把古典经济学的"三要素"说扩展到"生产四要素"说，而且深化了各种生产要素的内涵：对自然资源的认识程度深化到把清新的空气和适合饮用的水等环境资源纳入其中；对劳动这一生产要素改以人力资源命名，更加重视劳动力的教育、纪律、激励等质量因素，从而把科学、工程、管理、企业家才能等视为第四生产要素，把科技融合于生产要素之中。

在国际贸易中，生产要素主要是指一国或地区的资源禀赋，不同国家或地区的资源禀赋结构上存在着较大的差异性。其具体构成可分两个层次，一是先天具有的，如土地、矿产、森林等，二是后天获得的，如资本、技术、知识、人才等。经济资源有多种划分方法，为分析方便，一般分为自然资源、劳动、资本和技术四大类型。不同产品的生产所需要的资源组合不同，不同类型的产业在发展的不同阶段上对所需资源的投入构成也是不一样的。随着生产力的发展，各种生产要素在促进生产力发展的过程中，其作用因技术水平、产业层次所处的阶段上的不同而不同。其中必然存在一种生产要素，它既是决定某一经济发展阶段生产能力大小的主要方面，又决定着该阶段经济发展的基本特征，因而人们把在一定经济发展阶段决定生产力水平的那种要素称为第一生产要素。第一生产要素具有两方面的基本属性，一是一定时期内经济发展的程度取决于该要素的质量和数量，从而对生产力的提高和经济增长的贡献远远大于其他要素的贡献。二是在整个要素系统中该要素起核心作用，因而该生产要素的拥有量和使用效果决定其他生产要素的使用需求。当用第一生产要素来考察经济社会的产业时，土地在农业经济中居于核心的地位，故称农业经济为地里"生长出来"的产业，其产品为土地密集型的或自然资源密集型的。同样，工厂等资本品在工业经济中居于特殊地位，因此，工业经济被称为工厂"制造出来"的产业，其产品就是资本密集型的。现在，技术进步已成一国经济发展的关键要素，技术在整个经济中居于核心地位，其产品就是技术密集型的。简单地说，在生产中对自然资源依赖较大的产品或产业就是自然资源密集产品或产业；在生产中对劳动依赖较大的产品或产业就是劳动密集型的产品或产业；在生产中对资本依赖较大的产品或产业就是资本密集型的产品或产业；在生产中对技术依赖较大的产品或产业就是技术密集型产品或产业。

现代科学技术发展及其应用，不仅使一、二、三产业之间有产业递进和升级的关系，而且在三大产业内部也同样存在着要素递进和升级关系，最后将出现产业结构变动无论是哪一个层次，在产品的要素密集度上都基本经历了从自然资源密集型到劳动资源密集型，到资本资源密集型，再到资本技术密集型和技术（知识）密集型产品等几个阶段，即要素密集度在三个产业之间的各个层面上都存在着转换关系，出现了产业之间的技术融合，高科技渗透与扩散到各个产业之中，极大提高了各类产业与产品的科技含量。也就是说在三大产业中，生产产品中的技术密集度都在提高。正因为如此，现代经济中，一国出口结构已经不完全取决于出口什么产品，关键看出口产品的科技含量和国际竞争力。

二、贸易优势类型

根据商品要素含量及所归属的产业部门可把贸易优势具体划分为几种类型。

从要素密集上区分，代表贸易优势商品类别能够反映出一国的资源禀赋结构与质量，可以从整体上定位一国的生产力与科技发展水平；而从产业结构变动来区分代表贸易优势商品类别则是在产业发展的层次与水平上把握一国产业结构演进的程度。把两种方法结合起来就能够比较和分析各个国家的产业与贸易之间的关系。

以要素密集度为分类标准的贸易优势有四种类型：自然资源密集型、劳动资源密集型、资本密集型、技术密集型或知识资源密集型。与此相对应的贸易优势部门则按照产业演进的逻辑序列，依次经历工业化前期、工业化初期、工业化中期和工业化后期等几个发展阶段。贸易优势以出口商品所含有的要素密集程度和所在的产业部门来区分其类型，既符合产业发展的内在规律，也与国际贸易标准分类一致。

按照各国产业结构比例的构成，可以把产业发展的水平划分为几个等级，低级化产业结构，三大产业的比例关系从高到低的排列顺序是一、二、三；初级化产业结构，三大产业的比例关系从高到低的排列顺序是二、三、一，第二产业内部结构变动处在以轻纺工业为主的阶段；中级化的产业结构，三大产业的比例关系从高到低的排列顺序是二、三、一，第二产业内部结构变动处在以重化工业为主的阶段，再按照产品要素密集程度归入不同的贸易优势类型；高级化的产业结构，三大产业的比例关系从高到低的排列顺序是三、二、一，第三产业比例已经超过第二产业，第二产业内部结构变动处在高度加工及技术集约化工业阶段。不同产业发展水平的国家，自然有与之相对应的贸易优势类型，与自然资源密集型贸易优势对应的产业部门只能是低级化的产业结构；与劳动资源密集型贸易优势对应的产业部门是初级化产业结构；与资本资源密集型贸易优势类型相对应的产业部门是中级化的产业结构；与技术（知识）密集型的贸易优势类型是高级化的产业结构。

2.1.2　贸易优势的产业基础

一般来说，一国的贸易结构是由其产业结构决定的，出口商品在产业上或种类上的构成是多样化的还是集中化的既受其国内市场大小、经济发展水平、拥有资源状况等国内因素影响，也与国际市场需求及国际经贸关系等外部因素有关。根据科技发展与产业内部演化的规律性，生产力发展的不同阶段，一国的出口商品的构成与产业结构演进之间存在着对应关系。实践证明，贸易优势部门与主导产业之间只有存在高度的相关性，才能充分发挥国际贸易对一国产业结构升级和国民经济发展的积极作用。

一、主导产业

主导产业（leading industry）的形成、发展与更替是经济系统进行有序性结构转换的必然逻辑，产业之间的关联性是主导产业发挥其带动作用的基础和前提，因为工业内部或制造业间有着巨大的产业关联度，研究工业内部产业间关系的主要理论是霍夫曼定律、钱纳里的"经济结构转化过程理论"和罗斯托经济成长阶段论。

霍夫曼利用了近20个国家的时间序列数据，分析了消费资料工业和资本资料工业的比例关系。该比值反映了一国工业内部结构演变规律，但对于工业化进程中各个阶段的产业部门及其相互转换并没有具体的研究①。

美国经济学家钱纳里不仅提出了工业化理论，而且又创立了经济增长与经济结构转换之间的内在联系，以及开放经济对一国经济结构变动的影响。钱纳里把经济发展说成是经济结构式的转化过程，也就是把经济结构不断转化的过程称为经济发展②。因此，他的发展理论称为"经济结构转化过程理论"。钱纳里揭示了制造业内部结构转换的原因，即产业间存在产业关联效应，并将制造业部门划分为三种不同类型的产业即初期产业、中期产业和后期产业。初期产业，指经济发展初期对经济发展起主要作用的制造业部门，包括食品、皮革、纺织等，初期产业一般具有如下共同特点：其产品主要用于满足基本生活需要；其产品具有较强的最终需求性质，后向关联较小；产品具有较小的需求收入弹性；生产技术和工艺比较简单。中期产业，即经济发展中期对经济发展起主要作用的制造业部门，包括非金属矿产品、橡胶制品、木材加工、石油、化工、煤炭制品等部门；中期产业一般具有如下共同特点：它包括中间产品和部分最终产品；它也有明显的最终需求性质，前后关联较大；具有较高的需求收入弹性。后期产业，即经济发展后期对经济发展起主要作用的制造业部门，包括服装和日用品、印制出版、粗钢、纸制品、金属制品和机械制造生产部门；后期产业一般具有如下共同特点：

包含服装等很多最终产品，是前向关联系数较大的制造业部门；具有很强的中间需求

---

① 孙新雷. 产业结构演进理论思考 [J]. 上海经济研究，1994（7）：2.

② H·钱纳里. 工业化和经济增长的比较研究 [M]. 上海三联书店，1989：20 – 58.

性质，也是后向关联系数较大的部门；具有较高的需求弹性。这种运用产业间存在着关联效应的方法来分析制造业内部各产业部门的地位和作用的变化是符合产业演进逻辑的，但是明显缺乏科技进步对产业转换与升级的决定作用，且后期的某些产业如服装和日用品、粗钢等，在当前的一些发达国家因经济的开放性明显处于劣势地位。

系统地论证产业演进过程的是罗斯托经济成长阶段论。

罗斯托是主导产业理论的奠基者，1960年出版的《经济成长的阶段》一书是其经济成长理论的主要代表作。罗斯托认为，经济成长的各个阶段都存在相应的起主导作用的产业部门，即通常所说的主导产业，它在产业结构中占有较大的比重，对整个国民经济发展和其他产业发展具有强烈的向前拉动或向后推动作用，对一个国家的经济发展起带头作用；经济成长阶段的演进又以主导产业部门的更替为特征，主导产业部门通过投入产出关系来带动整个经济增长；主导产业部门并非固定不变，而是与发展阶段相联系，是一个有序更替的过程。这实际上说明了产业结构成长过程就是主导产业的更替过程。产业结构升级的表现形式就是主导产业的有序更替。罗斯托在他的著作中将人类社会的经济成长分为6个不同的阶段，并指出了每一个阶段的主导产业。主导产业部门同与它联系的若干部门一起构成"主导部门综合体系"，或称"主导产业群"。主导产业能够及时、有效地吸收新技术革命和技术创新的成果，具有高于其他部门的技术进步率。发达资本主义国家各时期的主导产业部门与技术进步的关系，从历史进程看，首先，作为18～19世纪主导产业部门的棉纺织便是以蒸汽机和纺织机为主要标志的第一次技术革命成果的主要吸收者；其次，作为19世纪末至20世纪50年代主导产业的重化学工业、汽车和航空、家用电器，是以电力和内燃机的发明和应用为主要标志的第二次技术革命的主要吸收者；最后作为20世纪中叶以来主导产业部门的计算机制造、新材料工业和新能源工业等新兴产业，是以电子计算机为主要标志的新技术革命成果的主要吸收者。归根到底，主导产业的更替取决于技术革命。

主导产业的特点：一是劳动生产率高，与其他产业相比具有较强的竞争力，可成为拉动经济增长的主力；二是产业的关联度高，其较高的发展速度可以带动其他相关产业的发展；三是收入弹性高，可以扩大市场需求，对要素的配置与流向产生较大的推动力。由此决定了主导产业增长率大大超过国民经济的平均增长率，对国民经济有较大的贡献。因为这些以不同时期技术革命为基础的主导产业适应了当时的技术进步和市场需求，所以它们才能有较高的技术进步率和生产率的提高，有较低的生产费用，生产率上升快意味着投入减少，成本降低，收益增加，速度加快，从而创造出远远高于其他部门的效益和速度。

二、主导产业群

产业结构升级的表现形式就是主导产业的有序更替。产业结构的升级，就是通过主导产业的更替，不断地从一个阶段迈向另一个新阶段。随着经济活动范围的不断扩大和社会分工的进一步深化，由单个产业充当主导产业的角色来带动整个演进的现象是不可能的，而越来越多的场合是由一组产业形成的主导产业群带动整个经济发展和产业结构向高级演进。

首先，主导产业群能够带动国民经济的高速增长。如第一次产业革命时期英国主导产业部门——棉纺织业的发展，就扩大了对纺织机和蒸汽机的需求，带动了机械制造业的发展；机械制造业的发展又扩大了对铁的需求，推动了采矿、冶炼业的发展，也推动了棉花等原材料的生产等。产业结构在特定的时间和空间中，各产业的地位和发展有主有次，是非均衡的。产业经济系统中主导产业或主导产业群充分发展，能够使产业系统的结构有序演变，促进国民经济快速发展。同时，主导产业的产生与发展对产业系统具有转型作用。事物的性质主要是由主导方面和主要方面决定的，工业部门结构和整个产业结构的性质主要是由主导产业部门的性质所决定的，要改变工业部门结构和整个产业结构的性质，首先要改变主导产业的性质。反过来说，只要改变了主导产业，整个产业结构的性质也就会发生变化。比如，以棉纺业作为主导产业部门，这时的产业结构性质只能是以劳动密集型为主。在把钢铁工业、机械工业、电力工业、石油工业作为主导产业部门的阶段，产业结构的性质只能是资金密集型，而不可能是劳动密集型。经济发展的阶段性致使产业结构的变动与主导产业的替换。

其次，主导产业群的技术融合。

技术创新在不同产业之间具有巨大的溢出效应，各产业通过引进与本产业不同的技术，并使其与本产业的原有的技术相融合，创造出新技术、开发出新产品，这种现象被称为技术融合，如生物技术与信息技术结合产生生物信息技术，计算机技术与机械技术相融合，创造出机器人技术等。表示两个不同产业在技术上相互重复使用范围的指标，称为技术融合系数，它表明产业间技术相互重复使用范围的大小。由于信息产业的高渗透性，信息产业与其他产业的技术融合系数最高。

技术创新是主导产业群融合的根本原因，主导产业的融合趋势，促使各种技术如生物工程、信息技术、超导技术扩散到先前主导产业群中，导致不同主导产业群之间的边界模糊，甚至消失，形成一系列新兴产业。主导产业的融合趋势有利于一国产业结构优化，对一国产业结构的升级具有积极的推动作用。

前期的主导产业群为新兴主导产业群的发展奠定了基础，主导产业群的每一次更替都带动了产业结构优化和升级，促进了国民经济的发展。

20世纪后半期，随着第三次技术革命的产生、发展，主导产业群出现产业融合趋势，新兴产业主导产业群与先前主导产业群之间的传统边界逐渐消失，二者之间替代关系已经减弱。例如，第四个主导产业群并没有完全取代第三个主导产业群，它由第三个主导产业群与宇航产业、计算机产业等新兴相融合形成。第五个主导产业群也没有完全取代第四个主导产业群，它由第四个主导产业群与一些新兴产业（如新材料产业、新能源产业、信息产业等）相融合形成。新技术的不断出现及其对每种类型产品的渗透，会使某些产品具有双密集特点。如当资本密集型产业投入更多的技术时，就可把融合后的产品称之为资本技术双密集型产品。

20世纪90年代以来，以美国为代表的发达国家的技术密集型产业在成为主导工业部门时，这些技术密集型工业与以往主导产业部门集中大规模生产的特征相反，它具有多样化、小型化和分散化的特征，其覆盖面广、渗透力强、涉及程度大，从而导致整个工业技术密集化程度的不断提高和工业部门结构的重大转变。新型产业结构中的主导产业由过去一极"富士山型"转变为主导产业分散在各个领域的多极的"山峰型"。"富士山型"主导产业群是指以某一个或两个产业为主，由此又带动相关一群产业，从而形成的主导产业群体，如纺织工业及其相关产业、钢铁工业及其相关产业、汽车工业及其相关产业。"山峰型"主导产业群是指主导产业不是由一个或两个为主，由此导致相关产业连带发展，而是主导产业在不同的行业间形成了群山连绵并行发展趋势。

三、主导产业与优势产业、贸易优势

1. 优势产业与要素结构

波特（1990）分析了影响一国产业成长的各种因素，认为每个国家的经济都是由各种类型的产业组成的，这些产业又有不同的竞争条件，从而决定了国家经济发展的四个阶段，即生产要素导向阶段、投资导向阶段、创新导向阶段和富裕导向阶段[①]。波特没有从主导产业角度上划分各国产业演进的过程，而是从一国的竞争能力上分析国家产业的发展。即便如此，波特所揭示的一国产业优势发展所经历的四个阶段既符合主导产业的发展逻辑，也与本书贸易优势类型发展的阶段性相一致。

生产要素导向阶段：该阶段产业成功的基础是基本生产要素，它"可能是天然资源，

---

① 古扎拉蒂，波特，费剑平. 计量经济学基础：第5版［M］. 中国人民大学出版社，2011：58－79.

或是自然环境，或是不匮乏且又廉价的一般劳工"（波特，1990）。这一阶段的贸易优势产业只能是自然资源密集型或劳动力密集型，完全以价格条件进行竞争，企业尚无能力创造技术，必须依赖外国企业提供经验与技术。

投资导向阶段：竞争优势的获得主要来源于资本要素。持续的资本投入可以扩大生产规模，大量更新设备，提高技术水平，增强企业的竞争性。这一阶段的贸易优势产业就是资本密集型，投资导向阶段的企业不单单应用外国的技术和方法，也致力改善外来的技术。企业具有能吸收并改良外国技术的能力，是它们突破生产要素导向阶段、迈向投资导向阶段的关键。在投资导向阶段，竞争优势主要表现在特别讲求规模经济的产业、资本密集但需要大量廉价劳力的零件与标准化产业。

创新导向阶段：在这一阶段，企业除了改善外国技术和生产方式外，本身也有创造性表现。各种产业和产业环节中的竞争开始深化与扩大，许多产业因为蓬勃的出现新厂商而加速改善和创新的步伐，重要的产业集群也开始出现世界级的支柱性产业，具有竞争力的新产业也由相关产业中产生建立在创新基础上的技术优势是产业优势的根本保证。

富裕导向阶段：仍维持优势的四类产业。第一类是仍维持精致和高级需求的产业。金融服务业、娱乐业、以便利为导向的产业等。第二类产业是该国长时间投资特定领域所形成的，包括基础科学、艺术、高级专业化教育、充沛且高水准的人力资源；或保健医疗、国防等社会开支。这些有历史背景的财富，表现在产业上，如生物科技、教育服务、太空科技、国防武器等。第四类产业则是该国保有初级生产要素优势的产业。

处于这一阶段的国家主要靠过去长期积累的物质精神财富而维持经济的运行。产生了吃老本的机制，创新的意愿及能力均下降，企业开始失去国际竞争优势。长期的产业投资不足是财富驱动阶段的突出表现。投资者的目标从资本积累转变为资本保值。创新的缓慢导致有吸引力的产业投资机会下降，金融投资取代了实业投资。按照波特的标准，英国已经进入这一阶段，美国、德国等在20世纪80年代也开始进入这一阶段。

波特认为美国正处于富裕导向阶段，这与20世纪90年代新经济的发展所显示的以信息产业为主导的发展趋势大不相同，英国近些年的经济表现也大有改进，表明波特的分析在有些方面与实际情况有冲突。

2. 产业升级与资源转换

任何国家对外经济交往活动，都要着眼于本国在国际经济中实力的增强和地位的提高，这是发展生产的直接目的。对于后起国家来说，要想增强本国经济实力，提高本国在国际经济中的地位，基本目标就是要实现产业结构升级。从农业国到工业国，从劳动密集型产业比重大到资金密集型产业比重大、从传统工业为主到新兴工业为主，都是处于不同发展阶段的国家争取产业结构升级的体现。开放型经济条件下的产业结构高度化，就是通过在国际市场上以低位资源换取高位资源，以本国富余的资源来换取有利于促进新产业发展的经济资源，以推动产业升级。

不同类型的产业对不同类型的资源所需要的比重是不一样的。资源密集型产业主要依托自然资源，在生产中消耗较多的劳动；劳动密集型产业产品的劳动含量大，加上工业技术与投资量较少的资产设备；资本密集型产业在生产中固定资产的资金量很大，要有工业技术与大量投资；技术（知识）密集型产业的生产直接依托于高新技术，加上高素质劳动力。显然，后起国家的产业结构升级过程，就是国民经济中所运用的经济资源越来越高级化过程。一国处于发展的低级阶段，缺少高位资源，而低位资源所占的比重很大，相应的也只能以低层次的产业为主。把产业结构升级作为发展中国家参与者国际分工的目的，把资源转换作为开放型经济条件下实现这一目的的重要途径。

3. 主导产业与贸易优势

产业结构决定出口结构，产业结构多层次性决定了出口商品结构的多样化，产业结构主次地位决定了出口商品结构中的主体与非主体部分构成。主导产业相对于其他产业部门具有技术水平高、劳动生产率高、需求弹性大等三大特点，这就决定了主导产业又具备了三大优势，即技术优势、成本优势和市场优势。一国处于相对比较优势的产业或部门，自然也就决定其贸易中的比较优势地位，虽然进入国际市场中的产品会遇到各种障碍，但一般而言，各个国家基本是遵循以其相对的比较优势的产业进入国际市场的这一法则的。

贸易优势类型反映一国的主导产业发展层次及其要素结构。而随着以科技进步推动下的资源结构的转换（质量改变），产业结构不断地升级。其路线为：资源结构转换→产业升级→主导产业更替→贸易优势类型转变。

现代经济社会中因高科技发展及其在各产业中的渗透而出现了产业融合现象，因而以产业部门为标准已很难区分清楚一国的贸易优势，如澳大利亚、新西兰等发达国家以农产品出口为主体，但并不能以此把这些国家归入农业国，生产产品的密集度能够准确地反映一国的贸易优势类型。

2.1.3 贸易优势的特点

一、相对性

在一定时期内，各个国家进入国际贸易时的起点和初始条件不同，各国产业结构上的差异性就决定了一国的贸易优势的选择只能从现有的产业基础开始，贸易优势是相对于本国产业和要素优势而言的，其具体类型在各个国家是不同的。每一种贸易优势类型就应有与之相对的主导产业和要素结构，当一国的主导产业和要素结构发生变动时，贸易优势就将由一种类型向另一种类型转换。贸易优势从静态上理解，反映出一国或地区在特定的时间点上的主导产业、资源禀赋与在国际分工中的地位；从动态上理解，经济的开放性与技术的进步性使得一国或地区的贸易优势在一段时间内将会发生变化，这一变化反映了贸易优势类型的转换与新的主导产业、国际分工格局动态均衡关系。

二、互动性

互动性指贸易优势的变化是国与国之间相互传导的结果，经济的开放性与全球化使各国产业结构处于一种相对的变化之中，国际贸易对一国经济产生积极影响的关键在于它是否促进了一国经济结构的改善，产业结构调整和产业升级必须在进一步扩大开放中得到实现。发达国家经济发展的规律说明，产业结构高级化以及伴随产业结构的变化而出现主导产业的转换决定了产业结构总是处于变动之中，市场经济的开放性又使得各国的产业结构变化与发展是相互关联的。一国产业结构与要素密集度的变化既来自外部经济的影响，反过来又影响着外部经济。一国某类商品或产业优势的丧失可能是另一国优势的获得，十九世纪的英国被德国、美国赶上的原因就是贸易优势未能及时地转换，其国内产业结构的转变落后于国际产业的发展。一国的产业如果不能升级并扩大它对其他国家的相对优势，那么就是衰退、落后。先发国与后发国之间阶梯式技术结构的存在，使得先发国在后发国的追赶下，必须不断地进行产业结构升级，进入更高一级的产业层次，以形成新的阶梯式技术格局，否则，先发国就面临着后进国的威胁与挑战。一国某种优势的获得是另一国优势转化了的结果，如美国因日本经济的崛起而在制造业领域中的优势地位大为动摇与丧失，而另辟蹊径在信息产业中获得绝对优势。

三、能动性

产业结构变动是现代经济增长的重要特点，是科学技术迅速发展条件下经济发展的必然结果，是技术进步促进经济增长的一个重要环节。技术进步和经济增长速度的加快和质量的提高，不仅取决于产业结构转换的速度和质量，还决定于一个国家经济的结构转换能力和结构效益的高低。由于产业结构的转换涉及经济资源的全面调整，具有一定的难度，也由于仅仅依靠市场机制的力量难以保证结构转换的速度与质量，充分发挥政府在结构转换过程中的调控职能就显得十分必要。产业政策正是基于自觉地实现结构转换的目标而提出的。产业结构政策的制定，要以一个国家的科学技术、经济发展状况和产业结构基础为基本依据，根据科学技术的发展趋势、产业变动趋势和一定时期经济发展目标和任务的要求，规划产业结构逐级演进的目标，并分阶段地确定重点扶持和培育的战略产业和主导产业，援助和调整衰退产业，制定有效措施，实现资源的重点配置和合理配置，引导产业结构的高级化和合理化，促进经济增长。

主导产业的选择与发展由两种力量推动，即市场和政府，市场与政府同时影响一国产业与贸易的演变过程。在开放经济的条件下，发达国家和发展中国家都会发生贸易优势的转换，但在发达国家和发展中国家有着不同的生成和转化机理（因为它们之间在经济结构、生产力水平、市场体制等方面存在较大的差异性）。影响贸易优势形成与转换的因素（国内国际的经济变量）是多方面的，所以贸易优势在发达国家与发展中国家存在着不同的演变轨迹，实现产业结构转换的关键是要形成一定的产业升级的动力和采取适当的手段。

四、均衡性

一国的贸易优势首先表现为与本国的产业结构与要素结构的均衡。经济的动态发展（市场价格、技术进步、要素的积累等内生变量）决定了不仅一国的产业与要素结构在时间不同的区段上会连续变化，而且国际市场的供需也会发生连续变化。只有及时调整与转换贸易优势，使之既与本国的产业结构与要素结构相适应，又符合国际市场的需求，就能够不断地实现贸易的结构性平衡。

当一国的贸易优势与本国的产业结构或要素结构不一致时，则表明该国的贸易优势偏离了其产业与要素基础，需要调整或转化。一国出口的商品构成要由本国的产业与要素结构决定，同时又要反映国际市场的需求，因此，一国的贸易优势还必须实现市场结构的均衡，外部市场的价格信号是引导国内产业与要素流动与配置的重要参量，它首先要求一国的出口与进口必须具有功能的对称性，主要表现在两个方面，一是贸易优势是低级产业的或用低级要素生产出来的产品，进口则应是高级的产业或要素生产出来的产品，为了增强产业实力与升级能力而进口；二是贸易优势是高级产业或用高级要素生产出来的产品，进口则应是低级的产业或要素生产出来的产品，为了维持较高经济发展、最大化地利用资源、以获取最大的利益而进口，只有这样，才能达到国内与国际市场商品进出口结构上的均衡。

贸易优势类型转换最直接的影响参数是产业结构演进，而产业结构演进又离不开进口与出口两个重要变量，如果一国进出口结构与产业结构在动态变化中没有形成关联机制，那么贸易对一国就失去了经济意义。

2.2 贸易优势与比较优势、竞争优势、国家竞争优势

从源头来说，比较优势是国际贸易的理论基石，竞争优势是企业在国内外市场中的生存方式与发展能力，国家竞争优势是一国所表现出来的生产力优势，三者之间处于同一个经济系统，但归于不同的经济层面，既有联系，有又区别。

2.2.1 从比较优势到竞争优势

绝对优势（absolute advantage）理论是在批判重商主义的基础上发展起来的，其创立者亚当·斯密运用市场机制论证了对外贸易互利性，基本思想是假如一国在某种商品的生产方面效率比别的国家低，即成本比别的国家高，那么它就应当进口国外的这种商品。反之，就应当把这类商品出口到国外去。这样，就可以提高一国的劳动生产率，参与国际贸易的双方都有能力改进国民福利[①]。其优势来源分为两类，一类是自然优势，指超出人力范围之外的气候、土地、矿产和其他相对固定的优势；另一类是获取性优势，指工业发展所取得的经济条件，如资本、技术优势等。二者结合在一起，就构成了一个国家在生产和出口某种产品上具有的劳动生产力上的绝对优势。

绝对优势理论的局限性是在解释各国对外贸易产生原因时不具有广泛性。大卫·李嘉图创立的相对比较优势理论（law of comparative advantage）奠定了国际贸易理论的基础。同亚当·斯密一样，李嘉图也用劳动价值论来分析国家之间进行贸易的原因，但其前提不一样，即一个国家在任何商品生产上的成本都比另一个国家高或劳动生产率都低，李嘉图认为国际贸易的理论依据是比较优势或比较成本，其基本法则为"两优取重，两劣取轻"，对于生产效率高的国家是优中选优，生产效率低的国家是劣中选优，在此基础上两国进行分工，同样会取得比封闭下更高的资源配置效率及国民福利增加[②]。各国应集中生产优势较大或者劣势较小的商品，这样的国际分工对各国贸易都有利。虽然论及了劳动生产率的高低，但并没有进一步分析影响各国劳动生产率高低的因素是什么。

对影响各国生产商品的成本差异原因的回答是资源禀赋原理或 H-O 模型。瑞典经济学家俄林提出，在一个区域或一个国家内，在一定的时间里，商品和生产要素的价格均由各

---

① 斯密. 亚当·斯密全集 [M]. 商务印书馆，2014：15 - 31.
② 斯拉法. 大卫·李嘉图全集 [M]. 商务印书馆，2013：58 - 74.

自的供求关系决定。在需求方面有两个决定因素：一是消费者的欲望和偏好；二是生产要素所有权的分配状况，它影响着个人的收入，从而影响到需求状况。供给方面也有两个决定因素：一是生产要素的供给，即资源禀赋的情况；二是生产的物质条件，它决定了生产要素的使用比例，表现出要素密集的性质。在由这四个基本因素所决定的需求和供给的作用下，就形成了某个区域或某个国家的商品或生产要素价格。

以上构成了比较优势理论的基本内容，它们的共同理论特点就是假定前提基本一致，具体包括技术水平不变，要素在国际范围内不能流动，企业的生产函数不变，即存在规模经济。出口商品的优势只能来自本国特有的要素结构——资源供给既定这一外在因素。外在因素带来的产业间贸易源于两种优势的形成：一是绝对优势，同一产业的比较，一国只从事自己占有绝对优势的产业或产品；二是从事国内产业间相对具有优势的部门或产品。

当外生的比较优势理论的前提条件发生变化时，在一定程度上要素能够在国与国之间流动，技术水平是不断提高的，企业的生产函数是可变的，那么，通过企业而内生的比较优势就构成了现代贸易理论的基本内容。当企业从依赖于外生的比较优势转向内生的优势时，表明国际贸易的开展更加广泛地建立在产业内贸易之上，竞争能力成为企业生存与发展的根本。从这种意义上说，内生的比较优势就是企业的竞争优势（competitive advantage）。

竞争优势理论是从两个方向进行研究的。第一个方向是国际贸易的角度，研究内生的比较优势或动态的比较优势。传统比较优势理论是以一国的静态优势为出发点的，固定的分工模式与贸易结构必然存在着发展层次的不对等与贸易利益的不平衡，这就自然使处于不利地位的国家要改变自身优势、争取更大利益。其理论源头可追溯到汉密尔顿制造业优先论和李斯特幼稚产业保护论，通过一定时间的贸易保护，培育出具有竞争力的产业或产品。

新贸易理论在阐述发达国家之间的产业内贸易时论证了内生比较优势的来源，这就是规模经济优势、差异化优势、技术进步优势、交易成本优势和需求条件优势等。因为只有创造出来规模经济、差异化产品的企业，才能够使各个国家相互进出口同一类产品。产业内贸易活动的主体是企业，而企业的竞争方式、手段又是无穷无尽的，所以，新贸易理论在一定程度上开创了企业竞争方式的研究。国际贸易的发展带动了国际投资的发展、技术创新与传播、转让，生产要素在国际范围内广泛流动，企业加大了研发与人力资本的投资力度，企业之间竞争的加剧，导致了外生的要素对提高竞争力是有限的，而内生的要素知识、技术、管理等成为决定企业竞争力大小的重要因素。生产力的发展与科技进步推动了各国工业化进程的启动和发展步伐，使比较优势要素范围扩大，竞争优势的培育与形成也是一个动态的发展过程。

另一个方向是以企业为中心的波特的竞争优势理论。企业层面上的竞争理论是由波特在 20 世纪 80—90 年代完成的。

20 世纪 80 年代到 90 年代，美国哈佛大学商学院教授 M·波特出版的《竞争战略》（1980）、《竞争优势》（1985）和《国家竞争优势》（1990）三本书，引起西方经济学界和企业界的高度重视。前两本书主要针对产业如何在竞争中获得优势进行深入研究，而《国家竞争优势》则在此基础上提出：一国兴衰的根本在于能否在国际竞争中赢得优势。三本书的着眼点都在竞争优势上，并面向国际市场。

《竞争优势》的主要思想是竞争优势归根结底来源于企业为客户创造的超过其成本的价值。要获取竞争优势就必须构筑企业自己的价值链。企业通过价值链实现竞争优势。价值链将企业分解为战略性相关的许多活动。企业正是通过比竞争对手更廉价或更出色地开展这些重要的战略活动来赢得竞争优势的。

一个企业的基本价值链可以分为两大类：基本活动和辅助活动。基本活动涉及产品的物质创造及其销售、转移给买方和售后服务的各种活动，具体包括内部后勤、生产经营、外部后勤、市场销售和服务。辅助活动是辅助基本活动并通过提供外购投入、技术、人力资源以及各种公司范围内的职能以互相支持，具体包括采购、技术开发、人力资源管理和企业基础设施。

竞争优势有两种基本形式：成本领先和标歧立异。成本领先的企业目标是要成为产业中的低成本生产厂商，低成本生产厂商必须发现和开发所有成本优势的资源。典型的低成本生产厂商销售标准的、实惠的产品并且极力强调从一切来源中获取规模经济或绝对成本优势。在标歧战略的指导下，企业力求就客户广泛重视的一些方面在产业内独树一帜。它选择被产业内许多客户视为重要的一种或多种特质，并为其选择一种独特的地位以满足客户的要求，企业因其独特的地位而获得溢价的报酬。

2.2.2　贸易优势与比较优势和竞争优势

一、比较优势与竞争优势的关系

比较优势理论是国际贸易的基本理论基础，是国家与企业参与国际贸易的出发点和立足点。在产业间贸易中，比较优势具有决定性作用，而在产业内贸易中，生产同类商品资源禀赋已经不起关键性作用，竞争优势具有决定性作用。影响比较优势的是外生的变量，是一国先天性具有的，是不可改变的；内生的比较优势是一国可以后天获得的，因而是可以改变的，培养后天优势需要国家的政策与贸易战略上的相互配合。竞争优势是由企业在市场环境中培养与发展起来的，来自市场环境与企业的生存发展与创新能力。

竞争优势反映的是企业创造价值的能力，体现同一产业内企业的关系；是市场结构发生变化后，在国内市场竞争中形成垄断性企业，然后凭借自身特有的优势，通过贸易方式或直接投资，在国际市场中形成竞争优势。企业竞争优势的形成主要依赖于技术、管理与创新，其活动的空间从国内延伸到国外，其竞争优势的不断加强得益于其全球的发展战略，特别是利用各国资源、国际分工和世界市场。这就使得竞争优势不仅仅表现在价格竞争上，更重要的是表现在差别化（或变体产品）等非价格竞争上。所谓变体产品，就是指某一产品类别中，有关产品本身及其相关服务的变化所产生的与原有产品不同的产品。这种变化既可以表现为垂直水平上的品质差异，也可以表现为与产品的物理和化学属性无关的水平差异。不论产品的差异化表现在哪一个层面，它都可以将现有产品生产进一步细分，并赋予有关企业以一定的垄断优势，进而促进其贸易发展。

比较优势与竞争优势虽然都是国际贸易重要的参量，但落脚点是不同的，比较优势是贸易产生与发展的基本因素，这一优势的静态及其动态转化反映了一国参与国际贸易逻辑起点与贸易结构的改变。竞争优势是企业生存和发展的基本因素，反映了市场竞争的手段与内容的多样性及其可变性，扩展并动态化了比较优势。比较优势侧重于宏观层次上的资源配置与社会福利，而竞争优势则侧重于微观层次上的企业利益与发展能力，两者解决的问题既有相同的一面——贸易利益，竞争优势可以改变一国的比较优势；又有不同的一面——比较优势主要涉及资源结构，而竞争优势主要涉及企的业创新能力。

任何国家，即使在经济最发达的国家也不可能在一切产业中都具有竞争优势，竞争优势不能完全消除或替代比较优势，二者可以并存在一个国家的不同产业中，并且在一定条件下能够实现转化，即由外生的比较优势转化为内生的比较优势（竞争优势），这里的关键是一国市场与企业的成熟程度。

二、比较优势、贸易优势与竞争优势的关系

比较优势研究的重点是资源（配置）、利益（分配效应）和贸易模式（产业间贸易）之间的关系，侧重于理论论证静态或动态的比较利益、外生或内生的比较优势；竞争优势研究一国企业或产业形成优势的各种条件，重点是企业竞争问题，涉及企业价值、研发创新和市场营销等影响竞争的因素；贸易优势研究重点是主导产业、要素结构转换和政策变量与贸易优势类型的生成、转换机制之间关系。

2.2.3　国家竞争优势与贸易优势

一、国家竞争优势

20世纪90年代，波特提出国家竞争优势理论，有着深刻的时代背景。20世纪80年代美国一些传统支柱产业，如汽车制造业的竞争力被日本和西欧国家所超过，一些新兴产业也受到这些国家的强大竞争压力。如何提高国际竞争力是当时美国学术界、产业界、政府部门需要解决的一个紧迫问题。1983年里根总统设立产业竞争力委员会。波特就是其中成员之一。此外，经济全球化进程的加快，使国际竞争日趋激烈，获取竞争优势成为现实的需求。波特的理论反映了时代的需要，他的理论对90年代美国对外贸易政策产生重大影响。1993年，克林顿总统上任伊始，就宣称他的经济政策的目标是帮助美国在全球中"竞争取胜"。

于是，波特在《国家竞争优势》一书中，把他的国内竞争优势理论运用到国际竞争领域，提出了著名的波特菱形理论①。这一理论所要回答的是，为什么一国能在某个特定产业获得长久的国际竞争力，在当代国际贸易中，许多发达国家的出口高度集中在少数明星产业上。如日本的消费电子业，意大利的毛纺、皮革制品、金属珠宝业，英国的保险业，荷兰的花卉业，德国的化工、汽车业，美国的广告、高技术产业。波特认为，这要从当地企业所处的独特竞争环境来寻找答案。

产业优势形成需要四个条件：

一是生产要素状况。波特区分了五类生产要素，即人力资源、物质资源、资本资源、基本设施、知识资源。从生产要素的来源和所起的作用看，又分为基本要素和高级要素。基本要素是指一国先天拥有或不用太大代价就能得到的要素，如自然资源、非熟练劳动力及地理位置；高级要素是指通过长期投资或培育才能创造出来的要素，如高质量人力资源、高技术等。一国如果同时具有这两类生产要素的优势，在国际竞争中就一定是强者。但是，通过努力获取，而不是继承或购买高级要素则更有价值，高级要素的不断积累，是一国在国际竞争中取胜的根本保证。不仅如此，一国创造新生产要素的速度与效率也比既有要素的存量来得重要，因为这是一种能力的培养和创造的形成。在特定条件下，一国在某些基本要素上的劣势反而有可能刺激创新。一国在高级要素方面的优势可以克服基本要素的不利造成的劣势。这些情形在现实社会中能找到许多例证。

---

① 波特，李明轩，邱如美. 国家竞争优势：典藏版. 下 ［M］. 中信出版社，2012：55－67.

　　二是需求状况。波特肯定发达国家收入水平高的共同性是各国需求结构相似。但他进一步指出两点，一是需求的细分结构，即一国在某一个市场细分部分的需求量大，这个国家此细分部分将占优势；二是尖端又紧迫的需求，如果国内消费者特别挑剔，要求复杂而标准高，就会促使本国企业努力改进产品质量和服务[①]。

　　三是相关产业配套。相互提供产品的产业之间，一种产业能提供高质量的产品将带动另一种产业的效率与质量提高，特别是作为工业原料和生产设备的上游产业，能为下游产业的发达提供支持品，上下游产业的企业之间还可以交流信息，交流创新思路。

　　四是企业发展战略。良好的企业管理体制的选择不仅与企业的内部条件和所属产业的性质有关，而且取决于企业所面临的外部环境。强大的本地本国竞争对手是企业竞争优势产生并得以长久保持的最强有力的刺激。他提出必须摒弃由政府对国内少数几个企业提供优惠以扶持其成长的政策。因为国内企业之间的竞争，虽然在短期内可能损失一些资源，但从长远来看则有很多好处。正是国内激烈的竞争，逼迫企业向外部扩张，力求具有国际竞争力。

　　除了上述四个基本条件外，还有两个辅助因素即政府与机遇所起的作用。前者以日本政府的经济政策推动日本各阶段主导产业的形成和及时转换为例；后者以二战后世界形势与国际环境，尤其是美国发起的越南战争，美国本土巨大的市场，欧美先进的制造业技术等，为日本的发展提供了资本、技术和市场支持为例。

二、贸易优势与国家竞争优势的关系

　　贸易优势与国家竞争优势的共同点都以一国产业演进（包括产业优势、产业升级等内涵）为核心，并与国际贸易有着密切的关系。不同之处在于贸易优势是通过对外贸易促进产业结构的升级，探索在开放经济系统中产业结构动态发展与进出口之间的内在机制。波特的国家竞争优势以发达国家为研究基础，产业发展的阶段、优势产业的形成是以国内市场为基本推动力量。

　　贸易优势是一个不断变化的动态的概念，其内涵主要是由商品贸易所表现出来的一国产业结构变动的状态，它有一个从低级到高级的纵向发展过程，这一过程始终与贸易相关联。而国家竞争优势是一个结果状态，其内涵涉及由一国综合的经济条件所决定的产业优势与结构特色。前者侧重于生产力的发展进程，后者则侧重于生产力的发展结果。但波特的产业优势形成的四个阶段，特别是前三个阶段的过程与本书第三章所论证的贸易优势类型转换机制有着相当的一致性。

---

　　① 波特，李明轩，邱如美. 国家竞争优势：典藏版. 下［M］. 中信出版社，2012：69－74.

总之，贸易优势在内涵上与相关范畴有重合或交叉。贸易优势的选择既要以一国的比较优势为基础，贸易优势的形成和转换必然是企业、产业竞争能力不断提高的结果；一国经济地位上升的过程就是其竞争优势加强的过程，国家竞争优势必然会在国际贸易中体现出来，贸易优势是一国竞争优势大小的重要表现之一。这里的贸易优势是动态的，随着一国产业结构的变化，该国的贸易优势也就发生相应的转换。

根据国际贸易理论，国际贸易与国内贸易的最显著的特点就是每个国家都是凭借着某种优势参与到国际贸易之中的，无论是传统贸易理论，还是现代贸易理论，都是要对各种贸易现象产生的原因给予说明与论证。本书中的贸易优势与贸易理论中的比较优势、竞争优势等概念既有联系又有区别，联系主要是指它们都归属于同一个经济系统，区别在于在同一经济系统中它们所涉及的问题具有不同的形成机理及不同的作用层次。

第三章 贸易优势类型及其形成机制

每一种贸易优势类型都有其相对应的产业层次与要素结构的序列，各种贸易优势类型的形成与转换是因产业结构升级而决定的。开放经济系统中产业结构从低级向高级演化进程与贸易优势转换之间关联性是沿着三种贸易优势类型形成机制的线型路径而实现的。

3.1 技术创新式贸易优势类型形成机制

3.1.1 技术创新、产业结构升级和贸易优势类型转换

一、科学技术革命与产业结构演进

产业升级是贸易优势形成的前提条件和转换基础，产业结构升级的决定性因素是技术进步。技术是生产力的核心要素，生产力的发展与经济的增长，归根到底取决于技术的进步。技术进步（technological progress）包括两层含义，即技术进化（technological evolution）和技术革命（technological revolution）。

当技术进步表现为对原有技术和技术体系的不断改革创新，或在原有技术原理的范围内发明创造新技术和新的技术体系时，这种技术进步称为技术进化。例如，通过技术革新使机床加工精度提高，使电视机的图像更加清晰等等。技术进化是经常发生的，这种技术进步是渐进性的。技术所依赖的技术原理和生产程序基本没有发生重大变化。

当技术进步表现为技术或技术体系发生质的飞跃时，就称其为技术革命或技术创新。

所谓飞跃，是指技术的原理产生了质的变化，从而改变生产方式和组织形式，其结果就是新技术或新技术体系的诞生，使原来的社会、经济结构发生巨大变革或改组，新产业获得发展，劳动生产率获得巨大提高。如第一次产业革命，就是纺织机和蒸汽机技术的发明和推广应用引起的，它使纺织业的劳动工具和动力系统由纺车、土织布机、原始水轮机等变成了机器和机器动力系统，使冶金、采掘、机械制造、交通运输等行业同时发生了巨变，使手工业由作坊的生产方式转向社会化大生产，使劳动组织与管理方式发生了革命，因此，这一技术革命带来了产业革命和社会革命。技术革命是经过长期的技术进步，通过科学研究与开发等成果的逐步积累，到一定的条件下才能发生的技术进步必然引起产业结构的变化。

以上是在宏观层次上从科学革命、技术革命到新型产业产生与发展的角度上来分析的技术进步，在微观层次上，经济学家区分了两种类型的企业创新活动：渐进创新（incremental innovation）和激进创新（radical innovation）。渐进创新或多或少地是连续的事件，它通常不是研发活动的结果，而是工程师和其他直接参与生产活动的人员的发明和提出的改进意见的结果（"干中学"），或者是用户首创和建议的结果（"用中学"）。渐进创新虽然对提高各种生产要素的效率是极端重要的，但它只表现在现有产业的产出范围及其效率的改进上，而不能创造新产业。创造新产业的活动主要是由激进创新所完成的。一般说来，激进创新是导致产业结构演进的主导力量，它会产生基本的产品创新，但它必须由长期的和大量的渐进创新所支持，才能使新生产业成长为在经济体系中产生扩散性影响的主导产业。激进创新作为不连续的事件，目前通常是大学、企业和政府实验室中深思熟虑的研发活动的结果。

可见，技术进步有大小之分，而且是一个长期积累的过程。如生产过程中的局部技术革新、技术改造，只能使局部的劳动生产率提高，并不能改变整个生产力体系，这种技术进步不会带来产业结构的明显变化。如果技术进步是发生在对其他部门有重要影响的某一行业里，使整个行业的技术体系发生了全新的变化，并直接导致劳动生产率提高、产品成本下降，它就有可能使产业结构发生较大的变化。当技术进步累积到一定程度，使人类生产能力产生质的变化，使生产方式发生了变革，尤其是当某种新技术将引进若干个产业部门的生产效率产生一种飞跃时，就会使整个产业社会技术体系发生革命，从而引起产业革命，使产业结构发生急剧的变化。技术进步促使新兴产业出现，改变产业结构。

总之，技术上的每一次重大突破，都曾经引进社会生产的巨大变革，任何新产业的产生和发展都根源科学技术进步，科学技术是产业结构转换的第一推动力。一国的产业结构表现为一定的生产技术结构，生产技术结构的进步与变动都会引起产业结构的相应变动，一旦技术发生变革，通过主导产业技术在产业之间的关联效应而使产业结构发生与之相适应的改变。技术进步不断拓宽劳动对象，使产业部门不断细化、新的产业部门不断产生；技术进步还不断地引发人们的新需求，从而使新需求成为新的产业部门成长的动力。历史上每一次科技革命，都诞生了一批新兴的产业，成为经济发展的主导产业，并使科技革命的产生国形成了新的贸易优势。经济发展的不同时期，存在着不同的主导产业群体，这正是贸易优势类型在各国不断转换的根本原因。

二、源于技术进步的贸易优势类型形成机制：技术创新式

一个国家或地区的主导产业，是在一定的经济发展和技术创新条件下形成的，技术水平的不同决定了比较劳动生产率的不同，技术进步又引起比较劳动生产率的变化。产业结构转换的动力来自比较生产率的差异，它表现为生产要素从效率低的部门向比较生产率高的生产部门转移；产业结构的转换和升级主要取决于部门之间生产率增长速度的差异。不同部门由于创新和技术进步速度不同，其生产率增长速度也是不同的。产业之间效率上的差别总是存在的，因各个产业的技术创新能力不同和新技术吸收能力不同。众所周知，机械工业的劳动生产率高于冶金和采掘工业，但低于电子工业。那些研究与开发投入强度大、能够最先吸收新技术的部门，往往也是生产率提高最快和产出增长最快的部门，这是由部门内在技术经济特征所决定的。技术创新，产生了新的产业，因为新产业的劳动生产率高，必然使要素流向这一新的产业部门，进而改变了产业之间要素配置及各产业的增长速度，新的经济增长点形成，产业结构发生变动，从而导致新的主导产业或主导产业群形成，主导产业或主导产业群促使贸易出口结构变化，最后致使原有的贸易优势类型向新的贸易优势类型转化。这一演进过程可简化为：技术创新→新的主导产业→新的贸易优势类型。

从历史上看，第一次科技革命首先从传统的手工业部门——纺织业开始。其特点是技术发明引发的一场以蒸汽机为动力的产业革命，第一次科技革命使世界生产力有了很大的提高，改变了当时各主要资本主义的产业结构，农业比重开始下降，确立了以轻纺业为主导的劳动密集型的工业生产体系。

第二次科技革命以发电机和电动机的发明和使用为主要标志，电力克服了蒸汽机的诸多缺点，社会生产力得到了极大的发展。电力的发明和应用不仅推动了电化学、电热学的进展和一系列新产品、新部门的出现，而且也带动了重工业部门如钢铁、采煤等的技术革命。重化工业成为国民经济增长中最大的产业部门，形成了钢铁工业、造船工业、汽车工业、石油化学工业等资本密集型的主导产业群。

第三次科技革命从 20 世纪 40 年代末 50 年代初开始，60 年代达到了高潮，其主要标

志是原子能、高分子合成材料和空间技术的广泛应用。这次科技革命无论在规模和深度都大大超过了前两次科技革命，影响到社会生产和生活的方方面面，在此基础上，涌现了很多的新兴工业部门，如通信机械、办公机械、数控机械、医疗和教育器械等及电子计算机、遥控机床、航空、原子能开发和集成电路、精密化学、新合成化学、新金属材料、海洋开发等技术密集型深加工产业为主导的产业体系。

进入 20 世纪 90 年代，第三次科技革命的余波未平，紧接着在以美国为首的发达资本主义国家已迎来了第四次科技革命，信息产业又逐渐成为新的主导产业，形成了以 IT 产业为基础的知识技术密集型产业体系。当信息产业上升为主导产业时，其基本特征是：电脑化的智能机器体系已经成为整个产业的基础；信息的电脑化处理过程，已经广泛和决定性地支配着产业的运行和扩张。与此同时，电子信息产业已成为国民经济的主导产业，电子信息手段已广泛渗透并改造了其他产业部门，人类进入了知识经济时代。

波特的优势产业形成的第三阶段是创新推进阶段。这一阶段的竞争优势来自创新。这一阶段相当于技术创新机制所形成的贸易优势类型，主要是技术密集型产业或产品。企业已具备各种条件，人员培训效果显著，引进技术吸收消化能力强，能自己进行研究生产和开发工作，创新意识和创新能力较强。在创新推进阶段，政府主要发挥间接的作用，如鼓励创造更多的高级要素；改善国内需求质量刺激新的产业领域的形成；保持国内竞争等。

3.1.2　技术创新式贸易优势形成机制的实证分析

每一次技术革命都会导致一批新产业的形成与发展，并成为推动整个经济的主导力量。在不同国家的产业结构演进中，由于国家的大小、历史条件、机遇与环境的差异性，使得主导产业群在各个国家不可能一模一样，但其技术基础是一样的，属于同一类技术系统内的产业组合。这里以美国技术创新式贸易优势的形成为例进行实证分析。

美国因其独特的资源与历史，其农业长半个世纪（1864—1910 年）的时期中一直发挥着主导产业的作用，这在世界上是绝无仅有的。之所以如此，主要原因：一是美国农业在国民经济中占据着优势比重和保持着较快的增长速度；二是美国农业具有较强的技术创新优势；三是农业是推动美国结构变化的主要动力；四是美国农业具有明显的资源优势和制度优势。直到 1913 年美国工业制品和半制品（不包括食物制品）渐渐增加，占到出口总额的 48.8%，而棉花、小麦等农产品一直为出口的主导产品。

进入 20 世纪 20 年代，机械工业成为美国的主导产业，其生产总值和劳动就业居于制造业的首位。到了 20 世纪 40 年代，钢铁、汽车、建筑业又相继成为美国的主导产业，经过 20 年的发展，1960 年，钢铁占国民的收入比重为 7%，汽车为 6.7%，建筑业为 5.4%，汽车工业带动了钢铁、化工、石油等工业以及公路建设和服务业的发展。建筑业带动了建材、钢铁、建筑设备等工业的发展，钢铁工业则带动了冶金业并促进了汽车、机械等制造工业和建筑业的发展。60 年代中后期，飞机制造业已超过了钢铁工业，进入 70 年代中后期，美国的三大产业已成为利润率较低的部门。到了 80 年代，美国已进入了信息服务为主的后工业社会，以高技术为基础的新兴产业不断涌现，第三产业在 GNP 中的比重已接近 70%。但汽车、飞机（宇航）和电子工业仍在工业部门中起主导作用。

20 世纪 90 年代在以信息产业为主导的一批高新技术产业的带动下，美国新经济兴起并发展起来。随着电脑、微电子、激光、电信和互联网等信息技术在经济中的广泛应用，信息技术产业在美国经济中的地位不断上升，信息技术产业已经逐渐成为美国经济的主导产业。信息技术产业在美国 GDP 中的份额从 20 世纪 70 年代后期到 80 年代中期一直在 4%~5% 之间徘徊，仅与 80 年代末期建筑业在美国经济中所占的份额相当。随着 PC 机在商业和家庭中的普及和应用，从 1985—1990 年信息技术产业占经济的份额提高了 1.2 个百分点，达到 6.1%。20 世纪 90 年代后，伴随着互联网的商业化，该份额再次开始上升，从 1990 年的 6.1% 上升到 1998 年的 8.2%，进而在 2000 年达到 9.5%。20 世纪 90 年代之后，信息技术产业在经济中所占的份额比过去美国经济的三大支柱产业（钢铁、汽车和建筑业）加在一起的份额还要大。这在一定程度上说明了信息技术产业已取代传统的支柱产业而成为美国经济名副其实的主导产业。

不仅如此，美国在发展信息等高科技产业的同时，也用信息技术对传统工业部门，如钢铁、汽车工业等进行技术改造，增强传统产业竞争力，提高传统产业的生产率，强化了美国技术密集型的贸易优势，即高技术的比例越来越高。高科技具有对各个产业极强的渗透性，美国出现了主导产业群融合趋势及产业结构的软化。

3.1.3　技术创新式贸易优势形成的制度基础

这里仍以美国为例，美国之所以成为技术创新的发源地，成为引导产业发展的潮流，主要因为拥有强大的创新主体和适宜创新的环境。

一、自由竞争的企业制度

产业结构自发演进的微观制度基础是充分竞争的市场经济制度。美国的市场经济是典型的市场主导型，资源配置和经济运行主要由市场调节，政府对市场的干预目的在于保护市场竞争和弥补市场缺陷。世界第一部竞争法规源自美国，以 1890 年的"谢尔曼反托拉斯法"的问世为标志，尔后在1914年又通过的《克莱顿法》。竞争法规的核心目标是维护和促进竞争，最终实现产业效率和经济活力的提高。市场经济的效率源于竞争，但这种竞争必须是公平的、正当的。在政府不干预经济的情况下，厂家可能不注重依靠改进技术、降低生产经营成本、提高产品质量以取得市场，而采取其他非正当手段排除竞争对手，达到扩大市场销路、增加收益的目的。如果厂商纷纷效仿，结果必然导致一国技术停滞，生产效率下降。这种现象即所谓的"市场失败"。为了避免这种现象，政府应该不失时机地进行干预，消除妨碍或有损公平竞争的因素，纠正厂家行为。因而需要实施有效的竞争法规。实施竞争法的最终目标是不断改善一国经济长期运转的环境，从而保持和增强一国产业部门的竞争能力，美国没有明确统一的产业政策，因而它的竞争法显得特别突出。同时，美国政府向来以资本主义自由企业制度的维护者自居，竞争政策被当作维护自由市场经济体制的重要工具。

正因为美国对自由和竞争的信仰创造了发挥市场能力最为重要的竞争环境，所以渐渐形成了以投资为中心，可以使用各种灵活手段的自由资本市场，使原本就灵活的劳动市场变得更为灵活，进而建立对市场敏感的经营和彻底谋求利益的纯粹市场型公司治理机制。

二、一体化的创新体制

技术创新的主体是企业，但这并不意味着技术创新过程只有一个角色，技术创新是一个从科学技术成果的供给到创新产品的市场销售完整过程，参与这个过程的角色是多种多样的。

创新有两个层次，一是基础科学研究上的突破带来的技术变革，对社会经济与产业结构产生了巨大变化；二是企业层次上的技术创新，这主要是指新产品的出现。

长期以来，美国一直是世界上新产业与新产品的发源地，不仅因其有强劲的大学研究实力、庞大的政府研究经费，以及多家大企业的研究实验室等条件，提供良好的科学研究环境，使基础科学研究与应用科学研究并重，而且美国拥有世界上流量最大的资本市场，由于资本容易取得并且利率低，大量的资本能灵活注入前景看好的产业。与此同时，也与美国的市场条件有关。维农（Vernon）认为，美国市场条件有三个主要特征：一是市场规模大，它可以减少引进新产品过程中的风险；二是美国消费者人均收入高，这个条件使某些新的消费品的销售得以增长；三是美国劳动的相对成本高，这个特点不断产生了以资本替代劳动的创新需求[①]。例如，汽车、缝纫机、电视机、录像设备、照相机、起重机、自动控制设备等产品，都是高收入消费者所好或节省劳动的产品，这些都是美国人发明的。

---

① 文楚安. 在地下："后垮掉一代"作家在美国——维农·弗雷泽访谈录［J］. 当代外国文学, 2001（1）: 7.

三、有效的科技政策

美国技术政策随着经济、社会和国际环境的变化而不断地进行着调整，具体说来，其技术政策大体上划分为以下几个阶段：

1. 以促进农业发展为主的技术政策（1787—1941）

首先建立保护发明者权益的法律制度，鼓励技术的发明和创新，确立专利制度。其次，系统地促进农业技术进步，为美国的农业革命提供了技术动力和政策动力。最后，推进标准化制度建设，并支持重大技术发明的推广应用，为美国工业化的完成提供了重要支撑。

2. 以基础研究为主的技术政策（1941—1980）

（1）早期：国防导向的科技政策——军事费用支持科技发展

从第二次世界大战前后起，技术革新始终是与军事技术相互联系而发展起来的。在美国，研究开发经费的一半是与军事技术有关的。第二次世界大战爆发后，美国政府成立科学研究和研制局，负责进行战争的科技动员，并将联邦政府研究经费的5/6投入到军事领域的研究开发活动。曼哈顿工程计划的成功完成，发明了原子弹，开创了核能时代。另一项重大突破是电子计算机的发明，开创了信息技术时代。

（2）后期：利益导向的科技政策——国家资助支持科技发展

二战结束后，为了维持美国科学的高水平发展，美国政府给予了极大的资金支持。1950年，国会批准了建立国家科学基金会的议案，该基金会的主要目的是促进科学的基础研究与教育，实现这个目的的方法是为大学提供资助、给研究项目提供补贴、为学生设立奖学金，并以国家利益为基础评价研究成果的影响。

3. 竞争力导向的技术政策（1980—1992）

20世纪70年代末80年代初，随着国际形势的变化和美国与西欧国家及日本之间国际竞争的加剧，美国经济的国际地位发生严重动摇。在其他国家企业的强有力竞争挑战下，美国包括汽车工业在内的一系列重要产业纷纷陷入困境。到了80年代中期，国际竞争的挑战甚至深入美国居绝对优势的高技术产业。美国认识到原有的技术创新模式和国防导向的技术政策已不能适应形势发展的需要。在这样的背景下，美国政府开始其冷战后期的技术政策调整，主要特点：一是把联邦政府研究成果向私营企业的转移制度化，确立促进联邦政府研究成果转移、扩散和商业化的政策；二是消除私营企业间合作研究的反托拉斯法障碍，促进私营企业之间开展合作研究开发，增强企业研究开发能力和国际竞争能力；三是制定和实施以增强美国长期国际竞争力为目标的政府合作计划，进一步强化联邦政府在产业技术进步中的作用。

4. 国家推动产业开发与转化的技术政策（20世纪90年代以来）

进入20世纪90年代，在科技政策上克林顿政府着眼于以信息化为先导来推动整个经济结构的调整与升级，其最明显的表现就是促进技术产业化的重大计划"美国先进技术计划"（ATP）。克林顿一上台就发表了"促进美国经济增长的技术——增强经济实力的新方向"的报告。强调促进民用技术的商品化，让产业参与对国民经济增长有重大影响的技术开发计划，并分担研究开发费用。他力图通过先进技术的开发利用和加速这些技术的商业化来加强美国在世界市场上的竞争地位。国家技术政策由过去间接促进产业技术发展转向直接推动产业技术进步。

3.2 技术跟进式贸易优势形成机制

3.2.1 技术跟进、产业结构升级和贸易优势转换

一、技术引进模仿创新与产业升级

从技术进步的外延上看，技术扩散是技术进步的手段，技术扩散是指技术创新通过市场或非市场的渠道的传播。

技术扩散（technological diffusion）也可以称为技术转移（technological transfer）。技术扩散如果从技术接受国主观上努力求取的角度来看就是技术引进。技术引进主要是指通过贸易的途径，以各种不同的合同方式，从外国获得经济发展和提高技术水平所需要的技术和技术装备。技术引进不仅包括专利、专有技术和技术服务等方面，同时还包括设备的进口，前者即为"软技术"，后者为"硬技术"。目前世界上通行的技术引进方式：一是通过许可证协议引进技术；二是通过双方合作引进技术；三是通过国际信贷引进技术；四是通过技术咨询和项目评价引进技术；五是通过技术服务引进技术；六是通过技术交流、讲学等引进技术；七是通过产品贸易引进技术；八是通过承包项目引进技术等。

国际技术扩散或技术转移与国际劳动力、国际资本流动相似，即使在完全市场竞争中的国际经济环境中，也不可能是没有障碍的。来自输出国方面的障碍，包括技术的政治性保密和商业性保密、专利权、政策性考虑等。来自技术输入国方面的障碍可归为三个方面：一是经济方面的障碍，如缺少资本、人力资源和市场。这些障碍相对来说比较容易解

决，因为资本可以借入，劳动力可以招聘，市场可以刺激和开拓。二是制度方面的障碍，如法律不完善、投资缺少保障等。克服这些障碍比较困难。三是观念方面上的障碍，指对新事物、新技术、新产品以至新生活方式的不同评价态度。这是最难克服的障碍。

国家之间的技术扩散具体形式有设计扩散（design transfer）：指向接受国转移制造新材料或新产品的设计图纸；实物扩散（material transfer）：指一国向另一国出口新材料或新产品；能力扩散（capacity transfer）：指技术接受国结合自身条件完全掌握从他国转移来的技术，这比上述两种扩散更困难，花费也更大。前两种属于简单的国际扩散（mere international transfer），是某项先进技术由 A 国扩散到 B 国，而不管 B 国对这项先进技术能否复制出来；后一种属于技术吸收（the absorption of technology），指某项先进技术扩散到 B 国，并且被 B 国复制出来，因此，又被称为真正的技术扩散。

技术引进不仅发生在技术发展落后国家与先进国家之间，在先进国之间也极为普遍。技术发展是不平衡的，一国不可能在所有领域都占有优势，特别是在科学技术迅猛发展的现代，技术进步会渗透到所有的行业之中。

先进国只有把技术进步的成果传播、扩散出去，在其他落后国家得到广泛的应用，才能促进其产业结构的全面调整与升级。而技术的传播扩散过程主要是一种模仿的过程，在传播、扩散、仿制中技术获得普及与发展。为此而产生了一种专门的学科，即"反求工程"（或逆向工程）。

"反求工程"（reverse engineering）是发明创新的"逆"过程，在发明经过商品化，投入市场之后，人们便要对这种商品进行分析解剖，找出其设计与制造方面的奥秘，从而加以仿制或改进。这是获得先进技术的重要途径之一。它首先对产品进行性能测试、结构分析然后进行分解研究、理化试验以至破坏性实验，反求其制造过程、实验过程和研究过程，反求其技术诀窍、设计方法、设计原理和设计思想。反求研究的意义在于：通过反求研究可以掌握国外某些先进技术。技术输出国为了保证其在技术领域的领先地位，总是设法保护其技术秘密，技术直接引进费用很高且有些核心技术或技术诀窍更是秘不示人。而通过对产品的分析研究，是获得核心技术或技术诀窍的重要途径之一；通过反求研究，可以在消化掌握先进技术中有所创新，能够迅速赶上甚至超过技术比较先进的竞争对手。

总之，"反求工程"就是模仿创新，是指企业以领先创新者的创新思想和创新行为为榜样，并以其创新产品为示范，跟随领先者的足迹，充分吸收领先者成功的经验和失败的教训，通过引进购买或反求破译等手段吸收和掌握率先创新的核心技术和技术秘密，并在此基础上对领先者的创新进行改进和完善，进一步开发和生产富有竞争力的产品，这是一种渐进性创新活动。

由技术引进与技术模仿推动的产业结构升级与调整，引进国必须符合以下要求：

第一，引进国产业整体水平需要提高，即引进国的产业结构在层次上与最先进国家的产业结构存在落差，使它们各自的主导产业发展序列处在不同的阶梯上，沿袭产业技术梯度转移的模式，单纯依靠市场力量推动的产业自发演进不可能在较短的时间内改变其落后状况。

第二，技术引进和发展战略采取跟踪模仿改进的形式，需要引进国政府具有明确的发展目标与组合式的政策配套，自觉能动地进行产业选择，并随着国内外经济社会条件的变化适时地提供宏观指导、政策支持和必要的基础设施保障，以促进和加快产业升级进程。

第三，引进国企业要具备一定人才储备、同步研制能力与资金投入能力，从而使引进国对引进的技术能够做到充分吸收、充分掌握。

成功的技术引进离不开两个条件：其一是掌握世界上的技术发展动态，不失时机地引进自己所需要的技术；其二是善于学习，在演习中增强自己研究与开发的能力。这两个条件是相辅相成的，引进可以增强研究与开放的能力，而研究开发的增强，可以更有效地引进。不具备这两种条件，就会出现技术引进的反效应，即引进陷阱。

二、源于技术吸收改进的贸易优势类型形成机制：技术跟进式

在开放经济下，一国的产业结构及国民经济正常运行与国际贸易是密不可分的。因资源、市场、技术等方面的限制，一国不可能在封闭的经济中建立起较完整的产业体系，这就决定了各国之间的贸易往来是其相互依赖与共同发展的基础和前提。国际贸易作为外部因素对一国的产业变动的影响主要通过技术扩散，即进口先进的硬件和软件，后进国家对发达国家先进产业的技术进行模仿、消化、吸收改进的能力的增强，自主生产，扩大国内外市场，从而带动产业结构的升级，形成新的主导产业，贸易优势类型自然会发生相应转换。可见，技术引进属于依靠外生技术推动经济增长和产业升级，一旦技术被加以改进和创新就成为内生的技术进步。

技术跟进式的具体进程如下：进口新产品或新技术→形成进口替代产业→新主导产业→新贸易优势类型。

由引进技术带动本国主导产业更替而导致贸易优势类型转换的典型代表是日本与韩国采取的模式。以日本为例，1874—1895 年，以生丝出口来支持纺织业的进口替代；1895—1935 年，1951—1955 年，以纺织品出口来支持钢铁工业的进口替代；1955—1965 年，以钢铁和纺织业的出口量来支持机械制造业的进口替代；1965—1980 年，以机械制造的出口支持高技术产品的进口替代；1980 年至今，日本转入了高技术产品出口阶段。

日本式的技术引进采取的基本路线为：进口设备→学习技术→吸引消化→改进提高→

国产。这一模式被形象地比喻为"一号机组进口,二号机组国产"。日本的钢铁机械、化学工业成套设备、火力发电成套设备以及原子能发电设备都是采取这种方式。

技术跟进式要求后起国具有较强的进口替代能力,一国能否成功地实现产业结构与贸易优势类型同步转换的关键是替代产业或技术再生能力,这种能力的强弱决定了技术跟进式的实施效果。

在波特的优势产业形成的第二个阶段——投资推动阶段就相当于技术跟进式的贸易优势转移机制。在这一阶段,企业已经具有吸收和改进外国技术的能力,这是要素驱动和投资驱动的根本区别。投资驱动的主要优势是投资的愿望和能力,而不是提供某种特定产品或使用某种特定生产工艺。在这一阶段,生产技术比较先进,但达不到最先进的水平,从而处于一种动态追赶之中。

3.2.2 技术跟进式贸易优势形成机制的实证分析

日本贸易优势的形成是典型的技术跟进式机制,在本节以日本为例进行技术跟进式贸易优势形成机制的实证分析。

一、日本主导产业变更和成长机制

日本主导产业的形成和变更大体经历了四个阶段:第一阶段是1868—1930年,以纺织工业为主导,重点发展棉纺织业;第二阶段大体是1946—1960年,以电力工业为主导,重点发展火力发电事业,后期又把钢铁、石化、机械等工业发展提上日程;第三阶段大体是1960—1970年,以重化工为重点,以石油化工、钢铁、造船业为主导,但同期也制定了三次机械工业振兴法,促进了机械工业的合理化和高度化,这一阶段是经济的高速增长时期,由于钢铁工业的迅速发展,为机械工业的大发展创造了条件;第四阶段是从20世纪70年代以后,这一时期是世界经济动荡和危机时代,以汽车为代表的机械工业和以家电及电子计算机为代表的电子工业已经成为主导产业。这四个阶段的主导产业相互交替领先,互相带动,促进了日本经济的现代化,使工业结构在重工业化的同时,走向了高加工度化的道路。进入80年代,日本经济进入了信息、知识密集时代,微电子产业、机电仪器一体化的机电工业,以及新材料、新能源、生物工程、宇航、海洋开发等高技术产业成为带动国民经济发展的主导产业。

二、贸易优势类型的转换

1. 战后日本经济复兴时期（1949—1955 年）的产业结构与出口结构

1949 年日本纺织品出口在总出口中的比重为 65.2%，1955 年下降到 37.2%。这一时期日本出口商品结构尽管已显露出向重化工业发展的趋势，但以廉价劳动投入为主要基础的传统轻纺产品仍然占据了绝对主导地位。同时，机械设备的进口增长较快，反映出日本政府所持有的重化工业化的经济发展战略思想。

2. 50 年代中期—70 年代初期日本产业结构与出口结构变化

以设备投资为支柱，以重化学工业为主导产业的发展不仅使原有产业结构得到高速改造，同时也造就了一大批新的现代产业部门，如汽车、电子机械、石油化学等，从而实现了产业结构的升级和动态比较优势的获得，为出口贸易的高速发展奠定了坚实的基础。在 1955—1960 年间，日本出口商品结构变化并不十分明显，传统的轻纺产品（包括食品、纤维制品、非金属矿物制品和其他项目）出口占有重要地位。但是进入 20 世纪 60 年代后，轻纺工业在日本的出口贸易中所占比重急剧下降，由 1960 年的 56.1% 骤减到 1973 年的 20.6%；而重化学工业品由 1960 年的 43.9% 猛增到 79.4%。

3. 石油危机后的日本产业结构与出口结构变化

在 1973—1995 年的 22 年中，两次石油危机，三次日元币值高升和泡沫经济崩溃等一系列事件尽管对日本经济产生了严重影响，但这对日本出口贸易的不利影响是短暂和有限的。主要原因就是通过不断地调整产业结构来实现的。早在第一次石油危机发生后，日本政府就及时地提出"技术立国"的经济发展战略，通过密切官民合作积极开发节约能源和资源的技术，推动产业结构由过去的大量消耗能源和资源的"重厚长大"型产业向节约能源和资源的"轻薄短小"的知识与技术密集型产业转变；使出口商品结构由重化学工业品转向市场需求弹性大的技术与知识密集度高的机械产品上。

纵观战后日本出口商品构成，可以发现一个显著特征，即少数大宗产品在其出口贸易中发挥了主导作用。在 1960 年前钢铁、棉纺品和船舶出口约占其出口总额的 1/4。1970 年钢铁、船舶和汽车出口约占出口总额的 30%。70 年代后期，钢铁、船舶和汽车出口约占出口总额的 1/3 强。80 年代前半期，汽车、映像机械（包括录像机、电视机等）和船舶约占出口总额的 1/4 以上。80 年代中期以后，汽车、办公设备和半导体电子元件出口所占比重近 30%。

3.2.3　技术跟进式贸易优势形成的制度基础

日本是后发的资本主义国家，工业化程度低，为了短期内赶上欧美，日本不可能沿袭欧美发达国家所走的市场自发式的工业化道路，而在日本政府主导下采取了"政、官、财复合体制"，即日本政府规划战略、银行根据政府的导向提供贷款，企业根据政府政策的导向制定发展计划和组织生产。政府、银行和企业之间建立起密切的联系和合作，政府成为经济活动调节中心。这是战后日本经济高速增长、实现成功赶超的重要原因之一。

一、政府主导型的市场经济模式

战后日本经济增长受到两个因素制约：一是自然资源短缺；二是国内市场狭小。为了实现经济高速发展，必须以国际市场为主。在国际市场上解决原材料来源和加工产品销售问题。为此，日本政府确立了贸易立国发展战略。这一战略围绕的核心问题，一是把赶超世界先进水平作为国家战略的目标；二是走贸易立国的道路；三是以经济结构高度化促进经济高速增长；四是把技术作为实现现代化的关键动力。为实现这一战略，日本政府在1956年度的经济白皮书中指出："实现现代化的动力就是技术革新"，突出了技术在贸易立国中的重要地位。

20世纪70年代日本创造了"经济奇迹"，表明日本赶超目标的实现。80年代初，日本政府转变了经济发展战略。

日本通产省产业结构审议会1980年制定了《八十年代通商产业政策构想》、日本科技厅发表了1980年度《科技白皮书》等文件确立了科技立国战略，指出日本已经基本完成"赶上欧美发达国家的使命"，"80年代将是日本选择今后发展道路这样至关重要的时期"。在这个转折时期，日本经济的发展要有一个战略性转变：第一，从以往的"加工贸易立国"逐步向"科学技术立国"战略过渡；第二，从"模仿和追随的文明开化时代"迈向"首创和领先的文明开拓时代"。

二、以产业政策为导向的经济追赶

日本政府为了尽快摆脱落后地位，提出了产业结构不断高度化的政策。在国民经济恢复时期，政府主要采取了以"倾斜生产方式"为核心产业复兴政策，保证了有限资源优先向煤炭、电力、钢铁、纺织等部门倾斜，从而实现了经济恢复。从1955年到70年代初，日本一方面确立了"贸易立国"产业政策，推动和促进出口产业的发展，另一方面，制定了产业扶植政策，发展造船、化工产品、机械等加工产品，以实现进出口的结构性转换，即从劳动密集型产品向资本密集型产品的转移。在 20 世纪 70 年代以后，产业政策又进一步向技术密集型产业转换。日本产业政策的转换，推动了日本产业结构不断升级。在 20 世纪 50 年代，日本产业结构是劳动密集型，60 年代是资本密集型，70 年代以后是资本与技术密集型。

在日本的产业政策中，制造业成为其产业结构调整与变动的中心内容。20 世纪 50 年代末期日本制定了《机械工业振兴暂行措施法》。该法规定：机床、电动工具、轴承等 14 个提供技术装备的基础部门属于"特定机械工业"。发展特定机械工业所需资金，由政府给予保证。私人企业对特定机械工业进行投资，可享受减免税优待。20 世纪 60 年代后，日本政府又将该法延长了 10 年，继续扶持机械工业的发展，使机械工业在一些方面赶上了欧美发达国家。由于机械工业的优先发展，日本的工业到 70 年代初已经用世界最先进的技术设备装备起来，机械工业的技术优势成为日本在经济快速增长时期建立经济奇迹的"秘密武器"。

20 世纪 70 年代石油危机后，为进一步推动经济发展，日本政府提出了"从过去消耗资源、动力的重工业和化学工业，转变为充分运用人类智慧和知识的产业"，也就是向知识密集型产业的战略性转移。日本政府赋予了"产业结构高级化"新的含义：从"重化工业"向"知识密集化"转化，"知识密集化"产业成为主导产业，减少对能源和原材料的消耗、使产业升级换代，形成新的经济增长点。这些产业主要包括：研究开发型产业，如电子计算机、数控机床、成套设备等；时兴消费型产业，如信息咨询服务、软件等。经过调整，从 1975 年至 1979 年间，钢铁、石油制品、化工等资金密集型产业固定资产投资分别下降了 30%、32%、37%，而同期精密仪器、电机等知识密集型产业分别增长了 141% 和 118%，年均增长率为 25% ~30%。

从 20 世纪 70 年代中期起，日本产业结构开始发生明显变化，重心由资本密集型转向技术密集型。日本通产省提出，80 年代要在 70 年代知识密集化成果的基础上继续推进发挥创造性的知识密集化。也就是说，以自主技术开发为基础，通过以软件、工艺为中心的技术密集化和智能劳动密集化实现高附加价值。积极推进以电子信息技术、有关能源技术和新材料技术为中心的技术创新，并以此为动力，按部门开展多方面的产业结构知识密集化。80 年代以后，这一转变速度明显加快。主要表现为：第一，以高技术为基础的一系列新兴工业部门迅速兴起；第二，在高技术发展的基础上，制造业（钢铁、造船、机械、化工、纺织）得到深入的技术改造；第三，第三产业部门的产值和比重都在迅速提高，特别是为生产服务的第三产业金融、通讯、保险、运输等发展尤为迅速。第四，产业结构的信息化和软化进一步改变了日本国民的消费结构。以自动化、网络化为特征的一系列电子工业新产品进入居民家庭。这场在广度和深度方面颇具特色的产业结构调整给 80 年代的日本经济带来了重大影响，带动了出口产品结构的变化，电子工业产品逐渐超过化工、钢铁、机械等产品的出口额。

三、技术引进政策

以先进国为跟进目标，日本的技术引进经历了四个时期：20 世纪 50 年代以引进为主，60 年代引进与改进相结合，70 年代过渡到开发自己的技术，80 年代为技术自立时代。用 30 年时间消除了与欧美之间的技术差距，而跻身于世界经济强国先进之林。沿着主导产业更替的逻辑序列，通过开放经济实现产业与贸易结构上的互动式转变。

1. 战后日本经济复兴时期的技术引进政策（1949—1955）

这一时期的产业技术政策是以引进消化欧美技术为中心，以提高日本的产业技术水平，实现日本经济的重建与复兴，在产业合理化政策的指导下，从 1949 年至 1955 年，日本引进外国技术和设备大部分集中在机械、金属、化工等重化工业部门，大量引进重化工业的国外先进技术，占制造业引进技术的四分之三。

2. 日本经济高速增长时期的技术引进政策（1956—1971）

在日本经济高速增长时期的前半期（1956—1965 年），日本共引进了 2600 多项新技术，平均每年引进新技术 550 项。其中，机械类最多，占 58.4%，其次是化学类，占 20.7%。在这 10 年时间里，大量引进和普及先进技术加快了日本工业现代化的步伐。电子、石油化工、原子能、汽车等新兴工业部门迅速发展起来。在高速增长时期的后半期（1965 年至 70 年代初），日本继续大量引进外国先进技术。这一时期，日本平均每年引进新技术迅速增至 1350 项，到 70 年代初更猛增至 2000 项左右（1971 年为 2007 项）。随着技术的大规模引进，日本与欧美国家之间的技术差距逐渐缩小，更先进的、最新技术的引进开始变得日益困难。

2. 20 世纪 70 年代转折时期的日本技术政策

70 年代日本面临国内外的环境污染、货币危机、能源危机、贸易摩擦等问题，政府产业技术政策重点进一步发生转移，推出了以研究开发新能源为目标的新能源研究开发计划，这一时期日本产业技术政策的最重要特点是推进先进技术的自主开发。同时，70 年代，随着日本企业技术力量的增强，企业在应用开发领域逐步居主导地位。

3. 20 世纪 80 年代的日本技术政策

日本科学技术厅把 1981 年定为日本的"技术立国元年"。以"科学技术立国"的经济发展战略为基础，日本在 80 年代采取了一系列促进产业技术进步的综合对策措施。日本通产省提出，80 年代日本产业技术政策是追求创造性的技术政策，同时强调重视基础研究。核心是创造性的自主技术开发，重点是能源技术、电子技术、生物技术、材料技术、交通技术、空间技术、海洋技术和防灾技术八大领域。

4. 20 世纪 90 年代日本技术政策的基本动向

进入 20 世纪 90 年代以来，日本政府为迎接 21 世纪的挑战，实现"高科技大国"的战略目标，提出以高技术密集型产业作为主导产业。目的是发展信息化社会及其所需要的高技术，力争在 21 个世纪实现高科技大国的战略目标。为此，日本政府最近几年先后制定了《科学技术发展大纲》《科学技术基本法》和《科学技术基本计划》等一系列政策法规。

日本的政策机制最具特点的就是实行彻底的产业政策体系，在这一体系中，明确的目标政策和系统的参数政策有机地结合在一起，依赖于"官民协调体制"或"政府和产业协调体制"，产生了举世瞩目的成效。无论从日本产业政策推行效果最为显著的 20 世纪 60 年代中期以前分析，还是从整个战后日本经济发展过程观察，日本政府的财政和金融方面的优惠扶持，主要针对社会基础设施产业，而不是主导产业本身。事实上，日本政府向基础设施部门的财政投资和贷款始终大于整个工业制造业及商业两倍以上。日本产业发挥作用的政策机制绝不能简单归结为政府给予其他产业无法比拟的优惠性投资，而在于整个产业政策体系的协调配套作用。此外，市场机制的作用和企业丰富的人力资本存量，从根本上推动着不同时期日本主导产业的形成和发展，并对整个经济增长和结构变化发挥"主导性"带动作用。

3.3 产业转移式贸易优势形成机制

3.3.1 产业转移、产业结构升级和贸易优势转换

在开放型的产业结构中，一个国家的产业结构的发展趋势，直接地取决于其产业的国际比较优势。具有国际竞争力的产业的发展速度会加快，在产业结构中的比重也会趋于上升；反之，发展速度慢，甚至会出现衰退现象，在产业结构中的比重也会趋于下降。所以，开放型产业结构的变化不仅取决于国家之间的比较优势的变化，还取决于各个产业国际竞争力的强弱变化。为了突破产业发展中的资源限制、市场限制、技术限制等因素，产

业国际化是当今世界经济发展的必然趋势和重要特征，它使一国产业参与国际分工和国际交换的程度逐步提高，最终成为整个国际分工体系和世界产业体系中的有机组成部分的发展过程。

一、产业转移的一般理论——产业结构梯度性与产业国际化

1. 雁形发展模式

日本学者赤松要站在发展中国家的立场上分析了欠发达国家接受发达国家产业形式的产业发展，提出了雁行经济发展模型，他指出，牵引经济的每一个产业部门，其发展将随时间推移经历"进口—国内生产替代进口—通过出口产业化成熟—夕阳化"的过程[①]。也就是说，一个国家某种商品的进口持续增加一段时间后，该国就会开始自行生产该商品，随着国内生产的扩大实现进口替代，有了技术积累和国际竞争力后再走向出口产业化。

这是后发工业国为了弥补与先行工业国在结构上的差距而通常采取的一种发展模式。该模式分为三个阶段：

第一阶段：进口。由于工业进步较慢，对一些工业品不得不依赖进口，国内市场最初由进口产品开拓。

第二阶段：进口替代。即引进技术或设备自己生产，在国内逐步形成新的行业、产业，通过产品国产化以替代进口并满足国内市场日益扩大的需要。

第三阶段：出口。随着对引进技术的消化、吸收、创新和规模经济的逐步形成，产品质量和生产成本都进一步得到改善，再结合本国的资源优势，最终使产品打进国外市场。

雁形发展模式中的进口、进口替代到出口的发展过程，揭示了后发工业国和地区在实现技术赶超过程中产业结构发展态势。按照这一理论，日本是东亚的领头雁，中国香港和新加坡分别位于其后两侧，韩国和中国台湾紧跟在中国香港和新加坡后面，再后面就是马来西亚、泰国、印度尼西亚和菲律宾。

2. 产品生命周期理论

20 世纪 60 年代，哈佛大学跨国公司研究中心教授维农提出了"产品生命周期理论"（product life cycle theory），从发达国家的角度，分析了战后制成品的国际贸易[②]。维农利用大量统计资料证明产品的生命周期大体上分为创新、成熟、标准化三个阶段，在产品创新阶段，由于发明企业垄断着新产品生产的技术诀窍，并且，产品还处在不断地改进之

---

① 王乐平. 赤松要及其经济理论 [J]. 日本学刊，1990 (3)：117 – 126.

② 石云平，康学芹，李娜. 产品生命周期理论与发展中国家 TNCS 的发展 [J]. 河北学刊，2012，32 (03)：184 – 187.

中。同时新产品需求价格弹性又很低，一般认为，在这一阶段，企业有选择在国内生产的固有倾向，采取出口贸易方式；在产品成熟阶段，用确定的技术从事大量生产已变得可能了，降低生产成本成为竞争的关键，这时，厂商开始考虑在国外寻找生产成本低，尤其是劳动力成本低的地方，进行直接投资；在产品超标准化阶段，原厂商已完全失去垄断优势，国外生产的仿制品可能导致原来的发明创造国进口该产品。这一理论概括地阐明了在产品周期的不同阶段应该选择不同的对外经济活动方式。

从新产品开发形成国内市场，到产品出口（包括投资和技术出口），再到产品进口，同时，开发更新的产品。这一顺序不断循环上升，带动了产业结构由劳动、资源密集型向资本、技术集约型的演进。能否出现这一循环运动的结果，取决于技术学习与技术创新能力的培养与提高。

3. 边际产业扩张论

边际产业扩张论是小岛清独具特色的国际投资理论，该理论也深刻分析了投资与贸易的互补关系。"边际产业扩张"就是本国作为投资国，对外直接投资是从已经处于或即将处于比较劣势的产业依次进行的。"日本式"的对外直接投资，一般是在本国生产已失去比较优势的部门，企业把生产基地迁移到国外。这种迁移使该产业的生产转到比较优势更大的国家或地区，不仅维持了生产规模，而且建立了新的出口基地。因此，这种类型的投资属于贸易创造型，不仅未取代国内同类产品的出口，反而开辟了新的市场，并带动与此产品相关联的同系列产品的出口。在日本国内则可以集中发展那些具有比较优势的产业，这有利于促进对外贸易的发展。

"边际产业扩张论"的理论支柱是"经济发展的国际互补原理"。小岛清指出：在企业家能力、资本、技术、熟练工人等项生产要素中，有时因为某种生产要素短缺，不能把具有潜在比较优势、有发展前途的优质产业扶持起来。如果这种短缺的要素由国外得到满足，就可能大大提高国际竞争能力。即使不必采取阻止竞争商品进口的反自由贸易措施也可实现这一点。这就是"推进国民生产的国际互补"。实现国际互补的途径和手段大致有：第一，进口关键的生产设备和原材料。第二，用于基础设施建设的人力、财力、物力的援助。第三，以包括企业家能力在内的综合转移，即国际直接投资。第四，技术转让。

国际互补分为两种：逆国际分工的国际互补，就是由本国的潜在的甚至是显在的比较优势产业部门进行对外直接投资，这就会同自由贸易产生某些矛盾的局面。投资国出口量减少，东道国出口量也未增大。顺国际分工的国际互补，就是能够符合下一个时点可以预见的、潜在的、动态的比较优势，能够为发展中国家实现结构调整而实行的国际互补。这种国际互补不会同自由贸易原则相矛盾，而会使国际互补。这种国际互补不会同自由贸易原则相矛盾，而会使国际贸易量扩大，应予以提倡。小岛清的"边际产业扩张"，就是实行顺国际分工的国际互补。

二、产业转移式贸易优势形成机制

产业转移与产业成长始终交相作用，共同构成产业演进的历史。主导产业在时序上从低级向高级成长、发展和更替的同时，在空间上也呈现出从一个国家（地区）到另一个国家（地区）转移和转换。转移指原有主导产业的空间位移，即从某一国或地区转移到另一国或地区；转换原有主导产业被新的主导产业所取代，即伴随着原有主导产业空间位移而同时产生主导产业的替代。产业转移对贸易优势类型转换的作用机制具体表现为：国际投资或合作→改进要素结构→新的成长产业→新主导产业→新贸易优势类型。

这是发展中国家通常采取的产业升级的模式。通过外来投资或经济合作进行产业的国际转移，使本国要素的潜在优势转化为现实优势，通过改变本国要素结构来调整产业结构。通过技术引进和扩散效应，改进或提升原有产业规模和质量，并使之进入主导产业系列，形成新的贸易优势类型。

产业转移式相当于波特的一国优势产业形成的第一个阶段——要素推动阶段。处于这一阶段国家的企业参与国际竞争的方式，只能是依靠较低的价格取胜。这些国家的产业技术层次低，技术主要来源于其他国家而不是自创的；较先进的产品设计和技术是通过被动的投资（如交钥匙工程）或外商直接投资获得；外商企业提供了大多数的进入国际市场的渠道。这一阶段相当于产业转移机制所形成的贸易优势类型，主要是劳动密集型产业或产品。

3.3.2 产业转移式贸易优势形成的实证分析

产业转移式贸易优势形成的典型代表是韩国，故本节以韩国为例进行实证分析。

一、以日本为中心的产业转移

二战后的韩国是一个落后的农业国，其工业化道路经历了一个时期的进口替代后，转向出口导向，从而开始了产业转移式的产业结构升级与出口优势转换的发展机制。出口主导型工业化核心是最大限度地利用韩国拥有的优质的"无限劳动供给"。为把庞大的潜在失业人口转化为生产力，必须首先进行资本动员。内资动员能力极其有限的韩国大胆地借入外资，形成了以培养自我"吸收能力"为目的、以贷款为主要特点的韩国模式，这与以外国人直接投资为主导及外国人支配经济体制的拉美模式形成鲜明对照。

在过去的 30 多年里，东亚国家几乎是在保持一定技术差距和时滞的情况下开始了产业转移的进程。韩国也是在东亚的雁行模式中承接产业转移与产业结构转换的逻辑程序。在这个以日本为中心的产业转移与工业化发展模式中，韩国的工业结构与出口结构也相应地发生转变。

二、贸易优势类型转换

韩国的工业化模式与出口结构变化有直接关系，1963—1985 年，随着出口结构从劳动密集型初期产业转向资本及技术密集型产业，制造业的生产结构也向同样的方向转换，由此可以看出它们之间有很高的相关性。

在韩国产业转移式在 20 世纪 60~70 年代经历了劳动密集型贸易优势类型，80 年代在具备了一定的产业基础后，开始转向资本密集型的贸易优势类型。到了 90 年代，在传统产业与高新技术产业上开始了技术跟进式（人力资本优势、政策扶持、需求与差异化）的转换模式。这与其政府的政策与企业的研发与创新能力的提高密切相关。同时也与 20 世纪 90 年代日本的技术停滞，在雁形发展模式中无法再向下一梯队全面输出技术和投资，由于以美国为中心的信息革命中日本大大落后，从而韩国抓住国际产业结构调整的机遇，在高新技术领域与欧美发达国家开展了技术跟进式的分工合作。

3.3.3　韩国产业转移式贸易优势形成的制度基础

一、工业化进程中的政府替代

发展中国家处于市场竞争中的弱势地位，出口贸易的发展仅靠企业自身力量是不够的，政府不仅是有必要，而且也是唯一有能力给予支持的重要力量。随着世界经济的发展，国际市场竞争日趋激烈，在这种环境下，发展中国家和地区要想依靠自身的力量来改变在国际分工和贸易利益分配中的不利地位几乎是不可能的，而只有依靠政府与企业之间的合作来改变这种不利局面，才能实现对外贸易的增长和产业结构的升级。历史中的美、德、日成长经历向我们展示的不是个别现象，而是世界经济发展的内在规律。如果说政府干预在国内经济运行中还有疑义的话，那么，当代国际市场中普遍存在的不完全竞争和不对称信息，使政府替代成为保证经济发展的必然选择。

第二次世界大战后，东亚地区（不包括日本）均属于经济欠发达地区，商品经济落后，法律制度不完善，市场机制不健全；同时市场信息经常出现阻滞和失真，使经济决策和运行缺乏良好的条件和基础；技术落后，产业结构低以及在国际市场上面临着发达国家强大压力。在这种情况下，仅仅靠市场机制来引导经济发展，不仅力度不够，而且所需要时间较长，稳定性也较差。因此，东亚一些国家和地区政府不可能实行自由放任的市场体制，基本上都实行政府主导的市场经济模式。

首先，实施培育发展市场的政策，为市场发育创造良好的环境条件。第一，保护私人财产权利，鼓励民间投资热情，推动民营企业制度的建立和发展，要求国有企业参与市场竞争，培育出健全的市场主体。第二，有步骤地实行贸易进口自由化政策，打破企业在国内的垄断，推动国内企业参与世界市场的竞争。第三，在大力发展商品市场的同时，积极发展和培育生产要素市场，建立起多层次、多种类、多功能的市场体系网络。第四，政府为出口产业提供完善的基础设备和各种优惠，在出口工业发展的同时建立起与世界市场相适应的国内工业体系。第五，有步骤地消除价格扭曲现象，逐步建立起由市场形成价格机制。第六，国家干预侧重于市场机制的建立和完善，通过对市场的调节，引导企业向外向型发展，政府更多地向企业提供法律保障和为企业走向世界提供各种服务。

其次，东亚一些国家和地区政府，积极地介入经济生活，行使了一部分配置资源的职能。政府的替代活动，主要表现为政府选择和确立某些具有动态比较优势和示范效应的现代产业部门，运用政权的力量影响其要素投入和配置，以促进其发展，以及通过各种政策措施促进农业和关系国计民生的重要工业部门的发展。主要有：第一，由国家投入资金兴办关系国计民生的国有企业；第二，干预各生产要素价格，以刺激现代产业部门和农业的发展。第三，通过财政政策、货币政策以及其他各项经济政策，引导私人投资于经济发展急需和潜在收益较高的项目等。政府通过上述各种替代战略，为这些地区和国家经济发展，特别是现代产业部门的建立和发展，起到了重要的推动作用。

在20世纪80年代以前，韩国在很大的程度上依靠国家指导性计划进行干预。其产业政策直接由政府产业主管部门做出并执行。政府在产业政策的制定和实施中主导地位很高。而且，有国家直接的实物计划和优惠政策。政府的主要作用是为保护产业发展和产业间的竞争提供相应的制度框架。韩国政府在主导产业的选择和形成发展上起到了决定性的作用。最为典型的就是在1972年到1979年间，韩国的产业政策倾向于重工业并为此制定出具体的政策规定。

二、出口导向与进口替代有机结合的发展战略

韩国政府为了实现经济独立、摆脱对外依赖、初步建立完整的工业体系，同时也为了

尽快满足人民对生活必需品的需求，采取了进口替代战略。轻纺工业、食品工业等非耐用消费品工业获得了优先发展。钢铁、交通、电力等基础工业也有了一定的发展。这一战略在建立民族工业，实现经济自立方面起到了积极的作用。但是由于国内资源有限，市场狭小，纺织、食品等出现了生产过剩的苗头。韩国政府不得不重新审视以前的发展道路，60年代初期，韩国的恢复和重建结束后，其经济体制、发展战略的转变和政策调整已成为必然。

1961年朴正熙上台后，抓住美国进行产业结构调整的机遇，提出了"贸易立国，出口第一"的口号，开始推行出口带动经济增长的外向型发展战略，并于1964年形成比较健全的出口主导型经营机制，从而带动了国民经济的高速发展。

从总体上看，韩国的外向型发展战略大体可以分为两个阶段：第一阶段是在20世纪60年代以轻纺工业品为主的出口导向战略；第二阶段是70年代开始以重化工业品为主的出口导向战略。这个战略由于充分抓住了有利的国际机遇，同时最大限度地发挥了韩国自身优势，在极短的时间内韩国经济快速增长，出口额大幅度攀升，带动整个产品结构发生了很大的变化，工业制成品的比例不断上升。

进入20世纪70年代之后，出口导向发展战略受到了强烈的挑战。随着越来越多的发展中国家加入出口加工的行列，韩国原有的廉价劳动力的优势已经逐渐丧失，而且在生产这些科技附加值较低的产品时，由于竞争异常激烈，利润迅速下降，已经没有太大的发展前景；不仅如此，这种发展战略本身也需要从国外进口大量的原材料和机械设备，初级产品对机械设备和高科技产品的比价也在不断地恶化之中，所以继续扩大出口几乎是不可能的。而且进口物资升值和出口相对萎缩会造成国际收支逆差的出现。韩国根据不断变化的实际情况，对外向发展战略进行不断升级。

而这一时期，发达国家由于受到能源危机和国内产业结构调整的压力，相继将一些耗费能源和原材料多，技术含量不高，对环境污染严重的重化工业转移到国外。这就为韩国进行产业结构的升级换代提供了有利的机遇。从1972年开始，政府开始向重化工业倾斜。1973年，韩国发布《重化工业宣言》，该《宣言》指出：首先，60年代实行的以发展轻工业为主的经济发展战略受到了阻碍出口增长的壁垒，已经举步维艰，所以必须集中力量开发比轻工业品具有更高价值的造船、机械、电子、钢铁、化学等产品，以世界市场为对象，努力谋求出口增加；其次，为了改变收支恶化的局面，也必须实现出口替代产业的高级化，首先发展重化工业。为此，1979年韩国政府成立了以国务总理为首的"重化工业促进委员会"，采取了一系列有效措施推进这一战略的实现。

三、韩国政府产业技术政策与产业发展及贸易优势

1962 年以来，韩国经济经历了持续 30 余年的高速增长。到 1995 年，韩国年人均国民生产总值首次突破 1 万美元。决定韩国经济发展成功的因素是多方面的，在经济发展过程中不断完善产业技术政策则是重要因素之一。

20 世纪 60 年代韩国的产业技术政策：从 60 年代起，韩国政府在技术引进相关的外商直接投资问题上就实施严格的选择和控制。韩国利用外资以贷款为主，因此，相应的技术引进方式是以移植型技术引进，即以技术贸易的形式直接购买外国技术为主。

20 世纪 70 年代韩国的产业技术政策：70 年代，韩国开始致力于发展钢铁、造船、机械、电子等较高级的技术。70 年代韩国国家产业技术政策的主要特点有：第一，通过制定和实施以《技术开发促进法》为基础的一整套鼓励创新的政策措施，鼓励私营企业扩大研究开发投资。第二，大力促进人力资源的开发。70 年代，韩国先后制定了促进人力资源开发的有关法律法规。第三，韩国政府开始直接组织开发活动，逐渐形成韩国的国家研究开发体系。从 70 年代下半叶开始，韩国大力进行引进技术的吸收、消化和应用的研究开发。

20 世纪 80 年代韩国的产业技术政策：80 年代韩国产业政策的重点转向大力发展技术密集型产业，如机械和电子工业，鼓励技术人力资源的开发。为此，韩国政府提出了如下战略：一是由国家负责，确保高级研究人才的培养。二是积极推进产业技术的研究开发，集中力量有组织地进行关系到对外出口、产业高度化及关系到国家发展目标的课题研究，大胆促进国际合作研究。三是促进并实现带有战略性的核心技术的移植和国产化，重点开发主导经济发展和对外出口的领先技术，而且要推行独立自主的研究开发和对先进技术的吸收改良并举的方针。四是以巨额科技投入推动新兴产业崛起。在政府巨大投入的带动下，企业在技术的自主开发方面也有巨大的投入。从 1981 年至 1986 年，研究开发投资占国民生产总值的比重由 0.86% 提高到 1.99%，技术引进支出由 1.07 亿美元增加到 4.41 亿美元。从此，韩国逐步走上了自主开发技术的道路，不仅使其参与国际技术分工成为可能，而且促进了新兴产业的相继崛起。

20 世纪 90 年代韩国的产业技术政策：韩国在建成钢铁、机械、汽车、电子、石化等现代化资本密集型产业，并经过近 20 年发展的基础上，进入 90 年代后开始重视优先发展技术、知识密集型产业。韩国商工部制定了《1990 年至 1994 年知识密集型产业部门发展五年计划》，并拨款 388 亿美元来实施这项计划，其中 164 亿美元是用于微电子、航空航天、生物工程、精细化工、激光技术、光学设备以及新材料等领域的技术开发；224 亿美

元用于促进加工工业生产能力的现代化和建立有效利用最新技术的工业综合体。

此时，韩国政府的目标是到21世纪初在科技方面达到七国集团成员国的水平。为实现这一目标，韩国政府制定了以下政策：第一，政府将进一步加强1982年以来就开始实施的、旨在加强主要产业国际竞争力和为未来产业发展奠定基础的国家研究开发项目计划。重点将放在高技术和核心技术领域，如生物技术、新材料、工程、大科学和航天、海洋、原子能、高精度技术等跨学科技术。第二，政府将促进基础科学的发展，并将特别强化创造性科学家和能够推动科学技术全球化的高水平技术人才的培养。第三，政府还为私营企业提供一系列的支持和鼓励措施，包括税收政策和财务援助，以加速产业技术创新。通过这些政策措施，韩国政府的目的是刺激私营企业的研究开发活动。

3.4 三种贸易优势类型形成机制的比较分析

技术创新式贸易优势类型机制的形成主要靠内生变量——科技进步机制及企业创新能力，促进产业结构升级与产品更新换代及其要素存量与结构的变化；产业转移式贸易优势类型机制的形成主要依靠外生变量——FDI与政策支持等，改进产业素质与要素质量；技术跟进式贸易优势类型转换机制的形成主要是依靠企业技术转化能力，即把引进的技术这个外生变量转变为内生变量的能力。三种贸易优势类型形成机制及其转换之间存在着逻辑演进关系，因而，每种贸易优势类型形成机制必然包含着某些所需要的基本条件。

3.4.1 健全的宏观与微观技术进步机制

一、国家创新体系

三种贸易优势类型转换机制依次顺利演进依赖于一国完善的技术进步机制。技术进步系统由研究与开发机构、企业（厂商）、市场和政府四个子系统构成，每个子系统在系统中的地位与功能各不相同。研究与开发机构是从事科学研究与技术开发活动的社会组织，其基本功能是创造新技术；企业（厂商）把技术成果物质化，并把它推向市场，实现技术创新；市场是企业基本的生存环境，它既为企业提供各种创新要素的投入，又是厂商创新成果的实现场所。在技术进步过程中，市场天然具备动力激发和资源配置两项职能。随着科学技术的发展，科学—技术—生产之间的联系日益紧密，一部分科学研究活动以及大部分技术开发活动进入企业。技术进步活动就是在技术进步系统的内部因素与环境因素，以及内部各要素之间的相互影响和相互作用中形成和展开的。在技术进步系统中，政府承担着组织和优化系统结构，激发和规范各系统要素的技术进步行为，用各种手段对技术进步过程进行宏观调控，促进技术进步资源的合理配置、有效利用和技术进步系统有序运行的重要职能。

为此，政府必须具备下述能力：第一，培养人才能力。人才是技术进步的基础，没有人才的积累，就没有技术进步。一般说来，人才是社会公共资源，除政府外，其他社会组织不可能在全社会范围内对人才进行系统的培育，以适应经济增长与技术进步事业的需求。因此，人才的培育能力是衡量政府能力的首要因素。第二，资金筹措能力。政府对技术进步的贡献，主要体现在财政预算中 R&D 费用的支出。一个国家的 R&D 费用支出越多，表明这个国家所从事的研究与开发工作越深越广。因此，政府能否为 R&D 筹措足够的资金，是衡量政府的技术进步能力的重要指标。第三，调动企业、大学（研究机构）及社会其他机构技术进步积极性的能力。能否调动全社会的力量，能否构造一个于技术进步有利的社会环境，对社会各机构进行发明和创造，促进科学技术转化成为现实的生产力关系极大。第四，制定正确而适用的产业技术政策能力。产业结构高度化是技术进步的直接反映，政府必须使产业政策与技术政策相结合，特别要注重技术贸易政策的实效性。技术贸易现已成为贸易中的重要组成部分。能够制定正确的技术引进政策，杜绝盲目引进、重复引进，鼓励消化吸收。总之，政府的能力既包括直接参与和组织科技攻关、技术创新的能力，也包括调动全社会积极性、鼓励企业创新的能力。

技术进步的有序运行，要以技术进步系统要素的完善和系统的整体性为基础。对大多数发展中国家来说，影响其技术进步的首要问题就是系统要素的不完整和系统结构的不完善。主要表现在，研究与开发机构力量薄弱，没有形成现代的企业制度与企业体系，市场体系不完善，市场机制不健全等。要启动技术进步机制的作用，就必须要建立一个完整的技术进步系统，这是政府宏观管理的重要职责之一。

二、美国式的创新体系

美国产业技术创新体系是建立在崇尚自由主义市场竞争体制基础上，因而具有其显著特点。第一，美国的创新体系是一部自动发动机，即在自由市场机制作用下创新能力具有不断自我积累的惯性，属于"技术领先型"的创新国。第二，创新的主体是企业，最重要的动力来自企业对利润的追求、新技术私人化和市场竞争的压力。由于技术本身具有一般性和特殊性，可以具有公共产品和私人产品的双重性质，所以在技术创新中既有企业单独进行的，也有企业之间进行的合作；创新的主体既有企业，也有官方或非官方的科研机构、大学等；创新的投入既有企业的，也有来自政府的。第三，基础科学与应用科学研究并重，且呈现出新的发展态势。作为发展源泉的 R&D 发生了巨大变化，由以前的内部研究实现商品化研发模式，转变为以大学为中心的大量研究基地并同时聚集了使这些研究成果尽快商业化的人员，成为创投企业，这种模式在美国式的自由市场体制中被制造出来。

三、日本式的创新体系

日本从明治维新到 20 世纪 70 年代中期，一直奉行"小"科学、"大"技术的技术引进模式。日本民族以善于学习、模仿借鉴闻名于世。但是长期以来，日本的教育水准、知识存量与欧美国家相比，仍然存在一定的差距，特别是日本的基础理论比较薄弱。日本实行"小"科学、"大"技术模式的基本特征是：把科学技术的"上游工程"，即基础理论研究和尖端技术开发让给其他国家去搞，自己着重搞科学技术的"下游工程"，即应用技术和实用技术，不争"上游"而争"下游"，通过最大范围内的技术引进，把其他国家的"上游工程"嫁接到本国经济发展上面来，使之成为推动经济发展的动力。这就使日本成为战后技术引进最多的国家之一。

为了使引进技术得到最大的经济效益，日本提倡现场优先主义，首先培养应用技术人才，吸收国外先进技术。60 年代日本工程师与科学家人数之比为 7：1，而美国、法国为 3：1，英国为 1：1。日本理工科学生人数比英、法多得多，大约为美国的 2/3，但其高级技术人员，如获博士学位者只及英、法的一半，美国的 10%，在校的工科学生大约是理科学生的 5 倍。

人事体制、奖励体制等各个方面，都有利于技术引进及其消化，日本长期实行的以引进、消化、吸收和创新为主线的产业技术是成功的。随着冷战的结束，国际竞争空前加剧，美国等发达国家都把国家战略的重点转向经济领域，大大加强了对技术转让的控制和知识产权的保护，日本从美国等发达国家获得先进技术的难度空前加大；在日本已经实现经济赶超的情况下，再也难以从美国等西方国家引进所需要的尖端技术。原来以引进、消化、吸收、改进为主线的政策思路和发展模式，已经无法为日本经济参与国际竞争和实现持续增长提供动力。日本虽然主观上也想致力于解决技术的自立问题，但实际上日本的自立问题并未得到真正的解决，至今仍然停留在跟踪阶段。

3.4.2　政府作用与市场机制的协调性

一、政府作用与市场机制

依靠产业结构的自发演进是一个较慢的过程，开放经济条件下，可以利用自身优势与国际市场，顺应经济的内在发展逻辑，借助一定的条件与提供一个良好的经济环境，加快产业结构升级的步伐。开放经济体系中产业结构的演变存在一个重要的现象，即主导产业往往是面向国际市场、出口竞争强，主导产业部门的技术创新引导着整个国民经济的结构调整。

产业的发展并不是被动接受比较优势的制约，产业发展具有很强的能动性和可选择性，各国的产业发展战略以及企业的策略选择可以对产业的国际竞争优势产生积极的影响。重要的是采取可行的发展战略，提高产业的国际竞争力，以获得产业结构高度化的更大利益。因为后发国在经济技术水平及产业结构上落后于先行国，所以其产业政策是为其贸易政策服务的，主要是为其赶超先行国而制订的一整套方法措施，使比较优势转化为竞争优势。发达国家与发展中国家因其贸易优势存在差别，比较优势与竞争优势的基础不同，因此，在政策方面所采取的措施与手段也是不同的。

上述理论分析已经证明，动态的比较优势是以产业进步开始的，它打破了旧的静态的分工格局，使先天的资源要素决定产品结构转变为以获得性要素决定产品结构，这种转变是以企业和国家的主动选择为切入点，以科技进步为导向，以产业结构调整为基础。

贸易实践证明，通过开放型经济实现产业结构的升级是一条成功的道路，如日本及四小龙；而拉美及我国的进口替代战略虽然在国内建立起较独立的工业体系，但整个国家经济运行效率、国内经济的比较优势、产业之间的内在联系并没有达到最大化状态。在这一动态演化的过程中，政策导向与市场力量的有效结合，完善的要素市场、竞争的产品市场与明确的技术、产业导向高度相关。

技术领先式是市场机制推动下实现了产业结构升级及其贸易优势类型的转换，而技术跟进式和产业转移式一般则是在市场与政府双重作用下引导产业结构的转换，并附之以出口导向的贸易发展战略，这一战略所建立的具有比较优势的产业，必须是与这一时期该国产业结构演进中主导产业发展顺序相互适应，否则这种贸易战略虽然能够带来一时的出口业绩，但是却不能从根本上提升产业结构等级、优势要素的质量与结构。进出口的结构变化与产业结构的变化息息相关，经济的均衡开放是保持产业结构正常演进的必要条件。

二、日本和韩国政府作用与市场机制

日本和韩国虽然在政府干预下取得了骄人经济业绩，但同时也产生了一些共同的问题。这就是因为赶超使政府过多地干预了市场，甚至代替市场机制，最主要表现在金融市场受到人为的压抑。

通过引进—吸收—改良西欧技术的体系，20 世纪 80 年代，日本的制造业已具有了全球竞争力，然而在金融方面，存在着严重的非市场化问题。战后日本将金融置于大藏省的限制范围内及正式或非正式的批示之下。日本政府选出战略性产业，要求银行为之提供低息贷款。银行起着执行政府产业政策而供给资金的管理功能，从政府那里得到不破产保护和利息收入保障。

这样一来，政府官员与银行之间形成连带关系，银行没有通过贷款审查或信用评价来提高风险管理能力的鼓励机制。政府与银行之间的这种连带关系带来的最大问题是对金融机构的监督不当。从 20 世纪 80 年代初期开始，随着世界范围内的金融自律化，日本型金融系统开始暴露出许多问题。

20 世纪 60 年代初，韩国和中国台湾地区在推行出口主导型工业化的过程中，在制订政府主导的重机、重化工业化、产业政策、金融政策、贸易和技术开发等政策时，更多地参考了地理上邻近的日本的先例和制度以及日本型经营方式。结果，韩国和中国台湾地区在引进日本制度的优点的同时，也移植了日本不发达的金融制度。

在重机、重化工业化过程中，和日本一样，韩国的金融机构成为执行产业政策的手段，政府的官治金融直接介入银行的人事管理，银行失去了自律经营。中央银行只是政府的代理机关，城市银行实际上成为财阀企业的私有金库，对储户的绝对保护减弱了银行间竞争。金融监督体制与发达国家相比也是形式上的摆设。在日本出现的银行、企业、官僚的铁三角关系在韩国的金融业中也原封不动地存在。韩国的金融产业虽然多次实行了利率自由化等自律化措施，但仅限于口号，未能正确地理解金融发达国家实行的金融自律化和全球化金融的时代潮流。

第四章 国际环境新变化与贸易优势转换

二十世纪 80 年代以来国际经济环境发生了重大变化，一方面，跨国公司主导的经济全球化在加快贸易投资一体化进程的同时，也改变了国际分工形式与格局，从而使各种贸易优势类型的形成机制出现了一些新的特点。另一方面，全球多边贸易的体制的建立又进一步限定了各国贸易发展战略及产业政策等作用的空间。

4.1 国际分工新格局与跨国公司全球经营战略

4.1.1 传统国际分工体系

一、国际分工体系的形成与发展

国际分工是与机器大生产及世界市场相联系的国际的分工体系。马克思指出："由于有了机器，现在纺纱工人可以住在英国，而织布工人却住在东印度。在机器发明以前，一个国家的工业主要使用本地原料加工……由于机器和蒸汽的应用，分工的规模已使大工业脱离了本国基地，完全依赖于世界市场、国际交换和国际分工。"[①] 大机器生产使生产能力和规模急剧扩大，需要寻求新的销售市场和开辟原料来源。这样，原来在一国范围内的城市与农村的分工，工业部门与农业部门之间的分工，就逐步变成世界城市与世界农村的分

[①] 马克思. 资本论. 第三卷 [M]. 人民出版社，2004：58－62.

离与对立，演变成以先进技术为基础的工业国与以自然条件为基础的农业国之间的分工，一种和机器生产中心相适应的新的国际分工产生了，它使地球的一部分成为主要从事农业的生产地区，以服务于另一部分主要从事工业的生产地区。19 世纪 70 年代至 20 世纪初发生的第二次产业革命，生产力的巨大发展导致资本输出规模扩大，从而使国际分工向深度和广度发展，加强了世界各国之间的相互依赖关系，形成了门类比较齐全的国际分工体系。

二、传统国际分工类型

按照参与国际分工国家之间的社会经济水平的不同，国际分工分为以下几种形式：一是"垂直型"国际分工。这种国际分工，是指经济发展水平相差悬殊的国家之间的分工。工业国与农业国之间的分工即属于这种类型。前者主要生产具有较高技术水平的工业制成品，而后者主要为前者提供技术水平较低的初级产品，如农业、矿产原料等。发达国家与发展中国家之间的贸易关系一般是以这种分工为基础的。这种分工反映了双方在技术水平和产业结构上的悬殊差距，因而在分工形式上呈现出垂直型、纵向型。二是"水平型"国际分工。这是指经济发展水平大体相同的国家之间的分工。发达国家之间或发展中国家之间的分工，一般属于此种类型。这些国家的产业结构相似，产品的技术水平接近，它们之间通过世界市场而建立的劳动联系一般呈现水平型、横向型。三是"混合型"国际分工。这是指"垂直型"和"水平型"两者相结合的分工形式。许多发达国家的国际分工都属于这种类型。从一个国家来看，它在国际分工体系中既同其他发达国家进行"水平型"分工，又与发展中国家进行"垂直型"分工，两者兼而有之。

三、国际贸易与产业间分工

产业间分工就是传统意义上的"垂直型"的国际分工，"垂直型"国际分工是在经济发展水平相差悬殊的国家之间的分工。国际分工定位在产业层次上，19 世纪工业国与农业国之间的分工就是"垂直型"分工的典型形式。古典贸易理论和新古典贸易理论阐述了产生这种国际分工格局的原因。

古典贸易理论的代表人物李嘉图用相对优势理论，论证了虽然各国之间的技术水平不同，但是只要遵循"两优取重，两劣取轻"原则进行国际分工，双方贸易就会促进各国生产的发展和福利水平的提高[1]。假设英国和葡萄牙都生产葡萄酒与毛呢，但各自所需的劳动投入不同，即生产成本不同。英国在两种产品生产上投入的劳动人数都比葡萄牙多，就

---

① 李嘉图. 李嘉图著作和通信集 [M]. 商务印书馆，1979：79 – 92.

是说，英国在两种产品生产上都处于绝对劣势。但是，英国和葡萄牙相比较，生产酒的成本之比是 12∶8，而生产毛呢的成本之比是 10∶9。相对而言，英国在毛呢的生产上劣势较小，或者说具有比较优势。葡萄牙则在两种产品生产上都处于绝对优势，但是酒的优势更大。于是，两国可以进行国际分工，英国专业化生产毛呢，而葡萄牙专业化生产酒。其结果就是两国各自资源配置、生产效率、福利水平都达到了最大化。

李嘉图的国际分工是建立在各国之间比较优势上的，一国的优中取优与另一国的劣中取优使双方对其产品的生产都有所取舍，专业生产其最具比较优势产品，这就必然使双方在经济联系中产生了相互依赖性，也只有在这个时候，才会出现真正意义上的国际分工，即建立在国际分工体系基础之上的国际贸易是双方再生产得以进行的一个必要条件①。这种贸易模式产生的时代是英国产业革命完成与世界工厂地位的确立，从而形成了典型的工业国与农业国之间的国际分工格局。

由赫克歇尔和俄林创立的 H-O 模型，即资源禀赋理论从一国资源禀赋角度分析了在技术水平相同的条件下，生产一种产品所需要的要素含量是一样的，但各国拥有的资源禀赋不同，从而导致了该产品在不同国家生产时存在成本差异及价格差异②。具体来说，就是两国商品的国内价格不同，是由于它们的生产成本不同。由于两国的生产要素供给情况不同，某一国供给量多的生产要素，其价格必然便宜，供给量少的生产要素，价格必然比较昂贵。生产便宜要素所占比例大的商品，其价格必然较低，反之亦然。在市场经济原则下各国为了获取最大的利益，应该优化配置资源，进行国际分工，选择其对外出口的商品，是那些密集使用本国供给丰裕的、资源所生产出来的商品，而需要进口的商品，是那些密集地使用本国供给短缺的资源来进行生产的商品。虽然俄林认为生产要素包括资本、劳动与技术三要素，H-O 模型使用是资本与劳动两要素。一国优势就体现为要素优势，根据不同生产所使用的要素组合比例，或者说生产要素密集程度，生产部门可以分为资本密集型、劳动密集型，技术密集型等不同类型。要素的不流动性及在一国内的独占性或垄断性使各国在密集使用其丰富的要素生产的产品上占有优势，这就是国际分工的基础，发展中国家与发达国家之间的贸易关系一般是以这种分工为基础的，这种分工格局在二战之前主要表现为发展中国家从事资源类初级产品的生产；发达国家从事制成品的生产。二战后特别是 20 世纪 70 年代以来，虽然国际贸易中的商品以工业制成品为主，但是，发展中国家主要从事劳动密集型制成品的生产，如玩具、鞋帽、服装等；发达国家主要从事资本、技术密集型制成品的生产，如精密仪器、汽车、医疗器械等。

①　李嘉图. 李嘉图著作和通信集 [M]. 商务印书馆，1979：79-85.
②　曲如晓. 贸易与环境 [M]. 人民出版社，2009：92-117.

4.1.2 新型国际分工体系

随着经济全球化进程的加快及科技的迅猛发展，国际分工无论从广度上还是从深度上都发生了重大变化。从产业角度上看，高新技术的渗透和辐射作用使各行各业不同程度地提高了劳动生产率，降低了生产成本，减少了对自然资源的依赖，而且由科技进步导致的产品生产结构、加工工艺结构等变化，不仅改变了产业链条，而且带动了产业分解、要素分解和工艺分解。从微观角度看，企业的开发与研究、生产、销售和服务都将具有全球化的特点。电脑、网络、通信等信息技术的发展使企业管理能力显著提高，内部之间协调性提高，成本下降，组织结构更加灵活，对环境条件变化的反应和适应性增强。许多企业将越来越多的资源投入到能够产生出最大效益、具有战略意义的价值链环节上，即将自己没有的优势环节分离出去，形成"哑铃型"结构或者虚拟企业等。

一、产业内分工和产品分工

在国际贸易相当长的历史时期内，一个国家出口的商品与其进口的商品之间，在使用价值方面存在着明显的区别。各国根据技术、资源、劳动力等方面的差异，发挥本身的比较优势集中生产某些商品，通过交换来增进双方的利益。这种国际分工格局基于不同的国家发展不同产业的产业间贸易。而自20世纪70年代以来国际贸易出现了一种新的贸易现象——产业内贸易，就是一个国家既出口同时又进口某种同类型的产品。

随着生产力的发展，某些国家在产业结构与技术水平上基本接近，与此同时在国际范围内，现代技术的发展，已为生产要素的流动提供了越来越有利的条件，以致古典与新古典的贸易理论中的重要假定——要素在国家之间不能流动和技术水平不变，已经不复存在。国际贸易的模式与国际分工格局发生了变化，即一国进口与出口的都是同一种产品，以产业内贸易相适应的是各国在产业内形成了"水平型"分工。

产业内分工就是指"水平型"的国际分工，是经济发展水平大体相同的国家之间的分工。发达国家之间或发展中国家之间的分工，一般属于此种类型。这些国家的产业结构相似，产品的技术水平接近，国际分工界定在产品层次上。生产同一种产品的企业能够相互进行贸易，表明国与国之间依赖于技术上、资源上的较大差异而产生的产业间贸易已不能说明产业内贸易存在的原因。以克鲁格曼等为代表的新贸易理论揭示了这种国际贸易现象。

新贸易理论从供给与需求两方面、从生产规模的动态发展与技术进步的内生演化，分析了产业的分化和分工的深化使得同一类型的产品具有了多样性和差异性，提示了随着收入水平的提高而必然出现的消费者需求的多样性；前者属于一种来自分工与专业化的规模经济，它导致工业产品变体的多样性；后者是一种经营理念与营销技艺上重大改变，它导致消费者需求偏好的个性化和时尚化①。可见，一国的比较优势已经不再单纯地依赖于资源的供给，而是随着生产力的发展以及激烈的市场竞争，比较优势呈现出动态性，其内涵在不断地扩大，除了资源优势外，还有依靠研究与开发获取的技术优势、生产差别化产品的优势；依靠资本力量从事大规模生产所获得的成本优势以及依靠独特的管理方法降低成本的优势等。各国的比较优势主要体现在企业或公司特有的优势，而不同于产业间贸易那样，表现为来自国家要素的比较成本。公司的特有优势是一个公司相对于其他竞争对手所具有的垄断优势，主要有两类：一类是知识资产优势，另一类是规模节约优势。所谓知识资产包括技术、管理与组织技能、销售技能等一切无形技能在内。公司拥有并控制了这些知识资产，就能生产出差别产品到国际市场上进行竞争。正如克鲁格曼所说"比较优势导致了总体上的部门国际化层次上的专业化，但规模经济引进了单个产品层次上的专业化。"② 所以，在产业内贸易中，这种并无潜在比较优势的产品的大量双向贸易的原因并不难找到：一方面是大规模生产的优势，而这种优势使国家之间的劳动分工基本上是随机的；另一方面是积累的经验所带来的优势。如战后日本经济发展的轨迹就是逐步摆脱传统比较优势的产业定位，从与美国等发达国家的垂直型分工通过产业结构不断升级而转变为水平型分工，在资本密集型与技术密集型产业中具有了比较优势。

可见，随着科技的进步与发展，现代分工不仅在横向上分离出许多不同的"工种"，而且在纵向上还分离出不同的"层次"。此时，国际分工具有了层次性，同一产业内的产品也存在着"垂直"与"水平"两种分工形式，这就决定了产业内贸易也有"水平性"产业内贸易和"垂直性"产业内贸易，二者之间的主要区别在产品多样化的性质上。

"水平性"产业内贸易是指进行双向贸易的质量相似的商品，只是在特性或属性上不同，这是存在于发达国家之间的第一层次上产品的水平分工，如汽车产业，美国偏重生产豪华型的，进口经济适用型的，日本则是偏重生产经济适用型的，进口豪华型的；"垂直性"产业贸易是指不同质量的同类商品同时出口和进口，这是存在于发达国家与发展中国家之间进行第二层次的同一产品的垂直分工，发达国家从事技术、资本密集型的高端产品的生产，如精密机床与数控机床的生产；而发展中国家则从事低端产品的生产，如普通机床的生产。国际分工的多层次性使得无论是产业结构趋同还是不同，在国际生产体系中总

① 杨小凯，张永生. 新贸易理论、比较利益理论及其经验研究的新成果：文献综述 [J]. 经济学（季刊），2001（1）：26.
② 克鲁格曼，高宁，余维国. 亚洲经济真会复苏吗？[J]. 国外社会科学文摘，1999（9）：4.

会存在一个技术结构与分工合作的阶梯，即使在同一个产品平台上，也会有高端技术与低端技术之分。

二、跨国公司的全球经营战略

由跨国公司（multinational corporations）主导的经济全球化进程在20世纪80年代后迅猛发展，生产全球化不仅使国际分工出现了多层次性产业间分工、产业内分工并存的格局，而且跨国公司内部贸易大量出现与增长又形成了一种全新的、全球规模的产品内分工体制。这种新的国际分工体制是以跨国公司为主体的生产活动代替旧的以国家为主体的商品贸易体制，即把某个国家的某个独立制成品与其他国家产业的独立制成品进行交换，使原有的以不同国别公司之间"产品输出"为特征的贸易方式发生了很大的变化。跨国公司内部生产要素及产品流动，日益成为主要的国际贸易方式。跨国公司利用要素流动在全球范围内选择最佳区位配置资源，把国际的分工与协作，在一定范围和程度上转变为企业内部的分工与协作，从而主导着国际分工的格局，以其特有的"一揽子资源"或"合成资源"（主要是资本、技术与管理）优势整合各国的比较优势。

跨国公司通过直接投资建立起全球性生产销售网络，从而确立了全球分工体系。跨国公司全球性分工体系包括"垂直型"分工和"水平型"分工两种类型。所谓"垂直型"分工就是为了在全球竞争中保持核心竞争力，跨国公司在国际投资中采用垂直一体化战略，其形式有独资、控股、参股的直接股权控制。在直接的股权控制模式中，跨国公司往往自己投资从事研究与开发或者关键部件的生产，以确保技术领先的优势，其生产和销售活动被按照最有利的区位分布于世界各地，使每一个分支机构及其所联系的企业在职能专门化的情况下统一成一个一体化网络，由此带来研发活动、产品设计、采购、加工、分销以及各种支援性活动全部通过"垂直"一体化的形式在跨国公司内部完成。

跨国公司内部产品的垂直分工要依据同一产业内部产业链条的不同环节来进行。产业链条具体地可以分为三大环节：即技术与研发环节、生产与组装环节和营销与服务环节。由于同一产业链条中存在着要素密集程度上的差异，每一环节中所需要的要素结构仍然存在劳动、资本和技术密集之分，从而按照不同阶段要素的集中程度选择具有比较优势的生产地点。一般说来发达国家致力于研发和品牌营销，控制核心技术和经营技巧，而把加工制造环节转移到发展中国家。如耐克公司掌握产品设计、关键技术，授权发展中国家的厂商按其产品规格、技术标准生产耐克品牌的鞋，自己则在全球建立营销网络，进行广告宣传、销售及提供售后服务。

所谓"水平型"分工是跨国企业之间的非股权合作关系，以跨国公司作为主导为一方，另一方是由跨国公司所控制的专业化企业。跨国公司从专业化的角度出发将一些原来属于企业内部的职能部门转移出去成为独立经营单位，或者说取消使用原来由企业内部所提供的资源或服务，转向使用由企业外部更加专业化的企业单位所提供的资源或服务，使价值创造过程的很大一部分在主导企业之外完成，这就是外包现象，其具体方式主要为技术外包（ODM）和生产外包（OEM）。

将品牌经营和加工制造相分离，已成为发达国家或地区实现产业转移的新变化。利用品牌优势，采用生产外包（包括贴牌制造）等多种方式进行产业转移，是 20 世纪 90 年代以来世界制造业国际分工的重要方式。所谓生产外包，主要是指跨国公司把非核心制造业环节外包转移给那些具有专业能力的外部供应商生产，然后通过外购获得这些产品。跨国公司之所以不再对生产价值链和各环节通过自行投资或参股供应商、销售企业，进行直接或间接的控制而改由外包的方式，主要基于以下原因：

一是随着技术高度化和复杂化，价值链的增值环节变得越来越多，结构也日趋复杂，内部采用纵向一体化使企业在每个业务领域都将直接面对众多的竞争对手，从而分散了整个企业的资源，削弱了企业的竞争力。因此，有必要放弃内部纵向一体化的经营模式，将传统上由企业内部完成的非核心业务外包给企业外部最优秀的专业化资源以降低成本，提高效率。二是一些发展中国家的企业利用其高质量的劳动力素质和廉价的劳动力成本优势加入价值链中，在某个环节的生产上建立起新的比较优势。随着价值链的不断分解，各环节被转移到优化选择的区域，并通过产业集群形成一批具有专业化特色的加工制造基地。三是由于发达国家或地区转移到发展中国家或地区的产品，一般都是已进入标准化阶段的产品，生产工序在技术上的可分性越来越强，在某一产品的各个加工工序之间也存在劳动、资本、技术密集度的差异，跨国公司找出技术特点不同的生产阶段，根据要素密集性不同的要求对不同的工序实行外包，将生产基地转移到发展中国家，可以将要素资源集中投向高增值的产品开发设计和营销方面，以提高企业核心竞争力。

主导企业控制着销售渠道、市场标准，价值的实现依然控制在主导企业手中。采取这种生产分工体系的跨国公司主要以发达国家尤其是美国公司为主。如美国的个人电脑品牌已为世界所认可，由于控制了销售渠道和市场标准，康柏、戴尔、IBM 等公司都大规模在全球采购普通、标准零部件，组装后再贴上自己的标签在全球出售。例如，二十一世纪初期我国东南沿海地区就作为"世界工厂"的角色，也就是充当跨国公司"委托加工制造基地"（OEM），即品牌的拥有者并不直接生产产品，只是设计和研发新的产品，拓展与控制销售渠道，开展品牌的推广工作，而实际的生产任务以降低成本为目的，根据比较优势交由其他企业完成。

跨国公司以外包的方式扶持委托加工制造中心，强化低端产品对高端产品的依赖，核心技术对非核心技术的带动与控制，以及市场需求等方式来实现。这就使企业间的合作与国际的分工形式发生了很大变化。如果说跨国公司内部垂直一体化分工是指上下游企业之间的合作，基于生产与销售等环节上的分工，达到规模经济效应。而跨国公司的水平分工是指差异不大或类似行业间的合作，是两家以上性质相似的厂商基于互补、互惠的原则，表现为功能优化、放大的效应。无论是哪种形式上的国际分工，跨国公司凭借着在技术、管理、资金、人才、营销等方面的绝对优势，在全球范围内利用与整合其他国家的比较优势，从跨国公司内部"垂直型"一体化分工到"水平型"分工，充分表明了技术与成本是决定国际分工采取何种形式的决定性因素。

随着国际分工格局的演进，国际分工的边界正从产业层次转换为价值链层次。分工既有传统意义上的劳动密集型产业、资本密集型产业和技术密集型产业之间的分工，形成以产业层次为基础的国际分工体系；也有同一产业、同一产品价值链上不同环节之间的分工，形成分解同一产业不同加工环节为基础的国际分工体系，每个生产阶段随着产品要素密集的变化而使用不同类型技术技能的劳动力。技术密集型产业有它的劳动密集型环节，如高科技产品的加工装配环节；劳动密集型产业有它的知识技术密集环节，如服装产业的款式设计环节。在价值链分解的基础上，生产过程可以分解为多个相互独立的阶段，每一个企业只能根据自己的比较优势，从事价值链上的某一环节或某一工序。

随着发展中国家工业化进程的加快和经济的开放性，在跨国公司产业链条的分解与全球化配置中只要能够把握机遇，既要积极参与世界分工体系中的"垂直型"分工，还应顺应国际分工的新趋势，参与"水平型"分工，以逐渐从低附加值的产业环节向较高层次环节的递进，不能永远满足于一个下游生产商、充当打工者的角色，而是要在主动参与国际分工与竞争的基础上，不断提高核心零部件的本土化生产水平，由下游生产商向上游生产商推进，强化生产环节与技术研发的相关性，并适时向产业链条的研发设计、品牌营销环节渗透，从而逐步提升在国际分工中的地位与加工增值能力。

在分析国际贸易与国际分工产生原因的古典贸易理论中，一般认为，李嘉图的比较优势理论具有普遍意义，而斯密的绝对优势理论被认为是一种特例。两国通过分工改变了一国资源的配置方式，一国专门生产其绝对占优势的产品，双方以优势对优势，以我所特有的剩余产品换取你所特有的剩余产品，以开放型经济取代封闭型经济，通过国际贸易，共同分享专业化分工的好处，增加了产量，降低了成本，从而提高了各自的生产与福利水平。至于一国比另一国优越的地位，是固有的，或是后来获得的，在这方面，无关紧要。虽然斯密所言的绝对优势（绝对成本）是外生性，贸易利益也是静态，但是，在现代国际分工体系中处于领导地位的，能够控制全球的贸易规模、贸易模式是那些具有绝对优势的国家或企业，而相对比较落后的国家则只能以其比较优势进入到全球的分工体系之中，其经济发展水平在一定程度上依赖于主要发达国家的贸易与投资的带动。在这个意义上，斯密的绝对优势理论更适合解释跨国公司在当前全球分工体系中的主导地位，跨国公司以其绝对优势来整合别的国家的比较优势，从比较优势向绝对优势的转变的关键就是一国是否具备创新能力和竞争能力。经济的发展水平归根到底是由一国的科技教育及其创新能力所决定的，因此，一国在国际分工体系中的地位也就由技术、管理、研发等这些内生变量决定，而这些内生变量的形成与培育又与一国自主选择贸易发展战略和经济政策密切相关。

4.2 贸易投资一体化与贸易优势类型转换机制

生产经营的跨国化是当今世界经济领域中最显著的现象，生产国际化或跨国化的微观基础就是跨国公司，它以对外直接投资（FID）的方式在全球范围组织生产，并形成了以价值增值链为纽带的国际生产体系内分工，取代了由产品贸易为连接的国际分工。

4.2.1 贸易投资一体化的一般理论

一、国际资本流动与国际贸易之间的替代关系——曼德尔模式

国际资本流动理论是由曼德尔提出的关于一般货币资本流动理论。他认为，如果两国生产函数相同，可以推导出国际投资与自由贸易是完全替代关系的结论[①]。他以两个国家、两种产品和两种要素，即 $2 \times 2 \times 2$ 模型为基础，分析了在存在贸易壁垒的前提下，必然会引起生产要素流动对商品流动的替代。例如，根据 H-O 模型，A、B 两国相比，A 国资本丰裕，生产并出口资本密集型 Y 商品。如果 B 国对进口的 Y 商品征收关税，B 国 Y 商品价格上升，成本高的 B 国 Y 商品生产就得以增加。在生产增加中被密集使用的生产要素，即资本的价格就上升，A 国转而向 B 国投资（假定不发生劳动力的流动）。结果，由于 A 国的资本转移到 B 国，A 国的生产可能性边界缩小，B 国却扩大。A 国减少了出口商品 Y 的生产，B 国增加了进口商品 Y 的生产。所以，一国的生产增加同另一国的生产减少相等，两国生产量的总和同自由贸易时是一致的。但资本流动代替了商品流动。B 国向 A 国支付资本报酬，补偿了 A 国生产可能性边界缩小的损失，而这个资本报酬来自 B 国生产可能性边界扩大的利益。就是说，发生了资本流动，却没有格外的利益，同自由贸易时完全

---

① 曼德尔. 权力与货币 [M]. 中央编译出版社，2002：25 – 54.

无差别。因此，两者是完全的替代关系。

由于资本要素的国际流动与商品和劳务之间的相互替代关系，即限制资本流动可以促进贸易，增加贸易障碍则可以刺激资本流动。资本流动越自由，替代国际贸易的作用越大。资本跨国界自由流动较之商品自由流动能更直接、更合理地利用世界资本资源。

曼德尔模式的特点在于：第一，上述过程不涉及产业本身质的变化，因为生产函数相同；第二，资本流动是两国资源禀赋量发生变动，通过市场机制对资源进行再分配的结果。

二、国际资本流动与国际贸易之间的互补与共生关系

曼德尔模式前提条件是假定生产的国际转移没有生产函数的变化（只有生产要素供给的丰裕程度变化），结论是国际贸易与国际投资是相互替代关系。对此，日本国际经济学家小岛清提出了不同的观点①。他认为：第一，直接投资不能仅视为是货币资本的流动，而是包括资本、技术、经营知识的总体转移，在理论上可以把直接投资视为包括销售在内的先进生产函数的转移。从这个意义上说，直接投资本来就以两国存在着不同的生产函数为前提。第二，直接投资是包括资本、技术、经营管理知识等在内的综合体，由投资国的特定产业部门的特定企业，向接受投资国的同一产业部门的特定企业（了公司、合营公司）的转移。它不同于单纯的货币资本流动，亦即不是作为流动性很高的一般生产要素流入接受投资国，同该国的国内资本一起再分配到各种产业部门、各个企业。直接投资所带来的是先进生产函数，这种生产函数逐步使东道国整个产业的生产函数发生变化，产生"生产函数改变后的比较优势"。

要使直接投资导致贸易发展，必须具备下列条件，即要由投资国潜在的比较劣势产业（如 A 国的 X 产业）进行投资，提高接受投资国潜在的比较优势产业（如 B 国的 X 产业）的生产函数，使之成为显性的比较优势产业。如果相反，由 A 国具有比较优势的 Y 产业进行直接投资，就不会出现这种情况。

国际资本流动的传统理论是从生产要素禀赋，即各个国家的资本资源的丰裕程度来研究国际资本的流动的。国际直接投资理论突破了这一固有的模式，将投资理论奠定在一个与现实更加接近的基础之上，从全新的角度阐释了 FDI，结束了以往国际贸易理论与投资理论平行发展的态势，两种理论开始逐渐融合、相互交融。

新贸易理论将产品差异、规模收益递增和不完全竞争等产业组织理论引进传统的比较优势分析框架，结合对外直接投资（跨国公司）理论成果，解释了不同类型跨国公司直接

---

① 小岛清，周宝廉. 对外贸易论［M］. 南开大学出版社，1987：34 - 47.

或间接地创造的各种贸易流动，使国际资本流动和国际贸易间的传统理论关系发生了深刻的变化。在新贸易理论中，递增的规模收益占有突出的重要地位。如果生产中存在递增的规模收益的效果，则把资本的边际产品降低到折扣率水平这一要求对投资决策就变得不那么重要了。与此同时，只要存在递增的规模收益，积累资本的刺激就可以无限制地持续并维持一个稳定的产出增长。从这一点看，外来投资成了东道国经济结构变化和先进生产技术扩散过程的"第一推动力"。在递增的规模收益条件下，出口部门的扩张可以增加从贸易中获得的利益，而出口部门以及它所带动的其他部门的增长又构成了总体经济的增长。

国际直接投资的技术外溢，加速了国际技术创新进程，资本流动伴随着技术创新和制度创新，将创造出对外贸易竞争优势，促进资本流动和对外贸易同步发展。由于各国间生产函数不同，因此，资本造成的价格均等化作用是有限的，要素均等化是一个缓慢的过程。

以罗默、卢卡斯等为代表的新增长理论，为分析资本流动与贸易和增长之间的关系提供了一个有用的分析框架[①]。正因为对外开放和参与国际贸易可以产生一种外溢效应，因此，能够加速世界先进科学技术、知识和人力资本在世界范围内的传递。国际投资与国际贸易之间不再是一方受益一方受损的"零和博弈"，而是双方获益的"正和博弈"。就世界总体资源使用效率考察，生产从发达国家向发展中国家转移为发达国家节约了大量资源，有利于新产品的开发活动。对发展中国家而言，可以学习和吸收发达国家的先进技术，形成一种"超越效应"。

现实已经证明，国际贸易最终将会推动国际直接投资活动，而国际直接投资也会带来更多的贸易。首先，国际直接投资日益影响到世界贸易规模和构成。吸引外资已经不单纯是发展中国家寻求经济起飞和快速发展的助动器，而且也成为发达国家调整产业结构、遏制经济衰退的有效手段。二战后，发达国家之间的相互投资所占全球投资总额的比重大大超过发达国家对发展中国家的投资总额。其次，国际贸易和国际贸易政策也会对国际直接投资的规模、流向和结构产生各种各样的影响，如发展中国家出口导向的贸易发展政策已经成为有效吸引外国直接投资的政策模式。

随着国际生产体系一体化的出现，国家贸易政策和投资政策的相互协调就显得更为重要。因为跨国公司在企业内部将贸易与投资活动一体化，如果发展中国家政策仍然趋向于独立地对待贸易和投资问题，就会在国家政策措施和企业交易行为之间有可能会出现冲突和不协调，因此，贸易投资一体化的趋势要求投资政策和贸易政策协调。

---

① 朱勇. 罗默的新增长理论述评［J］. 中国人民大学学报, 1997（5）: 6.

4.2.2 直接投资对贸易优势类型形成机制的影响

一、FDI 对产业转移式机制的影响

国际产业转移的构成和模式日益受到科技这个新的经济增长源的影响。

首先，科技进步推进了产业层次的梯度转移，即由劳动密集型产业转移为主向资本、技术密集型产业转移为主的转变。近年来，西方国家的公司转移的生产项目从最初的劳动密集型和污染较高的产业到转移资本密集型和技术含量较高的产业，发达国家越来越多地把汽车和家用电器等资本含量高的产品转移到发展中国家去生产。

其次，由于知识日益成为企业重要的无形资产，产业转移形成"大脑—手脚"的模式。企业间的竞争由价格部分、成本部分转向企业核心竞争力、创新能力的竞争。

产业的投入产出的垂直联系和价值链的不同区段，使得国际分工和由此形成的国际生产中心的分布，不再依赖于各国之间的资源禀赋，而是取决于产业价值链中各个环节的要素密集型的变化状况和由此导致的产品成本的高低，取决于跨国公司在全球战略定位和企业内部资源的合理配置。制造业或劳动密集型产业在全球范围内的转移扩散，使得发达国家或地区的跨国公司竞争力的构筑不再依靠对产品价值链的整体占有，而是利用技术力量和充裕的科研经费，使其成为新产品研究开发的发源地，利用企业的综合实力和比较优势，抢占价值链的高端，将低价值链的制造和装备等低价值链部分转移到低工资的发展中国家或地区，自己则控制新产品、新工艺和新装备的研发和销售等高附加值环节，并通过知识保护，确保其在产品、工艺和装配等方面的领先地位。依此发展态势，世界企业将被"两极分化"。一类是以实体为基础的躯干产业，多为发展中国家和地区的企业；另一类是以知识为基础的头脑产业，多为发达国家和地区的企业。两类企业通过发挥各自的比较优势，形成产业分工。在国际产业转移过程中，发达国家或地区的跨国公司始终都控制着研发和市场销售网络。目前，国际产业转移的变化趋势是以跨国公司为代表的领航企业，只做脑袋，少做甚至不做躯干。

FDI 对产业转移机制的影响是双重的：一方面，可能加快产业接受国的产业结构的调整与升级，另一方面会固化产业接受国的外生的比较优势，使其对产业转移形成了严重的依赖，不能形成内生的比较优势。

从信息产业的发展两大趋势即产业中心与制造中心分离、制造中心与创新中心分离的过程中就充分表明了现代产业转移与产业分工之间的关系。

第一，产业中心与制造中心的分离。由于信息技术革命推动的信息技术产业的发展，使全球范围内出现了若干"IT 世界工厂"，即 IT 产业的硬件制造中心和产业中心的分离趋势。和工业化时代的"世界工厂"不同，"IT 世界工厂"并不意味着一个国家整体制造能力的全面提高，而是更多充当"世界工厂"的角色。

美国对信息技术和产业的投资，占世界对同类产业投资总额的 40% 左右。如此巨大的投资，对信息产业成为主导产业发挥了积极作用，信息产业是美国经济增长的关键。半导体、计算机和通信设备业在日本发展的过程中，在整体制造业中的比重大幅提升，在信息技术及其产品开发、市场占有率方面，日本仅次于美国。

从全球范围内看，信息产业从硬件到服务发展的阶段性非常明显，信息技术的发展经历一个演变的过程。发达国家主导着产业发展的趋势和格局，处于产业价值链的高端；发展中国家以其廉价的劳动力，利用成熟技术，发展处于产业价值链低端的加工、组装制造业。美国及部分欧洲国家处于产业价值的高端。美国大规模地开展基础研究与实验，有完善的风险投资机制，着重于信息技术的研究、开发和利用，不断推出新的技术和产品，始终保持在信息技术的世界领先地位。欧盟国家也在部分领域致力于研发，制定标准，处于价值链的高端。日本电子信息产业以家电制造业为切入点，通过消化先进信息技术，推进信息技术应用带动产业发展，取得成效。日本在世界电子信息产业发展中有其一定的地位。一方面为提高其电子信息的国际竞争力，大力发展集成电路和关键电子元器件，进行产业升级；另一方面由于成本因素，又把更低端的产品向劳动力成本更低的国家或地区转移。具有劳动力比较优势的发展中国家和地区处在产业价值链的低端，从事加工和装配。

第二，制造中心与研发中心的分离。与工业化时代的"世界工厂"不同，信息化时代的"IT 世界工厂"和科技创新中心呈现分离和形成新的融合的趋势，形成网络化的研发中心，跨国公司全球研发中心系统的设立加快了这种分离的进程。

信息化时代的"世界工厂"最初和科技创新的分离，是由于产业分工决定的，即制造中心和设计研发中心不是简单表现为零配件之间的装配关系，而是表现为核心技术（高端产品）对非核心技术（低端产品）的带动和控制。随着真正中心的发展和市场的扩展，这种分离又会出现新的融合。也就是说，全球性的科技创新中心一旦建立，就不可复制了。通过科技创新活动在空间上的扩散，使得有竞争力的企业集中的地区可以自我转化成重要的技术创新中心。

美国经济作为知识经济的发源地，几乎在重大科技创新领域都领先于世界。但是美国并未谋求恢复全球制造业中心，信息时代的全球制造中心因此有了与工业化时代不同的特点。概括地说，全球科技创新中心与制造业的分离，制造中心地位不再是国家综合竞争力的决定性因素，制造中心依附科技中心的趋势正在形成。制造中心与科技创新中心相对分离，出现了全球科技中心控制制造中心的新趋势。世纪之交，美国在信息、通信技术和半导体技术领域，在生物技术、新材料和新能源技术领域，都确立了领先优势。美国不仅利用信息革命和知识经济的技术创新优势完成了制造中心与科技中心的相对分离，更为重要的是开始了以科技中心控制制造中心的新时代。作为全球最重要的信息产业制造中心，东亚地区的信息产业在技术、生产及市场等方面对美国有着明显的依附性。

二、FDI 对技术跟进式机制的影响

国际技术市场是典型的不完全竞争市场，买卖双方信息不对称，确定公平而合理的价格非常困难。技术先发国作为技术出售者往往人为抬高价格，减缓技术转让和技术扩散速度。但是资本的自由流动可以在一定程度上克服技术贸易的局限。伴随资本的新技术转移，将会促进东道主、技术进步的速度，由于当今世界对外投资的主要承担者和主要来源是跨国公司，以及贸易、75%以上的专利和技术转让，已经成为经济全球化和贸易投资国际化的重要力量。在这种情况下，如果不与跨国公司合作，很难真正做到利用国际资本以及国际先进的经营管理方法和最新科技成果，就容易跟不上知识经济迅猛发展的步伐。

外国投资带来的技术分为两类：一类是内在的，即在国际化生产一体化中外商的直接所有权控制，并使用其技术资产，主要表现为独资企业或控股企业的形式；另一类是外在的，即不以股权控制为特征，其技术转让往往通过许可证形式，甚至外商没有股权投资，只有技术投入。当然，第一类形式有许多优势是明显的，除外国大企业本身具有的技术优势外，还具有内部协作的优势。后一类形式的不足之处在于交易成本很高。因此，外在形式的技术转让发生的场合往往是跨国公司愿意以标准化的技术来专门投入，收取技术转让费用，且对东道国企业的技术吸引消化能力比较强。一般说来，外商投资特别是跨国公司把技术和创新活动引进东道国，会促使当地企业提高生产率。但这种贡献程度有多大，取决于引资国自身的技术能力，即掌握引进的技术并使之适应当地条件，从而吸收创新。东道国自身的技术能力是吸纳和消化外国直接投资中的技术转让的基础。东道国技术能力越强，当地企业便愈具有学习、培训、适应和竞争的能力，从而越有利于技术进步。在发展中国家的成熟产业中，人力资本投入越多，就越能从技术转让中受益。

发达国家出口技术密集型产品，而发展中国家则主要出口非技术型产品，这种技能和知识差距可以通过 FDI 弥补。具有相对高的人力资本禀赋的发达国家创造的知识，可以通过 FDI 转移到发展中国家。知识转移到发展中国家似乎受外来投资实体的保护，但是知识和技术可能通过劳动培训和本地管理、通过外国公司和当地公司的联合而从外国公司转移到国内公司。

技术跟进机制作用的发挥要求后发国必须逐渐培养与形成技术吸收与创新能力，这种能力在形成与提高过程中既反映在经济增长中，又反映在经济结构之中，内生经济增长理论就是从经济增长角度，论证后进国如何把技术进步等因素内生化于经济系统之中追赶先进国的最新理论。

1962 年，阿罗提出了"干中学"（learning by doing，又称边干边学）。一个国家的技术特别是工艺技术依赖于这个国家过去生产的产品数量总和，拥有最大的积聚产品数量的国家通过过去不断的"学习效应"达到最低的成本，因此，与较少积聚产品数量的国家相比拥有更好的出口机会①。

此外，罗森堡还强调"从用中学"（learning by using）。用中学发生于某些新产品已经投入使用之后，由于许多耐用品的技术很复杂，只有在相当长的使用或强化性的使用之后，人们才能理解其功能特性，从而有一个从最终用户的经验中学习的过程，此类学习较少依赖科学知识或技术，主要依赖经验②。从用中学，包含了这样一种思想，一种新产品在刚刚走向市场时，并不完善，只有通过使用时不断加深对产品性能的了解，做出许多小创新，改善产品性能，才能使新产品成熟起来。由此可见，用户在创新中起着重要作用。

20 世纪 80 年代以来，以罗默、卢卡斯等人为代表的一批经济学家，在对新古典增长理论重新探讨的基础上，发表了一组以"内生技术变化"为核心的论文，构筑了一种新的增长理论，这一理论的重要突破是把技术内生化。

罗默把技术变革（知识的运用，技术与知识是同质的）的作用内生化，从而研究资本和劳动不增长，甚至负增长的情况下，经济增长的可能性③。罗默的收益递增增长模型基本前提是：第一，技术进步是经济增长的核心；第二，大部分技术进步乃出于市场激励导致的有意识行为的结果，即技术进步是内生的；第三，知识商品与其他商品不同，它可以一用再用，无须追加成本，成本只是生产开发本身的成本。他把技术分解为一般性技术和专业性技术，前者可产生规模经济效益，后者可产生要素递增收益，两者结合不仅形成自身递增收益，且使资本和劳动投入也产生递增收益，从而整个经济的规模收入递增。

罗默认为，国际资本流动不仅促进知识在世界范围内传递和积累，也由此促进了穷国的劳动生产率提高，同时节省的 R&D 费用也相当于增加了穷国的资本积累，使之经济可能快速发展④。

---

① 陈彩慧. 干中学的渗入和溢出效应对市场结构的影响研究［D］. 南京理工大学，2017：15 – 24.
② 罗森堡. 证明责任论［M］. 中国法制出版社，2002：55 – 74.
③ 潘士远，史晋川. 知识吸收能力与内生经济增长——关于罗默模型的改进与扩展［J］. 数量经济技术经济研究，2001（11）：4.
④ 朱勇. 罗默的新增长理论述评［J］. 中国人民大学学报，1997（5）：6.

1988 年卢卡斯在《经济发展的机制》中以"干中学"模型为蓝本建立模型，认为人力资本可以通过工作而积累，强调各国间人力资本禀赋的差异可以通过国际贸易不断被强化[①]。在这个理论基点上，国际贸易的新原则应当从"比较成本优势"或"资源优势"原则转变为"技术或人力资本优势"原则。

产业转移式和技术跟进式在一国贸易优势类型转换中具有明显阶段性，然而，在新的国际经济环境下，产业转移与技术跟进在某些领域可能取得同步进展，尤其是高科技领域。相对而言，新兴产业成长的周期较短，一国如果拥有较好的工业基础及研发体制，那么在引进某些新兴产业的同时，引进国就有意识地开始了技术跟进过程。如韩国把产业划分为主力产业，如纺织、石化、钢铁、家电、汽车等产业；战略性产业，如精密仪器、精密化学、计算机、产业用电子机械、航天航空等产业；未来产业，如信息产业、生物工程、新材料等产业。

在国际产业转移中，劳动密集型产业的国际转移和承接相对较为容易，资本—技术密集型转移和承接相对较为困难，主要是由于发达国家或地区利用垄断优势和寡头垄断的市场结构，严格控制新技术的转移和扩散，以遏制发展中国家或地区技术升级；由于这类产业对零部件和原材料在技术上要求较高，对劳动力素质的要求也相应较高，要承接这类产业转移，不仅需要发展中国家或地区根据产业或产品的上下游垂直关系，发展相关产业和配套产业，形成产业链延伸并发展产业（企业）集群，实现中间产品和零部件的本地采购以降低产品成本，而且还要求对现有生产设备和业务流程进行大规模技术改造，提高技术管理人员的素质，只有这样，通过比较优势的积累、转换，培育高等要素等，发展中国家或地区的资源利用效率才能得到提高，才能实现产业从比较优势向竞争优势转变。

三、FDI 对技术创新式机制的影响

由于近 20 年来国际竞争环境的深刻变化，对公司绩效目标的实现造成了巨大的压力。因而，当公司扫描竞争环境和评估它们自身的竞争力和资源时，经常发现在竞争环境中客观要求它们取得的战略绩效目标与它们依靠自身资源和能力所能达到的目标之间存在一个缺口，这就是"战略缺口"。战略缺口在不同程度上限制了公司走一切依靠自身资源和能力自我发展（go it alone）的道路。在客观上要求跨国公司走战略联盟与合作的道路。因此，战略缺口是推动跨国公司在全球中结成战略联盟的重要动力，公司的战略缺口越大，参与战略联盟的动力就越强。

跨国公司的战略联盟又称国际战略联盟，是指两个或两个以上的跨国公司为实现某一

---

① 张维达. 现代西方经济学的新发展——评《市场经济的发展机制》[J]. 经济纵横，1994（6）.

战略目标而建立的合伙关系。这种战略联盟是通过外部合伙关系而非通过内部增值来提高企业的经营价值。这种合伙关系，试图跨国地利用与整合各成员的可供资源和经济实力，加强它们的竞争优势，以便应对新出现的技术变革和市场机遇反应。

企业战略联盟这种企业间合作竞争组织，成为企业降低成本、分担风险、保持灵活性和充分利用外部资源的有效工具。

首先，技术互补是加速组建战略联盟的首要原因。

企业依靠自身力量从事研究开发，从而获得新技术、新产品、新工艺，已成为企业竞争力的重要保障。这就是所谓"R&D 企业内部化"。R&D 的制度化的历史可以追溯到 19世纪后期的爱迪生实验室。从那以后，独立的 R&D 机构得以发展。但从 20 世纪 20 年代以来，这种 R&D 机构的比例开始下降，而企业内部的机构迅速增多，比例也不断上升。到 20 世纪 70 年代，西方各主要工业发达国家基本上完成了 R&D 机构的企业内部化。

在技术快速变化的市场环境中，R&D 成本大幅度上升；与此同时，技术资产的贬值速度不断加快，一部分企业开始很难独自完成技术创新活动。在这种情况下，为了保持强劲的市场竞争能力，企业只有主动与外部 R&D 机构合作。20 世纪 80 年代以来，为了应对技术的高速发展及资本、生产和知识高度国际化的双重压力，大量的企业战略联盟不断涌现。到了 20 世纪 90 年代以来，一些技术型的企业开始共同进行 R&D。

跨国公司若要保持技术竞争的优势，或从一种优势转向另一种优势，就必须加强研究与开发的力度。但新技术、新产品的研究开发费用昂贵，即便跨国公司这样的大公司、独家企业难以应付巨额投资开发费用，只得借助于"联姻"，充分利用它互补分享最新知识、有效协调产销网络、灵活转换产品结构的能力。

知识创新的过程使任何企业都不能包揽一切，企业间的相互联系和依赖进一步加深。仅从技术创新的过程来看，其开发研究到全面进入市场不仅需要集中大量的智力资源，也需要巨额的资金投入，所需规模往往非单独一家或几家企业所能承担的，其高风险也使一些有实力的企业望而却步。企业之间共担风险、共享收益的合作模式已属必然，特别是具有重大影响的发明创造更离不开企业间的分工与协作，其范围也已超出传统的生产领域专业化分工，而发展到研究与开发、技术创新等方面的国际化。

技术进步的加快促进了跨国公司研发活动的国际化和技术联盟的形成。一方面，为了给海外子公司及时提供技术支持以及充分利用全球研究开发资源，跨国公司研发机构的配置越来越分散化。另一方面，跨国公司组建战略联盟的重要动机是实现技术合作。现在技术联盟在跨国公司战略联盟中处于核心地位，有 1/4～1/3 的战略联盟都与技术交换和合作研究开发有关。

其次，增强企业竞争力是促成跨国战略联盟形成的又一个原因。

跨国战略联盟与传统的国际合资经营、合作方式有着根本的区别，其主要特征是：战略联盟合作形式具有较大的灵活性和随意性。战略联盟与合资经营企业在合作方式上完全不同：传统的合资经营企业是一个独立的经济实体，对于资金投入、资源的承担、管理结构和利润分享均有法律上的约束性协议规定，是一种股权式的紧密性结合；而新型的战略联盟各方签订的则是一种非约束性的"谅解备忘录"，是非股权式的松散"联姻"。联盟契约仅仅表明合作各方的共同战略目标以及在生产和销售方面协调行动，其共同目标的实现全靠协商而非法定的权利与义务。联盟成员之间的这种松散的合作关系，可以随时因外部技术和市场的变化进行调整。它是竞争对手的合作，在合作中竞争，改变了传统的竞争与合作对立的观念，人们称之为"柔性竞争"。正因为如此，战略联盟是一种深层次的合作形式，是以技术、信息、知识共享为核心的利益共同体。它改变以往企业自行研究开发新技术、新工艺、新产品的传统做法，而采用技术、知识共享，使之更加适应现代技术的研制开发产业化和国际化的需要。

经济全球化使企业可以立足于全球范围寻找自己的合作伙伴，而网络、信息技术则以最快的速度使网络组织超越了空间的限制，进行全球资源重组。通过技术、资源上的优势互补，使这些合作型组织整体优势远远大于各成员企业优势的简单相加，同时降低了企业经营风险，拓展了市场，快速敏捷地满足市场多样化、个性化需求。

可见，企业战略联盟是介于市场与企业之间的一种中间性组织结构，成员企业虽然签署了超出正常市场交易的长期协定，但只是以市场机遇和契约为纽带，而一般并不以资本为纽带，未达到合并的程度。企业通过结成战略联盟拓展了市场或产业的边界，并使企业获得了超出自身范围之外的资源，而没有引起企业自身规模的膨胀，又降低了市场交易的不确定性。

如果说二战以前的科技革命基本上是以国家为单位进行的，引领世界产业革命及主导产业变化的是某一两个国家，而随着经济全球化迅猛发展和高科技共同开发及信息技术的特点，使技术创新方式发生了较大的改变，发展水平不同的国家可能在某一高新技术领域处于同一个技术平台上，而技术革命的爆发也不可能仅仅在某一两个国家独立发生，而具有同步性，那些具备一定技术基础、教育制度的创新体制的国家有可能共同创造与分享高新技术革命的成果，并在贸易优势类型上做出相应的转变。

韩国学者金麟洙在其名著《从模仿到创新：韩国技术学习的动力》中描述了发展中国家追赶跨越的模式①。后发国家通过"获得—消化吸收—改进"三阶段的努力，逐步缩小与先进国家之间的技术差距。这一模式可以实现追赶，但很难跨越。第二种模式是在第一

---

① 金麟洙，刘小梅，刘鸿基. 从模仿到创新：韩国技术学习的动力［M］. 新华出版社，1998：58-74.

种模式的基础上，提出后发国家的技术发展不仅发生在特定领域中成熟技术的传播过程中，而且发生在正在发展和成长的新技术领域，从而在发达国家产品和生产工艺尚未成型的时候就总结出新型的技术，向发达国家中的企业发出挑战。日、韩的某些产业都有过这种模式的成功经验。以韩国为例，在20世纪70年代进口技术，80年代自主研发，90年代后开始进入与发达国家的跨国公司进行战略合作。第三种模式主要产生在一些较小的欧洲国家，比较典型的是芬兰。这些国家在过去的十几年里，通过对教育和科技的投资，加上政府有关政策的引导和配合，成功实现了从传统产业向高技术产业升级，在一些有选择的技术领域，如移动通信等跻身世界先进之行列。

第五章　全球价值链视角下我国外贸发展的现状分析

5.1　我国对外贸易的发展现状

近年来，我国经济发展步入了全新格局，在经济新常态背景下，国家对外贸升级做出了新的发展战略，即结合国际经济发展趋势，进一步提升对外开放程度，以此增强国内经济水平，初步明确了我国经济未来发展趋势和经济开放内容。基于此，外贸产业需及时转变发展思路，不断适应全球经济发展环境，积极配合国家政策号召，在全新的外贸格局中，有效实现发展战略。

5.1.1　我国对外贸易发展现状及成就

据国家统计局最新数据显示，我国 2019 年前三季度对外贸易进出口总值与 2018 年同期相比增长了 2.8%，达 22.91 万亿元人民币，一般贸易则占据国内外贸总值的 59.5%，增长 4.8%，达 13.64 万亿；其中进口 6.34 万亿元，同比增长 0.7%；出口 7.3 万亿元，同比增长 8.7 个百分点。同时，国家外汇管理局统计数据显示，我国 2019 年前三季度经常账户顺差 1432 亿美元，其中，服务贸易整体表现为逆差 2017 亿美元，货物贸易整体表现为顺差 3435 亿美元，而在金融、资本账户中，净流入的直接投资为 277 亿美元。基于此，张建平主任表示，"总体来看，我国外贸运行前三季度呈现稳中提质、总体平稳的态势。"由此可见，我国外贸发展近年来取得的成就不可否认，但若想在"稳中求质"的基础上，取得进一步发展，切实做到"稳中有进"，就需采取有效措施，及时解决经济快速发展背后出口贸易存在的"出口产品附加值低、出口贸易结构不合理、出口市场过于集中、出口成本大幅上升"等一系列问题。

5.1.2　当前我国对外贸易发展中面临的主要问题

一、对外贸易发展中存在高额的贸易顺差

据国家发展改革委统计，2019年我国货物贸易进出口总额为31.54万亿元，同比增长3.4%，其中出口17.23万亿元，同比增长5%，进口14.31万亿元，同比增长1.6%，贸易顺差2.92万亿元，扩大25.4%。高额的贸易顺差成了我国对外贸易所面临的主要问题之一，所带来的弊端主要为以下几点：

1. 对国内金融产业利率市场化进程产生影响。

2. 民族经济出口结构的调整难度被无端增加，经济对外依存度大幅提升的同时，发展空间变窄。

3. 外汇储备成本增加的，导致资金流出增加。

4. 高额的贸易顺差往往会导致社会资源利用率降低，货币政策效应弱化，不利于外贸取得有效发展。

二、对外贸易中受到外贸反倾销调查增多

在中国产品逐渐走向世界的过程中，所遭受的反倾销调查也日益增多，近年来，更是成为欧美国家热点反倾销的国家之一，国际反倾销案件中我国所承担的比例高达35%，且此数据依旧呈现逐年递增的趋势。同时，除了欧盟和美国对我国开展的反倾销调查外，乌克兰、巴西、印度等发展中国家对我国的反倾销调查同样在日益增多，其中阿根廷分别于2020年2月3日、1月27日、1月22日发布了2020/7号公告、2020/36号公告、2020/33号公告等反倾销案，对从我国进口的割草机、钻头、网球分别启动了反倾销调查，总体来看，我国已成为被反倾销调查最多的国家之一。

三、对外贸易发展中面临贸易壁垒问题

经济新常态下，对外贸易在发展进程中主要具备了周期性、复杂性、隐蔽性、两面性、全球性等特征，世贸组织截至2018年，其成员国贸易总额已然占据全球经济的98%，各国在经济全球化背景下，外贸联系愈发紧密。现如今，我国面临的外贸发展壁垒主要涵盖了高频发增长态势、保护领域被扩大、经济依存度增高、经济集团化等方面的问题。

四、对外贸易发展中存在外汇储备过高的情况

我国外汇储备截至 2019 年 12 月末已达 31079.24 亿美元，由此可见，我国在对外贸易发展进程中存在外汇储备过高的情况，究其来源主要为外商投资、贸易顺差这两方面因素，而外汇储备绝不是涨幅越快越好，过高外汇储备往往会对国家外贸发展产生负面影响。

5.1.3 经济新常态下我国对外贸易的机遇和挑战

一、全球价值链分工演进与外贸失速

在当前全球贸易进入低速增长通道的大背景下，中国亦未能独善其身，不仅表现为经过多年超高速增长后受危机冲击 2009 年出现了负增长，而且 2012 年、2013 年及 2014 年连续三年未达既定增长目标，并跌破过去长达约 20 年的两位数高速增长，中国外贸增速似乎已深陷"低迷泥沼"。尤为引人注意的是，以往远高于 GDP 增速的贸易增长，近几年增速却落在了 GDP 增速之下。在这一背景下，有舆论认为，中国外贸对经济发展的贡献日益式微，甚至出现了所谓的"负拉动"。这就提出了一个很有理论和实践价值的课题：中国外贸发展进入中低速增长通道后，是否意味着外贸对经济发展作用的下降？

1. 全球价值链分工与中国外贸"失速"的内在逻辑

20 世纪 70 年代中后期以来，全球分工和贸易形式发生了深刻变化，突出表现为产品的价值增值环节被不断分解，并按照其要素密集度特征配置到具有不同要素禀赋优势的国家和地区，从而使得国与国之间的分工和专业化优势，更多体现为价值链上某一或某些特定环节和阶段上。且更为重要的是，这种产品环节和阶段的国际梯度转移往往还伴有要素流动。学术界把这种新的国际分工现象称为全球价值链。这一分工模式的变化对全球贸易发展带来了深刻影响，包括贸易增速。相应地，中国外贸发展及其增速的阶段性变化，特别是由超高速增长步入低速增长通道，同样可以置于全球价值链与贸易增速关系这一大逻辑下进行认识。

（1）全球价值链与贸易增速：事实特征的统计性描述

从二战以后全球贸易增长的历史数据来看，20 世纪 70 年代中后期以来全球贸易的增速要显著高于 1950 年至 1970 年期间全球贸易增速。根据联合国贸发会议统计数据库提供的数据，可以将 1950 – 2010 年 60 年间的全球贸易数据，分区间进行考察。结果发现，

1950年至1960年10年间全球出口贸易年均增长率约为6.52%，1950年至1970年20年间年均增长率约为7.50%。而与此20年间全球出口贸易增长率情况相比，1970年至1990年20年间全球出口贸易的年均增长率却高达11.52%，其中，2000年至2010年全球出口贸易年均增长率出现了高速增长情形。全球出口贸易增速出现的上述变化，与全球价值链分工演进具有实践上的一致性。关于这一点，可以从相关统计数据的对比分析中看出。如果不求严格，以全球中间产品出口贸易在全球出口贸易总额中所占比重表示全球价值链分工现实状况的话，那么中间产品出口占比的变化情况与全球出口贸易增速情况具有统计层面上的协同性。因为统计数据显示，全球中间产品出口占比自1970年以来一直处于上升状态，其中，1970年至1995年这段区间内提高得最快，而之后虽然也在不断上升，但上升的步伐显然已逐步放缓并基本趋于平稳。由此可见，二者在统计层面上具有一致性：中间产品出口占比快速提升进而可视为价值链分工快速演进阶段，对应的是全球贸易快速增长阶段；而中间产品出口占比提升速度放缓从而可视为价值链分工格局基本定型，或者说价值链分工深化速度放慢，对应的全球贸易增速放缓阶段。

（2）全球价值链与贸易增速：内在关系的逻辑阐释

由于在全球价值链分工模式下，一国只是专业化于产品生产的某一或某些特定环节和阶段，因而在完成最终产品生产之前，必然涉及中间产品的多次跨境流动或者更多中间产品跨境流动问题。并且产品价值增值环节分解的阶段越多，则中间产品跨境流动的次数或者跨境流动的中间产品也就越多，进而放大了统计意义上的贸易增速。随着全球价值链分工的深化，全球出口贸易增加的就越多，这就是全球价值链分工的深化效应。当然，由于这种"深化效应"伴随的是中间品的多次跨境流动，从而存在重复统计问题，因此所导致的贸易增长效应其实具有"虚高"特征。从另一角度来看，当产品的全球价值链分解到一定阶段或者说深化到一定程度后进而趋于稳定，从而由此带来的贸易增长就会减缓或停止。总之，由全球价值链分工所带来的贸易高速增长，是建立在价值链分工不断深化基础之上的，一旦价值链分工格局基本稳定或者说深化难度加大，速度放缓，那么由此所能带动的贸易增长效应也必然放缓。

（3）全球价值链与中国外贸增速：嵌入方式视角的剖析

当国际分工演变为全球价值链分工为主导形态时，从单个国家，尤其是从作为承接产品价值环节和阶段的国际梯度转移的国家角度看，其贸易增速的变化不仅与融入全球价值链密切相关，而且与嵌入全球价值链的位置相关。具体而言，一国融入全球价值链分工体系中越低端的位置，由此表现出来的出口贸易增长效应就越明显；反之，一国融入全球价值链分工体系中越高端的位置，那么由此表现出来的出口贸易增长效应也就相对较弱。当然，其内在的理论逻辑其实很简单，因为越是价值链下游的生产环节和阶段，其生产阶段的完成及其出口，所内含的进口中间环节和阶段也就越多，从而在统计意义层面上的"出口"规模也就越大。上述逻辑也可以理解为，越是处于全球价值链下游和低端，贸易统计结果越会被"虚高"，而越是处于全球价值链上游和高端，贸易统计结果被"虚高"的程度相应就越低。由此可见，一方面融入全球价值链分工体系带来了贸易增长效应，另一方面嵌入全球价值链的位置不同所带来的贸易增长效应也各异。一个不容争辩的事实是，中国融入全球价值链分工体系，凭借低端要素所形成的低成本竞争优势，专业化的主要是价值链条中最低端的诸如组装加工等环节。基于前述逻辑的分析，那么由此所带来的贸易高速增长也就是一种必然，这种"必然"一方面内含了前文所述的"虚高"特征，另一方面还具有"被增长"的味道。

（4）中国外贸增速下滑：价值链升级和分工深化趋势减缓的可能后果

其实，在前文的分析中还暗含着这样一个逻辑，那就是随着一国在全球价值链中分工地位的动态变迁，其贸易增速也会随之发生变化。特别地，当一国沿着全球价值链向高端不断攀升时，以商品进出口额为统计数据的贸易增速也必然随之下降。即贸易增速放缓可能是价值链升级所带来的结果。正是基于这一意义，可以预期和判断的是，伴随中国国际分工地位的不断提升，中国沿着全球价值链向中高端不断攀升的后果，可能伴随着贸易增速的放缓。中国虽然是低端嵌入全球价值链，但一直处于攀升状态。显然，伴随中国在全球价值链中扮演角色的转变，在上述理论逻辑的作用机制下，已经预示着中国外贸增速放缓。只不过在遭遇"突如其来"的全球金融危机冲击下，在多种因素相互叠加的影响之下，使得外贸增速放缓的潜在可能以提前并且以较为显著的方式出现了。从某种意义上说，中国外贸增速放缓是中国融入全球价值链发展阶段性转换的必然结果。

2. 全球价值链分工格局下外贸本质内涵的重新解读

全球价值链分工深入演进，以及将来可能的进一步深化，使得外贸的本质内涵发生了实质性变化。而正是这种变化，使得贸易原有概念、作用、功能和意义等均发生了实质性改变，突出表现为以下几个方面。

（1）贸易的性质发生了本质变化

由经济学的基本原理可知，贸易其实是产品交换跨越国界的一种现象，而其基础则是社会分工由国内向国际的延伸。因此，对贸易现象的看待和理解决不能就贸易而看贸易，包括对贸易性质的理解，都离不开对分工形态演变的深度探究。在传统的以"最终产品"为界限的国际分工模式下，贸易品的生产和进出口是相互独立的生产过程和流通过程，是为了实现产品的价值而进行的商品跨国流动现象，其主要功能是连接生产和消费的纽带。但是，在全球价值链分工模式下，贸易的性质已经发生了根本变化，即贸易变成了为确保完成全球生产而进行的"产品"跨国流动现象。这是因为，在全球价值链分工模式下，一国只是专业化于产品价值链条上的某个或某些特定环节和阶段，无论是出口还是进口，更多的意义在于完成价值链条上的下一阶段生产，进出口贸易自然也就演变为跨国公司在全球组织生产的一个流转环节，因而其本质上是连接全球生产不同阶段和环节的纽带，是在全球价值链上创造部分价值的一个增值过程。因此，新国际分工模式下贸易的根本性质，随之从为实现产品价值而进行的跨国流动，演化成为了确保全球生产而进行的跨国流动。

（2）内需和外需的边界日益模糊

新国际分工模式下，产品的流动尤其是中间产品的跨境流动实质上是参与全球生产的一个过程和流转环节，因而与传统意义上的所谓"外需"已经截然不同。更为重要的是，在这种新的分工格局下，产品生产已经具有了"世界制造"的意义。因此，全球生产的意义也必然使得所谓的需求有了全球化意义，这是因为，产品尤其是中间产品要经过多次跨国流动，且流转的产品由于富含了大量来自不同国家和地区的中间投入环节和阶段，因此，以进出口为表象的所谓需求，已经难以区分到底是对国内产品的需求还是对国外产品的需求，因而也就难以区分传统意义上所谓的外需和内需。内需之中有可能夹杂着传统进出口意义下的外需，而外需之中也可能夹杂着所谓内需。内需和外需的边界已经变得杂糅模糊，逐渐具有一体化或者称之为全球化特征。由此可见，在新的国际分工模式和格局下，再以传统的方法和眼光来划分和看待所谓的"外需"和"内需"，实质上是对国际分工本质的忽略，尤其不能将出口狭隘地视为所谓外需，否则必然误解全球价值链分工格局下外贸的本质。

（3）外贸的内涵和外延有所扩大

由于包括资本以及由此带动的技术、人员、管理等一揽子生产要素的跨国流动性日益增强，已成当前国际分工的重要特征之一，因此，在当前全球价值链分工形式下，贸易与要素流动越来越具有融合趋势，越来越具有一体化特征。从广义上看，主要表现为国际贸易和要素跨国流动之间高度融合、相互依赖、共生发展、合为一体的一种国际经济现象。从狭义上看，则主要表现为在全球价值链分工体系中，跨国公司在全球范围内配置和整合资源，从而形成国际生产的全球供应链，把节点企业安排在不同国家的生产和贸易"一体化"现象。这是外贸在全球价值链分工形式下的真实本质内涵，其与教科书中所定义的传统进出口贸易已经出现了质的区别。而从外延上来看，全球价值链分工形态下的对外贸易，其不仅涵盖了传统的最终产品跨境流动，也包括中间品跨境流动，以及为生产中间贸易品和最终品而进行的一切生产要素的跨境流动，外贸已从传统意义层面上的所谓产品跨境流动，拓展并涵盖了集传统贸易、投资、价值增值创造等为一体的"大外贸"概念。实际上正是由于这种变化，"国际贸易重要性"不会渐减反而会渐增，对此，将在下文进行进一步讨论。

3. 全球价值链分工下外贸发展的本质作用

在以生产国际分割和要素跨国流动为主要特征的全球价值链分工模式下，发展对外贸易由于蕴含了更高的价值内涵，从而对经济发展的作用更加重要。

（1）全球价值链下贸易是分工进一步细化的表现

在以产品生产环节和阶段为界限的全球价值链分工模式下，国际分工得以进一步细化。这种细化不仅表现为最终产品被分解为若干个环节和阶段，从而在不同的国家和地区进行专业化生产，而且更为重要的是，在最终产品上不具备比较优势的国家，在新国际分工模式下，可能在某一生产环节和阶段上具有了比较优势。基于全球价值链的全球分工进一步细化，不仅使得原本缺乏比较优势而被排除在国际分工之外的国家获取了参与国际分工的机会，从而利用了在以最终产品为界限分工模式下难以利用的"潜在比较优势"，也使得参与国际分工的国家在产品层面上的分工得以进一步拓展。显然，如果学术界的共识是承认分工和贸易具有普遍的互利性这一基本逻辑，那么在以全球价值链为主导的新国际分工模式下，开展对外贸易的实质就是国际分工的进一步细化，从而进一步"放大"贸易利益。

（2）全球价值链下贸易是资源配置进一步优化的表现

在传统的以产品为界限的分工模式下，由于假定生产要素不具备跨国流动性，因而资源优化配置还仅仅停留在一国国内，且这种资源的优化配置还存在一个假定前提，就是生产要素和资源在国内具有自由流动性、不存在专用性约束等。而在新的国际分工模式下，由于要素流动具有了跨国界性，因此贸易品的生产不再是"封闭式"状态，而是一种"开放式"状态，是通过要素跨境流动而实现的多国要素合作生产。显然，这种"开放式"的资源配置相比"封闭式"的资源配置，其优化程度会更高，这对于开展国际分工和贸易的任何国家而言，都是一种更大的潜在贸易利益。而且更为重要的是，在要素可进行跨国流动情形下，还可以在很大程度上克服"封闭式"状态下分工和生产专业化所面临的资产专用性约束问题，以及可以使得在不具备要素跨国流动条件下的一些"闲置要素"得以充分利用。

（3）全球价值链下贸易更有利于知识技术的扩散传播

对外贸易是技术和知识在国家间进行传播和扩散的重要渠道，基本已成学术界的共识，而这种扩散和传播效应显然有利于贸易参与国的技术进步和知识积累等。实际上，在全球价值链为主导的新国际分工模式下，技术和知识的传播不仅有了新的形式和渠道，而且方式上也有了新的变化，从而更有利于其在国与国之间的扩散和传播。况且，由于全球价值链分工模式下的贸易实质是"生产全球化",因此在"生产全球化"背景下,知识和技术的跨国传播不仅是一种可能和被动外溢,更是一种必要和主动溢出。这是因为,一方面,技术和知识作为广义上的生产要素,"生产全球化"必然要求其流动全球化,而技术和知识的跨国流动,对于流入国来说显然不仅由于流量效应而直接带来"存量增加",而且还由于其较强的外溢性而间接带来"存量增加"效应。另一方面,生产全球化需要的是分布在不同国家和地区的生产环节和阶段实现"无缝对接",包括质量参数和技术参数的"无缝对接",为了能够达到这一点,跨国公司对节点企业进行技术指导和知识培训等"主动溢出"就是必然。这也意味着在全球价值链为主导的新国际分工模式下,开展对外贸易所蕴含的价值取向将更多地从以往"量性增长"向更具"质性发展"转变。

(4)全球价值链下的贸易更有利于实现包容性发展红利

在以要素流动和碎片化生产为主要特征的全球价值链分工模式下,由于各国参与贸易的本质是共同协作生产全球产品,更确切地说,国与国之间开展分工和贸易不仅为了实现"比较利益",更是为了确保全球"共同生产"的正常进行。这一"共同生产"的本质,使得国家间的分工与贸易不仅具有"互利性"特征,更重要的是呈现利益上的相互"依存性",即任何一国获取国际分工利益的大小都是以对方国家获取国际分工利益的大小为前提,从而使得国与国之间开展分工和贸易合作所能产生的贸易利益具有了"变和博弈"特征。也可以说,任何一个国家的不可持续进而导致价值链条的"中断",都会导致全球生产的不可持续或者"中断"。可见,当前全球价值链分工的实质对包容性发展具有了内生性需求,越来越要求国与国之间具有更为紧密的协作和包容性发展精神,从而使得贸易本质上的"互利共赢"得以真正实现。本轮全球经济危机严重冲击下,虽然贸易保护主义有所抬头但并未遵循历史的"逻辑",就是价值链分工对秉持包容性发展内生需求的明证。

4. 全球价值链分工演进新趋势与中国机遇

贸易失速并非意味着其重要性渐减。相反,顺应当前全球分工深入演进大势并深度融入其中,能够为中国外贸发展进而引领经济转型升级带来重要战略机遇。概括而言,目前全球价值链分工正呈现如下五个方面趋势特征。

(1)制造业价值链向创新链转变的机遇

当前全球分工演进的一个重要发展趋势就是技术创新也越来越具有全球性特征,即一方面包括研发在内的技术创新出现国际梯度转移,另一方面技术创新的全球"协作性"越来越明显。技术和知识的流动伴随企业间人员的频繁跨国流动而日益频繁,与此同时,不同国家的用户、供应商、大学以及科研机构人员对创新活动的共同参与,使创新从企业内部、区域内部和国家内部的协作,扩展到国家间不同主体合作,进而使得全球价值链的发展在原有制造业价值链基础上，向全球创新链层面深度拓展。当然，出现这种变化的主要原因在于，一方面技术创新产品越来越复杂，从而成为单个企业的"不能承受之重"；另一方面通信和信息等技术突飞猛进为越来越多的企业突破地域和国家界限，从而在全球范围内积极寻求资源"为我所用"提供了支持。这无疑为中国在加入制造业全球价值链基础之上，逐步全面地转向融入全球创新链，进而实现由以往的要素驱动和投资驱动，向创新驱动的轨道发展提供了重要战略机遇。

（2）全球价值链从制造业向服务业拓展延伸的机遇

从全球产业链的构成来看，在越来越多的"服务"变得可贸易的同时，"服务"的全球价值链也得到了快速拓展，即服务提供流程的不同环节和阶段被日益分解，并被分散和配置到具有不同要素禀赋优势的国家和地区，服务业正呈现"全球化"和"碎片化"的重要发展趋势。全球价值链从制造业向服务拓展延伸，不仅为诸如中国等发展中国家融入全球服务产业链，从而促进服务贸易和服务业尤其是现代服务业发展提供了重要机遇，而且对于制造业转型升级从而提升其国际分工地位也可能发挥着重要引领作用。这是因为，一方面，伴随服务产业链的国际梯度转移，可以借鉴制造业开放的成功经验和做法，通过扩大服务业开放来拉动服务业发展乃至服务业产业结构升级；另一方面，中国制造业总体而言目前仍处于全球产业链的中低端，面临着发展先进制造业进而攀升全球产业链高端的迫切需求，而从产业结构演进角度看，这有赖于服务业尤其是高级生产者服务业支撑和引领。然而，当前中国生产者服务业发展却遭遇"供求"双约束，呈低水平均衡，其支撑和引领制造业发展方式转变的作用明显不强。而抓住全球服务贸易发展的重要契机，扩大服务业对外开放，借助"外力"来突破服务尤其是高端生产者服务供给不足约束，是帮助制造业摆脱缺乏技术创新能力、自主知识产权等被动局面，进而促进制造业发展方式转变的重要途径。

（3）全球经济规则从第一代向第二代深度演变的机遇

在全球价值链分工形态下，实现产品生产不同环节和阶段的无缝对接、降低交易成本，是价值链分工的内在要求，这不仅需要通过"边境开放"以降低产品跨境流动壁垒，还需要各国市场规则的一致性乃至各国间标准的兼容性。只不过全球价值链的前一轮发展主要表现在制造业环节，尤其是中低端的环节和阶段的国际梯度转移，这一阶段相对而言对前一要求较高，而对后一要求还并不太高。然而，全球价值链的进一步发展尤其是基于制造业价值链向全球创新链的深度演进，会对与之相应的制度保障提出了更高要求。以跨国公司主导的全球价值链深度演进为主要内容的经济全球化是大势所趋，其对更高标准制度保障的内生需求，催生了"新一轮区域贸易自由化浪潮的兴起"。由此可以预期的是，伴随全球经济规则从第一代向第二代深度演变，包括以制造业价值链为基础向全球创新链拓展的国际分工势必深入演进。显然，高标准的国际经济规则无疑会在"倒逼"国内改革方面发挥重要推动作用，促使中国开放型经济尽早走上"释放改革红利"的道路上。

（4）全球经济新格局下跨国公司"逆向创新"战略调整的机遇

20世纪后半叶尤其是进入21世纪以来，世界经济格局发生了"东升西降"的巨大变化，这必然引起跨国公司全球竞争战略布局的相应调整。这是因为，发达国家在布局全球价值链过程中，不仅与各国的要素禀赋结构所形成的比较优势有关，也与最终消费市场的区位有关。即价值链不同环节和阶段对"接近"消费市场的需求或者说敏感程度不同。具体而言，诸如研发、设计、营销和售后等更倾向于"接近"消费市场，而具体的组装、加工和普通制造环节则对是否"接近"消费市场不太敏感。因此，在全球财富和经济权力主要集中于发达经济体的背景下，全球主导性消费也主要集中于发达经济体，这必然促使跨国公司的全球战略主要"定位"于发达经济体市场。但伴随新兴经济体和发展中经济体的迅速崛起以及全球经济重心的逐渐"东移"，由于必然推动全球消费市场布局的重新调整。随着新兴和发展中经济体市场需求规模不断扩大，跨国公司会越来越重视这一新的市场需求和巨大潜力，为了接近这一"新"的市场，其全球价值链的布局策略也将随之调整，即将更多的研发创新活动置于新兴市场经济体，并以此为基础将创新产品销往包括发达国家在内的全球市场。这种"逆向创新"显然有别于以往主要将研发创新活动置于发达国家市场进而将创新性产品再销往全球的模式。目前，许多跨国公司的研发机构乃至经济总部"进驻"中国，一定程度上也说明"新战略"的端倪，这为中国攀升全球产业链和价值链高端提供了重要机遇。

（5）全球价值链发展进入重塑阶段的机遇

目前，美国实施的"先进制造业"发展战略、德国大力推进的"工业4.0战略"、英国实施的"高价值制造"战略，以及法国实施的"新工业法国"战略等，本质上都是为了摆脱本轮全球经济危机的阴霾而进行的科技革命和产业革命竞赛，同时也说明了各国愈发重视以技术创新拉动经济发展。显然，酝酿新的产业革命和技术革命，必然改变着全球产业链格局，从而使得全球价值链进入新一轮的调整期和重塑期。当然，科技革命和产业革命推动下的全球价值链重塑和调整，既包括前文所提及的设计研发的全球化发展趋势，也包括全球价值链自身的变动，比如传统"微笑曲线"的整体移动，甚至可能还会出现新式的所谓"沉默曲线"乃至"悲伤曲线"，以及不同国家在全球价值链中地位重构等。应当看到，全球价值链调整和重塑已初现端倪，而这对于发展中国家来说，通过诸如开展对外投资参与全球价值链重塑等，从而实现产业升级和技术进步，既是重要的机遇也是重要途径。

5. 关于外贸失速的思考

"以增速论英雄"实质上是对价值链分工条件下贸易本质认识不清。如果说，前一轮"贸易立国"战略及其作用的发挥，还主要表现为外贸"高速"增长所驱动的 GDP 增长奇迹的话，那么在全球价值链分工格局尤其是全球分工演进新趋势下，"贸易立国"有了更为深刻的意义：迎合新趋势，把握新机遇，在进一步融入、扎根乃至主导全球价值链和创新链中，利用全球资源和全球智慧，推动中国从贸易大国向贸易强国转变，从而更好地服务中国经济创新驱动和转型发展的需要。

第一，打造综合性竞争环境优势，提升"扎根"全球价值链的能力。"扎根"全球价值链是稳定外贸发展的前提。众所周知，价值链的区位布局与成本密切相关。近年来，伴随国内各种生产要素价格集中进入上升期，以及其他更多发展中国家参与全球竞争，中国外贸发展的确面临着潜在的"浮萍经济"风险。然而成本不仅包括要素成本，也包括商务成本。当前，中国面临要素成本的挑战，但同时在降低商务成本方面大有潜力可挖，更何况，从不同价值增值环节对要素成本变化的敏感程度来看，中低端的制造环节往往对要素成本变化较为敏感，而高端环节乃至创新环节则对商务成本较为敏感。因此，迎接要素成本上升的挑战并力图"扎根"全球生产分工体系，需要中国在继续发挥传统比较优势的同时，更加注重在进一步完善基础设施、完善产业配套环境、降低税费、提高制度质量、完善市场机制、提高政府效率、以及提高法治化水平等方面努力，从而打造更具竞争力的综合成本优势。

第二，加快构建开放型经济新体制，迎合高标准的全球经济新规则。如前所述，当前全球经济规则正向高标准、高质量方向发展。显然，在高标准已成全球经济规则的重要发展趋势下，唯有达到高标准的要求，才能够进一步融入全球生产分工体系之中，而"不达标"的则极有可能被边缘化。为此，必须要加快构建开放型经济新体制，从以往的"边境开放"措施加快向"境内开放"层面深度拓展，建立更加规范、更加透明、更加成熟、更加公平、更加法治化、更加完善的市场经济体制。

第三，"虹吸"国际先进生产要素，提升创新驱动的发展能力。中国外贸发展从要素驱动向创新驱动转变，其创新的内涵和实质绝不是封闭式而是开放式，其中，"虹吸"国际先进生产要素积聚到国内进行创新活动，就是开放式创新的重要内容和途径之一。可以考虑从如下两个方面着手：一是将国内巨大的潜在市场规模优势，转化为吸引发达国家跨国公司将创新要素向中国国内集聚，在中国进行"逆向创新"的新优势。二是加快培育本土高级要素。实际上，在以要素流动和国际碎片化生产为主导的国际分工模式下，要素跨国流动以实现的资源优化配置，虽是"不同类别"生产要素在全球范围内的重新组合，但这种组合同样也存在着质量方面的比配问题。这就需要中国在进一步加大教育投入、大力发展职业教育和培训、努力促进"官、产、学、研、媒"的有效结合、着力打造"招才引智"的优良环境等，借此"虹吸"国际先进生产要素以服务于中国外贸创新驱动发展的需要。

第四，加快"走出去"步伐，提升整合全球优势资源能力。中国外贸进入新的发展阶段，提高国际分工地位不能继续扮演着"被整合者"的角色，而应该逐步转变为全球资源的"整合者"，通过不断提升布局构建贸易、投资和价值链条的能力，从被动参与全球价值链到主动构建自己的全球价值链。这就需要在继续大力引进国际先进生产要素的同时，以更大步伐"走出去"整合和利用全球资源。如此整合和利用全球资源的方式，不论是体现在将已经丧失比较优势的环节和阶段转移至更具成本优势的国家和地区，还是体现在主动获取和整合国外先进技术等要素等，实质都是拓展和构建自己的全球生产分工体系。可以预期，不再单纯以要素优势，而是以具有整合全球资源能力的企业去"走出去"参与和主导全球生产分工体系之时，就是中国贸易"新图谱"展现之时。

二、全球价值链分工下中国外贸的供给侧改革

当前，全球经济进入深度调整期"实业兴邦"成为各国摆脱危机阴影的共识，世界主要发达国家纷纷实施"再工业化"战略。相较于以往简单传统的制造业发展老路，此轮发达国家"再工业化"战略可以看作是各国力争在供给侧结构性变化中谋求全球分工新地位、占据全球产业链分工制高点的重要战略依托。中国外贸发展面临着新一轮的国际竞争，加快推进供给侧结构性改革是中国外贸在此轮国际竞争中赢得优势，实现贸易大国向贸易强国转变的重要途径。可通常情况下，作为"需求侧三驾马车"重要组成部分的外贸被理解为"需求侧"问题，那么，在正式展开外贸领域的供给侧结构性改革之前，需要我们对外贸进行重新的认识和理解。

事实上，随着国际分工形态的变化，外贸的内涵已经发生了改变。在全球价值链为主导的国际分工形态下，一国外贸的内涵已不再简单的是"需求侧"，其更多的意义是该国融入全球生产分工体系后呈现出的"外在流转"。相应地，外贸发展问题的本质也转变成该国或地区参与全球生产的"供给侧"问题。中国要实现外贸发展的"稳增长、调结构、促转型"，本质上还是要创新其参与全球价值链分工的方式，提升其融入全球价值链分工体系的能力，以实现其在全球价值链中地位的攀升。为更好地把握外贸领域供给侧结构性改革，实现中国外贸的转型发展，我们需要在准确理解全球价值链分工下外贸供给侧内涵的基础上，明确改革方向，夯实改革措施。

1. 全球价值链分工下外贸供给侧的内涵

外贸是产品跨越国界"交换"的一种现象，它源于社会分工由国内向国际的伸展，外贸的内涵也会随着国际社会分工形态的演变而变化。在传统国际分工形态下，各国参与社会分工的边界是"最终产品"，这些"最终产品"在出口国内部完成整个生产过程后被"交换"至国外市场并被直接用于消费。这种情况下，外贸只是一国或地区为实现产品价值而展开的国际交换，本质上属于纯粹的流通过程，连接着国内生产和国外消费，且相对于国内的生产过程（供给侧）和国外的消费过程（需求侧）完全独立。因此，在以"最终产品"为边界的传统国际分工形态下，外贸可以完全被理解为"需求侧"问题。然而，随着国际分工形态的演进和变化，以"产品价值增值"为边界的全球价值链分工模式逐渐取代了传统的以"最终产品"为边界的国际分工模式，外贸的内涵也随之发生了实质性的变化。在全球价值链分工形态下，"最终产品"的全部生产过程不再由一国独立完成，而是被切割成若干个"产品价值增值"环节，各国根据自身禀赋，完成产品价值链条上最具有比较优势的某个环节。这种社会分工的演变，让产品生产过程开始由国内向国际延伸，也让各国在"最终产品"生产过程中的角色从生产者转变成了生产参与者。此时，外贸不再是纯粹的流通过程，其更多的意义是全球价值链中创造部分价值的一个增值过程，是连接全球生产不同环节和阶段的纽带。可见，在全球价值链分工形态下，"最终产品"的生产过程是多国生产要素跨境配置和整合的过程，需要多国参与并共同完成。跨国公司的出现，加速了这种国际分工模式的演变，也加快推进了产品生产全球化网络布局的进程。跨国公司可以通过对外直接投资输出自身优势要素，并与东道国的优势要素相结合完成阶段性生产，也可以通过承接生产外包的方式直接参与生产过程。外贸将产品生产过程中的各个价值增值环节都演变成了各国生产要素组合的结果。

从另一视角来看，在国际货物贸易结构中"最终产品"贸易的比重逐渐下降，而"中间产品"贸易逐渐占据主导地位。"中间产品"贸易是国际分工形态演化的重要外在表现，是传统国际分工模式转向全球价值链分工模式的必然结果。与"最终产品"进行跨国"交易"是为了实现产品价值有所不同的是"中间产品"跨国"交易"则主要是为了生产的顺利推进"中间产品"贸易是"最终产品"完成生产链中各个价值增值环节所呈现出的一种必要跨境流转。如果说"最终产品"的跨国"交易"存在着明显的生产与流通界限，那么"中间产品"的跨国"交易"则是流通过程向生产过程一次融合。在全球价值链分工下，外贸不再是"从商品到货币那惊险的一跃"在国际范围内的体现，而是产品生产链中各价值增值环节的连接，其内涵也演化成了为产品价值增值而进行的跨国流动，具有明显的"供给侧"属性。

显然，在全球价值链分工形态下，产品的生产过程和流通过程不再完全相互独立，流通过程融入了生产过程中价值增值的各个环节，生产过程也融入了流通过程中的跨境"交易"，两者之间相互融合。社会分工形态的演进令外贸的内涵具有了更多的"供给侧"属性，对外贸的理解也不可以再简单地认为是"需求侧"问题，外贸的"需求侧"和"供给侧"之间的边界越来越模糊。尤其是对于某一中间产品来说，它的生产、流通和消费可能都是在同一家跨国公司内部完成，外贸的供给方和需求方也逐渐融为一体，无法区分。WTO 公布资料显示，跨国公司内部贸易占全球贸易总量的比重已经超过80%。跨国公司的出现加速并主导了当前全球价值链的发展和演进，这不仅是跨国公司在全球范围内布局生产网络的重要表现形式，也是其在全球范围内配置、整合和优化生产要素的重要结果。

总而言之，当以"最终产品"为边界的传统国际分工模式逐渐演化为以"产品价值增值"为边界的全球价值链分工模式后，外贸的内涵被赋予了更多的"供给侧"元素。对于某一个国家或地区来说，发展外贸不再简单的是为满足国际市场消费需求而实现产品价值，其更深刻的意义在于该国或地区凭借自身优势要素主动融入全球生产分工体系，参与全球产品生产链并创造出更多的价值增值。这是外贸的供给侧内涵，也是全球价值链分工下外贸的内涵所在。

2. 全球价值链分工下外贸供给侧改革的必要性

在前一轮开放型经济发展中，中国抓住了经济全球化所带来的重要机遇，通过融入以发达国家跨国公司为主导的全球价值链分工体系，实现了外贸的快速增长，进而为中国经济创造三十多年增长"奇迹"带来动力。但不容否认的是，这种长期粗放式外贸发展模式给中国带来全球化红利的同时，也因其附加值低、利润低等固有特征而备受诟病。用足国内低端要素和国际需求市场是中国前一轮外贸高速增长的本质所在。金融危机后，全球经济进入深度调整期，中国经济发展也进入了以"三期叠加"为重要表征的"新常态"，中国融入全球经济实现外贸快速发展所依托的两个重要条件也正在发生深刻变化，即全球价值链分工深化速度逐步趋缓，甚至出现停滞和倒退中国国内要素禀赋优势正在发生转变。这两个重要条件的深刻变化，使得中国在新一轮开放型经济建设中无法再通过传统方式简单地融入全球价值链分工体系，通过外贸粗放式发展获得经济增长。值得强调的是，在中国外贸发展面临诸多不确定内外因素的同时，全球价值链发展逐渐呈现出了一些新特征和新趋势，这为中国外贸带来了新一轮的转型发展机遇。面对全球价值链重构所带来的开放型经济发展机遇，中国需要有效推进外贸领域的供给侧改革，培育并形成新的优势要素，并凭借新优势要素的有效供给和高效利用，创新参与全球生产体系的方式，主动适应并努力引领全球价值链的变化。

外贸起源于社会分工跨越国境的国际化延伸，而社会分工的国际扩张则取决于技术进步和制度变革这两个关键因素。技术进步为生产链的全球网络化布局提供重要的硬件支撑。凭借生产分割技术以及通讯信息技术的迅猛发展，产品生产链上的各价值增值环节得以在全球范围内实现无间断衔接。而制度变革可以为各生产要素以及各类"中间产品"在全球范围内自由流动提供重要的制度框架和制度保障。前一轮经济全球化的快速发展以及全球价值链的快速演变也正是得益于这两个关键因素，如电子计算机及通信网络在各个产业领域的广泛应用、各类国际性和区域性多边组织机构的成功建立。而当前，上一轮科技革命为生产分工体系继续深化所能提供的动能逐渐趋弱，国际及区域性经贸规则所带来的制度红利也几近衰竭，新一轮科技革命尚不能为产业变革带来足够的技术支撑，国际经贸新规则也尚未进入实质性的推行阶段。全球价值链分工体系演化已经进入新旧动能的转换期，这也是当前全球主要经济体产业发展呈现疲乏状态的实质性原因。新旧动能的转换预示着全球价值链分工体系演化存在着两大潜在趋势：其一，各国为力求在新一轮全球化中占据制高点而努力探寻技术变革和产业变革；其二，新一轮全球经贸规则也将成形，并为新科技革命推动全球价值链分工深度演进提供制度保障。面对全球价值链分工体系演化的两大潜在趋势，供给侧结构性改革是参与全球技术革命和产业革命竞争以及争夺全球经贸规则制定话语权的重要战略支撑。由此可见，技术革新和制度规则制定也将是中国外贸供给侧结构性改革的核心。

虽然全球价值链面临着新旧动能转换，演进步伐趋缓甚至倒退等问题，但国际社会分工模式仍以全球价值链为主导，且全球价值链仍以"产品价值增值"为分工边界，这些全球价值链的本质并不会发生变化。更进一步，以制造业为发展基础的价值链全球化布局开始不断地向服务业领域延伸，这意味全球价值链开始由"制造业生产价值链"向"服务业创新链"深化拓展。服务业全球化将会是新一轮经济全球化的重要特征，实现服务贸易和货物贸易平衡发展也是中国新一轮高水平开放型经济建设和高水平外贸发展的客观要求。首先，中国此轮开放型经济建设需要创新为其提供动力机制。积极融入全球"服务业创新链"是中国整合和充分利用国际优质创新资源，实现创新驱动外贸发展方式转变的重要途径。其次，中国此轮开放型经济建设需要高端服务业为其提供产业支撑。鼓励跨国公司将价值链中创新环节引至国内，形成规模化的高端服务业经济和总部经济，为高层次融入全球价值链，实现中国经济全域开放奠定产业基础。最后，中国此轮开放型经济建设需要"创新链"为其提供战略机遇。全球价值链的重构期，既是"制造业生产价值链"向"服务业创新链"的深化拓展期，也是中国改"被动融入"为"主动引领"的战略机遇期。依托全球"服务业创新链"建设契机，中国应努力在新一轮全球价值链演变中成为掌控者，主动引领并积极构建"新"价值链，为实现外贸跨越式"升级"打下根基。总之，无论是制造业领域还是服务业领域，中国外贸要夯实转型发展的基础，关键还在生产和产业等供给侧层面，供给侧结构性改革才是中国外贸实现转型升级的重要着力点，否则，在新一轮国际分工调整中中国将会被边缘化。

3. 全球价值链分工下外贸供给侧改革的方向

在传统分工形态下，外贸仅仅是纯粹的流通过程，其范畴也仅仅包括进口和出口两个方面。而在全球价值链分工形态下，外贸的概念和内涵早已突破了传统意义上的"跨境交易"，外贸不仅包含了传统意义上的进口和出口，还包括了要素的跨境流动，以及随分工领域深化而出现的新开放领域，形成了所谓的"大外贸"范畴。为此，全球价值链分工形态下的外贸供给侧改革就应该包括以下四个重点方向。

（1）进口贸易方面

单从贸易流向来看，外贸可以分为进口贸易和出口贸易，在传统社会分工形态下，国际分工以"最终产品"为边界，进口贸易是本国市场对"最终产品"消费需求的外在表现，这很难将进口贸易与供给侧改革联系在一起。而在全球价值链分工形态下，进口贸易中包含了大量的"中间产品"，进口贸易是国内生产对国际优质要素的需求，进口贸易具备了"供给侧"的本质内涵。进口中间品与本国国内要素禀赋和生产技术水平一样，共同决定着一国或地区的生产、供给以及其在国际分工中所处的地位。当一国或地区内部所固有的要素禀赋和生产技术水平不变时，低成本、高质量、多元化的进口中间产品投入可以大幅度地降低生产成本和提高生产效益。国内外已有众多学者从理论和实证研究的角度论证了此观点，通过高质量进口中间产品的投入，一国或地区可以提升其出口产品品质，进而可以提高本国出口产品在国际市场中的竞争力。显然，全球价值链分工条件下进口中间品的投入是一国或地区产出和出口能力的重要影响因素，进口贸易也成了该国或地区参与全球生产分工的重要环节，进口贸易改革将会是外贸供给侧改革的一个重要方向和领域。

（2）出口贸易方面

按照传统需求理论，决定出口贸易的最主要因素是国际市场对出口品的需求，出口贸易完全可以被理解为"需求侧"问题。但深究贸易和产业之间的关系，可以发现，贸易不过是"表象"，而产业才是贸易的"实质"。无论是在传统的国际分工条件下还是在全球价值链分工形态下，国内产业发展状况才是一国或地区出口贸易的基础，这是出口贸易的"供给侧"内涵，也是出口贸易的本质。在传统的国际分工形态下，即便国际市场需求既定，一国或地区也可以通过发展国内产业水平，提高其出口产品品质来提升本国或地区的出口竞争力。在全球价值链分工形态下，出口贸易体现为一国或地区融入全球价值链分工体系后所呈现出的"外在流转"，出口贸易的发展问题也深化为该国或地区是否融入、怎样融入以及融入后在国际分工体系中所处位置等问题。出口贸易本质上就属于"供给侧"问题，外贸领域供给侧改革也必然不能缺少出口贸易这一方向。

（3）企业"走出去"方面

生产要素的跨境流动，存在着两种基本方向一是通过引进外资的方式，将外国企业"引进来"，令国外优质要素与国内优势要素相结合，共同参与全球价值链分工体系；二是通过对外直接投资的方式，引导本国企业"走出去"，与东道国优势要素相结合。无论是以哪种方式融入全球价值链分工体系，外贸都早已超出传统的进出口范畴。但有区别的是，当外国企业"引进来"与国内优势要素相结合，参与产品生产链中的某一环节后再出口时，外贸数据留在了中国，而实质利益却属于外国企业。相反，如果中国企业"走出去"与东道国优势要素相结合，共同参与全球产品生产分工，外贸数据虽然不属于中国，但外贸实质利益却归属于中国企业，这是外贸的实质性发展。从这个角度出发，中国企业"走出去"对中国外贸发展更具有实质性意义。完整的开放型经济体系需要"引进来"和"走出去"共同为其搭建一个健康的双向循环经济系统。在此前的开放型经济建设中，"引进来"占据了主导地位，中国常以"被整合者"身份被动地融入全球生产分工体系，失去了对全球价值链的掌控力。在新一轮高水平对外开放建设中，中国需要扭转这一局面，主动地"走出去"，以"整合者"身份主动融入全球价值链分工体系，这是"走出去"的供给侧内涵。从"引进来"到"走出去"，意味着外贸发展由被动式发展转向主动式发展，实现这一实质性转变需要供给侧改革来为其提供动能。因此，"走出去"也是外贸领域供给侧改革的重要方向之一。

（4）开放领域方面

在前一轮经济全球化过程中，中国主要以参与制造业价值链国际分工为主，这使得中国制造业领域开放程度要远远地超过服务业领域的开放程度。而当前，全球贸易中服务业贸易比重逐渐加大，全球对外直接投资也逐渐倚重对服务业领域的投资，同时，由制造业领域向服务业领域拓展也是全球价值链深化发展的重要趋势之一。在此背景下，融入服务业全球化和碎片化的国际分工体系将是中国新一轮开放型经济建设的重点方向和重要任务。与制造业的开放不同，服务业领域的开放重点在境内开放措施的实施，这些境内开放措施比关税和非关税等边境开放措施更需要供给侧结构性改革。因此，服务业的开放也是中国外贸的供给侧改革重要方向之一。

4. 全球价值链分工下外贸供给侧改革的措施

外贸供给侧结构性改革可以改变以往粗放型外贸发展方式，将要素驱动和投资驱动转向创新驱动，激活外贸企业的创新活力，提升外贸发展的质量和效益，实现外贸的可持续健康发展。从本质上说，外贸供给侧改革就是在"大外贸"范畴内，沿着"既要创造新供给，又要调整供给结构"的思路，从生产和产业层面，改革外贸的供给内容和供给方式。为此，全球价值链分工模式下中国外贸供给侧改革应主要从以下几个方面推进。

（1）强调技术进步，实施更加开放的创新发展战略

在前一轮开放型经济建设中，中国外贸发展中的创新以模仿为主，即以开放的姿态主动接受和积极融合发达国家的产业技术转移，以"被整合者"的身份融入全球价值分工体系并为本国产业和外贸发展提供驱动力。在全球价值链向全球创新链演变的新阶段，创新驱动外贸发展，不能再简单地将创新理解为增加研发投入或增强原始创新能力，而是要更加强调利用全球智慧和科技资源等创新要素，增强协同创新的能力。实施更加开放的创新发展战略，意味着将以往的"引进消化吸收再创新"创新发展战略升级为"主动融入并引领全球创新链"这一更加开放的创新发展战略，将以往简单的"研发"创新模式升级为"全球联发"协同创新模式。实现技术进步和创新驱动外贸发展，需要以市场为主导，让市场在全球创新资源配置中起决定性作用。政府应担当"服务者"的角色，为创新驱动外贸发展提供服务，如努力破除一切制约创新驱动外贸发展的制度障碍，建立公平、竞争、有序、法治的市场环境，让微观企业拥有更多的自主选择权，成为创新实践活动主体，并努力将科技创新成果转化为现实生产力为外贸发展提供驱动力。

（2）培养工匠精神，增强差异化产品供给能力

工匠精神是工业经济时代的产物，是精致化生产的要求，是外贸供给侧改革的精神动力。中国制造需要工匠精神，中国智造也需要工匠精神，中国精造更需要工匠精神。中国外贸领域的供给侧改革不仅需要新技术、新产业、新业态和新模式来创造新供给，更需要凭借产品精致化生产和产品品质提升来巩固和强化传统比较优势。可以说，外贸供给侧改革的根本就是提高产品供给品质和效率，挖掘并占领国际市场中的中高端需求，以夯实外贸的平稳发展，而这也正是工匠精神的内涵所在。日本、德国等工业强国发展的历史经验表明了工匠精神在产品品质升级中所起到的积极作用。强调工匠精神的培养，用工匠精神来提升产品供给的效率和质量，增强中国产品差异化供给的能力，降低中国产品的可替代性，从而实现其全球价值链地位的攀升，这是中国外贸供给侧改革的重要路径选择。

（3）注重制度保障，破除供给侧改革的体制机制束缚

推进外贸领域的供给侧改革并非通过简单地宣传就能自然而然地获得实质性进步，无论是技术的进步还是工匠精神的培养都需要适宜的体制机制作为保障。从某种程度上说，中国现阶段所面临的技术创新活力不足以及工匠精神缺乏等现实问题都是体制机制约束问题的外在表现。技术动力不足和创新活力不强更深层次的原因在于没有形成有效的创新激励机制，良好的创新体制机制环境会促进优质资源向新兴领域、创新领域转移。同样地，

强调工匠精神的培养也需要我们进一步认识工匠精神背后的制度逻辑。有效的知识产权保护、终身雇佣制度、强有力的工会等深层次的制度因素才是培养工匠精神的基础和文化背景所在。通过制度创新，完善相关体制机制，为中国外贸领域供给侧改革的顺利推进提供重要的制度保障进一步完善知识产权保护制度，为全球创新要素集聚、激发企业创新活力提供制度保障努力形成高效的外贸管理体制，为贸易和投资便利化、全球分工体系演进提供制度保障构建更加开放、公平和有效竞争的市场环境，为高端制造业和服务业的进一步开放、更多优质产品和服务在竞争中创造提供制度保障。

（4）创新供给模式，释放外贸增长新动能

外贸供给侧改革不仅要改革供给产品，还需要改革供给方式，创新商品和服务的供给模式，形成一些新型贸易业态。相对于技术进步和培养工匠精神等长效措施来说，创新供给模式不仅具有长期效应，而且在短时间内就能够创造出外贸增长量，为外贸增长提供新动能。目前，一些新型贸易业态的成功实践已经证实了贸易供给模式的创新对外贸增长的积极作用，如跨境电商、海外仓、市场采购等。中国外贸领域的供给侧改革应进一步扩大在外贸供给模式方面的创新力度，大胆尝试并形成新的贸易业态。在跨境电商方面，进一步创新适合跨境电商特征的海关通关模式，制定跨境电商产品检验检疫特殊通道在市场采购贸易方式方面，继续深化已试点区域的开放力度，并将成功经验努力复制推广至更多区域在海外仓方面，建成并完善海外仓数据化、可视化运营方式。

三、攀升全球价值链的"稳外贸作用"

改革开放以来，尤其是加入世界贸易组织（WTO）以来，中国在快速而全面地融入发达国家跨国公司主导的全球价值链分工体系中，实现了对外贸易的快速扩张。有学者将这一阶段中国外贸增长取得的巨大惊人成就，用"井喷式增长"或者"爆炸式增长"加以刻画。不幸的是，中国对外贸易快速增长之势在2008年遭遇了突如其来的全球金融危机的严重冲击，受其影响，2009年中国进出口贸易呈现了多年来的首次负增长。危机冲击之后，全球经济进入深度调整期，此间全球贸易虽然与危机冲击期间相比有一定程度的恢复，但却难以回到昔日高速增长的轨道，在此背景下，中国对外贸易也从以往高速增长转向中高速增长，进入了所谓外贸发展"新常态"的新阶段。在周期性因素和结构性因素的双重作用下，在全球贸易增长进入低速通道的大背景下，中国外贸增速跌破以往两位数的高速增长态势确属正常。然而，当前经济全球化出现了一些新形势、新变化和新特点，尤其是逆全球化思潮的兴起、贸易保护主义的抬头、单边主义的盛行、霸凌主义的挑衅、全球价值链的重构、国际经贸规则的调整等，使得经济全球化发展中的不确定性因素增多，中国外贸发展面临的外部环境日趋复杂和严峻，加之国内因素的变化，尤其是国内经济正处于转变发展方式、优化经济结构、转换增长动力的攻关期，结构性、体制性、周期性问题相互交织，从而使得外贸发展下行压力加大。国家统计局的统计数据显示，近年来我国外贸增速在部分年份甚至出现了负增长，比如 2015 年和 2016 年分别为 -7.02% 和 -4.4%，其余年份虽然增长为正但增速较低，比如 2019 年中国全年进出口总额为 31.54 万亿元人民币，增长仅为 3.4%。而受到 2019 年末 2020 年初爆发的"新型冠状病毒肺炎"及其全球蔓延的影响，中国外贸发展更是面临新的压力和挑战。中国海关总署发布的最新数据显示，2020 年前 2 个月中国外贸进出口总额为 5919.9 亿美元，同比下降 11%，其中出口贸易为 2924.5 亿美元，同比下降 17.2%。内外环境的变化及其一系列相关统计数据均表明，中国外贸发展进入"新常态"后仍然面临着进一步下滑的可能和风险。

在对外贸易仍然是驱动经济增长一支重要力量的基本共识下，尤其是在全球价值链分工条件下，进出口贸易的性质已经突破了以往简单连接生产和消费的流通过程功能，而是参与国际分工进行全球化生产的外在流转的表现形式，因此"稳外贸"对于一国经济发展，特别是进一步扎根全球价值链分工体系，充分利用全球要素和资源实现开放发展，具有极为关键的作用和意义。正是基于对中国外贸发展面临新形势的清醒认识和科学判断，以及以贸易为表征的开放发展，在新时代中国经济社会发展中仍将发挥重要作用的正确认知，2019 年 3 月 5 日，李克强总理在《政府工作报告》中明确提出"进一步稳就业、稳金融、稳外贸、稳外资、稳投资、稳预期"；2019 年 12 月 10 日至 12 日召开的中央经济工作会议再次强调要全面做好包括"稳外贸"在内的"六稳"工作。实际上，在"六稳"工作中，"稳外贸"具有更为特殊的意义并发挥着对其他"五稳"起到关键的支撑作用，这是因为从中国开放发展的实践经验角度看，虽然所谓的出口、消费和投资一直以来被并称为驱动中国经济增长的"三驾马车"，但是实际上，消费和投资的驱动作用在很长时期以来一直得益于出口贸易的发展，换言之，正是因为中国出口贸易的强劲增长从而带动了投资增长，带动了就业增长，提高了居民收入水平从而促进了消费增长，等等。正因如此，有些学者研究认为，采用传统的宏观经济学恒等式测算的所谓净出口对国民经济的贡献率和拉动率，大大低估了其真实作用。可见，"六稳"工作中"稳外贸"其实具有核心地位和可能产生关键支撑作用。现在问题的关键在于，新形势下中国外贸面临着巨大的下滑压力，如何才能实现"稳增长"，显然是摆在理论和实践部门面前的极具挑战性课题。

毋庸置疑，影响外贸增速变化的因素是众多的，既有外部的因素，也有内部的因素；既有宏观层面的因素，也有微观层面的因素；既有周期性因素，也有结构性因素；还有诸如体制机制等方面的制度性因素，因此，不同学者可以从不同角度探寻"稳外贸"的有效之道。对此，学术界实际上已进行了十分有益的探讨，也得出了一些颇具启发和借鉴意义的结论。我们认为，贸易的基础是分工，因此看待贸易现象需要深入国际分工层面。因此，深刻认知当前中国"稳外贸"面临的挑战及其成因，并据此寻求"稳外贸"的有效对策举措，同样需要深入国际分工层面。中国对外贸易发展的历史实践表明，正是抓住了全球价值链分工深度演进带来的战略机遇，或者说正是因为中国快速而全面地融入到全球价值链分工体系之中，才成就了以往的外贸高速增长。但是，长期以来中国融入全球价值链分工，具有的一个突出特征就是"低端嵌入"。"低端嵌入"在特定的发展阶段具有一定的合理性和必然性，也取得了诸如推动外贸高速增长等发展成就，但是长期看确实带来了不平衡、不协调、不充分和不可持续等问题。当前，新形势下传统"低端嵌入"的发展模式面临巨大压力，包括以外贸增速下滑为表现的巨大压力，就是明证。正因如此，十九大报告提出了"促进我国产业迈向全球价值链中高端"的战略目标。这就提出了一个十分有意义的问题：攀升全球价值链，有助于新形势下中国外贸稳增长吗如果答案是肯定的，那么其中的理论逻辑又是什么？以及采取怎样的对策举措，才有助于加快我国产业迈向全球价值链中高端，从而夯实新形势下"稳外贸"的基础？下面对上述问题做初步探讨。

1. 低端嵌入价值链：前一轮外贸高增长之因

如前所述，贸易的基础是分工，因此看待贸易现象包括贸易增速变化问题，应该深入国际分工层面进行深度分析。为了能够更好地理解攀升全球价值链中高端，是否有助于新形势下中国外贸稳增长，我们有必要对中国嵌入全球价值链实现外贸增长的实践特征，以及其中的内在逻辑关系做一简要分析。

从中国融入全球价值链分工体系发展对外贸易的历史实践看，有两个突出且不容否认的特征：一是中国确实是以"低端嵌入"的方式融入全球价值链分工体系，二是在前一轮开放发展中，中国确实取得了外贸"爆炸式"或"井喷式"增长奇迹。由于前者是基础即分工，而后者是表现即贸易，因此，两者之间应该具有内在的逻辑一致性。那么"低端嵌入"究竟为何能够推动外贸高速增长，其中的理论逻辑是什么应该说，这既与全球价值链分工的本身特征有关，也与"低端嵌入"的方式有关。

首先，从全球价值链分工自身特征看。我们知道，以产品价值增值环节为界限的全球价值链分工，与传统以最终产品为界限的国际分工模式不同，其最为突出的特征之一就是不同生产环节和阶段被配置到不同国家和地区，从而同一产品的生产具有多国参与的特点，而非局限于一国国内。即便在其他因素保持不变的条件下，产品生产环节和阶段的全球分解，也会带来贸易的额外增长。这是因为，在最终产品生产完成之前，会涉及中间产品的跨国流动，甚至是多次往复循环的跨国流动。如果说，最终产品生产完成后所进行的"最后一次"贸易与传统国际分工条件下的贸易是等同的话，即在贸易额上是相等的话，那么为了实现最终产品生产的完成，之前所进行的所有中间产品的跨国流动所形成的贸易额，就可以看作是国际分工细化所带来的贸易增长效应。显然，从最终产品的生产和消费角度看，这种增长显然就是价值链分工本身所带来的，既不涉及产出总价值的增长，也没有作为贸易基础的经济基本面因素的本质变化。毫无疑问，作为中间投入品的"贸易"，在跨国流动中的次数越多，那么累积起来的贸易额也就越大，由此所形成的所谓贸易增长效应也就越明显。循此逻辑不难理解，产品生产环节和阶段的分解及其全球分布的程度越高，即全球价值链分工的进一步细化会推动贸易以更高速度增长。更为重要的是，由此所带来的贸易增长效应还不仅仅限于产品价值增值环节分解后的各中间品价值的简单加总，而且还会形成往复循环的累积效应。具体而言，第一生产阶段实现的中间产品在跨境流动中形成了第一次贸易额，当其进入第二阶段的生产从而伴随着第二阶段形成的中间产品再次跨国流动时，则在贸易中又被重复统计一次。以此类推，所分解的环节和阶段越多，那么诸如上述的"重复"统计也就越大。这就是即使在假定其他因素不变的条件下，全球价值链分工亦能带来贸易高速增长的主要作用机理。

其次，从"低端嵌入"的自身特征看。按照前述分析全球价值链分工所能带动贸易增长的逻辑，进一步推演不难发现，嵌入全球价值链分工体系中不同生产环节和阶段，所能实现的贸易增长效应通常也有明显差异。当产品生产分解为若干个阶段后，尤其是在全球各国形成一定的序贯生产关系后，上述贸易增长效应的差异性就会越显著。具体而言，在生产制造过程中，越是处于价值链的下游，所形成的贸易增长效应就会越是明显。这是因为，无论是从出口角度看还是从进口角度看，前述的"累积"效应和"重复统计"效应都将得到进一步的放大。遵循与前文分析一致的逻辑，我们依然可以考虑全球价值链可以分解为若干阶段，并且上一阶段的生产是下一阶段中间投入的情况。此时，为分析问题之便且又不失分析结论的一般性，在全球价值链分工体系中处于第一生产阶段的国家和地区，我们可以将其进出口贸易简单地理解为中间产品的出口，以及最终产品生产完成后的进口。那么处于第二生产阶段的国家和地区，其进出口贸易又是何种情形呢？显然，为了完成第二阶段的生产，首先需要进口第一阶段完成的中间产品，处于这一分工位置的国家和地区，将进口的第一阶段中间产品作为投入品，完成第二阶段的生产并出口，那么此时的出口额显然要高于前述处于全球价值链中第一生产阶段的国家和地区，因为其出口品中不仅包含了进口中间品，也包括了自身生产阶段所创造的新价值。从进口的角度来看同样如此。假定其他条件相同，处于这一位置的国家和地区在最终产品生产完成后同样需要进口最终消费品，这一点与前述处于第一阶段的国家相同，但不同的是，处于第二生产阶段的国家和地区由于有了额外的"中间品进口"，即从处于第一阶段的国家和地区进口中间产品，从而其进口总额显然就会更高。以此类推，越是处于下游生产环节和阶段的国家，由于进口上游的中间产品份额越高，从而其进口额也就越大，由于在进口中间产品基础上进行再生产和再加工从而形成新的附加值，从而其出口额也就越大。总之，重复和累积统计效应实际上伴随着阶段数的增加而不断放大，且越是在下游生产环节越会形成集中效应，在进出口贸易上就会表现出更高的增长效应。从现有的微笑曲线理论看，实际上"低端嵌入"就是微笑曲线的底部，也即是制造业生产环节和阶段中的最下游部分。从上述理论逻辑看，"低端嵌入"能够带来更为显著的贸易增长效应，也就不难理解了。

此外，全球价值链所带来的贸易增长效应，其实除了上述所谓的中间产品跨境流动及其重复和累积统计外，另外一个重要的作用机制就是降低了参与国际分工的门槛，从而使得可以参加国际分工和贸易的微观经济主体——企业的范围在扩大，使得可以成为贸易内容的产品范围在扩大。就前者而言，由于全球价值链的分解，使得企业不需要在完整产品生产上都具备优势才能参与国际分工，而只需要在某些特定生产环节和阶段上具有生产能力和优势，便可以参与国际分工。这种变化大大降低了企业参与国际分工的门槛。就后者而言，逻辑同样如此。由于产品生产的分解，从而使得产品的可贸易性大大增强，包括有些产品可能在价值链分解之前无法生产的产品，现在由于分解为不同环节和阶段后，通过多国共同协作从而使得产品生产成为可能并据此带动了贸易发展。这也是作为国际分工细化和深化为表现的全球价值链带来的贸易增长特定效应。

上述理论机制就是中国前一轮开放发展中，实现贸易高速增长的关键。改革开放以来，尤其是中国加入WTO之后，应该说，前述几个方面的理论机制在中国发展对外贸易中表现得都非常明显。就全球价值链分工这一大背景而言，中国实施改革开放政策其实正是在全球价值链分工深入发展的背景下开始的，因此，这对于中国抓住国际分工演进带来的外贸发展机遇，确实提供了历史性的外部条件。就中国在全球价值链中的分工位置而言，"低端嵌入"的发展模式的确是中国长期以来，融入经济全球化的主要方式和重要特征。就降低参与国际分工的门槛而言，在一项针对中国出口产品质量下降的研究中发现，大量企业的蜂拥式进入从而形成的血拼式竞争效应，是导致出口产品质量下降的重要原因，而这一重要原因背后其实是说明了参与国际分工的门槛的大幅降低，否则从异质性企业贸易理论角度看，我们很难理解为什么更多中小企业尤其是生产率不高的企业，也能日益融入到全球价值链分工体系中来。在上述作用机制下，考虑到国内的承接能力，跨国公司将价值链低端环节大规模向国内转移并打造成为全球出口平台。这就是中国在前一轮的开放发展中，"低端嵌入"全球价值链所实现的外贸高速增长和快速发展的理论逻辑和作用机制。

2. 价值链低端锁定：新形势下外贸增长之困

当前，中国外贸发展进入"新常态"并面临着进一步下滑的风险和压力，纵然是由诸多因素综合作用的结果，但是从分工层面看，一定程度上同样是"低端嵌入"导致的。我们知道，任何发展模式和发展战略都是与特定发展阶段相联系的。2008年国际金融危机冲击后全球经济进入深度调整期等外部环境的变化，以及国内经济发展进入新常态等内部环境的变化，均已表明中国外贸发展所处的阶段与以往相比有着本质不同。"低端嵌入"在特定的发展阶段和时期具有必然性和合理性，但是面临经济全球化包括中国自身开放型经济发展新形势和新变化，原有发展模式的局限性日益凸显，面临着可持续困难。尤其是"低端嵌入"的发展模式还会面临着"低端锁定"的风险，从而表现出长期的"低端嵌入"特征。当然，从中国开放型经济发展的实践角度看，绝对意义上的"低端锁定"实际上是不存在的，因为无论是从产业层面看还是从企业层面看，中国在全球价值链分工体系中，一定程度上的确实现了分工地位的改善。对此，大量的理论和实证研究也予以了证实。但是从相对变化角度看，"低端锁定"在某种意义上确实又是存在的，突出反映为中国在全球价值链中所处地位，与中国经济体量等指标在全球经济的排名有着巨大差异。体量巨大之下的筋骨之弱，折射的其实就是某种意义上的"低端锁定"问题。那么现在的问题是，为什么"低端嵌入"的固化效应或者说"低端锁定"，在新形势下又会导致外贸增长下滑的风险从根本上看，如前所述，分工是贸易的基础，因此外贸增速下滑的风险和压力增大，实际上意味着传统"低端嵌入"的发展模式已经面临可持续困难，即外贸发展的分工基础已经受到侵蚀。因此，我们实际上可以从两个方面理解新形势下中国外贸增长之困：一是"低端嵌入"全球价值链所赖以发生的条件是什么二是新形势下原有条件是否已经发生了本质变化？

首先，就"低端嵌入"全球价值链所赖以发生的条件而言。与传统以最终产品为界限的国际分工模式相比，全球价值链分工虽然是以价值增值环节或者说是以产品生产环节和阶段为界限，但是其所遵循的分工原理与传统国际分工并无二致。也就是说，由要素禀赋结构所决定的比较优势原理依然是决定分工的基础性因素。只不过，与传统国际分工条件比，全球价值链分工条件下比较优势不断细化和深化。也就是说，传统国际分工条件下的比较优势更多指的是要素禀赋结构所决定的生产能力，而全球价值链这一新型国际分工模式下的比较优势，实际上更多指的是要素禀赋优势本身，而不一定是指在此基础上已经形成或必然形成的生产能力。中国改革开放之前同样具有劳动力禀赋优势，因此应该在劳动密集型产业上具有比较优势，但是当时的此种优势只是一种潜在优势，并未转化为现实生产力，中国也并未据此构建起具有比较优势和出口能力的所谓劳动密集型产业。直至改革开放以后这一潜在的优势要素吸引了发达国家跨国公司的资本和技术，在要素的跨国组合中形成了真正的生产能力。从这一意义上看，全球价值链分工条件下的比较优势实际上就是要素优势，或者说，各国均是以优势要素参与国际分工，这突破了要素禀赋结构必须形成实际生产力的限制。正是基于这一意义，很多学者认为采用要素分工的概念，其实比全球价值链分工的概念更能准确刻画当前国际分工的本质特征。全球价值链分工条件下不同生产环节和阶段仍然具有要素密集度特征差异，即仍然有技术密集型、资本密集型和劳动密集型等环节和阶段的划分。而不同要素密集度特征的生产环节，究竟在地理空间上如何进行分布，或者说一国或地区在全球价值链中究竟选择承接何种环节和阶段，显然取决于不同国家和地区拥有什么样层次和质量的要素。全球价值链分工演进实践中，出现的不同要素密集度特征的生产环节在地理空间上的分散化，以及相同或相似要素密集度特征的生产环节在地理空间上的集聚，实际上正是由优势要素的空间分布所致。以诸如人口红利等初级要素形成的低成本竞争优势，所能吸引到的国外生产要素进而所能承接的产业和产品生产环节，自然也就是价值链中的低端环节。这正是前一轮开放发展中，中国"低端嵌入"全球价值链分工体系的根本逻辑。

其次，从新形势下原有条件的变化角度看。基于上述分析可见"低端嵌入"实际上建立在初级要素具有低成本优势基础之上，而且对要素成本更为敏感，也就是说，具有显著的要素价格优势是"低端嵌入"赖以发生的基础条件。经过四十多年的改革开放的发展，中国国情已经发生了巨大变化，十九大报告作出了"我国社会主要矛盾已经转化为人民日益增长的美好生活需要和不平衡不充分的发展之间的矛盾"的新论断。这一新论断的背后实际上意味着国民收入水平的持续提高，如此才有对高质量美好生活的追求和向往。这一点说明改革开放的成果惠及了人民大众，这当然是一种好事，但是从要素价格变化或者是企业生产成本角度看，当然更多的是一种压力和挑战。国家统计局统计数据显示，2003年中国城镇单位就业人员平均工资为13969元，2018年这一指标已经上升到82413元。不仅劳动力价格出现了快速上升，其他初级要素诸如土地、资源、能源和环境等的价格同样也是进入集中上升期，从而以往依托初级要素所形成的低成本竞争优势已经逐步消失。这一点还是从中国自身变化角度进行的观察。考虑到世界经济的大背景，新形势当然还包括前文指出的外部环境的变化，在此大背景下国内传统优势的逐步丧失，对融入国际分工所带来的影响更甚。其中外部环境的变化有两个方面尤为值得关注：一是危机冲击后发达国家重振制造业，由此可能带来的高端环节的回流；二是更多具有低成本优势的发展中国家参与到全球竞争中来，由此带来的低端环节的回流。中高端的比较优势尚未培育，而低端的比较优势又已经丧失或正逐步丧失，在这种"围追堵截"的困境中极易发生学术界所说的比较优势真空。从现实世界可以观察到的是，虽然全球价值链分工带动了世界经济的繁荣发展，但也有些国家和地区在这种新型国际分工体系中被边缘化，甚至难以融入其中，究其原因，实际上与比较优势真空是密切相关的。应该说，伴随着人口红利的消失，以及在新型比较优势尚未形成的关键发展阶段，中国目前的确面临着进入比较优势真空状态的风险和挑战。融入全球价值链分工的基础不牢靠，或者说"低端嵌入"全球价值链所要求具备的优势要素已经不在，外贸发展的基础当然也就不坚实，由此可能出现的外贸下行也将是一种必然逻辑和趋势。

上述理论逻辑正是当前中国外贸发展面临巨大下行压力的重要原因所在。当这一因素与经济全球化发展新形势，以及国内经济发展进入新阶段后其他各种因素的变化交织在一起，比如国际市场需求的变化，贸易保护主义的抬头，以及国内"三期叠加"的影响，无疑会使得新形势下中国外贸发展面临着更加艰巨的"稳增长"任务。

3. 攀升全球价值链：新形势下稳外贸之机理

基于前文的分析可见，稳外贸的根本在于深度融入和扎根全球价值链，如果脱离了全球价值链分工体系，或者被全球价值链分工体系开除"链籍"，所谓的外贸发展也就无从谈起。既然伴随着传统比较优势的逐步丧失，继续固守全球价值链中的低端环节已经失去了优势要素的支撑，那么唯一可行的选择就是努力向全球价值链中高端攀升。"低端嵌入"在特定的发展阶段能够成为外贸高速增长的支撑，那么新阶段迈向全球价值链中高端，又缘何能够担起新形势下的"稳外贸"重任呢？对此，我们可以从如下几个方面进行理解。

第一，攀升全球价值链，能够提升全球价值链的"扎根"能力，从而夯实外贸发展的分工基础。国际分工本身就是一个动态过程，而非是一成不变的静态格局。全球价值链分工的深度演进更是如此，因为即便在全球生产技术条件和产业组织模式等不发生实质性改变的条件下，全球价值链生产格局的重新布局和调整，同样会对一国参与和融入全球价值链分工体系产生重要影响。我们知道，全球价值链分工的本质是跨国公司在世界范围内布局生产网络，在全球范围内整合和利用资源，因此，一国和地区能否融入全球价值链分工体系，一方面当然取决于该国或地区拥有什么样的要素条件，能够在全球价值链分工中承接怎样的生产环节和阶段；另一方面显然还取决于跨国公司的全球价值链布局策略，即具体配置哪些生产环节和阶段到哪些国家和地区。如果我们把前者称为一国或地区"能做什么"的话，那么后者便可理解为跨国公司"给你做什么"。

目前，中国一些失去比较优势的产业和产品生产环节，不断向更具有低成本优势的东南亚等国家转移，出现了"孔雀东南飞"现象，本质上就是在国内传统优势丧失条件下，跨国公司重新调整全球生产布局的表现和结果。面临国际国内环境和条件的新变化，尤其是中国极有可能会面临步入比较优势真空期的风险，融入全球价值链分工体系可谓不进则退，即要么攀升，要么逐步退出。如果是后一种情况发生，中国外贸实际上面临的不仅是进一步下滑的风险，更有出现"断崖式"下跌风险的可能，因为外贸赖以存在和发展的分工基础不复存在，外贸发展显然也就无从谈起。既然原有的生产环节和阶段已经难以为继，又要继续留在全球价值链分工体系之中以构建起外贸发展的基石，那么，唯一的选择就是努力迈向全球价值链中高端，在全球价值链分工体系中的不同生产环节和阶段尽快实现位移。

第二，攀升全球价值链，有助于提升全球价值链的"品质"水平，从而增创外贸发展的竞争新优势。如果说前述第一点是弥补传统比较优势丧失，夯实参与国际分工的基础，从而稳定外贸发展分工基础的话，那么努力攀升全球价值链对稳定外贸发展还存在着其他作用机制。全球价值链分工从具有不同要素密集度特征和不同附加值创造能力角度看，其实既包括产业间的价值链分工，也包括产业内价值链分工，还包括产品内价值链分工以及品质内价值链分工。这也是为什么在理论研究和实践部门中经常会使用到所谓全球产业链、全球价值链、全球供应链等不同概念。应该说各种"链"的概念本质上并无实质性差异，只不过强调的侧重点有所不同而已。努力攀升全球价值链，从产品品质角度看主要是指从以往的低端品质向中高端品质迈进。我们通常所说的工匠精神实质上追求的正是一种品质层面的精益求精。而产品品质的提升，从获取竞争优势角度看，传统理论经济学已经给出了较为明确的答案，即能够获取比价格竞争优势更加有利的条件，或者说能够超越价格竞争优势从而在某种程度上获取垄断竞争优势。在单个经济体内是如此，在国际贸易中同样是如此。如果说低品质的产品在消费者选择中更加容易寻找到替代品的话，那么高品质产品的替代品选择则会相对困难。因此，不论是从产品的替代性角度看还是基于质量差异的产品定价角度看，在品质意义上迈向全球价值链中高端，都更加有助于外贸的稳定发展和增长。一项针对出口产品质量如何影响出口量的实证研究，同样证实了出口产品质量对于提升出口贸易额的重要意义。现有实证文献研究表明，中国在中低端产品生产和供给上，包括出口供给上的相对过剩，其实就包括质量和品质上的中低端产品，因此，从提升出口产品质量角度看，还有很大的发展空间。更何况，犹如现有的研究指出，人类的需求从特定时期内看甚至较长的历史时期看，在产品种类上并没有太大的变化，"衣食住行"一直居于主导地位，因此产业的高低端从技术层面划分可能存在，但是从需求层面看实际上并不存在所谓高低端，而真正的高低端更加体现在产品品质层面。因此，攀升全球价值链中高端尤其是实现品质提升，有助于提升出口竞争能力从而起到"稳外贸"作用。

第三，攀升全球价值链，有助于提升全球产业链的"留住"能力，从而降低外贸发展面临的"浮萍经济"风险。全球价值链虽然是不同生产环节和阶段在不同国家和地区的布局，并且这种布局会随着一系列因素和条件的变化而不断调整，也就是说，无论是产业还是产品生产环节，实际上都具有"浮萍经济"的特点，在世界不同国家和地区进行梯度转移实属常态。但是，犹如生产要素的跨国流动性，会因生产要素的属性不同而存在巨大差异一样，不同生产环节和阶段虽然同样具有区域转移性，但转移的能力和可能性也是存在显著差异的。通常而言，在全球价值链低端的劳动密集型生产环节和阶段，与处于全球价值链中高端的资本密集型和技术密集型生产环节和阶段相比，进行区域梯度转移的能力更强，实现区域梯度转移的可能性更大。而之所以有这种差别，主要是因为不同生产环节和阶段的要素密集度特征不同，从而会在如下两个方面存在显著差异，并由此决定了进行梯度转移的难易程度。一方面就是资产专用性的不同。全球价值链分工的细化和深化，从生产要素的专业化演变角度看，就是中低端生产环节所需要的初级生产要素，越来越具有一般性和通用性，而中高端生产环节和阶段所需要的高级生产要素，其专业化程度越来越高从而异质性越来越明显。当生产要素弱化为一般性和通用性生产要素后，处于这一层次的生产要素间更加容易实现替代，因此进行跨区域梯度转移也就相对容易。而当生产要素的专用性和异质性越来越强时，处于这一层次的生产要素的替代性就会相对较弱，进行跨区域梯度转移也就会变得相对困难。另一方面就是不同层次的生产环节和阶段，对价格变化的敏感性不同。相比较而言，处于全球价值链中低端生产环节和阶段，由于更多表现为初级要素密集型特征，从而对初级生产要素的价格变化更为敏感。处于全球价值链中高端生产环节和阶段，由于更多表现为资本和技术密集型特征，此时决定其生产成本和竞争能力的因素中，要素价格固然发挥着重要作用，即生产要素价格所决定的生产成本虽然重要，但是由于要素质量和层次不同，因而对由制度环境所决定的交易成本等更为敏感。比如，就知识产权保护等制度环境而言，一般性劳动可能对此并不敏感，但是具有创新能力的高端人才等则会比较敏感，甚至成为能否吸引和集聚高端和创新人才的关键。因此，当生产要素价格发生变化时，价值链低端环节由于对此更为敏感，进行跨区域梯度转移就会相对便利；与之相比，价值链高端环节对此敏感性相对较弱，且跨区域转移可能因为制度环境的差异而带来更高的成本，从而会在一定程度上对产业梯度转移产生阻碍效应。可见，攀升全球价值链更加有助于"留住"产业链，从而起到"稳外贸"作用。

第四，攀升全球价值链，有助于提升全球价值链的"增值"能力，从而强化外贸实际而非名义增长的原生动力。前文的分析指出，全球价值链分工演进本身就会带来贸易增长效应，而这种纯粹的增长效应实际上主要是由中间品跨境流动的累积效应和重复统计带来的。并且，越是处于全球价值链的低端，这种累积效应和重复统计所占比重就会越大，从而表现为外贸增长更为明显。这种逻辑背后其实蕴含了一个非常重要的事实特征，那就是在全球价值链分工条件下，一国的进出口贸易其实存在着"名义"进出口和"真实"进出口两种情形。所谓"名义"进出口，主要是指传统的总值核算法下，由于没有剔除前文所述的累计效应和重复统计，包含了其他国家和地区创造的附加值在内的进出口。所谓"真实"或者说"实际"进出口，主要是指应该剔除由国外创造的附加值部分，尤其是在出口贸易中，仅仅测算由本国创造的所谓国内附加值出口。正是因为在全球价值链分工条件下，基于传统总值核算法计算的"名义"进出口，掩盖了一国在世界贸易中的真实状况，近年来兴起了所谓贸易增加值核算方法，并据此测算一国出口国内附加值即"真实"进出口。从这一意义上说"稳外贸"其实更应该稳住的是一国在全球价值链中的真实附加值创造，而不是总值核算法下的名义贸易额。基于前述的理论逻辑，处于全球价值链低端，虽然在总值核算法下可能实现看似较大的贸易额，但是由于内含了大量的国外附加值创造部分，从而利用贸易增加值核算法测算的真实贸易额可能较小。相反，处于全球价值链中高端，虽然在总值核算法下可能实现的贸易额不大，但是由于内含的国外附加值创造部分相对较小而国内附加值创造可能居于主导，从而利用贸易增加值核算法测算的真实贸易额可能较大。而进一步从微笑曲线理论看，处于全球价值链中高端与处于全球价值链中低端相比，由于具有更高的附加值创造能力，从而真实贸易额必然就越大。从这一意义上说，攀升全球价值链从附加值创造能力角度看，显然更有助于"稳外贸"。此外，更为有利的影响是，攀升全球价值链在提升本国真实出口贸易的同时，由于降低了名义贸易额从而可以缓解来自国际社会的舆论压力，甚至是贸易摩擦带来的不利影响。在国际市场需求走弱的情形下更是如此。美国发起对华经贸摩擦的重要口实之一就是所谓贸易差额，而所谓的贸易差额主要仍然停留在总值核算法基础上的，如果从附加值角度看，现有研究表明，中国对美贸易顺差其实远比统计数据要小得多。可见，攀升全球价值链，无论是从提升真实出口能力角度看，还是缓解外贸增长对外部形成的竞争压力角度看，都有助于新形势下外贸"稳增长"。

4. 迈向价值链中高端：新形势下稳外贸路径

综上分析可见，新形势下迈向全球价值链，既是稳外贸的必由之路，也是有效路径。因此，接下来问题的关键就在于，采取怎样的对策举措才能尽快迈向全球价值链中高端基于前述分析可知，一国或地区能够在全球价值链分工中承接怎样的环节和阶段，既取决于自己"能做什么"，与此同时，还取决于跨国公司在全球价值链布局中"给你做什么"。因此，基于新形势下稳外贸的现实需要，围绕迈向全球价值链中高端的目标，我们需要着力在"能做什么"和"给你做什么"两个方面同时着力，做足功课、下足功夫。

首先，要大力实施创新发展战略。从"能做什么"角度看，犹如前文分析指出，一国拥有什么层次和质量的要素，决定了其全球价值链分工地位。依托初级要素形成的低成本优势已经丧失，继续融入全球价值链分工体系就必须依托更为高级和先进的生产要素。这就需要我们在新形势下加快实施创新驱动发展战略，培育出更高端、更先进的生产要素，作为优势要素并以此为依托参与全球价值链分工体系。实施创新驱动发展战略，当然最为重要的首先就是要提高劳动者素质，因为这是实施创新驱动的微观主体和最为活跃的生产要素，这也是据此推动人口红利向人才红利转变的关键。有了具有创新能力和创新活力的高端人才，才能更好地推动技术进步，才能更好地提升企业的管理水平，最终实现企业的技术进步和全要素生产率的提高，塑造新的竞争优势。尤其是在当前全球经济的深度调整期，新一轮的科技革命和产业革命正在孕育之中，各国为了在新一轮的经济全球化中抢占制高点，已经在技术领域展开了激烈竞争。在此背景下，对于亟待攀升全球价值中高端的我国而言，实施创新驱动发展战略显得尤为紧迫和必要。

其次，继续走高质量"引进来"的发展道路。在全球价值链分工条件下，生产要素的跨国流动和组合，是进行全球生产的主要方式。因此"能做什么"所需要的要素基础，当然不仅包括自身生产要素的质量和层次，也包括能够引进到什么层次和质量的生产要素。改革开放以来很长一段时间内，由于国内建设资金的缺乏和一般生产技术的缺失，我们通过大力引进外资并带动技术等生产要素的流入，与国内优势要素结合，逐步奠定了产业发展的基础，为生产力的发展提供了基本条件。新阶段，我们要继续走"借鸡生蛋"和"借船出海"的发展之路，但是，与起初利用外商直接投资的模式不同，要根据攀升全球价值链的实际需要，引进更为高端和先进的生产要素。即以引进资本为纽带，带动更为先进的生产技术和高端人才向国内流动。实现利用外资从原先的"招商引资"到"招商选资"和"招商引智"的阶段转变，即要实施高质量"引进来"的发展战略。总之，在开放经济条件下，高端和先进生产要素的积累和集聚，可以通过培育和引进两条道路得以实现。更为重要的是，从生产要素的质量匹配性基本原理出发，在培育国内生产要素高端化和先进化发展的同时，通过高质量"引进来"，实现与外部先进和高端生产要素的组合，更加有助于在"强强联合"的合作中提升"能做什么"的水平和层次。

再次，发挥好超大规模市场优势。从"给你做什么"角度看，"能做什么"的生产能力固然是其中重要的决定因素，或者说"能做什么"对于吸引跨国公司布局特定生产环节和阶段具有重要作用。然而，除了由要素禀赋结构决定的生产力因素外，其实需求侧因素也能够成为影响跨国公司布局全球价值链的重要因素。因为，在哪里生产尤其是在哪里生产什么，跨国公司不仅要考虑到生产地的情况，同时也要考虑到需求地的情况。应该说，供给和需求是经济学分析中、也是企业决策中最为核心的元素。已有研究指出，在全球价值链分工条件下，不同生产环节和阶段，对贴近最终消费市场的敏感性存在差异。越是高端的生产环节和阶段，对贴近最终消费市场的要求就会越高，这是因为生产地和消费地的分离会产生一个额外成本，而这种成本会伴随价值链攀升而不断提升。比如，研发设计等高端生产环节，需要更加贴近消费市场以获取消费需求信息，以及及时获得市场反馈等，如果远离消费市场，那么信息搜索成本以及对消费者的跟踪调查成本等都会上升。与之相比，诸如加工组装等价值链中的低端生产环节和阶段对贴近消费市场的敏感性就相对较弱。伴随中国经济总体规模的不断扩大，我们应充分发挥好超大国内市场规模优势，据此吸引跨国公司将更高端的生产环节和阶段，转移到国内来。这或许正是为什么有些学者提出中国应该利用内需引领第二波经济全球化的原因所在。

最后，注重完善营商环境等制度型开放。如前所述，全球价值链中的高端生产环节和阶段，对营商环境等制度质量更为敏感，因此，从这一意义上说，打造市场化、法治化、国际化的一流营商环境，以及不断完善体制机制等方面的规则和制度安排，对于新形势下吸引跨国公司进一步转移价值链高端到国内市场，具有十分重要的战略意义。实际上，也正是基于对经济全球化发展新形势和国内开放发展新阶段现实需求的精准判断。应当看到，在未来的全球经济竞争中，规则等制度型开放优势将是一国获取竞争优势的重要来源，也是在新形势下能够决定跨国公司"给你做什么"的重要因素。当前，在新一轮国际经贸规则谈判和形成中，所谓高标准化发展的一个重要方向就是制度型开放，包括竞争中立、知识产权保护、劳工标准、营商环境等内部因素。总之，无论是从新一轮经济全球化尤其是规则之争的演化趋势看，还是从中国亟待攀升全球价值链中高端的现实需求看，注重完善营商环境等制度型开放，努力在"给你做什么"方面，打造对跨国公司配置高端生产环节和阶段的足够吸引力。

四、基于全球价值链的外贸发展新模式

1. 基于全球价值链重新理解国际贸易的利益

（1）国际贸易理论支持贸易

保护主义理论来源于实践而又指导实践。当前，全球贸易保护主义盛行，与国际贸易理论的不完备具有较大关系，即使是支持自由贸易的现代新古典综合经济学，也可以推导出鼓励贸易保护主义的结论。新古典综合经济学提出的国民收入的四部门模型公式如下

$$Y = C + I + G + (E - M)$$

上述模型当中，Y 代表一国 GDP，也可以代表国民收入。C 代表一国消费总额，I 代表投资额，G 代表政府支出，E 代表出口，M 代表进口，$(E - M)$ 为净出口。从上面公式中可以清楚地推导出，如果 $(E - M) > 0$，则能够促进一国经济增长，如果 $(E - M) < 0$，则阻碍经济增长，而且 $(E - M)$ 越大，对一国经济增长的支持作用就越大。因此，一国应该追求更多的出口和更少的进口。可以看出，在本质上，支持自由贸易的新古典综合经济学与支持贸易保护的重商主义最终的结论是一致的，只不过重商主义主张国家直接干预国际贸易，而自由贸易理论认为应该支持自由贸易，但是同时尽可能采取各种措施，争取净出口为正。双方主张的措施不同，但是政策方向一致。

所以，在实践当中西方发达国家多存在贸易保护主义倾向，其中美国尤为突出。20世纪"大萧条"前后，美国、法国与英国都先后建立起自己的贸易保护区域，用高关税等手段限制进口。2008 年全球经济危机爆发后，西方发达国家一方面尽力维持国际自由贸易的格局不致颠覆，另一方面也在加强贸易保护主义，以至于世界贸易组织一再声明，要求各国减少贸易保护措施的出台。但是，只要国际贸易理论得不到根本性突破，各国的贸易保护主义倾向就难以有效消除。

（2）基于全球价值链重新理解贸易的利益

中国作为当前世界第一大货物贸易国，对外贸易对中国经济的持续稳定健康发展至关重要。面对日益严重的贸易保护主义，要取得外贸发展的重大突破，就必须发展可以有效指导本国实践，同时为国际社会广泛承认和接受的贸易新理论，以实现外贸格局的突破，获得更大的利益。

近年来，全球价值链理论在世界各地受到越来越多的重视。全球价值链理论能够重新解释国际贸易的利弊，消除经济学贸易理论的不彻底性，同时也能纠正中国自己在外贸发展政策当中的错误及不合理之处，指导全球不同经济体之间深入合作，更有力地促进国际贸易、投资及经济合作，在指导外贸实践方面具有重大的意义。

①一国融入全球经济所带来的价值增长

传统的国际贸易理论根据净出口（$E - M$）是否大于 0 来判断一国在国际贸易中是否得利。全球价值链理论认为，这样的判断过于狭隘，只有从基于全球资源优化配置以提升经济效率及创造更多价值的角度出发，才可能对一国的外贸利益作出更加全面准确地判断。

模型分析如下：

假设 V_0 为一国未加入国际经济体系之前的国内价值链所创造的价值，V_e 为一国加入国际经济体系之后生产融入全球价值链所创造的价值。一般而言，总是 $V_e > V_0$。对于一个国家而言，只要（$V_e - V_0$）+（$E - M$）> 0 就是有利的。换言之，如果一国加入全球经济大循环之后，所创造的价值提升了，国民收入增长了，那么一个国家扩大开放就是有利的，而不必过多在意外贸是盈余还是赤字。中国在改革开放之后，所面临的外贸格局就是如此。

例如，二战结束后，从 1946 年开始一直到 1963 年，18 年里日本在国际贸易中基本上是赤字，只有 4 年略有盈余，其中最多的一年也不过 4 亿美元。但是从 1955 年到 1973 年，日本创下 9.2% 的实际经济增长率，在此期间 GNP 陆续超过了很多欧洲传统强国。1968 年，日本跃居为继美国、苏联之后的世界第三经济大国，资本主义世界第二大国。日本的例子充分说明，一国在融入国际经济之后，即使（$E - M$）< 0，只要内部生产效率能够有效提高，价值创造能力增强，依然能够获得很大的利益。

②全球价值链扩张而带来的价值增长

对于已经加入经济全球化的国家而言，随着全球开放程度的不断提高，越来越多的国家加入全球化体系当中，其面临的市场空间更大，全球价值链结构也会变得更加丰富，从而获得更大的利益。

可以建立如下模型加以说明：

假设 V_1 为原来的全球价值链所创造的价值，V_2 为新的全球价值链所创造的价值。一国加入经济全球化会导致很多国家（地区）价值创造的提升，即 $V_2 > V_1$。这时候只要 $(V_2 - V_1) + (E - M) > 0$，这个变化对一个国家就是有利的。

例如，中国加入经济全球化之后，整个国际市场规模扩大，有利于提高社会分工的程度，从而实现规模效益。在中国大陆加入经济全球化，越来越深地融入全球价值链之后，日本和中国台湾更多向中国大陆出口零部件，在中国大陆进行组装加工之后，再向美国出口。整个全球价值链的结构发生了变化，由双边贸易转化为三角贸易。在这个变化当中，全球价值链的参与国都获得了更大的利益。按照中国台湾贸易主管部门的统计资料，大陆长期位居台湾第一大贸易伙伴。2017 年台湾对大陆的贸易顺差为 389.4 亿美元，对中国香港的贸易顺差为 397.2 亿美元，其中大部分商品是以中国香港为中转地出口到了大陆。2016 年大陆对美国出口额排名前十位的公司中有八家是台资企业。在排名前 100 位的公司中，台资企业约占四成，来自台湾的信息通讯大厂包括鸿海系（富士康）、广达系、仁宝系的公司群是其中主力。

还有一个非常重大的利益是，加入经济全球化的国家越多，全球价值链的结构越丰富，就具有越强的抗风险能力。例如，2008 年全球金融危机爆发后，全球经济处于危机时刻，中国的发展就给予世界经济以极大的支持，避免了更大的下滑。

上述的两个公式可以合并为：

$$\Delta V + (E - M) > 0$$

其中，ΔV 代表一国从封闭状态进入开放，加入全球价值链所获得的价值创造增量，也可以代表一国因为国际市场扩大改善而获得的价值创造增量。

基于全球价值链的分析是，无论 $(E - M)$ 是否大于 0，只要 $\Delta V + (E - M) > 0$，对一国即为有利。如果有可能，一国应该争取 $Max[\Delta V + (E - M)]$，也就是实现 $[\Delta V + (E - M)]$ 的最大。

根据上述公式，我们发现，影响一国经济增长及就业的最重要因素是对国内及国际资源的使用效率，有时候，虽然 $(E - M)$ 减少，甚至为负，但是进口带来的利益可能在上升，$[\Delta V + (E - M)]$ 在扩大，那么就是有利的。相反，如果 $(E - M)$ 扩大，但是 $[\Delta V + (E - M)]$ 减少，那么就是不利的。因此，当一国经济出现失衡时，首先需要调整的是国内的经济政策与社会政策，优化资源配置，提升生产力，而非简单地采取促进或者限制贸易的政策。在经济全球化的时代，各国经济与世界经济的融合程度越来越高，对国际市场的依赖程度越来越强，贸易保护主义可能带来的利益则越来越小。

2. 重新理解中国得自外贸的利益

（1）基于全球价值链理解中国得自外贸的利益

全球价值链理论对于重新理解中国的外贸利益，指导中国的产业及外贸政策的调整非常重要。传统的国际贸易统计方法是在关境上计算进出口货物和服务的总值，这种方法存在很大缺陷。首先，它掩盖了外贸真实利益所在，将他国的利益当作自己的利益。其次，它误判各国产业的国际竞争能力，夸大盈余国的竞争力及产业发展水平。第三，可能引致贸易摩擦，夸大贸易失衡，引起国家间的冲突。第四，误导外贸和产业政策。例如，误导一国过分追求外贸规模及出口盈余，或者不恰当地采取贸易保护政策，反而损害国内福利水平。

全球价值链和贸易增加值核算的结果也能提醒中国，在漂亮的贸易数字背后，中国获得的实际利益究竟如何有无必要继续支付巨大的成本以维持巨额外贸盈余

（2）中国出口导向驱动的发展模式不可持续

新兴经济体在经济起飞之初，由于发展程度较低，所以一般只能立足于全球价值链的低端，依赖出口驱动实现发展。中国在改革开放之初，经济技术水平都相当落后，当然也只能走这条道路。为了更好地促进出口，中国参照国际惯例，对出口给予了退税和各种补贴。在中国经济体量比较小的时候，这些做法有利于自己的经济发展，也能够被其他国家所接受。但是当前中国的经济体量已经很大，这种模式就难以继续维持下去了。

第一，损害国内福利水平。

随着中国经济体量和出口规模不断扩大，出口退税与各种补贴金额也越来越大。数据表明，仅 2018 年上半年就办理出口退税 7800 亿元人民币，增长 7.3%。其他各种政府补贴还有很多。例如，中兴公司的年报显示，把中兴通讯过去 10 年的税前利润全部加起来，总额合计为 262.2 亿元。而各种退税及政府补贴收入扣减各种营业外支出后的净额为 180.87 亿元，占税前利润总额 68.98%。如果没有政府的补贴，中兴公司就是一家亏损企业。政府自身不能创造财富，补贴资金只能来源于国内其他部门创造的价值。用巨额退税与补贴推动出口，必然抬升国内价格水平，而所得利益愈来愈不如人意，相当于损害国内福利水平以补贴外国消费者，久而久之必然影响国人的生活水平，也影响内需的扩大。

第二，损害国内产业升级

用大量的出口退税及补贴促进出口发展到一定阶段会损害国内的产业升级。首先，损

害进口部门而补贴出口部门，而进口部门的效率可能更高。其次，损害落后地区而补贴先进地区，因为先进地区具有更强的财力进行补贴。第三，损害非贸易部门而补贴贸易部门。例如，提升房价以补贴加工贸易，损害国内消费升级。第四，可能带来"荷兰病"的影响（"荷兰病"是指一国，特别是指中小国家经济的某一初级产品部门异常繁荣而导致其他部门衰落的现象）。经济史的实践表明，一国过分追求出口，有可能导致"荷兰病"，极大地损害产业结构和制度基础。因此，中国当前这种过分追求出口的外贸模式不利于产业与消费升级，长远来看严重损害经济增长。2016 年中国取消了五金建材等大行业的出口补贴，同时也承认因为过度的政府补贴，中国在金属、煤炭等行业发展了过剩的产能，会影响利润率，阻碍产业发展和升级。在中国面临突破"中等收入陷阱"的关键时刻，过分强调出口导向会加大堕入"中等收入陷阱"的危险。

第三，遭到贸易伙伴国的强烈反对。

中国当前的这种贸易模式不但对本国不利，对贸易伙伴国也不利，因为这种方式会扭曲全球价格体系，从而遭到他国反对。世界各国近年来对中国频频施以反倾销、反补贴等贸易救济措施，在一定程度上是因为中国政府过分重视鼓励出口，对于出口企业及产品补贴过多所致。

总而言之，中国当前这种片面追求扩大出口和盈余的外贸模式发展到当前阶段，在效果上越来越不利，不但给其他国家的经济体系造成冲击，也给国内的贸易公平造成了破坏，影响到了公平竞争和产业升级，因此是难以持续的。

3. 向全球价值链高端跃升，探索外贸新模式

中国当前需要探索新的基于全球价值链的外贸发展模式，创造更大的价值，并更好地分配这些价值，实现经济的良性循环发展，进而实现全球贸易格局持续稳定发展。

（1）向全球价值链高端跃升的内涵

中国向全球价值链高端跃升大致具有如下三重内涵：首先，创造更多价值。包括在中国领土上，及属于中国的资本与中国居民在他国领土上创造尽可能多的价值。其次，提升分配比例。卷入全球价值链的生产是在全世界分布，按照资源最优的原则配置，其创造的价值也在全球不同国家之间分配。在这个过程中，中国应该争取获得更加有利的分配比例，也就是加强中国在国际贸易当中的规则制订权与话语权、议价权。第三，带来更大的利益。价值常用货币衡量，但是货币不能等同于利益。例如，美国在推动经济全球化的过程中获得了巨大的经济利益，但是并没有让广大人民普遍受益，这也是特朗普政府对全球发动贸易战的内部原因。中国应该借助全球价值链的发展让国家与人民获得最大的满足，实现国家及人民自身更快、更好的进步，实现中国整体利益最大化，而不是仅仅获得更多

的货币收入。

中国要实现新的外贸模式，就需要促进本国产业体系向全球价值链高端跃升，从前述经济模型上分析，就是立足于 ΔV 的扩大，而不是过多追求 $(E-M)>0$。更多的情况是在 $(E-M)<0$ 的同时，实现 $\Delta V+(E-M)>0$，所以 ΔV 必须大于0，而且要抵偿因为 $(E-M)<0$ 带来"漏溢"而有余，越大越为有利。当然 $(E-M)<0$ 本身也未必无益，因为这相当于进口驱动，与出口驱动相比，进口驱动的价值含量更高。

在可预见的将来，中国追求 $(E-M)>0$ 以实现出口驱动经济增长将变得越来越困难，利益越来越小，代价却越来越大。基于进口驱动和创新驱动全球价值链成长，也就是不断提升 ΔV 的成长模式将成为中国外贸发展与经济增长的突破口。愈演愈烈的贸易摩擦和中美贸易战的严峻现实告诉我们，在未来的发展当中，除了鼓励真实的创新，不断推动中国向全球价值链高端跃升之外，别无他途。

（2）外贸新模式是中国大国崛起的责任和基础

长远来看，外贸新模式既是中国产业升级之路，也是中国实现大国崛起，通过自己的发展带动其他国家共同发展的必由之路。因为 $(E-M)\square0$ 是大国的职责，相当于大国带动小国增长。

长期以来，中国等发展中国家通过对发达国家的贸易盈余来实现出口驱动。但是随着发展中国家的体量不断增大，这一体系的运行日益困难，发达国家内在活力日益不足，如果中国这样的大型发展中国家只能更多地依靠自己的内生动力，这就要求中国更多通过促进产业向全球价值链高端跃升来实现发展。

不仅如此，随着中国的不断发展，还需要不断带动其他发展中国家进步。但是中国不可能始终通过直接给予发展中国家以巨额援助来维持它们的发展，这对中国自身也是沉重的负担。"授人以鱼，不如授人以渔"，援助的作用毕竟有限，在中国实现进口驱动的外贸新模式下，通过进口带动落后国家的成长，维持与发展中国家的紧密合作，则是更为长久的合作方式，也是更加根本的支持。

中国产业向全球价值链高端跃升对发达国家的发展同样至关重要。首先，中国制造业的升级能够提升发达国家整体的回报率。例如，如果没有中国庞大的市场，美国国内的创新就难以实现最大的回报，包括英特尔和苹果这样的企业其投资回报率将会下降，从而影响其发展。其次，提升发达国家整体资源配置的效率。当前，中国对外投资及吸引外资的力度都在加强，与发达国家产业的竞争力度也在不断增强，这就可能促进发达国家全球价值链的升级，并进而促进全球范围内的价值链升级。

因此，中国向全球价值链高端跃升有助于中国在外贸方面奠定大国崛起的坚实基础。

（3）维持国际贸易体系稳定发展的需要

与传统的国际贸易理论相比，全球价值链的理论研究和实践将成为国际贸易发展的重要突破方向。基于全球价值链的发展有三大特色：首先，各国经济协同发展，不同国家的利益通过全球价值链紧密结合在一起。其次，基于全球价值链的利益分配并非零和博弈，而是正和博弈与双赢博弈。第三，贸易利益主要来自要素效率的提高和福利的增长，而不在于追求贸易顺差或者逆差。总之，从全球价值链的视角出发，能够更好地理解国际贸易、国际投资与经济合作的利益所在，同时更好地协同发展，从而打破贸易壁垒，突破国际贸易瓶颈，最终促进全球市场深度融合。当前，世界范围内新一轮科技革命发展迅猛，美国、德国、英国等多国政府都在积极推行结构改革、技术升级和产业革命，中国也相应提出"中国制造2025"等行动建议。但是，世界各国之间的合作还不充分，发展不平衡，要让新技术、新产业、新业态、新商业模式、新投资机会真正与产业紧密结合，促进全球经济平衡发展，只有立足于全球价值链深度改造的变革，推动要素资源及商品在全球更加充分自由的流动，才可能带动世界经济实现更大的发展，同时实现全球贸易长期、和谐、稳定的发展。

贸易战是全球经济失衡的一个表现。但是，贸易战本身不是根本解决之道。要解决世界贸易的不平衡，保障世界各国最大的利益，只能是不断深化全球经济合作，促进全球生产要素立足于全球价值链的高效配置及灵活流动，不断提升劳动生产率和综合生产力水平。

改革开放以来，中国作为一个新兴经济体，通过出口导向政策，在不断扩大出口促进本国经济增长同时，也给贸易对象国带来了巨大的利益。但是，随着中国经济体量的迅速提升，在全球经济当中所占的份额越来越大，中国的出口导向发展战略给世界经济及贸易格局造成的压力也越来越大，给本国带来的利益则相对持续减少。当前，中国已经成为世界第二大经济体和货物贸易第一大国，服务贸易第二大国，在未来的外贸格局中，继续追求大规模的出口盈余将越来越困难，而且对本国的福利水平提升也会造成越来越大的损害。因此，未来中国外贸模式唯一的出路只能是促进本国产业向全球价值链高端跃升，由出口驱动转为进口驱动与创新驱动，由外延式扩大再生产转为内涵式扩大再生产，由追求外贸规模的扩大转为外贸质量的提升，从而在单位贸易额当中获得越来越大的利益。在中国实现外贸模式转型的同时，也带动全球贸易协同稳定发展。

在未来的发展当中，基于全球价值链的全球资源整合与发展将成为中国及世界外贸发展的重要基础和新模式。

五、新冠肺炎疫情对我国外贸的影响

中国已连续多年成为世界最大的贸易经济体，对外贸易作为中国经济增长的"三驾马车"之一，为当前稳增长大局提供了强劲动力。然而，2019 年底突如其来的新冠肺炎疫情对中国及世界经济带来严峻挑战和风险。尽管国内疫情得到了有效控制，但海外却疫情蔓延迅速。据世界卫生组织统计，截至 2020 年 4 月 30 日，海外确诊人数高达 350 万人。疫情最为严重的欧美国家均为中国主要贸易伙伴。欧美各国出于防控疫情的需要，被迫实施隔离、封锁和广泛的停工停产，以减缓病毒传播，并对来自中国的船舶与货物采取严格检疫措施，多国关闭货运港口并宣布进入紧急状态，中国外贸企业受到前期国内因疫情停工停产和当前国际疫情扩散带来的两轮冲击。据商务部统计，受疫情影响，2020 年第一季度，中国进出口总额为 6.57 万亿元，同比下降 6.4%，其中，出口下降 11.4%，进口下降 0.7%，贸易顺差同比减少 80.6%，对美国、欧盟和日本等传统市场出口分别下降达 23.6%、14.2% 和 14.1%。

国际疫情持续蔓延，给世界经济和贸易带来严重冲击，引发并加剧全球经济衰退的可能性。主要国际组织均大幅下调全年全球经济贸易增速。世界贸易组织 2020 年 4 月预测，受疫情影响，今年全球货物贸易量将大幅萎缩，严重程度超过 2008 年全球金融危机时，预计全年全球贸易将下降 13%~32%，超过 2008 年金融危机导致的全球贸易 12.5% 的下降幅度，北美和亚洲遭受的打击最大，对全球价值链高度依赖的产业将深受打击。而国际货币基金组织 2020 年 4 月发布的《世界经济展望》预测疫情将导致 2020 年全球经济萎缩 3%，是 20 世纪 30 年代"大萧条"以来最严重的衰退。全球经济贸易衰退的风险上升，外需进一步萎缩，将使我国进出口持续承压，大量受疫情影响的国家生产放缓甚至停摆，全球产业链、供应链受阻或部分断裂，将对我国外贸企业带来巨大压力。尤其值得关注的是，由于全球产业链分工体系本身比较脆弱，疫情有可能导致国际分工体系发生战略收缩，中国在全球供应链和产业链中的位置可能面临重新洗牌的风险，部分国家试图借口疫情防控发动新的贸易摩擦的可能性增加，逆全球化和贸易保护主义抬头，这些都将导致我国外部经济环境长期承压。

1. 疫情对外贸的结构性影响

（1）疫情对外贸国别结构的影响

据海关总署统计数据显示，2019 年中国进出口贸易总额为 31.54 万亿元，贸易目的国家和地区由高到低依次是欧盟（4.86 万亿元）、东盟（4.42 万亿元）、美国（3.73 万亿元）、日本（2.17 万亿元）和韩国（1.96 万亿元）。与以上国家和地区的贸易总额占 2019

年中国商品进出口总值的 54.36%。随着海外疫情蔓延，疫情对中国外贸国别结构的影响出现差异：2020 年 1～4 月，中国进出口总值为 9.07 万亿元，同比下降 4.61%，其中，与欧盟的贸易总额为 1.23 万亿元，同比下降 6.34%；与东盟的贸易总额为 1.35 万亿元，同比增长 5.71%；与美国的贸易总额为 0.96 万亿元，同比下降 12.54%；与日本的贸易总额为 0.67 万亿元，同比下降 1.89%；与韩国的贸易总额为 0.60 万亿元，同比下降 4.54%。以上数据表明三种情况：一是东盟超过欧盟，成为中国第一大贸易伙伴，且是中国进出口目的地中唯一实现贸易正增长的地区二是受疫情和中美贸易摩擦叠加影响，中国对美国进出口贸易降幅最大；三是受疫情蔓延影响，中国与欧盟、日韩的进出口贸易总额出现不同程度的下降。考虑疫情在东盟国家得到一定程度的抑制、中国"一带一路"建设稳步推进以及中国对欧美贸易依存度降低等因素，中国对欧美、日韩的进出口贸易受疫情影响的程度将远高于东盟。

（2）疫情对外贸进出口结构的影响

据海关总署统计数据显示，2019 年中国出口 17.23 万亿元，增长 5%；进口 14.31 万亿元，增长 1.6%；出口涨幅高于进口涨幅，贸易顺差 2.92 万亿元，较 2018 年扩大 25.4%，对外贸易发展整体表现平稳。但受疫情影响，2020 年第一季度，中国货物贸易进出口总值为 6.57 万亿元，比去年同期下降 6.4%。其中，出口 3.33 万亿元，下降 11.4%；进口 3.24 万亿元，下降 0.7%；出口降幅远大于进口。进入 4 月，随着中国"稳外贸"政策相继落地，中国出口总值同比降幅较 3 月有所收窄，但海外各国出于疫情防控需要，相继停工停产，造成中国进口总值同比降幅有所扩大。其中，出口总值 4.74 万亿元，同比下降 6.32%；进口总值 4.33 亿元，同比下降 2.65%。但总体来看，依然是出口降幅大于进口。同时，考虑今年中国将加大从美国进口商品以落实中美第一阶段贸易协定和召开第三届中国进口商品博览会等因素，中国进口总量将会在下半年逐步回升。因此，从影响程度判断，疫情对中国出口的整体影响大于进口。

（3）疫情对外贸商品结构的影响

据海关总署统计数据显示，从 2019 年中国外贸商品结构上看，中国主要出口产品为工业制成品，占比高达 94%。其中，电机、电气、音像设备及零部件出口额占比达 26.88%，核反应堆、锅炉、机械器具及零件出口额占比达 16.71%，纺织原料及纺织制品出口额占比达 10.44%，贱金属及其制品出口额占比达 7.32%。从进口结构上看，中国进口的最主要产品为制造业生产中所需的原材料、零部件、半成品和矿物燃料。受疫情影响，2020 年第一季度，中国工业制成品出口同比降幅明显，其中，机电产品出口 1.95 万亿元，下降 11.5%；高新技术产品出口 1 万亿元，下降 10.2%；自动数据处理设备及其零部件出口 0.24 万亿元，下降 20.8%。而在进口方面，铁矿砂、原油、煤等大宗商品进口增加较快。其中，进口铁矿砂2.6亿吨，增加1.3%；进口原油1.3亿吨，增加5%；进口煤9577.8万吨，增加28.4%；进口天然气2465.6万吨，增加1.8%。为防控疫情蔓延，各国借鉴了中国防控疫情的经验和措施，要求企业停工停产，民众居家隔离。因此，以食品为代表的生活必需品需求增长，工业制成品需求下降。这种情况直接对我国出口占比极大的工业制成品造成不利影响。整体而言，疫情对中国工业制成品出口影响较大，对中国原材料等进口影响较小。

2. 疫情对外贸企业的影响

海外各国出于疫情防控而采取的各种管制和限制措施，在疫情早期将造成外贸企业订单推迟或减少、人流与物流停滞、原材料供给延迟或断供，而随着疫情的持续蔓延和加重，供给端和需求端对外贸企业的冲击将持续发酵，最终导致企业内生风险上升。

（1）疫情对中国外贸企业的影响机制

疫情对中国外贸企业的影响途径主要是通过需求端冲击和供给端冲击两个层面，进而引发企业内生性风险。供给端方面的冲击主要是针对原料、燃料、能源和技术等产品、服务以及其他中间产品的进口，由于出口国采取的各种限制出口、限制生产和人员隔离等措施，导致物流停滞，外贸企业进口受阻，进而影响国内企业的生产，企业产能利用效率下降，运营成本上升；而需求端冲击主要发生在海外市场销售占比相对较大的外贸企业，疫情直接导致海外需求萎缩、订单减少或转移、客户流失、库存积压、企业资产周转率下降。供给端和需求端的外部冲击最终将引发企业内生风险首先表现为营业收入减少和运营成本增加，库存增加和应收账款坏账风险上升，侵蚀企业当期利润和现金流，进而将导致企业财务风险、流动性风险和经营风险上升，甚至引发企业信用违约和破产风险，而微观主体层面的积聚风险势必在行业上下游、产业链之间传递和扩散，可能带来宏观层面的经济金融风险。

需要说明的是，相比较一般贸易企业而言，由于加工贸易类企业的商业模式主要为进口原材料或中间产品，国内生产加工后再出口，因此同时受到供给端和需求端两重冲击，影响更为显著。而在一般贸易企业中，主要从事进口贸易的企业受到供给端冲击更明显，主要从事出口贸易的企业受到需求端冲击更大。

（2）疫情对中国外贸企业影响的具体表现

第一，外需不振，外贸出口订单下滑。

欧美各国受疫情影响，非生活必需类商业场所相继关闭，近百万名零售业员工被迫休假。美国商务部2020年4月公布的数据显示，3月美国零售销售额环比下降8.7%，为4831亿美元，创1992年有数据记录以来最大环比降幅。零售业门店关闭造成美国内需不振，使万里之外的中国供货商新订单数量大幅下降，外贸出口急剧下滑。以海外贸易的晴雨表——集装箱吞吐量为例，2020年第一季度末，中国集装箱吞吐量排名前八位的港口，除青岛港达到同比2.2%的增幅外，其他港口均出现不同程度的下滑，多数港口达两位数跌幅，其中，上海港下跌10.40%，深圳港下跌11.90%，广州港下跌10.30%，大连港跌幅更是达到27.70%。由此可见，疫情对中国外贸新订单出口造成了严重抑制。

第二，供给不畅，外贸产业链条承压。

当前，世界各国已经形成了"你中有我，我中有你"的有机整体。从全球货物贸易总量占比看，中间产品占到了全球货物贸易总量的75%。各个国家既是中间品的主要提供者，也是中间品的主要需求者。因此，疫情发展与防控对稳定全球的供应链体系具有极其重要的影响。根据世界贸易组织（WTO）的统计数据，中国进口中间品占全球的比重为14.5%，居全球第一位。受疫情影响，全球供应链运行机制受到不同程度的冲击，中国外贸企业原材料海外供给端运行不畅，产业链条承压严重。一方面，中国主要进口来源国停工停产，供给能力下降。例如，汽车制造类企业进口零部件种类繁多，大部分属于专用件，由于技术和专用等原因，无法短期内实现国产化，因此正面临"无件可购"和"无件可替"的困难。另一方面，国外上百场工业展会宣布延期或取消，包括汉诺威工业展、德国管线材展、美国拉斯维加斯五金工具展等行业领军展会。中国很多外贸企业无法通过海外展会采购原料和销售产品，对中国商品的生产与出口造成巨大冲击。

第三，物流不通，贸易交易成本提高。

海外新冠肺炎疫情暴发以来，中国外贸企业的境外物流受到严重影响。货物从出港到交付，中间环节各类交易成本增加，企业成本收入比扩大，给外贸企业利润增长带来压力。一方面，受疫情带来的国外需求下降等因素影响，国际集装箱运输市场大范围停航，货物运输周期延长，船舶租金成本被迫提高。一方面，2020年第二季度以来，有多个定期航次被取消，部分受影响严重的航线运力撤出，全球贸易受到重创；另一方面，各国纷纷采取停工和限行措施控制疫情蔓延，进而造成港口作业时间减少，物流效率低下，目的港无人提货的现象频频出现。这就意味着中国外贸企业为保证货物顺利移交采购商，需要额外付出更多的成本，可能还会面临到港货物无人接收而带来的损失。

第四，回款不稳，外贸企业资金流紧张。

受国外对疫情管控的影响，中国外贸企业订单交付周期延长，各环节资金回笼计划被打乱，造成企业账面资金紧张。一方面，货款无法按时交付，企业间三角债情况严重。据中国商务部数据，截至2020年4月10日，中国超过76%的重点外贸企业产能恢复率超过70%，企业生产基本恢复正常。但外贸企业却面临着海外订单取消或交货延迟等风险。货款无法按时兑付，使企业不仅拿不到收入，还要支付上游原材料货款，导致上下游资金拖欠的三角债现象相当严重。另一方面，海外订单减少，采购方借机压价。在国外需求下滑背景下，许多国外采购方对中国外贸订单提出议价要求，希望中国企业进一步下调货物价格，以此保证订单不被取消。企业如果接受降价请求，利润空间会进一步收窄甚至亏损；如果不接受降价请求，订单可能被取消，还要面临库存成本压力。不论哪种情形，都给企业资金回笼造成巨大挑战。

3. 外贸企业的纾困对策

新冠肺炎疫情对全球生产和需求造成全面冲击，各国应该联手加大宏观政策对冲力度，加强协调合作，共同维护全球产业链、供应链稳定，"稳外贸"在当前有更重要的意义，本节建议从以下三个层面对中国外贸企业进行整体纾困。

（1）政府干预层面的对策

在疫情引发全球贸易收缩的背景下，政府要积极发挥主导作用，科学部署、统筹协调、制定行之有效的政策，帮助中国外贸企业摆脱困境。

第一，积极扩大内需，对冲外需下滑风险。

政府部门应加强外部形势研判，及时采取有效举措，实施扩大内需战略，对冲国际市场需求下滑风险。政府要支持部分出口型外贸产能转向国内市场，支持外贸企业出口转内销，努力把外部环境影响和疫情对外贸企业造成的损失降到最低。一是要释放消费潜力，扩大居民消费，适当增加公共消费。例如，上海市政府发布《关于提振消费信心强力释放消费需求的若干措施》，推出"五五购物节"，刺激内需，释放消费潜力，通过强有力的政策举措促进消费回补和潜力释放。各地政府也根据国务院指示精神纷纷出台政策，加大财政政策力度，增加老旧小区改造量，或以发放消费券等方式扩大内需。二是要积极扩大有效投资，促进传统产业改造升级，扩大战略性新兴产业投资。2020年3月，国家提出实施"新基建"来引导国内投资，其主要包括5G基站建设、特高压、城际高速铁路和城市轨道交通等七大领域，涉及诸多产业链。与传统基建不同，新基建的投资主体更加多元化。各地政府应结合本地外贸企业实际，引导企业转型升级，通过参与新基建项目，帮助外贸企业有效化解和转移产能。

第二，强化服务保障，促进外贸运输便利化。

政府要充分发挥交通运输"先行官"作用，强化各部门协同合作，保障国内和国际运输通道畅通便利，切实提高"稳外贸"服务效率。一要保障国际海上运输畅通高效。强化港口作业、国际集装箱航线航班运行监测，为做好国际海运信息披露提供数据支撑。引导航运企业及时恢复前期因疫情影响削减的航线航班，为进出口外贸企业货物运输提供有力保障。密切关注国外疫情态势，发挥国有骨干航运企业的积极作用，确保重点海外贸易航线不断航行。二要加强航空货运运力配置。支持航空公司增开全货运航线航班，鼓励航空企业扩大货机运力规模，提升国际货运能力，缓解运输需求充足与航空运力短缺的矛盾。给予货运枢纽机场在航权、时刻方面更多政策支持，确保货物出口运输航线与时刻的常态化。三要发挥中欧班列重要通道作用。各部门间应统筹协调，增加中欧班列班次密度，扩大运输覆盖面，提高班列运输效率。统筹考虑货源组织和运输组织的衔接，实现货源地与中欧班列运输之间的高效对接。

第三，有效降费减税，缓解外贸企业成本压力。

为支持外贸企业复工复产，抗击海外疫情对外贸企业资金端的冲击，政府相关部门可从减少收费和提高退税两个方面，缓解企业成本压力。一要降低进出口物流成本。2020年4月下旬，交通运输部联合商务部等6家机关单位联合发布《关于当前更好服务稳外贸工作的通知》，进一步全面落实阶段性降费政策，免征进出口货物港口建设费，减征货物港务费、港口设施保安费和船舶油污损害赔偿基金等费用。同时，支持外贸企业提高海运运费议价能力，引导中国外贸企业出口选择到岸价格（CIF）结算，进口选择离岸价格（FOB）结算，进一步降低企业费用成本。二要严查港口航运市场违规收费行为。依法加强对国际航运公司运价备案检查，对违反诚实信用原则巧设名目、无实质服务内容的收费行为依法严厉查处，切实维护出口航运市场价格秩序，保障外贸企业出口合法权益。三要升级出口退税服务。政府要优化出口退税服务流程，推动纳税人"高速"退税、快速达产。例如，北京税务部门实现了出口退税"全程网上办""非接触式"服务创新，减轻了企业办税负担，退税资金及时到账，缓解了出口企业的资金压力，有效支持了外贸出口稳定发展。

第四，深化国际合作，营造良好的外部环境。

政府各部门要多措并举，积极应对"新冠肺炎"疫情负面影响，通过搭建线上参展平台、深化多方沟通交流等措施，努力帮助中国企业稳住外贸外资基本盘。一要充分发挥国际会展的平台作用。要办好中国进出口商品交易会（广交会）、中国国际进口博览会、中国国际投资贸易洽谈会等重大展会。通过搭建线上会展平台，帮助外贸企业拿订单、保市场，更好地发挥国际展会全方位对外开放平台的作用。同时，要动员各方力量，提升技术水平，扩大惠企范围，完善配套服务，提升广大企业和客商的上线体验。二要深化与各国间的沟通交流合作。要强化区域疫情协调与合作，推动区域贸易投资便利化，缓解贸易需求和供给压力。在进一步与日本、韩国、新加坡、欧洲、美国等国家和地区深化沟通交流合作的基础上，推动与新兴经济体国家的交流合作，为我国的对外贸易营造良好的外部环境。

（2）企业自救层面的对策

第一，推动线上贸易，拓展内销市场渠道。

外贸企业可以依托线上平台，面向内需市场，积极展开营销自救。一要主动对接知名线上直播平台。外贸企业应充分利用直播平台客户群资源与大数据系统，拓宽线上渠道，为企业商品在内需市场打开销路。二要强化线上营销策划能力。在"互联网＋"背景下，消费者的消费行为逐渐表现出渠道数字化和网络社交化的新特征，消费行为呈现个性化与体验化特征。因此，外贸企业在线上营销过程中，应提高策划能力、创新营销方式，精准把握线上客户需求，有效推介产品。

第二，调整市场布局，关注"一带一路"市场。

受新冠肺炎疫情影响，中国外贸进出口整体呈下降态势，但中国对"一带一路"沿线国家外贸进出口保持增长。东盟取代欧盟跃升为中国第一大贸易伙伴。这种现象说明，中国与东盟之间的外贸商品具有高度互补性，并深刻嵌入全球产业链中。在贸易保护主义抬头、中美贸易摩擦前景不明朗的背景下，中美贸易增长幅度会进一步收窄，中国同东盟的贸易规模会持续扩大。因此，外贸企业应顺应外贸出口多元化趋势，积极拓展"一带一路"沿线国家市场，尤其是东盟国家市场，分散外贸出口风险，实现全球贸易收缩大环境下的逆势增长。

第三，优化贸易模式，顺应外贸新趋势。

在疫情危机下，中国外贸企业应加快转型升级步伐，顺应行业发展要求和产业政策导向，主动运用新的外贸模式，为商品出口开拓市场，降本增效。一要大力发展跨境电子商务业务。跨境电子商务使不同关境的交易主体通过电子商务平台达成意向、进行支付结算，并通过跨境物流送达商品、完成交易，对国际贸易发展发挥了积极作用。与传统贸易相比，跨境电商省去了从批发到零售等多个环节，拓展了对外贸易渠道，在交易的各个不同领域起到了明显的降本增效效果。二要利用市场采购贸易方式通关。市场采购贸易方式可使外贸采购者在获批的采购地办理出口通关手续，具有通关快、便利化、免征增值税等特点，便于品种多、批次频、批量小的外贸交易，是一种便利快捷的通关平台。

第四，塑造核心品牌，提升产品竞争力。

外贸企业既要巩固传统优势，也要培育竞争新优势。从长期来看，核心竞争力才是对外贸易稳健发展的长久之道。一方面，外贸企业要关注提升产品品牌竞争力。品牌价值的大小实际上反映了其拥有者在全球行业中的地位和竞争力，品牌战略本质就是企业在市场产品、技术与服务日趋同质化的趋势下，谋求以品牌创造差异化的战略抉择，在一定程度上影响着企业的差异化利润。当前，大多数外贸企业都具有品牌意识，但是，品牌的竞争力还需要进一步升级。要将企业文化、本土文化与产品属性有机结合，向世界传播中国品牌的文化内涵和民族素养，树立民族品牌形象。另一方面，外贸企业要关注提升产品技术竞争力。新冠肺炎疫情给中国外贸企业带来了负面冲击，但也催生了一批新兴产业业态。在疫情防控的特殊时期，无人配送、在线消费、新能源、智能经济等新兴产业极大地助力了抗疫斗争，在经济发展和社会治理上展现了巨大潜力。因此，外贸企业要化危为机，以创新为引领，以技术为抓手，结合业务实际，瞄准人工智能、5G技术、前沿信息等领域，加快新旧动能转换，逐步构建具有国际水准的"高、精、尖"产业体系。

（3）金融纾困方面的对策

第一，实施精准帮扶，加强专项信贷支持。

多数外贸企业在日常经营中具有较好的现金流。受疫情因素影响，外贸企业资金周转存在短期困难，如果信贷资金能够及时补充到位，许多企业可以通过自我修复走出困境，使各项业务环节良性运转。因此，金融机构针对外贸企业受疫情影响带来的用款需求，应精准施策、靶向帮扶，适当下调贷款利率，增加信用贷款和中长期贷款，提供抗疫专项信贷支持，帮助外贸企业解决融资难与融资贵的问题。例如，浙江对外经济活跃，外贸企业众多，各地金融机构都结合本地企业实际推出专项帮扶产品杭州各类金融机构共同参与，推出"杭信贷"业务，该业务通过市场化运作方式，由浙江信保、担保公司和银行三方共同承担企业融资贷款本金和利息损失风险，并设置了多道保险屏障，既有利于调动各方贷款积极性，又避免了银行因坏账等出现清算风险，使信贷资金真正做到了"活水肥鱼"。

第二，优化信贷流程，提高金融服务效率。

当前，现金流吃紧是外贸企业面临的燃眉之急。对外贸企业的金融支持，不仅要能放款，更要放款快、服务全，切实解决外贸企业多元的个性化需求。金融机构应优化放贷流程，通过开辟绿色通道、放宽贷款展期、提高锁汇避险等方式，提高金融服务效率，助力"稳外贸"。一是开辟绿色审批通道。对受疫情影响的外贸企业制定专属贷款业务标准，尽量做到专人审批、随到随审、优先办理。二是提高跨境交易效率。为企业境外汇款提供快速通道，并通过信用证、承兑及付汇、保函等工具，加快外汇收付款到账效率。在跨境结算方面，为外贸企业提供快捷、便利的在线跨境结算服务，让企业专心业务，少跑路。三是做好外汇信息咨询服务。针对外汇市场汇率波动等问题，银行应运用专业的市场分析和产品组合帮助外贸企业规避汇率风险，切实做好外贸企业的金融助手。四是降低融资信息不对称等问题。引导大型金融机构建立疫情专项信贷平台，帮助外贸企业了解更多信贷资讯。

第三，落实差异监管，提高贷款不良容忍度。

疫情期间，外贸企业现金流减少会冲击银行贷款质量，进而降低银行对疫情受危企业的贷款动力。为此，各地监管部门应根据本地区实际，适度实行差异化监管政策，提高银行贷款不良率容忍度，让银行愿审敢贷，帮助外贸企业脱困。一方面，对于受疫情影响给予临时性延期还本付息的贷款，应引导银行坚持实质性风险判断，不因疫情因素下调风险分类，不影响企业征信记录。另一方面，对受疫情影响导致不良、形成损失的外贸小微企业贷款，鼓励银行机构适当简化内部认定手续，加大自主核销力度。例如，上海银保监局发布《关于进一步做好疫情防控支持企业发展保障民生服务的通知》，鼓励在沪银行业机构根据自身实际情况研究更多切实可行的金融考核工具，对能够恢复经营的优质外贸企业，引导银行等金融机构容忍这些企业的短期不良，符合一定条件的，要适度减免外贸企业债务。

第四，拓展融资渠道，改善企业融资环境。

一要鼓励和引导符合要求的外贸企业发行企业债券，进行直接融资。同时，完善信用评定机制，对优质外贸企业增加信用度，进而提高发债的成功率。二要发挥私募基金在支持外贸企业融资突围方面的独特作用，引导外贸企业通过私募基金途径满足融资需求。因为私募基金投资外贸企业股权，可与外贸企业共享收益、共担风险，最具有了解企业经营状况的动力，可以通过自身的投后管理整合所需资源，支持帮助外贸企业快速恢复经营。同时，与政府行政手段不同，私募基金对企业的支持是完全的市场化行为，更能激发企业发展的内生动力。三要设立中小企业救助基金，鼓励银行、信托和龙头企业等机构积极参与。救助模式要改变以往只救助单个企业的闭环输血模式，启动支持全产业链循环造血模式，以行业或产业为单位，使资金在企业上下游产业链循环起来，逐步修复和改善外贸领域已遭破坏的产业生态。

5.2 我国外贸发展特征分析

中国经济已经进入新发展阶段，在新发展理念下构建新发展格局，开启全面建设社会主义现代化国家新征程。但是，"十四五"期间中国面临的外部环境十分复杂，要做好开"顶风船"的准备。新冠肺炎疫情重创全球经济，同时加剧贸易保护主义，部分发达经济体加大力度推动高端制造业回流、中低端产业再布局，部分新兴经济体也提出产业链"自主"的主张，全球产业链面临深度调整。为了稳住外贸外资基本盘，中国已经正式确定2021年为"外贸创新发展年"，着力在巩固外贸回稳向好态势的基础上提升外贸服务构建新发展格局的能力，增强对外贸易综合竞争力。为了更好地找准着力点、推动外贸创新发展，有必要梳理"十四五"期间中国国际贸易呈现的阶段性特征。这一工作应该既涵盖过去一段时间中国外贸发展的脉络，又反映新冠肺炎疫情带来的冲击，同时揭示未来一个时期外贸发展的趋势。

5.2.1 我国外贸发展的外部环境

一、新冠肺炎疫情加剧贸易保护主义，阻碍全球经济复苏

在发达国家内部矛盾重重并通过对外不断施压缓解国内矛盾的外部环境下，中国的发展将面临更多的不确定性。2020年爆发的全球新冠肺炎疫情不仅不会缓解这些外部矛盾，反而会使矛盾进一步升级，从而加速贸易保护主义的趋势。

从短期来看，新冠肺炎疫情并未对中国对外贸易产生直接的负面冲击，甚至对中国的出口有一定的提振作用。中国的国际贸易呈前低后高的态势。2020年上半年，中国先于全球其他国家和地区暴发疫情，由于停工停产和封锁隔离造成了一定的进出口下滑，但下半年以来，中国外贸出现了强劲的反弹，这是由两个方面的短期因素共同导致的，如图5-1所示。一方面，全球主要经济体和发展中国家加大了对口罩、医疗物资及其他生产消费物资的进口。中国的医疗仪器等医疗用品的出口增速迅速攀升，2020年全年医疗仪器和器械的出口增速高达40%。此外，疫情之后人们工作方式发生改变，线上办公成为常态，这催生了国外居民对电脑、手机等仪器设备的巨大需求，使中国自动数据处理设备出口激增。另一方面，在全球范围内，中国先于他国暴发疫情，但也用最快的速度控制住疫情，从疫情导致的大封锁中走出来，实现有序复工复产，而其他国家因疫情防控不力，导致长时间的封锁

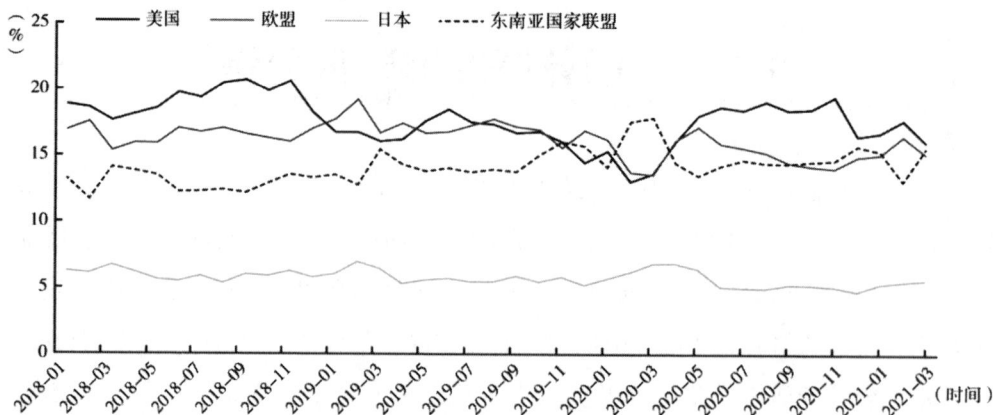

图5-1　中国对主要国家和地区的当月出口占当月总出口的比重

数据来源：万得数据库

和隔离，对国内生产能力和供应链造成较大的冲击，进而导致替代性订单转移，促进了中国外贸的强劲反弹。从短期来看，这种趋势仍将持续，且与全球经济复苏带来的需求回暖效应正向叠加。根据国际货币基金组织（IMF）预测，2021 年全球经济增速将达到 6%，其中发达经济体经济增速高达 5.1%，这将促使美国、欧盟、日本等主要发达国家和地区的需求回暖，推动中国外贸出口在短期内平稳增长。

尽管从短期来看，疫情对中国外贸出口存在一定的促进作用，但更应关注的是疫情对全球产业链造成的长期负面冲击。疫情导致了全球经贸合作的"大停摆"，产业链断供问题频现，这引发了很多经济体对于供应链安全的反思，主要经济体纷纷出台提升本国产业链"自主性"的政策，加速了全球产业链的多元化再布局。例如，在疫情初期，日本立即决定拨出 20 亿美元，以财政补贴和优惠贷款等方式支持日本企业将生产转移至国内，以减少对中国制造的依赖。美国、德国等西方发达国家也在积极推动制造业高端环节的回流和中低端环节的多元化再布局。部分新兴经济体也更加强调产业链"自主"，例如印度提出"自主印度"口号，从经济、基础设施、体系、人口和市场需求五个角度来助力"印度制造"。未来全球产业链重构可能更加重视安全和多元化，更多转向追求"风险最小"，可能形成多个区域化、本地化的全产业链集群。事实上，近年来，虽然中国的投资环境仍在不断改善，但从主要经济体吸引的投资增速已经明显放缓，如图 5-2 所示，2019 年，日本、德国、英国等国家对中国的直接投资均呈现不同程度的下滑。随着疫情防控常态化，国际文化、投资、旅游的交流频率也显著下降。更重要的是，一些国家以疫情源头追责为由，将国内民众的不满情绪转向国外，并将其政治化，给国际合作造成了更大阻碍。总的来说，新冠肺炎疫情加速了全球产业链的再布局，加剧了已有的逆全球化和保护主义的趋势，对此我们必须做好充分准备。

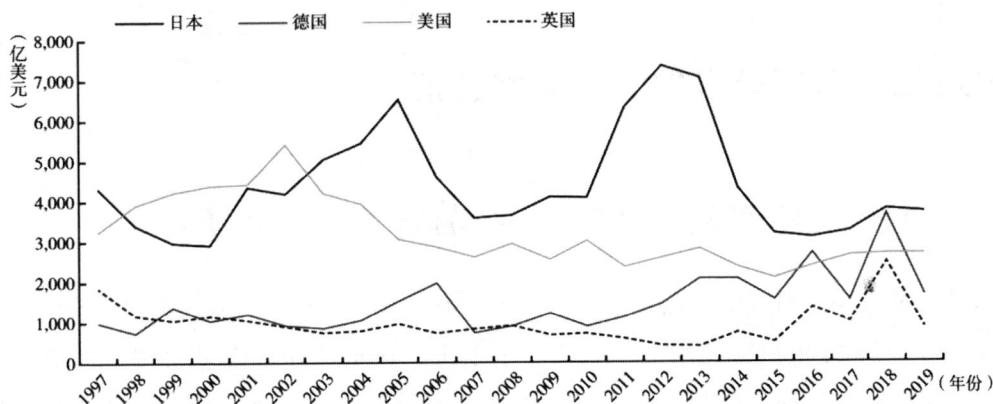

图 5-2　主要国家对中国的直接投资

数据来源：万得数据库

"十四五"期间中国的对外贸易预计呈现前高后稳的格局。短期内受疫情影响，中国的对外贸易将持续升温。随着新冠肺炎疫苗的普及，全球主要经济体的疫情将逐步好转，这一方面将提振外需，带来出口市场的回暖；另一方面也将恢复国际生产能力，对中国出口企业形成一定的竞争。随着全球经济常态化的恢复，更应关注疫情所导致的产业回流和产业链再布局对中国外贸带来的长期影响，这将导致一部分外资的撤退和产业转移，同时也倒逼中国推动产业链供应链现代化和经济高质量发展，在"卡脖子"技术上取得突破，维护产业链安全。

二、新兴经济体和发展中国家实力持续提升，为中国外贸创造新空间也引入新竞争

全球经济重心将持续呈现自西向东、自北向南转移的态势。从经济规模看，新兴经济体和发展中国家 GDP 占比持续提升。根据 IMF 数据，以市场汇率现价计算，发达经济体 GDP 全球占比从 1992 年的 82.6% 降至 2019 年的 59.2%，到 2025 年预计将降至 56.3%。从工业化看，新兴经济体和发展中国家制造业增加值占比持续扩大，位势持续提升。从城镇化看，新兴经济体和发展中国家将在世界城镇化进程中占据主体地位，根据联合国预测，到 2050 年全球城镇化增长中将有 90% 以上来自亚洲和非洲。同时，新兴经济体和发展中国家积极参与全球经济治理，在全球事务中参与度和话语权不断提升。

新兴经济体和发展中国家的实力提升，一方面扩大消费和投资需求，为中国出口创造了新市场，有望为中国外贸高质量发展注入新动能；另一方面积极发挥成本优势、改善营商环境，融入全球产业链，与我国形成竞争，使中国同时面临来自发达国家和新兴市场国家"上挤下压"的双重竞争压力。

5.2.2 我国外贸发展的基本特征

一、我国的经济结构深度调整，外贸依赖度显著降低

改革开放以来，对外贸易始终是中国经济重要的增长引擎。中国在实践中不断探索对外开放路径。从 20 世纪 70 年代末的成套设备引进，到 80 年代的试点型开放与沿海地区的全面开放，中国开放的领域不断扩大和深化。90 年代，在党的十四大正式提出发展社会主义市场经济之后，一系列对外开放的政策相继落地，汇率制度的改革和贸易壁垒的降低为外贸企业创造了更好的贸易条件，开放从沿海地区向内陆拓展。2001 年加入世界贸易

组织后，中国的开放进程进一步提速。在包括关税减免、资本流动管制放松等相关政策的支持下，中国不仅对外贸易和投资增速加快，而且开始在国际治理体系中崭露头角。中国经济的对外依赖程度在国际金融危机之前达到高峰。2006 年，中国进出口总额与 GDP 之比高达 64%，贸易净出口拉动经济增长近 1.8 个百分点，如图 5 - 3 所示。

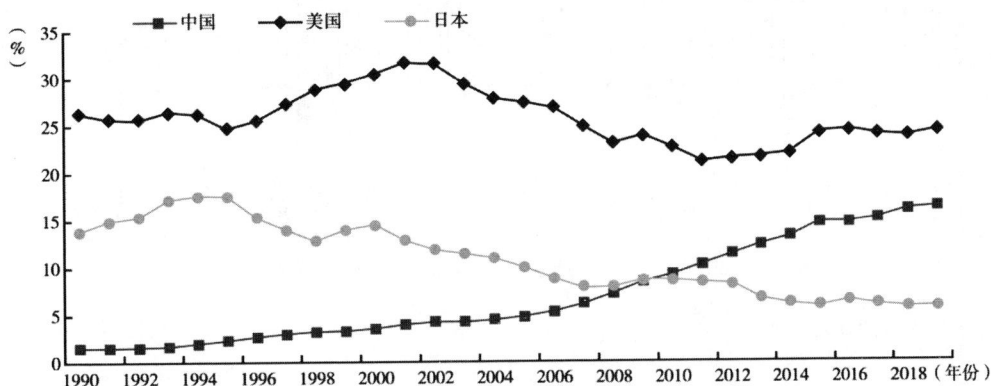

图 5 - 3 中国和其他主要经济体 GDP 占全球比重

数据来源：世界银行 WDI 数据库

在中国经济发展的初期，外贸对促进中国的产业发展、技术进步、居民可支配收入提升发挥了重要的作用。通过深度融入国际市场，中国在数十年内都保持了较快的经济增速。在 2008 年国际金融危机之后，这一趋势却发生了变化。中国与世界经济的相对格局发生了变化，中国在 2010 年超过日本成为全球第二大经济体，2020 年中国经济总量占全球比重高达 17.4%。在经济体量不断增大、居民可支配收入持续提升的过程中，中国逐渐形成了拥有丰富产业配套、基础设施和人力资源的全产业链，日益庞大的国内消费市场成为经济增长的重要引擎。此外，随着中国经济的转型升级，不同生产要素的相对成本发生变化，劳动力价格上升，土地开发成本提高，环境资源保护约束加强，技术的进步和互联网的普及使资本的边际回报提高。这些都制约了传统优势行业在国际市场的竞争力，一些劳动和土地密集型产业向海外迁移，外需对中国经济增长的贡献减弱。外部环境的制约也使传统外需导向型经济增长模式难以为继。金融危机之后，发达国家经济复苏乏力，低于预期，中国的出口市场不断萎缩。经济的不景气、贫富分化的加剧导致保护主义和单边主义抬头，贸易壁垒高筑难下。在内外因素的共同作用下，中国的经济结构深度调整，经济的对外依存度不断下降，如图 5 - 4 所示。

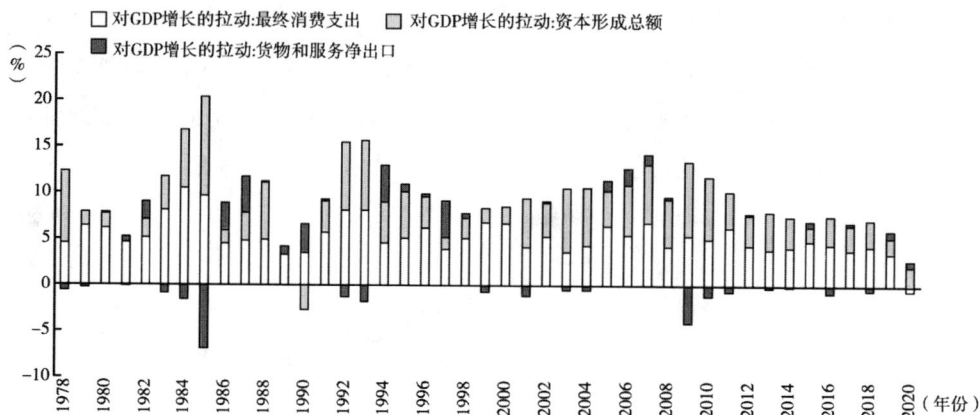

图5-4　三大需求对中国GDP增长的拉动

数据来源：万得数据库

二、中美经贸关系面临新挑战

虽然国际金融危机以来中国的贸易依存度不断降低，逆全球化的趋势也增加了贸易壁垒，中美经贸关系面临新的挑战，但是中美两国已建立起深度融合的经贸合作关系，不会也不该发生经济脱钩。中美互为最重要的贸易伙伴国，2020年中国对美国出口4520亿美元，进口1350亿美元，美国是中国最大的出口国和第四大进口国，金融危机以来美国对中国的出口和进口占其总进出口的比重仍然呈现上升趋势，如图5-5所示。

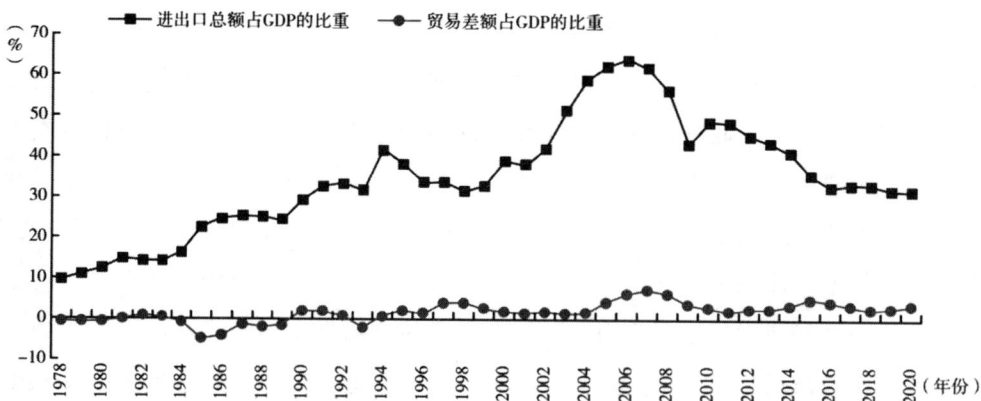

图5-5　进出口和贸易差额占中国GDP的比重

数据来源：万得数据库

中美两国不仅贸易总量巨大，而且在一些关键行业和产品上存在较强的相互依赖，这体现在以下两个方面。一方面，整体来说，美国各个不同行业对中国产品的需求都不断上升，比如在中美贸易额最高的几个行业，包括机器和交通运输、杂项制品、工业制成品等行业，美国从中国进口占总行业进口的比重不断攀升，近20年内上升了20%左右，这与全球产业链的深度融合和中国制造业的迅速发展息息相关。近年来，美国的杂项制品进口虽然越来越多地向东南亚、南亚国家倾斜，但由于生产能力的不足，这些地区尚未能成为美国的主要杂项制品供应国。2020年，美国从越南和印度的杂项制品进口分别占美国行业总进口的7.7%和2.3%，美国从中国进口的杂项制品则占其总进口量的35.3%。

另一方面，中美两国各自在一些重要的工业原材料和工业制品方面具有较高的控制权。比如，中国在一些重要工业品方面仍对美国产品有不可替代的进口需求，尤其是计算机行业的核心部件，其中芯片的进口比重超过40%，设备制造的中间品和资本品进口也占到总成本的20%。在一些产业和领域，包括高端装备、核心零部件、基础研究等，中国的产业基础还很薄弱，诸多环节仍依赖进口，关键技术和核心产品受制于人。更加重要的是，在一些高精尖制造业领域，美国把握着专利权和国际标准的制定，即便不实际生产，也在产业链关键环节享有控制权。同时，中国也在一些关键原材料和工业零部件环节对美国有较强的影响力。仍以芯片为例，虽然中国企业依赖美国的芯片，但同时中国又是世界最大的稀土材料（芯片制造必需材料）供应国。

在锂电池、维生素等关键中间产品和消费品方面，美国十分依赖从中国的进口。中美经贸关系是全球价值链的重要组成部分，两国保持高度融合而稳定的经贸关系是全球价值链得以稳定的前提，对两国而言，也是实现双赢的现实选择。图5-6展示了中美两国的贸易依赖程度的相关数据。

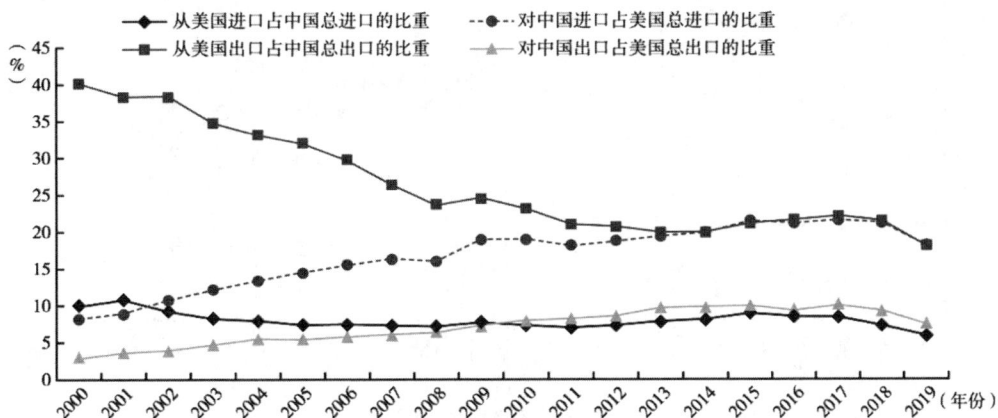

图5-6　中美两国的贸易依赖程度

数据来源：万得数据库

注：为了刨除转口贸易的影响，作图时选取美国人口普查局录入的从中国的进口作为中国对美国的

出口总额，选取中国海关录入的从美国的进口作为美国对中国的出口总额，再分别与两国录入的总出口做比，求得两国对对方的出口占总出口的比重。

三、经贸合作"朋友圈"扩容升级，中国正成为全球化的新领导者

在贸易保护主义抬头、全球经济复苏面临不确定性的疫情后的时代，中国坚定地捍卫经济全球化的立场，为世界经济注入信心和正能量，中国已从经济全球化的参与者向引领者转变。

2020年以来，多个重要的双边和多边贸易投资协定取得显著进展。例如，2020年底，区域全面经济伙伴关系协定（RCEP）正式签署，包括东盟和中日韩、澳大利亚、新西兰在内的15个国家作为成员国加入了该协定，成员国的人口、经济体量和贸易量均占到全球的1/3左右，RCEP整合拓展了成员国间的单边和多边贸易协定，要求90%的商品在10年内关税要减到零，在区域内实行可以累计的原产地原则，这些规则将降低跨国企业在亚洲供应链的生产成本，从而对全球投资分布和产业链布局产生重大影响。在服务贸易和投资方面，RCEP也要求采用负面清单的原则，致力于建立一个与WTO类似的争端解决机制。RCEP的签署有助于在相当大的区域内削减贸易和投资壁垒，促进要素在区域内的自由流动，激发经济增长潜力。在共建"一带一路"的过程中，中国已与26个沿线国家和地区签署19个自由贸易协定，与自贸伙伴贸易额占比达到35%，另有多个自由贸易协定正在谈判或者研究中。中国对各地区出口份额的变化情况如图5-7所示。

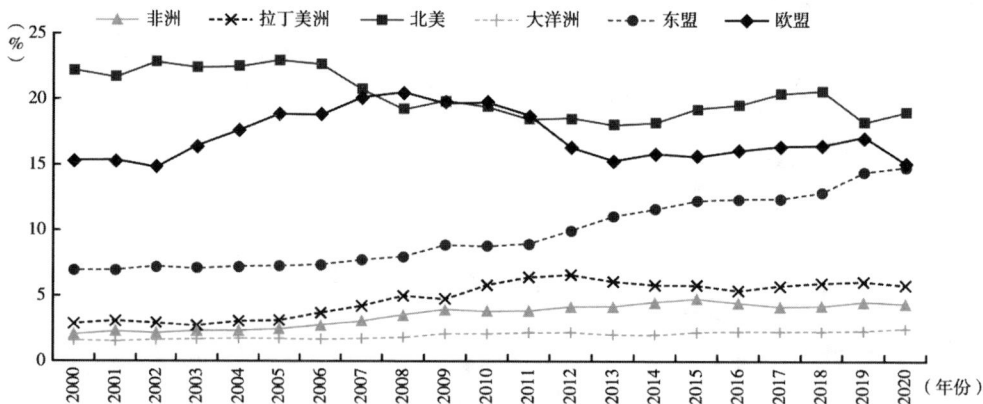

图5-7　中国对各地区出口份额的变化

数据来源：CEIC数据库

在"一带一路"倡议和一些重要区域贸易协定的推动下，中国与周边国家以及"一带一路"沿线国家之间的贸易往来日益密切。将中国的对外贸易按地区分解，在主要出口

地区中，中国对东盟、非洲等地的出口份额有所上升，而对北美的出口份额显著下降。最近 20 年来，中国对北美地区的出口份额从 2000 年的 22.2% 下降至 2020 年的 19%，对东盟的出口份额则从 6.9% 上升至 14.8%，东盟成为中国最大的贸易伙伴。中国与"一带一路"沿线国家之间的贸易往来也日渐频繁，"一带一路"沿线国家正成为中国最重要的贸易伙伴。中国对 64 个"一带一路"沿线国家的出口占中国总出口的比重上升了近 20 个百分点，尽管从"一带一路"沿线国家的进口额受石油等国际大宗商品价格的影响，但进口份额总体仍呈显著上升的趋势。中国与"一带一路"沿线国家的进出口占中国总进出口的比重如图 5 - 8 所示。

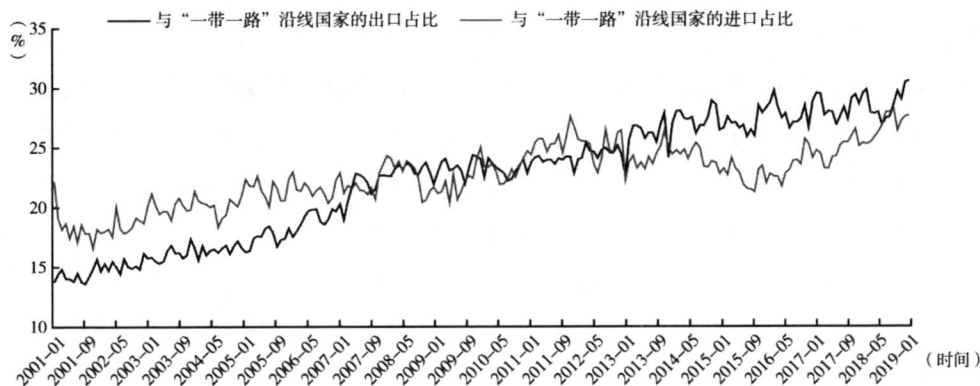

图 5 -8　中国与"一带一路"沿线国家的进出口占中国总进出口的比重

数据来源：CEIC 数据库

四、中国外贸可能同时面临来自发达国家和新兴市场国家"上挤下压"的双重竞争压力

以美欧日为代表的发达国家积极谋求"再工业化"，持续推动"制造业回流"。例如，美国出台了"买美国货法案"与"美国就业法案"，德国推出了德国工业 4.0 战略、发布《国家工业战略 2030》，英国颁布英国工业 2050 战略，日本实施产业振兴战略，加强对先进制造业前瞻性布局，抢占未来产业竞争制高点，且矛头直指中国，谋求遏制我国高技术制造业发展。同时，以印度、越南等为代表的一批新兴市场国家积极融入全球产业链分工，致力于发挥成本优势、改善营商环境、吸引外国投资，在中低端制造业领域与中国形成竞争态势。另外，一系列双边和多边贸易投资协议的签订，将重塑地区间经贸投资关系，推动生产要素区域再配置。例如，近期签署的《区域全面经济伙伴关系协定》（RCEP）的原产地认定标准允许货物增加值在成员国之间累计，这将使各国更难凭借单一

领域的优势挽留产业链的其他环节①。总之,中国制造业优势虽然存在,但面临"三明治"格局下"上挤下压"的双重竞争压力。

尽管疫情期间中国出口数据总体向好,但随着欧美经济体"解封"与亚洲其他经济体陆续恢复正常,全球贸易格局与产业链的调整将逐步回到原有轨迹。事实上,从纺织、电子产品看,中国产品在欧美市场(特别是美国市场)已经开始感受到竞争压力。根据联合国商品贸易统计数据库公布的数据,美国电子产品(HS85)进口中,2020年3季度中国的市场份额与去年同期相比下降了4.6个百分点,越南则上升了3.1个百分点;美国的服装进口也有类似变化,在18个与纺织、服装有关的HS编码一级品类中,2020年3季度越南有15个品类的份额超过去年同期,而中国只有9个品类(其中包含了与口罩等疫情防护用品相关的HS63品类)。欧盟市场的情况好于美国,但中国产品同样受到了来自越南等国的竞争。中国在欧盟国家2020年3季度电子产品进口的份额与去年同期相比提升了0.6个百分点,而越南提升了0.7个百分点;中国有6个纺织、服装品类提升了市场份额,越南则有11个。从利用外资角度,中国制造业利用外资面临一定压力,2020年在整体利用外资实现逆势上升的情况下,制造业利用外资下跌10.8%。预计"十四五"时期,中国劳动密集型和部分资本密集型产业的部分生产环节将继续向其他经济体转移,将导致中国与新兴经济体之间的中间品贸易和制成品贸易增加,但是与发达经济体之间的制成品贸易承压。

5.3 我国外贸新模式新业态发展的重点方向

当前,我国经济发展面临需求收缩、供给冲击、预期转弱三重压力,叠加外部环境不确定性因素冲击,推动外贸"稳定、持续、高质量"发展成为重要任务。而贸易新业态新模式是我国外贸发展的有生力量,也是国际贸易发展的重要趋势。国务院办公厅印发的《关于加快发展外贸新业态新模式的意见》明确指出,"加快发展外贸新业态新模式,有利于推动贸易高质量发展,培育参与国际经济合作和竞争新优势,对于服务构建新发展格局具有重要作用"②。同时,商务部印发的《"十四五"对外贸易高质量发展规划》将加快外贸新模式新业态发展作为"十四五"外贸建设领域重点工作,可见新模式新业态将是"十四五"时期推动我国外贸高质量发展和构建全面开放新格局的重要抓手,对实现"十

---

① 叶波.《区域全面经济伙伴关系协定》介评及其应对 [J]. 上海对外经贸大学学报,2017,000 (002):16-25.

② 国务院. 国务院办公厅关于加快发展外贸新业态新模式的意见 [J]. 中华人民共和国国务院公报,2021 (21):5.

四五"规划和 2035 年远景目标具有重要意义①。

一、外贸新模式新业态发展是畅通外循环、促进高水平开放的重要举措

当前，全球经济不确定性因素持续增加，传统外贸增长空间有限、动力不足。因此，精准施策培育外贸新业态新模式，扩展外贸增长新空间，促进外贸规模和外贸质量稳定提升，是落实党中央、国务院"稳外贸、促增长"和"推进贸易高质量发展"统一决策部署的重要举措。

1. 新模式新业态将形成"十四五"外贸增长新动力，扩张新时期外贸发展空间

近年来，新模式新业态的外贸增长贡献持续攀升，跨境电商、数字贸易、服务贸易、市场采购贸易等外贸新模式新业态，已经快速成长为推动我国外贸增长、带动劳动力就业、拉动产业集成发展的重要支点。新冠疫情暴发以来，国际贸易与供应链遭遇严重冲击，但跨境电商、数字贸易、服务贸易却呈现逆势增长，成为带动经济复苏和增长的新动力。跨境电商方面，近 5 年来我国跨境电商贸易额增长近 10 倍，2021 年我国跨境电商进出口规模达 1.98 万亿元，同比增长 15%，其中出口 1.44 万亿元，同比增长 24.5%。目前依托全球 2000 多个海外仓和完整的物流供应链体系构建了 B2B2C 的全新跨境电商模式，实现了国内国外供需两端的有机融合和精准衔接，已经成为推动外贸高质量增长的新生力量。市场采购贸易方面，全国已建成市场采购贸易方式试点 31 个，2016—2021 年间整体贸易规模增长 5 倍，出口辐射范围超过 220 个国家和地区，2021 年出口规模同比增长 32.15%，带动出口增长 1.3 个百分点，占同期外贸出口总值的 4.3%。外贸综合服务方面，截至 2021 年底，全国外贸综合服务企业数量超过 1500 家，服务客户超过 20 万家。外贸新模式新业态有效缓解了海运成本攀升和新冠疫情之下禁航禁运等负面因素的冲击，一方面，新模式新业态通过与传统行业结合促进产业集成发展和外贸高速增长，另一方面，新模式新业态为中小企业参与国际供应链提供了保障，进一步带动劳动力就业。

2. 新模式新业态促进外贸高质量发展平台建设加速，推动形成全面开放新格局

为支持外贸新模式新业态发展，以自由贸易试验区（港）、各类型产业园区、跨境电子商务试点等为载体的示范试点建设加速发展，在全国 31 个省市共建成跨境电商综合试验区 132 个，跨境电商零售进口试点在全国 86 个城市及海南全岛铺开，跨境电商 B2B 出口监管试点已经推广至全国海关；同时，已建成市场采购贸易试点 31 个，综合保税区 155

---

① 李董林，李娟，李春顶. "十四五"外贸新模式新业态发展的重点方向［J］. 开放导报，2022（2）：63 - 70.

個，離岸貿易稳步发展；28个服务贸易创新发展试点120余项试点取得积极进展，形成16个"最佳实践统案例"在全国范围内推广，31个服务外包示范城市展。2021年，我国综合保税区进出口增长23.8%，占我国外贸总值的15.1%，对外贸贡献率达16.5%，自贸试验区进出口增长26.4%，海南自由贸易港进出口增长57.7%，外贸新模式新业态的整体拉动作用凸显。此外，在"一带一路"沿线、RCEP成员国之间以及其他自贸协定中，跨境电商、保税维修、技术服务等和42个特色服务出口基地推动服务外包及服务出口产业加快转型升级，带动各类特色产业园区快速发展得到高度重视，对拉丁美洲和非洲地区的外贸出口快速增长，新模式新业态已经逐步发展成为区域经贸合作的重要一环。一系列以推动外贸新模式新业态发展为核心目标的产业培育、政策试点、模式探索和改革试验试点平台，已经由点到面快速发展为外贸增长的新支撑和新空间。

3. 新模式新业态推动外贸服务体系建设和产业融合发展，新技术、新方案与传统外贸服务体系相结合，推动外贸服务体系数字化、智能化、便捷化

新模式新业态对外贸配套服务体系提出了更高的要求，尤其是在政策扶持、通关便利化、物流保障服务、跨境支付结算、法律法规监督管理、平台建设等方面形成了系列创新方案。其中包括跨境电商登记查验便利化、单证审核智能化、物流配送网络化、仓储管理和货物分拣智能化数字化、信息报送"一站式"服务等诸多现代化、智能化服务举措。如国家外汇管理局先后发布了《关于优化外汇管理支持涉外业务发展的通知》和《国家外汇管理局关于支持贸易新业态发展的通知》等政策文件，推动跨境支付结算便利化发展；海关总署先后发布了《关于在全国海关复制推广跨境电子商务企业对企业出口监管试点的公告》《关于全面推广跨境电子商务零售进口退货中心仓模式的公告》《关于跨境电子商务零售进口商品退货有关监管事宜的公告》和《关于全面推广跨境电子商务出口商品退货监管措施有关事宜的公告》等文件，推动跨境电商业务便利化。外贸服务体系的创新带动了外贸产业的相互融合，促进了物流、交通、通信、采购、销售等环节的深度融合，有效化解了外贸网络布局发展滞后的难题。

4. 新模式新业态政策体系创新优化制度保障

外贸新模式新业态的发展是系列配套政策创新发展的最终成果，党中央、国务院高度强调加快政策体系建设，推动外贸新模式新业态发展。相关单位围绕市场许可、财税、金融、检验检疫、市场监管、技术创新、品牌建设、法律援助等内容开展了一系列政策创新，通过先行先试模式开展试点试验，推动政策集成创新，显著改善了外贸市场环境，提升了新业态新模式发展速度和整体质量。如国务院办公厅发布的《关于加快发展外贸新业态新模式的意见》《关于促进综合保税区高水平开放高质量发展的若干意见》，商务部发布的《"十四五"对外贸易高质量发展规划》，商务部、生态环境部、海关总署发布的《关于发布综合保税区维修产品增列目录的公告》等，对外贸新模式新业态的发展理念、核心目标、主要方向、关键领域等进行了总体规划，对外贸新模式新业态的发展提供了制度保障和政策支持，促进外贸新模式新业态从"野蛮生长"向"精耕细作"快速转变，全面提升外贸发展质量。

5. 新模式新业态催生外贸新场景、新消费、新服务和新渠道

区别于传统贸易业态，外贸新模式新业态不单纯依赖于自然资源规模和人力资本数量等传统资源优势，而是顺应互联网、大数据、智能制造快速发展的大趋势，更加强调制度创新、技术创新和服务模式、服务理念创新，以现代物流服务网络为载体，整合现代信息技术、数字经济、各产业尖端技术、现代服务体系等优势资源，形成以知识密集型、技术密集型和资本密集型外贸产业为核心的贸易产业格局，激发市场主体创新活力，催生出一批新兴产业和新兴技术，形成经济发展新优势，推动外贸产业向价值链中高端攀升，推动资源型开放向制度型开放转变，促进新时期外贸高质量发展。

二、外贸新模式新业态发展面临的主要挑战

尽管"十四五"开局之年我国外贸取得了不俗成就，但国际形势复杂多变，贸易保护主义、单边主义、民族主义等逆全球化思潮抬头，全球经济复苏基础并不稳固，波动性大、脆弱性高、结构性失衡等特征凸显，南北争端突出，外贸新模式新业态发展面临前所未有的挑战和风险。

1. 关键环节政策缺位和监管措施不完善，限制了外贸新模式新业态创新和市场主体发展活力

尽管传统贸易模式下对外贸易各环节政策体系已经相对完善，并在持续发展中得到不断补充，但面临新的贸易模式和新的外贸产业，部分传统贸易政策已经难以适应发展需要，甚至部分关键环节的政策缺位直接阻碍了新的贸易模式发展和新的外贸产业集聚。如跨境电商的小规模、零散化区别于传统贸易的大规模、批量化和集中化特点，同时交易存在"B2B""B2C""C2B"等多种主体关系，而跨境代购、跨境虚拟消费等进一步增加了贸易模式的多样性。因此传统贸易模式下的政策措施难以适应跨境电商的发展需求，其中包括纳税主体确认、通关政策、产品界定、发票开具等环节政策缺失，部分关键技术、关键设备和关键要素的通关审查和检验检疫苛刻标准不符合产品和技术特性，对外贸综合服务企业监管措施不适应行业特性而造成资源和时间浪费，资本额度限制和进出审批流程复杂等都是阻碍外贸新模式新业态发展的重要因素，是"十四五"期间推动外贸高质量发展

过程中的"拦路虎"。

2. 外贸新模式新业态的统计监测制度和区域执行标准不统一，制约发展和研究

外贸新模式新业态与传统外贸模式在统计监测上存在巨大差距。传统外贸模式下进出口货物以大批量、集中式和标准化为主，全国执行统一的统计检测口径，各区域、各关口执行标准化的认定和检验检疫尺度。但在"跨境电商 +""保税 +"、外贸综合服务等新模式新业态下，外贸呈现内容性质复杂、规格多样化特征，暂未完全形成全国统一的统计监测口径和信息披露标准，各地区统计数据存在重叠报送、夸大报送和数据遗漏等数据错配现象，不能真实反映传统外贸和外贸新模式新业态的实际发展情况，不利于靶向政策效应最大化。此外，各地区对新模式新业态相关产业目录的制定具有明显的地域性特征，导致业务或事项认定划分不一致，不利于打造最优营商环境。

3. 内部产业重复建设和区域分工结构不合理现象突出，地区竞争与区域趋同化发展并存，亟须明确协同发展方向

截至 2021 年底，全国现有跨境电商相关企业 3.39 万家，同比增长 72.2%，2020 年初疫情以来，跨境电商企业数量累计增加 1.72 万家，超过疫情前全国跨境电商相关企业总数。跨境电商市场主体的区域分布表现出明显的东强西弱特征，以 2021 年数据来看，广东、浙江和山东三省位列前三，总数超过 1.6 万家，占据全国跨境电商的半壁江山，整个东部沿海区域跨境电商企业总数则超过 80%。而从城市分布来看，深圳、广州和海口则居于前三位，总数达到 4525 家。总体来看，中西部和东北地区跨境电商发展相对滞后。在全国大力推行跨境电商等外贸新模式新业态的过程中，中西部地区以平台集中建设、财税政策大力扶持、人才引进和经营业绩奖励等多种形式推动外贸新模式新业态加速发展，全国范围内涌现了一大批各级政府和第三方机构运管的同质化产业平台和创新园区，"千园一面"现象造成了一定程度的产业资源浪费，区域产业分工和产业特色被掩盖，同质化竞争下的新模式新业态容易造成"大而不强、强而不优"的局面。

4. 传统外贸风控网络已难以胜任新模式新业态下的风险防控和预警，迫切需要构建新的适应发展特色的创新型风控体系

从宏观视角来看，当前国内市场面临需求收缩、供给冲击、预期转弱三重压力，而全球经济尽管整体复苏，但基础并不稳固，波动性大、脆弱性高、结构性失衡等特征凸显，产能结构调整、产业转型、能源危机和全球性通胀等系统性压力提升，加之大宗商品价格攀升抬高生产成本，部分关键生产要素国际流动受阻，供应链稳定性和供应效率下滑，重要产业和关键环节生产受限，叠加货币溢出效应加剧外贸风险。疫情反复和全球性的金融市场波动冲击导致市场预期持续低迷，生产链、供应链和价值链"三链"加速重构，贸易争端、疫情、通胀、灾情等引致金融市场悲观预期，谨慎性投资产生消费端、生产端连锁反应，同时企业业绩下滑引发长期累积性风险爆雷，外贸新模式新业态发展面临系统性风险。而从具体发展细节来看，外贸新模式新业态的小规模和零散化特征在通关便利化和检验检疫难度加大的情况下，容易出现走私，携带病毒、违禁品入关，洗钱等一系列违法违规行为。同时，跨境电商参与主体多样化和交易模式多样化导致外贸订单真实性核实难度加大，因此银行等金融支付机构、检验检疫部门等相关部门的审查监管压力加大。在保税维修、市场采购、技术服务等各类外贸活动中都存在不确定性风险，给我国外贸风控预警体系建设提出了新的难题。

5. 传统外贸规则变迁受国际政治经济博弈制约，而以新模式新业态为核心的系列外贸新规则框架建设成为国际竞争新领域

当前，经济全球化遭遇逆流，外贸环境不确定性增大，世界处于动荡变革期，贸易摩擦加剧，贸易规则更趋碎片化，新旧贸易规则和不同主体之间的贸易规则主导权博弈恶化。加之全球疫情持续蔓延，地缘政治冲突造成能源、粮食等重要战略物资紧张局面，产业链供应链畅通受阻并面临重塑，区域化、本土化趋势更加明显。在新的国际局势下，核心要素战略意义持续上升，传统发展模式导致资源环境承载能力达到瓶颈，外贸传统竞争优势弱化，而外贸新模式新业态框架下产业集群、技术创新、资源整合等新优势亟待培育。大国博弈和地缘政治冲突让我们清醒地意识到，在尖端科技、关键行业、具有重要战略意义的前瞻性领域的大国博弈已趋于白热化，围绕新产业、新技术、新资源的争夺相较于传统贸易模式下的竞争更趋激烈。而基于传统政治、军事和经济优势形成的贸易规则在新的贸易模式和新的贸易形态下发展受限，推动外贸新模式新业态国际规则的调整和重构，势必会造成部分传统经济强国优势地位下滑，经济影响力和控制能力衰退，国际外贸秩序的掌控权和外贸话语权发生扭转，来自传统外贸优势主体的阻力将异常突出。

三、"十四五"外贸新模式新业态发展的重点方向

在全球经济疲软大背景下，保持外贸增速总体稳定，提高整体质量是外贸发展的根本要求，新时期要以贸易创新发展为动力，统筹贸易发展与安全，积极推动外贸新模式新业态发展，推动国内国际双循环相互促进，构建全面开放新格局。

1. 构建并完善自主可控的新模式新业态内循环产业链和供应链，以国内大循环夯实产业基础，形成规则和制度试验场，推动国内产业结构调整和经济发展转型

国内大循环是"十四五"阶段"稳外贸、促增长"的关键，也是外贸新模式新业态发展最强大的支撑性力量。当前，外贸企业出口转内销推动经济内循环，对内循环产业链

和供应链提出更高的要求。"十四五"期间，要打破内循环传统壁垒，重塑国内生产、供应和消费的大循环链条，推动内循环既有体系的升级强化。要统筹谋划、调研梳理内循环产业链和供应链发展问题，狠抓内循环薄弱环节和瓶颈节点，积极发挥产业政策的引导作用，打通堵点、连接断点、破除难点，打破外贸新模式新业态的发展束缚，构建稳定畅通的经济内循环体系，以国内经济的稳定向好应对国际时局的动荡不安，促进外贸新模式新业态的快速发展。

一是要做好传统产业向现代化产业转型升级的战略工作。在互联网、大数据等新技术新体系推动下涌现了一系列外贸新模式新业态，但我们必须清醒地认识到传统实体经济和关键性产业才是持续稳定发展的根基。因此，在培育外贸新模式新业态和增长新空间的同时，要激发创新动能，充分发挥社会主义制度能够集中力量办大事的特殊优势，宏观调控社会资源配置，加快传统产业转型，将传统产业的发展优势充分转移到现代产业体系中来，并推动在重要领域和关键性产业实现原创性、战略性、集成性和基础性的重大突破。同时，加强产业空间布局优化调整，在传统产业转型的基础上构建层次分明、结构合理、衔接有序、安全可控的现代产业体系和产业链条，形成高附加值、高技术含量和更加安全可靠的国内产业结构，形成外贸新模式新业态创新发展的强大原生动力。

二是优化外贸新模式新业态的制度环境。通过深化体制机制改革，激发市场主体创新活力，尤其是推动"卡脖子"的尖端技术和关键环节自主创新，加快现代产业体系建设，推动实体经济做大做强。进一步完善财政、金融、人才培养与引进、成果奖励及技术转化等一揽子政策体系，加快社会资本流向技术开发领域，促进市场主体开展技术创新，提升成果转化速度和效率，打破高端产业链的国际垄断和过度依赖，提升供应链安全性和国际风险应对能力，全面推动市场经济体系优化升级。提升外贸新模式新业态的供应链保障能力。打通并构建国内现代化智能供应链系统，提升管理环节和供应链设备的智能化、绿色化和数字化水平，提高供应链便捷通畅化和安全可控性，降低供应环节成本和恶性竞争损耗，建设统一市场促进城乡循环和省际循环，提升外贸新模式新业态的供应链效率和质量。

三是拓宽外贸新模式新业态的国内市场空间。深化收入分配制度改革创新，缩小区域、城乡、行业等不同群体间收入差距，扩大中等收入群体规模，拓宽居民收入来源增加可支配收入，以完善居民医疗、教育和养老保障体系，稳定房地产市场等行之有效的消费市场改革激活有效需求，让居民能消费、愿意消费，扩大国内市场需求规模。强化外贸新模式新业态的配套产业标准，推动供需两侧结构性改革，持续强化技术标准、产品质量、市场服务、消费结构、消费水平、消费理念等供需两侧的结构调整，提升要素市场化配置水平，引导优质生产要素向关键部门和核心领域流动，促进新模式新业态与既有产业基础有效衔接。

四是加大对外贸新模式新业态相关产业政策的持续支持力度。有序推动特色型和专业型跨境电商示范基地建设，完善跨境电商公共服务平台，避免内部同质化恶性竞争，在品牌建设、通关便利化、试点建设、跨境支付、税费优惠等各环节下功夫。构建外贸新模式新业态综合服务保障体系，加强适应外贸新模式新业态发展诉求的产业规则、制度框架和法律体系建设，尤其是在数字贸易、数字金融、数据安全、专利成果保护、技术标准（5G、空天技术、生物技术、化工技术、量子技术等）、金融系统改革、市场准则、监管体系等前瞻性领域上要下大力气，对新模式新业态形成强大的政策推力，积极抢占新一轮世界经济和科技角逐的制高点，提升外贸新模式新业态发展速度。推动尽快加入《数字经济伙伴关系协定》（DEPA），在贸易规则、行业标准、法律制度、监管体系等方面先行先试，掌握外贸新模式新业态的市场主导地位和话语权。

2. 进一步巩固和增强新模式新业态外循环竞争力和增长势头，融入全球经贸发展新浪潮，推动海外市场基点和网络建设，培育国际外循环发展优势与综合竞争力

毫无疑问，强调内循环的关键性作用并不是要故步自封，中国离不开世界，世界也离不开中国。尽管近年来全球贸易保护主义沉渣泛起，新冠疫情加速全球产业链、供应链和价值链重构，但区域经济合作、集团化抱团取暖趋势正在加强，国际市场始终会是检验外贸新模式新业态发展水平和综合竞争力的重要试金石。当前贸易规则谈判呈现出由"边境"向"边境内"转移的新趋势，由以关税为核心的谈判向以国内贸易投资、市场准入等规则谈判转变，外贸新模式新业态是适应国际贸易规则谈判新趋势的重要举措，也是推动科技创新、拓宽市场、利用国际资本和经营管理经验、参与贸易规则重构和表明中国立场的重要渠道。外贸新模式新业态是"十四五"阶段外贸高质量发展的重要支撑，在内循环尚未完全达到预期效果前外循环仍是外贸增长的主要动力，新时期进一步加强外循环建设势在必行，尤其是以外贸新模式新业态推动高水平外循环是一条联系中国与世界的新纽带。

一是积极融入全球经贸秩序变迁浪潮，参与外贸新模式新业态相关领域的规则制定和贸易谈判。加快推进融入 CPTPP 和 DEPA，进一步提升 RCEP 等已经达成的自贸协定合作深度和合作范围，加快正在研究和洽谈的贸易协定建设进程并推动达成预期效果，打破传统区域贸易壁垒，发挥区域贸易协定对外贸新模式新业态的带动作用，推动在更大范围更多领域中汇集全球资金、技术、知识、人才和信息，提升外贸新模式新业态的国际竞争力和持续发展的动力，拓展新模式新业态的市场空间。

二是有序推动海外仓、海外合作示范区等海外基点建设，扩大新模式新业态的海外示

范效应，以点带面扩大区域贸易影响力，带动更多的贸易伙伴融入新模式新业态外贸体系。加强海外市场渠道建设、海外生产基地和装配基地建设，规避大量外贸原产地规则限制，将生产和销售推向前沿市场，提高管理输出、技术输出、品牌输出和资本输出水平。进一步完善中欧班列网络布局，发挥中欧班列沿线站点的贸易辐射效应，充分发挥跨境电商、采购贸易等新模式新业态的灵活性，促进与沿线地区外贸新模式新业态往来，将外贸合作关系网织得更大更紧。

3. 优化货物贸易结构，打造高质量服务贸易体系，创新服务贸易形式，推动服务贸易多样化发展

无论是传统贸易形式还是新模式新业态，外贸货物结构和服务水平仍是直接影响外贸发展水平的关键因素。在全球经济整体下行、世界局势动荡的大趋势下，外贸企业面临原材料价格攀升和市场需求萎靡不振的两头挤压困境，传统外贸货物结构下"增收不增利"现象普遍存在，同时，服务贸易增势明显但总体规模有限，服务贸易增长潜力未能得到充分释放。因此，要优化货物贸易结构，提升服务贸易占比，加强跨周期调节力度并侧重中长期货物贸易和服务贸易增长目标，打造新模式新业态下货物贸易和服务贸易协同发展的外贸新局面，推动形成"双循环"新发展格局，促进外贸高质量持续健康增长。

一方面，要以外贸新模式新业态的发展特征为参考，加快货物贸易结构优化调整。根据新模式新业态下国内外市场需求的广泛性、多样性和多层次性特点，优化进出口商品结构，提升进出口产业链整体竞争力。出口层面，以"双循环"和外贸新模式新业态为契机，培养适应国际市场需求的新产业、新技术、新产品，尤其是挖掘高端制造、数字技术、低碳技术等知识和技术密集型产业的出口潜力，培育技术型、创新型和绿色型产业出口优势，发挥"互联网+"和"保税+"发展优势，带动我国外贸高质量发展，提升在全球价值链中的分工地位，提升整体外贸竞争力。进口层面，充分利用外贸新模式新业态发展优势，鼓励优质消费品和紧缺型产品进口，弥补国内市场空缺和消费及发展需求，尤其是针对高新技术、垄断性产品、服务贸易、金融业等有助于国内产业升级和技术突破的行业，要通过扩大进口吸引相关领域的国际高端人才、资本、技术、管理经验等要素和高端产业集聚，推动国内相关产业发展和"卡脖子"技术的突破，提升国内大循环质量和外循环竞争力。

另一方面，加快提升服务贸易规模和服务贸易质量，优化服务贸易进出口结构、推动服务外包转型升级、培育数字贸易发展潜力、完善服务贸易发展机制等。创新服务贸易模式和服务贸易内容结构，尤其是以"保税+"为代表的重点服务项目建设，打造一批高质量服务贸易主体，建成一批高水准服务贸易基地。具体而言，一是深化服务贸易领域的改

革开放，持续放宽服务贸易市场准入，提升跨境服务贸易便利化水平，继续巩固既有服务贸易综合服务平台，有序推动服务贸易试点规模扩张，创新服务贸易监管形式，促进服务贸易"走出去"与"引进来"相结合。二是丰富服务贸易内容形式和服务领域，拓展技术研发、金融服务、物流服务、营销服务、品牌服务等领域的系列服务形式，推动服务贸易向农业、旅游、制造、管理等更宽泛的领域延展。三是创新服务模式和发展机制，在发挥服务贸易传统优势项目的基础上，进一步探索发展区域性优势服务贸易集群，打造产业分工明确、产业链条完善的特色型服务项目，发挥国内各区域产业基础优势，促进国内服务贸易"走出去"。同时，积极探索重点领域服务贸易"引进来"，建设重点领域服务贸易引进专项，促进相关领域产业发展提速增值。四是推动服务贸易与货物贸易协同发展。大量服务贸易伴随货物贸易而存在，尤其是高新技术产品、高端制造产品等知识和技术密集型产业最为突出，要加大相关领域的服务贸易进出口，促进产业快速发展和外贸稳定增长。

4. 推动外贸发展体制机制改革，创新外贸发展服务理念，深化外贸发展综合服务体系建设，推动营商环境持续优化

营商环境归根结底是制度和规则环境，是影响产业发展、资本流向、市场认可度的关键性因素。良好的制度和规则环境将在吸引市场主体加大投入，吸引国际资本、国际人才、国际订单，巩固市场信心，激发市场创新创业活力，推动产业优化升级，降低制度性交易成本，提高服务型政府运管能力和国家整体经济竞争力等方面形成有效支撑。加强制度和规则环境建设，提升制度体系综合保障能力，是推动经济结构转型和外贸动能转换的重要因素。加快市场规则、行业标准、政府管理权责边界、法制体系等一系列制度和规则建设，增强营商环境国际竞争力，推动外贸新模式新业态加速发展。

一是深化"放管服"改革，推行"多规合一""一网通办""单一窗口""一张蓝图"等审批流程简化措施，打造口径一致、制度统一、便捷高效的外贸公共服务平台，推动外贸环境自由化，创造国际一流的外贸营商环境。二是加快推进外贸新模式新业态监管体制改革创新，继续推行"轻审批、重监管"的市场准入和监管原则，外贸事项由重事前审批向重事中事后监管转变，同时加强法律制度、监管政策、知识产权等法制体系建设，尤其是加快在数据安全、知识产权、确权交易、金融科技等外贸新模式新业态领域的法律体系创新，推动外贸法治化环境建设。三是在产业发展、财税金融、贸易投资、科技创新、人员流动、信息传输等各环节各领域加强政策体系建设，完善负面清单管理模式，有序扩大金融、增值电信、数据跨境流动、教育、医疗、文化等领域对外开放，搭建专门性、特色型开放平台和试点推动体制机制改革，以开放创新促进外贸新模式新业态发展。四是有序

推进自由贸易区、自由贸易港、服务业开放试点、跨境电商试点等国内开放平台建设，推进国内改革由点到面快速发展，新业态新模式正确改革先行先试，推动在外贸法律、金融服务、人力资源、海关监管等新模式新业态相关领域的制度集成创新和环境优化。

5. 构建适应外贸新模式新业态发展特性的风控预警网络，完善系统性外贸风险防范机制，强化立体外贸风控格局，保障外贸稳定和国家安全

外贸风险具有复杂、隐蔽、冲击力大、破坏性强等多重特征，传统外贸风控预警网络侧重于国家风险、汇率风险、合同风险、金融资本风险等方面，而外贸新模式新业态的快速发展对外贸风控体系建设提出了一系列新要求和新准则。国家间的博弈导致外贸领域的竞争进一步加剧，外贸新模式新业态领域的斗争必然具有政治、经济和军事等多重目的，外贸风险也必然剧烈化和恶性化。建立网络化、数字化、智能化、立体化的外贸新模式新业态风控预警系统是对传统外贸风控体系的有效补充，更是外贸新模式新业态下国家政治经济安全和外贸系统性安全的一道"护城河"。

制定系统性的外贸风险预警和防范措施，统筹新模式新业态风险防控网络体系，坚决维护我国外贸和整体经济安全，尤其是在新模式新业态下针对"卡脖子"技术、战略物资、相关的外贸安全尤为重要。要构建外贸产业风险网格化管控措施体系，形成全球监测、全国统筹、责任到岗、联动应急的外贸风险管理体系。系统性构建贸易、金融、法律、新闻、外交等外贸风险防控网络，各关键领域组建专业化的外贸风险防控队伍，开展常态化、针对性的外贸应急风险攻防演练，保障国家外贸和整体经济的可持续性和健康发展。加强国际政治经济舆论等潜在的外贸风险防控，高度警惕"黑天鹅"事件，积极防范"灰犀牛"事件，着力防范化解重大外贸舆论风险，营造经济健康发展的良好环境。

6. 积极参与外贸新模式新业态国际经贸规则调整，坚持产业规则和国际规则建设协同发展，提升外贸新秩序框架中的主导地位和话语权

全球经贸格局深度调整，发达国家经济增长乏力，新兴经济体加速发展，国际经贸争端加剧，新旧格局的转换困难重重，但变革注定是大势所趋。积极参与并推动国际经贸规则与时俱进创新发展，寻求在合作中求发展，在发展中谋共赢，推动国际经贸规则朝着更加公平、更加合理的方向发展，尤其是要在外贸新模式新业态规则的变革中长远谋划、总体布局，关注新趋势、新动向、新机遇，提升在外贸新模式新业态发展浪潮中的竞争力。

当前围绕知识产权、环境保护、劳工保障、数字贸易等内容展开的新模式新业态国际经贸规则重构加速，积极开展新议题研究和谈判工作，促进外贸新模式新业态发展政策与国际经贸规则融合，是推动外贸新模式新业态创新发展的重要议题。一方面，开展外贸新模式新业态制度创新、政策制定、规则建设、体系建设等相关系统性研究，围绕外贸新模

式新业态发展系列问题开展前瞻性和专门性研究，针对主要经济体在外贸新模式新业态领域的动态开展追踪，形成对外应对策略和对内政策调整的有益参考。另一方面，在 RCEP、CPTPP、中欧投资协定、DEPA 等超大型区域贸易协定和多双边投资协定建设及谈判过程中积极开展新模式新业态的规则建设，主动输出关于新模式新业态产业规则的"中国方案"，并可将外贸新模式新业态发展方案在"一带一路"沿线率先试验，为探索构建更大规模、更大范围和更宽领域的新模式新业态合作方案奠定基础。此外，发挥在跨境电商、采购贸易等领域的产业基础优势，带动更多国家更大范围融入以中国为主导的产业网络，发挥产业辐射效应，提升外贸市场影响力。

5.4　我国外贸新业态新模式的可持续发展

当前，外贸新业态、新模式成为各国争相抢占的新赛道和新高地，为增强我国对外贸易综合竞争力及可持续发展态势，应从顶层设计出发进行战略规划和整体部署，充分释放外贸新业态、新模式蕴含的巨大潜能，推动我国贸易强国建设取得重大进展。

一、外贸新业态新模式发展现状

外贸新业态、新模式是在新一轮科技革命和产业变革背景下国际贸易发展的新机遇和新趋势。近年来，外贸新业态、新模式逐渐成为推动我国外贸高质量发展的重要动能，尤其是面对新冠肺炎疫情影响冲击下的复杂外部环境，外贸新业态、新模式发展速度高于同期外贸增长速度，对外贸增长的拉动效果明显。

我国要围绕跨境电商、海外仓、市场采购贸易、外贸综合服务企业、保税维修和离岸贸易六种外贸新业态、新模式，推动对外贸易高质量发展。

1. 跨境电商发挥带动与引领作用

跨境电商是基于网络通信技术，适应电子商务模式要求发展而来的，与传统贸易方式相比，跨境电商的流通环节较短，供应链效率更高，具有较强的带动与引领作用。

我国跨境电商发展经历了从代购、海淘、企业规模化参与到产业链和生产链构建不断完善的过程。2014 年，海关总署先后发布第 56 号、57 号公告，开始从政策层面承认跨境电商模式，对业内通行的保税模式给予认可，并明确跨境电商的监管框架。自 2015 年起，我国分五批设立了 105 个跨境电商综合试验区，覆盖 30 个省区市，在区划范围内试行更高水平的税收及资助政策，对全流程技术标准和业务流程进行探索，推动跨境电商发展进入快车道。从规模来看，2021 年我国跨境电商进出口额达到 1.98 万亿元人民币，同比增长 15% 。其中，出口额为 1.44 万亿元，增长 24.5% 。自 2015 年以来，我国跨境电商进出口总额呈现出逐年快速增长的态势，按可比口径计算，六年内增长了近十倍。

此外，依托跨境电商综合试验区，我国形成"六体系两平台"等可供复制推广的切实有效的经验做法，涵盖跨境电商服务和监管的各个方面。目前，我国已出台近百项相关发展支持政策，国家、行业、地方、团体和企业等层面的标准 40 余项，基本建立跨境电商政策及标准体系。从地理分布来看，根据商务部统计，在跨境电商发展区域格局中，东部地区在规模上占据优势，中西部地区的增长势头更加强劲。从省区市情况来看，2020 年跨境电商进出口额排名前五位的省份为广东、浙江、河南、福建和湖南，其中广东省遥遥领先。从跨境电商综合试验区来看，广州、东莞、郑州、宁波和深圳名列前茅。从增速来看，2020 年跨境电商进出口增速排名前五位的省份为青海、贵州、江西、甘肃及新疆，其中除江西外皆位于西部地区。按跨境电商综合试验区来分，2020 年增速排名前五的试验区为嘉兴、温州、泸州、德宏和连云港，图 5 - 9 展示了 2015—2021 年我国跨境电商进出口总额及同比增长率。

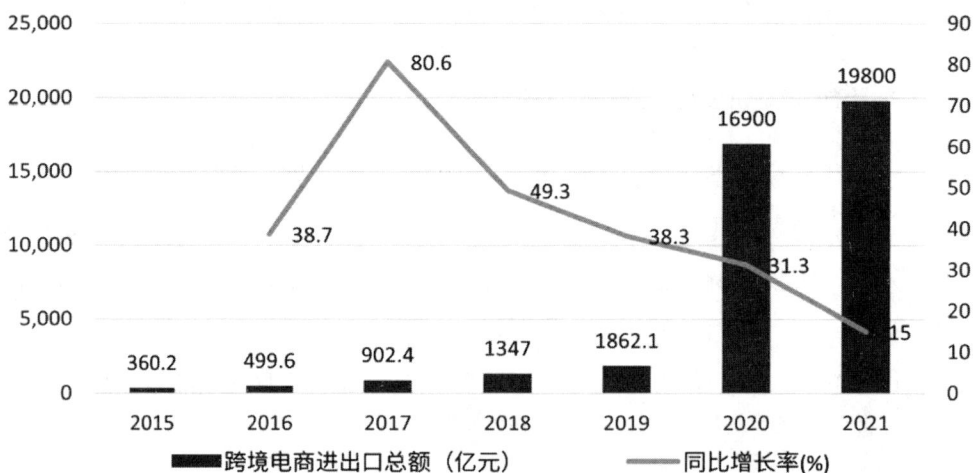

图 5 - 9　2015—2021 年我国跨境电商进出口总额及同比增长率

数据来源：海关总署

2. 海外仓成为新型外贸基础设施

海外仓是跨境电商重要的境外节点，具有提高货物出入境效率，缩短配送时间，提升周转速度，缩短服务周期，大幅降低成本等优势和特点。作为新型外贸基础设施，海外仓对跨境电商发展和国际市场拓展起到重要支撑作用。截至 2021 年 12 月，我国海外仓数量已超过 2000 个，总面积超过 1600 万 m²。其中，在北美洲、欧洲、亚洲等地区的海外仓总数量占比接近 90%。2020 年，海外仓数量呈现出增长态势，从 2019 年底的 1000 余个增长到 2020 年底的 1800 多个，同比增长率约为 80%。目前，海外仓建设尚处于快速发展阶段，相关法规及标准建设多处于地方层面。例如，广东省《跨境电子商务海外仓服务管理规范》，各省市公共海外仓认定管理办法等。在全国层面，《跨境电子商务海外仓运营管理要求》国家标准于 2021 年 12 月启动，填补了国家标准的空白，能够对规范行业运营管理、进一步推广海外仓发展经验做法起到积极促进作用。

3. 市场采购贸易以内贸做外贸

市场采购贸易方式是起源于中国本土的贸易模式创新，是指在特定的市场集聚区内采购，相关出口商品通关手续在采购地办理的贸易方式，它支持企业用内贸的方式做外贸。2013 年 4 月，市场采购贸易方式首次在浙江省义乌市实行，并逐步获得推广，图 5 - 10 展示了 2016—2020 年浙江省义乌市市场采购贸易出口额及同比增长率。

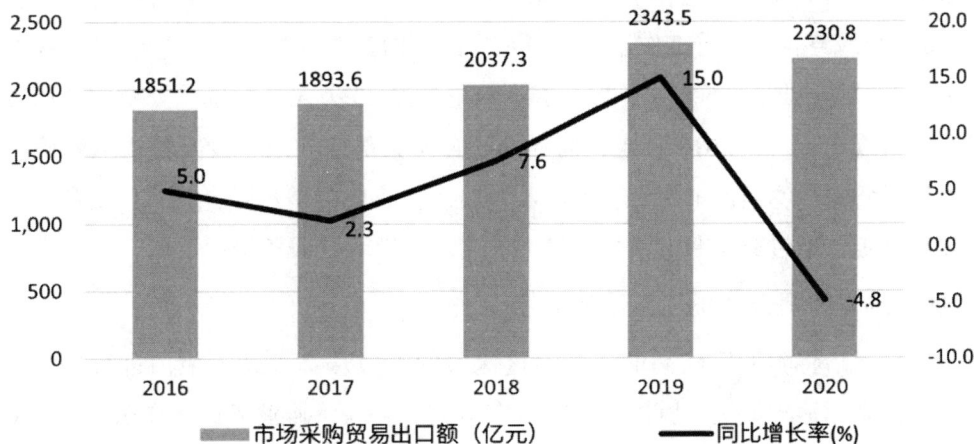

图 5 - 10　2016—2020 年浙江省义乌市市场采购贸易出口额及同比增长率

数据来源：义乌市人民政府官网

市场采购贸易方式突破了旅游购物贸易方式最高 5 万美元的资金上限，以及退税结汇限制，将单票报关单货值放宽至 15 万美元，同时兼顾了便利化和规范化问题，能有效降低外贸门槛，激发市场活力。目前，我国已在实践中探索出一套协调性强、创新度高的完整的市场采购贸易运营管理体系，内容涉及组货、检测检疫、海关、税务、外汇核算等全链条流程，为在更大范围内推广试点奠定了良好的政策基础。我国先后于 2015 年、2016 年、2018 年及 2020 年增设四批市场采购贸易方式试点，总数达到 31 家，覆盖 15 个省区市。2021 年，全国市场采购出口约 9303.9 亿元，同比增长 32.1%，占同期出口总值的 4.3%，拉动出口增长 1.3 个百分点。市场采购贸易规模在 6 年增长了 5 倍，成为拉动外贸增长的重要动力。截至 2021 年 7 月，市场采购贸易主体备案数量已超过 15 万家。浙江省和广东省是市场采购贸易方式试点的主要阵地，2020 年两省的市场采购出口额占全国出口额的比重达 84%。以最早开始试点的义乌市为例，近五年来义乌市场采购贸易方式发展稳中有进，虽然受新冠肺炎疫情的影响，2020 年出口额有所下降，但仍保持较为可观的规模。市场采购贸易方式对义乌市经济发展起到较大推动与促进作用，历年出口额占全市出口总额的比重均超过 80%。同时，义乌市市场采购贸易运营企业备案数量亦逐年增多，已从 2016 年的 5.7 万余家增长至 2020 年的近 7 万家。

4. 外贸综合服务企业成为"稳外贸"的有生力量

外贸综合服务企业是基于信息技术和标准化的服务平台，可以将进出口业务中的融资、通关、物流、保险及退税等各环节进行整合，以代理身份与外贸企业形成对接，从而发挥规模化优势，降低中小微企业成本，提升业务流程办理效率。因此，外贸综合服务企业是"稳外贸"的重要有生力量。根据国务院印发的《关于促进外贸回稳向好的若干意见》，外贸综合服务企业试点工作于 2016 年 5 月正式启动。截至 2021 年 7 月，我国外贸综合服务企业数量已超过 1500 家，服务客户数量超过 20 万家。目前，外贸综合服务企业的政策环境持续优化。自 2016 年起，商务部联合相关部门相继印发文件，从明确主体责任、代办退税管理、明确认证标准、创新监管模式、信息共享和联合监管、便利外汇收支等方面作出规定，通过充分激发活力和潜力，支持外贸综合服务企业发展。

5. 保税维修为提升外贸质量注入动能

保税维修是指将附加值较高的产品通过保税的方式从境外运入境内进行检测、维修后，复运返回来源地的新型外贸模式。2014 年 6 月，保税维修业务试点在东莞、北京、深圳、苏州等地率先开展，随后在各自贸试验区和保税区中快速发展。2015 年 12 月，海关总署发布第 59 号公告，规定企业可以在海关特殊监管区域内开展保税维修业务，并在 2018 年第 203 号公告中，将保税维修的范围扩展到特殊监管区域外，放宽业务许可要求。此外，国务院于 2021 年 9 月印发通知，从业务范围、责任主体等多方面提高便利化水平。发展保税维修业务能够帮助企业提升产品竞争力，延伸产业链长度，充分参与国际分工，提高市场占有率。同时，对经济发展来说，保税维修能够促进货物服务出口，吸引优质外资，推动形成产业集聚效应。自试点开展以来，保税维修业务范围不断扩大，已涵盖航天、船舶、轨道交通、工程机械、数控机床、通信设备、精密电子等 55 类产品，为我国提升外贸质量注入强劲动能。

6. 离岸贸易提升贸易竞争力

离岸贸易是由转口贸易业务演变而来的新型贸易模式，具有订单、货物和资金"三流分离"的特征。借助离岸贸易，市场主体可以在便利化政策环境及低税收负担下，以第三方身份参与买卖交易过程，能在降低交易成本的同时提升贸易竞争力。在离岸贸易模式中，资金结算在境内进行，通过资金和信息的流动，促进人才、数据等要素的汇集，助力我国提高在全球价值链中的地位。同时，离岸贸易的发展能够推动与国际贸易相关的服务业的发展，如融资、结算、物流、仓储、检验等，提升服务业核心竞争力，促进其转型升级，提高国际化水平。海南自贸港和上海自贸试验区等是我国发展离岸贸易的核心区域，自试点开展以来，离岸贸易相关支持保障政策不断涌现，业务规模持续扩大。2021 年上半年，海南新型离岸贸易业务收支规模达到 37 亿美元，同比增长 17 倍。上海亦印发规划提出，在"十四五"期间，其离岸贸易额要从 2020 年的 3055 亿元增加到 2025 年的 5000亿元。

二、外贸新业态新模式存在的问题

在持续性探索与创新推动下，我国外贸新业态、新模式取得较快发展，为"稳外贸"发挥了积极促进作用。但在外贸新业态、新模式形成与发展过程中，一些新问题和新挑战亦不断涌现。

1. 跨境电商：产品同质化严重，配套服务体系及支持政策不健全

跨境电商的快速发展吸引大量商家涌入，产品同质化现象严重，甚至出现恶性价格竞争。企业品牌意识较为薄弱，品牌竞争力不强，知识产权意识有待提升。网络信息安全体系有待完善，部分地区电商平台信息泄露、网络金融诈骗风险较高。电子商务法律制度及支持政策不健全，售后服务问题、网络购物纠纷、消费者权益保护等问题的解决效率低下。对电商平台的监管仍需加强，当出现质量问题或涉及跨境逃税等状况时，在对电商平台进行处罚的同时，对涉事企业的监管及处罚存在滞后问题。人民币支付和结算体系建设亟须加强，当前企业在使用 PayPal 等支付交易工具时处于弱势地位，存在因侵权、定价等原因冻结或关闭电商企业账号的案例。物流及供应链问题较为突出，跨境运输运力不足引起货物积压及运输缓慢，境外终端配送及商品交割成本较高，而且速度较慢。跨境电商征信体系建设不足，消费者在购买高附加值产品时，对时效性及退换货问题产生担忧，制约跨境电商出口。

2. 海外仓：运营能力有待提升，布局和规划不合理

海外仓建设对企业有较高资金要求，包含仓库建设、设备购置、信息系统研发等前期投入，以及头程成本、仓储费用、本地运营成本等后期费用，当缺乏充足的客户和货物来

源时，企业会面临较大成本压力。海外仓信息化程度有待提升，

缺乏仓储管理信息系统与运营专业人才，与物流信息系统和跨境电商平台的对接不完善，现阶段多依靠劳动密集型作业方式提供仓储物流服务，可能导致处理速度慢、数据或信息错误等问题。部分区域海外仓建设缺乏合理的布局和规划，存在同质化现象，造成资源浪费与恶意竞争。缺乏具体、完善的法律监管机制，易引发企业偷税漏税等行为。大部分海外仓只保证实现基础服务项目，增值服务项目范围有待扩大，海外仓核心竞争力和本土化程度亟须加强。

3. 市场采购贸易方式：发展水平不高，规范性不足

现阶段，市场采购贸易方式顶层政策设计与基层探索实践匹配程度不足，未对企业或商户所得税征缴方式进行明确，致使市场主体对税收政策风险产生担忧，导致经营行为短期化。部分获批试点市场特色与后续出口商品品类不对应，各地试点呈现共性大于特色的情况。市场参与度较低，试点数量不足，而且覆盖范围较窄，目前尚有 15 个省份未开展试点，7 个省份均只有一个试点。试点规范有待统一，各试点地方在信息平台功能、商品认定体系和商品价格信息库等方面不尽相同，可能造成资源浪费及效率损失。受过去外贸实践中多种收汇结算方式影响，市场采购收汇率较低，收结汇管理体系有待完善。市场采购贸易方式缺乏原始法定凭证，主要通过报关行和物流公司代理申报，易造成错报、多报、漏报等情况，影响贸易数据的真实性。

4. 外贸综合服务企业：服务能力有待升级，政策环境需要优化完善

外贸综合服务企业目前所提供的服务多集中于通关、结汇、退税等进出口基础环节上，与外贸企业日渐丰富的多元化需求相比，在进出口全流程各环节及延伸配套服务上，存在一定升级空间。部分综合服务企业数字化、信息化利用不充分，企业组织管理结构与业务规模匹配度较低，对票据、物流、资金等信息管理，以及风险管控规范程度不足。与企业发展速度相比，外贸综合服务企业相关监管及配套政策出台速度较慢，政策落地和执行效果有待完善。监管模式创新包容程度需进一步强化，政策环境亟须优化。代办退税模式中，税务风险问题较为突出，企业内部风险管理有待规范和强化，风险控制责任主体不明晰。

5. 保税维修业务：范围有待扩大，监管模式创新程度较低

部分行业存在较高技术门槛，开展维修业务所需专业设备、工具和人才较为紧缺，为相关产品保税维修模式发展带来限制。保税维修产品种类有限，在现有制度下，只有维修产品目录中的产品类别可以通过保税维修模式进行检测维修，属于国家禁止进口产品的医疗器械及车辆电子元件等旧机电则无法入境，业务范围受到限制。维修过程所用物料数量

具有一定不确定性，多批次申报领取物料会使通关手续更加繁杂，增加企业成本。通关维修坏损零部件及维修过程中产生的边角料，在复运出境过程中易受目的地国家或地区环保政策影响；如果无法复运，需要委托处置时，具有相关资质的单位数量及处理承载能力不足。部分地区审批手续及通关流程有待简化，通关效率及便利程度存在优化空间。协同监管机制建设亟须强化，海关、环保、商务、质检等监管部门的协作及信息共享程度不足。

6. 离岸贸易：发展基础条件不足，法律法规不完善

我国现有离岸贸易收支与所在自贸港或自贸试验区贸易规模相比，占比较小，未充分发挥对经济发展的带动提升作用。离岸贸易发展所需相关基础设施和公共服务不完备，配套支持政策不完善，对优质外来市场主体及人才、信息等高端要素资源汇聚能力不够，发展所需基础条件与必要条件较差。金融开放水平及创新程度较低，离岸支付、结算等相关必要金融服务供给不足。目前，离岸税收政策优惠力度不大，缺乏足够的吸引力和竞争力，离岸业务税收法规政策与国际法规标准接轨程度不够。缺乏国家层面的自由贸易试验区、离岸贸易法律法规，离岸金融相关法律相对落后，无法从法律层面给予离岸贸易切实保障。离岸金融市场资金流动、利率与汇率及信用风险较高，对风险监测管控能力不足。

三、推动外贸新业态新模式可持续发展的对策建议

外贸新业态、新模式是我国实现外贸高质量发展的重要途径，加快发展外贸新业态、新模式有利于构建国内国际双循环新发展格局。为保证高质量的可持续发展，应当完善跨境电商发展支持政策，推动海外仓发展，积极发展市场采购贸易方式，加强外贸综合服务企业服务与风险控制能力，促进保税维修企业监管创新，多方面培育发展新型离岸贸易，以贸易创新发展为动力，加快培育我国参与国际经济合作和竞争的新优势，推动实现我国从贸易大国向贸易强国转变。

1. 完善跨境电商发展支持政策

优化跨境电商零售进口商品清单，加速制定跨境电商知识产权保护指南。建立健全跨境电商信用评价管理体系，促进进出口退换货便利化。合理有序扩大跨境电商综合试验区试点范围，积极开展考核评估工作，建立退出机制。依托各地区位优势，建立跨境电商风险防范机制，加强与国际先进经贸规则和标准的对接，提升企业风险防范水平，及时采取合理措施保护自身合法权益。促进企业加快自身合规建设，推动加强产业链上下游主体交流协作。推动相关机构平台为跨境电商企业提供便利化金融服务及结算服务，研发更加安全、可靠、便捷的跨境支付产品。找准品牌特色，增强自身核心竞争力，积极开拓新型商

业模式,着力打造跨境电商产业链和生态链。加快拓展海外销售渠道,实现多元化出口,避免经营受限。引导卖家通过独立建站等方式掌握业务主动权,避免跨境电商业务过度依赖海外第三方平台。

2. 积极推动海外仓高质量建设

促进金融服务创新力度,为海外仓企业提供充足资金支持,吸引更多优质社会资本参与,综合运用结构化融资、BOT 等模式加快推进海外仓建设。提高海外仓企业信息化、智能化水平,借助大数据打造智慧物流系统,从总体上控制经营成本,提升服务效率和水平。利用数字技术精准掌握目的地市场数据信息,对消费者喜好、购物习惯、市场需求等进行分析与预测,提升本地化运营水平。整合已有平台资源,对海外仓建设选址和布局给予指导规划,避免重复建设与恶性竞争。建立完善的海外仓服务网络,以海外仓平台带动各地优势产业出口,提升当地市场占有率。进一步优化升级海外仓服务水平,不断拓展服务范围与内容,除仓储及配送等基本服务外,逐步增加在退换货过程中的售前售后增值服务。探索海关特殊监管区域前置海湾城管理,推动前置仓与海外仓联动发展。进一步优化海外仓出口退税管理,完善外汇结算体系,加强海外仓市场准入、市场监管制度建设。

3. 激发市场采购贸易活力

适度放宽市场采购贸易方式适用范围,突破对现有市场聚集区的试点,发展线上虚拟市场,形成更具普遍性的贸易方式。借鉴跨境电商改革试点的成功做法,通过报关单、提运单、海外仓入库单、海外仓出库单"四单对碰"原则解决贸易真实性问题,通过"分送集报"原则解决进口零售碎片化问题。加大政策倾斜力度,为商户提供更多补贴和融资授信,持续加快退税进度,深化所得税改革,理顺商户收益和税赋间的平衡关系。鼓励商户通过市场采购贸易联网信息平台交易,从源头输入订单信息,通过联网信息平台向海关、检疫、税务等部门如实申报或备案,逐步提高贸易数据精准性与真实性。强化事前风险预警、事中重点检查与事后追溯负责制度,强化综合监管力度,减少监管漏洞,提升出口产品品质。

4. 加强外贸综合服务企业的服务与风险控制能力

外贸综合服务企业要根据需求提升服务能力,在已有基础服务范围基础上,尝试通过整合、合作等途径适度扩大服务范围,向信用信保、验货认证、金融服务等领域拓展。企业应识别并匹配自身业务规模及需求,及时优化企业内部组织管理结构,建立完善有效的综合服务企业内部出口退税风险控制体系。强化代办出口退税过程中主体身份判断及单证数据合规管理,加强信息化系统建设,利用信息技术手段准确、详尽记录代办退税货物资金、票据及物流等信息，证明出口代理业务真实性。建设资金流管理系统，实现与服务企业间收汇与退税的准确对接。监管部门要持续优化外贸综合服务企业适配政策环境，推动实现更加宽松包容的改革与创新。不断坚持并强化海关"双罚"机制，强化服务对象企业主体责任承担力度，在非必要、无故意、无重大过失的条件下，适度减轻外贸服务企业责任应承担份额。不断优化、细化综合服务企业评级标准，加强企业信用管理建设。

5. 推动保税维修企业监管创新

持续加强对保税维修的海关税收监管，严格对照维修产品目录及相关管理规定，确保合法合规开展保税维修业务。适度降低保税维修企业注册门槛，积极培育高技术专业化人才，发展壮大保税维修经营主体。按照高技术含量、高附加值等原则，合理有序扩大保税维修产品目录范围，不断完善现有适用范围正面清单管理，在未来探索建立"正面清单＋负面清单"制度。依照行业特点与企业自身情况，积极探索创新监管方式，在允许范围内给予企业更加便利的政策支持，为企业量身定制个性化监管制度，避免"一刀切"式管理。在确保监管有效的基础上，进一步简化货物核验审批流程与进出口通关时间，减免保证金等相关费用，减轻保税维修企业资金压力。强化企业保税维修电子底账及维修用料电子底账管理，加强企业与海关平台数据对接建设，提升企业申报核销保税货物和维修物料效率。推动建设并完善多部门全流程协同监管平台，促进信息共享，提升监管效率，推动保税维修模式蓬勃发展。

6. 多方面培育发展新型离岸贸易

推动金融机构优化金融服务，为离岸贸易市场主体提供资金及跨境结算便利。持续加大金融开放力度，提升跨境人民币收支业务便利化程度，推动数字人民币在离岸贸易中的应用。制定更加优惠而且具有竞争力的税收政策，进一步降低企业税收负担，推动税收政策不断与国际接轨。吸引更多优质外资企业入驻自贸港及自贸试验区，发挥总部经济辐射带动作用及产业聚集效应。完善相关基础设施建设，提升配套公共服务水平，为离岸贸易发展创造基础条件。强化顶层规划设计与地方协调发展，促进人才、资金、信息等要素聚集，推动建设形成对国际贸易价格和规则发展具有较大影响力的国际贸易中心。利用大数据、云计算等先进技术手段强化监督管理，建立离岸贸易信息服务平台与风险管控平台，促进离岸贸易健康发展。

5.5 中国应对国际贸易新形势的战略思路

一、引导企业有序转移和升级

在产业升级持续推进、国内经济结构发生调整的时候,跨国和跨区域的产业再布局都是由经济规律所推动的自然趋势,历史上不乏这样的先例。比如20世纪80年代初期,韩国取代日本成为东亚地区最大的纺织品出口国,而这一地位很快就被中国所取代。90年代以来,中国的纺织品出口占全球市场的份额一路攀升,成为全球最大的纺织品出口国。金融危机之后,中国的劳动力价格优势逐渐减弱,最近5年以来,中国纺织品的市场占有率正逐步下降,而成本更加低廉的越南、孟加拉国等国虽然当前市场占有率仍远不及中国,但正以90年代中国的上升速度,快速地占领国际纺织品市场(图5-11)。

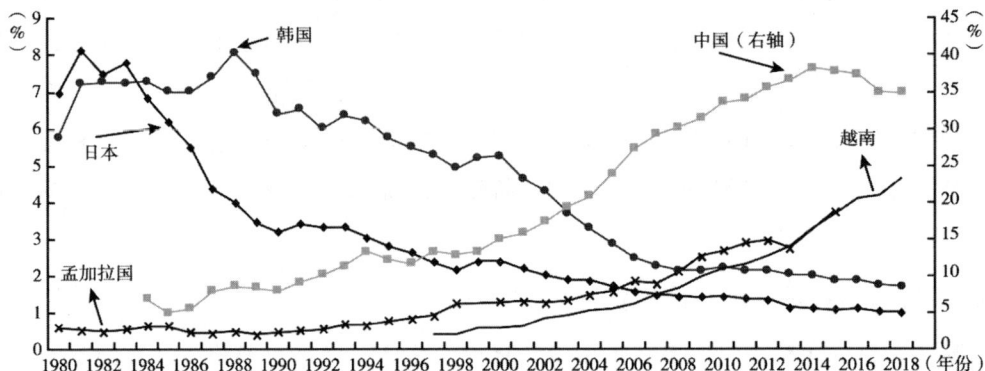

图5-11 部分经济体纺织品出口的全球市场份额

数据来源:世界银行WITS数据库

注:纺织品定义为SITC Rev1分类下编号26、65与84的产品。

在内外部因素的双重作用下,中国的一部分产业和生产环节向其他国家和地区转移是自然的跨国产业调整,应为此做好充分的准备和应对。中国需要对自身在全球产业发展中的优势和劣势有清醒、冷静的认识。相比其他新兴经济体,中国的优势主要体现在稳定的宏观经济、雄厚的产业配套能力、优良的营商环境、较高的劳动力素质、广阔的市场空间、良好的基础设施、较强的创新体系以及"大国经济"带来的国内不同地区之间的产业配合。而中国的劣势主要是要素成本(主要是劳动力成本和土地成本)走高以及面临西方国家以"贸易战"为代表的经济封堵。中国需要扬长避短,引导企业有序转移和升级。

1. 充分发挥"大国优势"，推动产业在国内梯度转移

中西部地区充分利用资源优势、区位优势和成本优势，更好地承接东部地区产业转移，而东部地区要实现产业"腾笼换鸟"，实现产业升级。近年来，中国推出《产业转移指导目录》（2018 年版）等文件推动产业梯度转移，相关政策向中西部倾斜。截至 2020 年末，中国已经设立了 7 个国家级承接产业转移示范区，包括辽西北、安徽皖江城市带、重庆沿江、湖南湘南、湖北荆州、黄河金三角等，致力于打造中西部开放合作门户、产业发展高地和经济发展新增长极。当然，国内产业转移存在"出"与"入"两难的问题，一是产业转出地没有足够激励来推动产业转移，企业转移成本高；二是产业转入地没有足够能力来服务转入企业、相关企业存在"水土不服"的现象。其核心原因是缺乏产业转出地和转入地的创新合作机制和利益分配机制，转移带来的好处没有充分释放、合理分配。应着力完善跨地区产业转移实施办法。一是建立健全产能指标、能耗指标的分配和交易机制。在行政分配方面，尽量不压减产业转出地的已分配指标，酌情增加产业转入地的指标；在市场机制方面，允许产业转入地和转出地沟通、谈判、交易相关指标。二是推动产业转出地和转入地合作建设产业园区乃至"飞地"园区，创新税收分配机制。多省市已经出台"飞地"项目的主体税收分享政策，例如山东省于 2015 年出台规定允许本地园区承接省外国家重点发展区域的重大产业转移项目，本着兼顾双方利益的原则，实行"飞地"项目主体税收分享制度。未来应进一步推动地方政府以市场化机制，采取"共商、共建、共有"的原则，高标准建设产业转移示范园区，鼓励地方政府之间的股权合作，完善税务部门的统计系统和征缴体系，让产业转出地和转入地互利共赢。三是中西部地区应增强合作，有序竞争，推动从吸引企业到建设集群的升级。目前，部分中西部省份在承接东部发达地区产业转移方面存在过度竞争、重复建设等问题，从竞争的角度，这固然有利于倒逼各地改善营商环境，但也造成较大浪费。应避免各地各自为战，要充分发挥市场的作用，鼓励邻近地区联合承接产业集群，建设利益分享机制，形成产业发展合力。

2. 尊重市场规律，引导企业有序跨境布局，进一步促进中国制造业的转型升级

伴随经济发展而出现产业链跨国再布局符合客观规律与历史经验，不宜戴有色眼镜看待。在不影响国家经济安全的前提下，应鼓励本国企业按照市场规律参与这一进程，更广泛地利用国内国际两个市场、两种资源，实现更高质量的"走出去"。RCEP 等贸易协定的签署，为中国企业"走出去"提供了新的契机。在此过程中，要进一步协调政府与市场的关系，旨在为企业解决实际问题，杜绝"新官不理旧账"、干预企业微观经营决策等现象，这是改革开放 40 年来的重要经验。政府主要发挥协调、组织作用，引导企业扎实稳步实现突破，同时加强政府间合作，保护企业海外利益，打击跨境经济犯罪。

当然，引导产业转移并非"一放了之"，要切实保障产业链供应链安全，推动国内产业链不断升级。2021年的中央经济工作会议将强化国家战略科技力量、增强产业链供应链自主可控能力作为2021年重点任务，应进一步推动相关政策落地。一是充分调动人的活力，改善科研环境，激发企业和科研院所的创新活力，充分调动科技人员、工程人员等技术人才的积极性；二是致力形成区域的合力，打造以中国为中心的区域产业链，提升中国在跨国产业链中的领导力。

3. 持续增强对外资的吸引力，致力于集聚全球高端要素

加大力度对接国际高标准经贸规则，改善国际化营商环境，大力招商引资。要落实《外商投资法》，缩减外商投资负面清单，丰富外商投资鼓励目录。完善外商投资安全审查机制、维护国家安全时重视运用国际通行规则。要加大力度引导外资布局制造业高端环节，尤其是高技术制造业以及生产性服务业。2020年12月正式发布的《鼓励外商投资产业目录》（2020年版）进一步鼓励外资参与制造业高质量发展，同时鼓励外资投向生产性服务业，未来应进一步拓展鼓励目录、创新相关政策，让更多外商投资可以享受更优惠的政策。中国对外资最大的吸引力是广阔的市场和雄厚的产业配套能力。在国内市场方面，要进一步向外资开放市场，在法治环境、市场监管、政府采购等方面实现国企、民企、外企一致化，明确把在华外企作为国内大循环不可或缺的一部分。在配套能力方面，应加大对中小企业的支持力度，提高产业链的稳健性，同时合理管控竞争，避免低端重复建设，推动相关企业在若干关键环节着力攻坚克难，巩固提升龙头企业和配套企业协同创新的产业链体系。同时，应大力吸引国际化人才，进一步健全外国商务人士临时入境、短期居留的相关制度，优化海外高层次人才引进机制，完善外籍人士从业资格审查和互认体系，支持沿边地区开展跨境劳务合作试点工作。

二、坚持双赢理念，务实加强与主要国家的经贸合作

当前，中国正处在转变发展方式、新旧动能转换的攻关期，面临复杂的国际环境，在做大做强"国内大循环"的同时，仍应高度重视国外市场，坚定不移地维护全球化，务实加强与主要国家的经贸合作。以中美关系为例，我们应保持战略定力，积极与拜登政府沟通，致力于扩大两国经贸投资的合作。中美加强经济领域的合作对两国而言是双赢选择。对美国而言，中美之间的贸易摩擦根植于双方贸易结构的深度不平衡，以及美国就业机会两极化和收入分配差距不断加剧的社会经济现实。因此，减少中美贸易的结构性失衡有助于增加美国的就业机会，这符合美国的利益。对中国而言，增加两国经贸合作，适度地扩大对美进口既能切实地降低中美贸易差额，又符合中国发展的长远利益。以汽车和石油两

个行业为例，可以从以下角度入手，力求制定合理、务实、双赢的政策。

1. 优秀车企的引进来和走出去

中美两国在一些关键领域提高开放度不仅将缩减两国的贸易逆差，还将提振投资，并通过乘数效应促进中美两国的经济增长，汽车行业则是两国具有较大合作空间的关键行业。汽车行业涵盖很长的产业链，它不仅包括上游玻璃、钢材、橡胶等原材料，也包含了中游汽车生产制造和下游的消费服务业。当前，美国的汽车年产量为1000多万辆，中国的汽车年销量接近3000万辆，美国现有产能远不能提供日益扩大的对华汽车出口，中美两国可展开更为广泛的合作，以实现互惠互利。

中国可学习日本20世纪80年代的经验，在发展民族产业的同时合理地避开贸易争端。在1985年广场协议签订后日元巨幅升值、日产车价格优势被削弱的背景下，本田、尼桑、丰田等车企纷纷在美国设立车厂。在美设厂可以使日本车企不受日美贸易约束条款限制，也巧妙地避开了由日元升值所带来的出口成本增加和价格优势的丧失；此外，在美国设厂使这些企业与美国消费者联系更加紧密，有助于在美国打造更加完备的销售网络，从而降低运输和销售成本；从日美经贸关系的修复情况来看，扩大在美生产力有助于带动美国当地就业，从而缓和经贸摩擦。事实上，20世纪80年代以来，日本汽车行业几乎没有受到日元升值、日美贸易摩擦的影响，在美国1990年的新车销售中，日本在美工厂所生产的汽车高达134万辆，占比约为14.4%，日本的美国工厂与日本进口车共计贡献了306万辆，相比1985年提高了25.6%。在美国扩大汽车行业投资在帮助日本车企提升在美竞争力的同时也对美国汽车行业的就业有一定的促进作用，很多底特律地区汽车行业的失业员工在日本车企得到了再就业机会。日本车企进入美国以后，虽然美国三大汽车制造商的年产量逐年下滑，由1985年的790万辆逐年下降到1990年的550万辆，但美国汽车行业的就业人数一直稳定在85万人左右。

日本汽车行业20世纪应对贸易摩擦时的做法值得中国借鉴。中国最近数十年内汽车销量以年均超过10%的速度增长，成为全球最大的汽车消费市场，2017年人均汽车拥有量为每千人157辆，达到日本20世纪70年代末80年代初的水平。中国的整车制造和汽车零部件行业也经历了从无到有、从技术引进到自主研发的逐渐发展壮大的过程。在当前发展阶段，引入国外竞争，激励国内车企加强自主研发和打造核心竞争力很有必要。

具体来说，一是可以参考日本经验，鼓励中国车企"走出去"，与美国汽车巨头进行战略合作。帮助美国在本土扩大产能和构建中国的营销网络，从而满足汽车市场更加开放后日益增加的进口需求。中国企业与美国车企合作一方面可以帮助美国车企扩大产能、加大出口和开拓中国市场，对于美国而言是创造了新的就业，另一方面，在此过程中，中国也能学习到先进的技术和企业管理经验，并分享美国车企进一步打开中国市场的红利。

二是可以鼓励优秀的汽车零部件企业"走出去"，深度融入全球汽车产业链。与日本、美国、德国等汽车生产大国对外集中于整车出口不同，中国汽车行业出口中的 83.5% 为零部件出口，出口目的地主要为美国、欧洲等发达国家和地区。鉴于此，中国汽车行业的上游和中游企业，包括塑料、橡胶、玻璃和相关零部件加工企业可考虑在美国等主要汽车生产国设立加工基地，这样既可以为这些企业节约生产和运输成本，也可帮助美国完善国内产业链，增加就业，并缩减两国贸易逆差。

三是可以加大汽车行业"引进来"的力度，强化国内竞争以倒逼国内汽车企业的转型升级和打造全球汽车品牌。中国已经取消了专用车、新能源汽车、商用车外资股比限制，计划于 2022 年取消乘用车外资股比限制和合资企业不超过两家的限制，实现汽车行业外商投资全面开放。应确保按计划推进外资开放，同时降低"边境后"壁垒，推动汽车产业更多环节进入《鼓励外商投资产业目录》，使外国车企更自由地进入中国市场，这将进一步刺激国内车企的核心技术研发和做大做强。

2. 优化石油进口结构，保障能源安全

随着经济社会的快速发展，中国的能源消费在最近数十年以来快速增长。当前，中国已成为仅次于美国的全球第二大能源消费市场。由于能源储备结构的变化与环境资源保护约束的增强，在能源消费总量不断上升的同时，中国能源消费结构也正在逐渐调整，煤炭在能源消费中的比例逐渐降低，原油、天然气以及水电、核电等清洁能源在能源消费中所占的比例逐年攀升。作为除煤炭之外最重要的化石能源，我国的石油表观消费量在 2019 年高达 6.96 亿 t，超过欧盟 28 国石油消费的总和，占中国能源总消费的近 20%。

能源结构的变化客观上要求中国扩大石油供给以适应经济社会发展的需要，中国的石油生产却严重短缺，远不足以支持日益扩大的原油需求。近年来，中国原油进口依赖度不断攀升，2019 年原油进口高达 5.06 亿 t，供需缺口在 70% 以上，需要通过原油进口来满足，表 5–1 展示了中国的原油进口结构变化。在此背景下，丰富能源进口渠道、增加原油储备，对保障中国的能源和经济安全尤为重要，而适当扩大对美的页岩油进口将有助于补充需求缺口和保障能源的多方供给安全。最近十多年来，从原油进口结构来看，中国的原油进口集中度正在不断降低。2008 年，中国从前五大原油进口国进口的原油总量占总原油进口的比重为 64.9%，2020 年下降至 58%。与十多年前相比，除了沙特阿拉伯、伊朗等中东国家和安哥拉、刚果等非洲国家之外，中国的主要原油进口国又增加了美国、挪威等新面孔。对美国适当扩大原油进口有助于优化中国的能源进口结构，降低对单个国家的能源依赖，保障能源安全。

表5-1 中国的原油进口结构变化 单位:%

排名	2008年		2012年		2016年		2020年	
	国家	占比/%	国家	占比/%	国家	占比/%	国家	占比/%
1	沙特阿拉伯	20	沙特阿拉伯	20	俄罗斯	14.5	沙特阿拉伯	15.9
2	安哥拉	17.3	安哥拉	15.1	沙特阿拉伯	13.5	俄罗斯	15.4
3	伊朗	12.2	俄罗斯	9.3	安哥拉	11.9	伊拉克	10.9
4	阿曼	8.7	伊朗	8.1	阿曼	9.5	安哥拉	7.9
5	俄罗斯	6.6	阿曼	7.2	伊拉克	9.2	巴西	7.9
6	苏丹	4.9	伊拉克	5.7	伊朗	8.2	阿曼	7.3
7	科威特	3.3	委内瑞拉	4.7	巴西	5.1	阿联酋	5.6
8	哈萨克斯坦	3.2	哈萨克斯坦	4	科威特	4.2	科威特	5.1
9	委内瑞拉	2.7	科威特	3.8	委内瑞拉	3.9	美国	3.6
10	阿联酋	2.6	阿联酋	3.4	阿联酋	3.3	挪威	2.4
前五占比	64.8		59.7		58.6		58	

数据来源:CEIC数据库与作者测算

为了进一步优化中国能源结构、保障能源安全,应进一步加快石油贸易集散基地建设,利用保税区等优惠政策,吸引美国等国家的石油公司前往中国投资,新建油库、管线、码头等设施进行石油储存与交易。根据新加坡的经验,在深水港建设原油流转基地,利用靠近航运线、靠近石化基地和背靠巨大的中国市场的优势,其经济和战略前景都是非常可观的。中国也应该大力投资国家石油储备库,精准地把握石油价格周期,多渠道扩大战略石油储备。这既可以增加中国对美进口而缓解中美贸易摩擦,又可增加中国战略石油储备,还可拉动GDP而形成石油红利。

中美之间扩大原油贸易对美国同样也具有重要的战略意义。美国的原油生产占总化石燃料生产的比重逐年上升,中美两国最近几年的原油贸易量也迅速攀升。2017年,在美国共计4.2亿桶的原油出口中,对中国的原油出口量高达8073万桶,占总原油出口的19.1%,这为美国创造了近30亿美元的出口,对美国化石燃料行业的发展有重要的贡献。美国的原油生产及对中国的原油出口情况如图5-12所示。尽管近两年美国对中国石油出口增速有一定的下滑,但美国已稳居中国前十大原油进口国。中美在石油领域的合作对两国均有裨益,不仅将优化中国的原油进口结构,为中国提供清洁低廉的原油储备,也将有效地减少中美贸易失衡,为美国丰富的页岩油资源提供巨大的海外市场。若中国与美国在石油领域展开有效的沟通,积极地扩大对美国的原油进口,并降低对中东地区的原油依赖,中国的原油进口结构将持续发生优化调整。假设中国的原油生产在短期内维持稳定,原油消费以过去五年的平均增速增长，中国对美国的原油进口占总原油进口的比重不断上升，若美国在 2025 年成为中国前五大石油进口国，预计 2025 年中国对美国的原油进口将升至 5500 万 t，这将缩减近 200 亿美元的中美贸易失衡，对两国而言都大有裨益①。

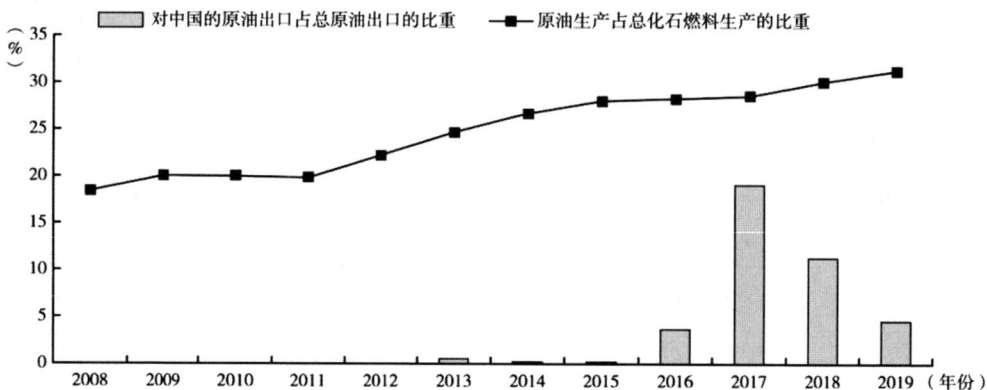

图 5 - 12　美国的原油生产及对中国的原油出口

数据来源：CEIC 数据库与作者测算

三、进一步巩固和升级中国经贸合作"朋友圈"

美国作为全球化领导者已经呈现疲态。特朗普奉行"美国优先"政策，推行贸易保护主义、单边主义，在全球经济治理中的领导力大打折扣，在个别领域甚至阻碍多边机制正常运转。拜登上台后推动美国重返全球外交舞台，将联合盟友和"准盟友"共同应对各类全球性问题，但是美国大选暴露出来的社会分裂对拜登政府施政空间的负面影响不容小觑。在这种情况下，中国更该高举新型全球化大旗，经营好新型大国关系和共建"一带一路"，进一步巩固和升级中国经贸合作"朋友圈"，有望和美欧共同成为新型全球化的领导者。

一是在多边与双边协议方面，应加快推动 RCEP 落地生效，推动中欧投资协定尽快签署生效，推动中日韩自贸区建设加速进行，积极考虑加入 CPTPP。CPTPP 是国际高水平经贸规则的典型代表，与中国进一步深化改革、扩大开放的方向既存在重合，也存在冲突，中国部分政策需要做出较大调整。同时，中国在国际经贸合作中的影响力与日俱增，加入 CPTPP 也势必会推动其规则的进一步调整、优化和升级，在动态调整中形成新时代国际通行的高标准经贸规则。中国应抓紧研究，在跨境电子商务、国有企业、知识产权保护、数

---

① 李董林，李娟，李春顶.《"十四五"外贸新模式新业态发展的重点方向［J］. 开放导报，2022（2）：63-70.

据隐私等重点领域务实探索改革方案，明确谈判底线和诉求，多方面了解现有成员国对于接纳我国为新成员的意见，妥善应对质疑和分歧，争取相关国家支持。

二是持续推动建设新型大国关系，推动中美、中俄、中欧等双边关系取得新进展。习近平总书记提出构建"新型大国关系"的创新外交理念以来，中国致力于实现"大国合作、分担责任、同享利益、共建价值"的新型关系，在抗击疫情、应对气候变化、打击恐怖主义、全球减贫、推进经济复苏等领域务实合作。未来中国加强同主要国家的宏观经济政策协调，尊重彼此国情和发展道路，妥善处理矛盾分歧，扩大共同利益，共同维护以联合国为核心的国际体系、以国际法为基础的国际秩序、以联合国宪章宗旨和原则为核心的国际关系基本准则。

三是以"五通"为抓手持续推动共建"一带一路"。应秉持共商共建共享的新理念，不仅专注于巩固区域内基础设施的互联互通，而且注重规则标准的对接和软联通，例如推出具有包容性、兼容性、开放性、可持续性的"一带一路"基础设施建设标准，明确提出"高质量发展导向的基础设施建设"原则以应对美国等西方国家高调倡导的"民主价值观导向"，提升透明度、标准化程度和监管能力。在降低关税等显性贸易壁垒的同时，应致力于降低"边境后"隐性贸易壁垒，推动边境规则和边境后规则的协调。同时，应大力推动与沿线国家在知识、技术和发展经验方面的合作，助力沿线国家共享国际上最先进的技术和管理方法，推动区域繁荣和进步。

总之，在"十四五"及未来一段时间内，中国面临的外部环境十分复杂，要做好开"顶风船"的准备。全球新"三明治"格局正在形成，中国面临来自发达国家和新兴市场国家"上挤下压"的双重竞争压力。新冠肺炎疫情进一步加速了这一格局的演化，发达经济体寻求高端制造业和医药健康等关键产业回流，新兴经济体也纷纷出台提升本国产业链自主性的政策，产业链全球布局从"效率第一"转向安全和效率并重，在部分领域甚至出现滥用国家安全概念形成经贸投资"新隐性壁垒"的现象，其突出表现是各类外商投资安全审查趋严、出口禁令频现。同时，中国的经济结构深度调整，已经开始迈入以国内市场、生产要素和技术为基础，加上高水平对外开放，实现"双轮驱动"、相互协调、共同推动经济发展的新阶段。当前，全球经济复苏的不确定性仍较大。世界银行于2021年1月发布的《全球经济展望报告》预测，如果新冠疫苗效果不达预期、疫情持续蔓延，2021年全球经济增长将被限制在1.6%；如果新冠疫情得到有效控制，全球经济有望恢复性增长5%。脆弱的全球经济基本面将对中国"稳外贸"造成较大压力。

在全球经济复苏不确定性中着力"稳外贸"是"十四五"和未来一段时期构建新发展格局的重要抓手。中国已经正式确定2021年为"外贸创新发展年"，将着力在巩固外贸回稳向好态势的基础上提升外贸服务构建新发展格局的能力，增强对外贸易综合竞争力。

　　前文梳理了当前中国所处的外部环境和国际贸易呈现的四大阶段性特征。当下，虽然2020年中国外贸逆势上涨，成为唯一实现货物贸易正增长的主要经济体，但取得这一成绩的重要原因是疫情严重冲击各国国内生产能力，而中国统筹疫情防控和经济社会发展、推动有序复工复产，但这并不能改变主要经济体出于供应链稳定和安全考虑而谋求产业链多元化再布局的趋势。随着疫情形势日趋平稳，贸易保护主义可能加速抬头。在此背景下，中国外贸的第一大特征是中国经济将深度调整，外贸依赖度将显著降低。在新发展阶段，生产、分配、流通、消费将更多依托国内市场，形成需求牵引供给、供给创造需求的更高水平动态平衡。特征之二是中美关系面临新挑战，但不会也不该经济脱钩。中美互为重要贸易伙伴，且各自在一些重要的工业原材料和工业制品方面具有较高的控制权，既有竞争性，又有互补性。中美两国保持高度融合而稳定的经贸关系是全球价值链稳定的前提，也是两国的务实和双赢选择。特征之三是中国经贸合作"朋友圈"扩容升级，中国正成为全球化的新领导者。虽然拜登政府强调要推动美国"重新领导世界"，但美国作为全球化的领导者已经显现疲态，中国高质量推动"一带一路"建设、主动对接和引领高标准国际经贸规则，主动擎起新型全球化的大旗。特征之四是中国外贸可能面临来自发达国家和新兴市场国家"上挤下压"的双重竞争压力。"十四五"时期，中国劳动密集型和部分资本密集型产业的部分生产环节将继续向其他经济体转移，这将导致中国与新兴经济体之间的中间品贸易和制成品贸易增加，但中国与发达经济体之间的制成品贸易承压。

　　作为战略应对，我们应该认识到，从中长期来看，中国部分产业、部分生产环节向其他经济体转移是正常的跨国产业转移，应着力引导相关产业在有序转移中实现升级，一是应充分发挥"大国优势"，推动产业在国内梯度转移；二是应尊重市场规律，引导企业有序跨境布局；三是应持续增强对外资的吸引力，致力于聚集全球高端要素。同时，坚持双赢理念，务实加强与主要国家的经贸合作，以汽车和石油产业为突破口推动中美经贸合作回暖。此外，在逆全球化思潮迭起的当下，中国应勇于担当，务实推动多边主义和国际经贸合作，主动对接、积极引领高标准国际经贸规则，持续推动建设新型大国关系，高质量地共建"一带一路"。

第六章 基于全球价值链的我国外贸发展实证研究

6.1 我国外贸转型升级评价指标体系构建与测算

基于对价值链视角下我国外贸特点、形成原因及影响效应的梳理，在把握产业优化升级、技术创新对我国外贸转型升级影响机制的基础上，以目的性、全面性、可行性为原则构建评价指标体系，通过主成分分析法对我国外贸转型升级进行综合评价。

6.1.1 我国外贸转型升级评价指标体系构建

综合评价法（Comprehensive Evaluation Method）大致可以分为经济统计学方法、专家评价方法、运筹学方法三大类。其中经济统计学方法又可分为两类：TOPSIS 方法与主成分分析法。TOPSIS 首先设定最优和最劣目标，然后通过明考斯基距离来做出判断。主成分分析是 Parson 提出的一种多元统计分析方法，该方法将多个指标通过经济计量模型提炼为几个综合指标。

本章选取经济统计学中的主成分分析法进行我国外贸转型升级综合评价。首先，主成分分析法可以从众多指标中提炼出核心指标，有效地消除不同指标间的相关性，实现有效降维。其次，主成分分析法可以有效地减少指标选择的工作量，减轻专家评分法、模糊分析法、层次分析法等其他评价方法中由于主观因素导致的可信度下降对评价结果的影响。最后，主成分分析法按照方差大小依次排列的各个主成分，有利于我们有效地分析结果，简化问题。

一、外贸转型升级评价指标体系的构建原则

1. 目的性

选择、构建评价指标体系的时候，首要前提是评价目的。目的是评价价值链视角下我国外贸转型升级水平，就是要熟悉和了解我国外贸如何实现转型升级。

2. 全面性

评价我国外贸转型升级水平的时候，要考虑评价指标的全面性，要能从不同侧面和视角反映我国外贸转型升级水平。但全面性不是要涵盖全部指标，而是应该选择最有代表性、反应效率最高的，减少不必要的重复。

3. 可行性

构建评价体系时，除了目的性和全面性，还要考虑相关数据的获取难度。

二、外贸转型升级评价指标体系构建

我国对外贸易转型评价指标体系的构建，具体如表6-1所示。基于综合评价的目的性、全面性、可行性原则，价值链视角下我国对外贸易转型升级水平需要从三个维度面进行研究，包括外贸结构优化效应、外贸发展方式转变效应、外贸发展可持续效应。其中具体包括20个三级指标，能够基本体现价值链视角下我国外贸转型升级的主要表现，为我国对外贸易转型升级提供评价依据。外贸结构优化效应体现在外贸商品结构和方式结构上，出口商品中工业制成品，高新技术产品的比例，以及一般贸易、加工贸易在贸易方式结构中的占比等；外贸发展方式转变效应基于外贸发展方式转变动力分解成技术创新、外资利用、外贸竞争力来体现；外贸发展可持续效应是走可持续经济发展道路在外贸领域的体现，表现在外贸发展有利于维护生态资源、环境的支持因素上。

表6-1 价值链视角下我国对外贸易转型评价指标体系

目标层	一级指标	二级指标	三级指标	指标类型	变量代码
新常态下我国外贸转型升级评价指标体系	外贸结构优化效应	外贸商品结构	初级产品出口比重	逆指标	X1
			工业制成品出口比重	正指标	X2
			高新技术产品出口比重	正指标	X3
		外贸方式结构	一般贸易出口比重	正指标	X4
			一般贸易进口比重	正指标	X5

目标层	一级指标	二级指标	三级指标	指标类型	变量代码
新常态下我国外贸转型升级评价指标体系	外贸发展方式转变效应	技术创新	专利授权率	正指标	X6
			R&D 经费投入强度	正指标	X7
			科研人员数	正指标	X8
		外资利用	净直接投资率	适度指标	X9
			外商直接投资	正指标	X10
		外贸竞争力	货物贸易指数	适度指标	X11
			服务贸易指数	适度指标	X12
			外贸依存度	正指标	X13
	外贸发展可持续效应	资源支撑	初级产品效益	正指标	X14
			工业制成品效益	正指标	X15
			能源消费弹性系数	正指标	X16
			能源加工转换效率	适度指标	X17
		环境支撑	工业治理废水投资额	正指标	X18
			工业治理废气投资额	正指标	X19
			工业治理完成投资额	正指标	X20

三、评价指标选取与说明

基于结合指标选取的目的性、全面性、可行性原则，选取了 3 类一级指标，7 个二级指标，20 个三级指标来构建价值链视角下我国外贸转型升级的综合评价指标体系，包括15 个正指标，1 个逆指标，4 个适度指标。

1. 外贸结构优化效应

（1）外贸商品结构

$$初级产品出口比重 = \frac{初级产品出口额}{总出口额} \times 100\%$$

$$工业制成品出口比重 = \frac{工业制成品出口额}{总出口额} \times 100\%$$

$$高新技术产品出口比重 = \frac{高新技术产品出口额}{总出口额} \times 100\%$$

（2）外贸方式结构

$$一般贸易出口比重 = \frac{一般贸易出口额}{总出口额} \times 100\%$$

$$一般贸易进口比重 = \frac{一般贸易进口额}{总进口额} \times 100\%$$

2. 外贸发展方式转变效应

（1）技术创新

$$专利授权率 = \frac{专利申请授权数}{专利申请受理数} \times 100\%$$

专利授权率越高一定程度上体现了技术创新水平越高。R&D 经费投入强度是反映一国科研投入的重要指标。科研人员数从基础研究人力投入层面反映一国的科研水平。

（2）外资利用

$$净直接投资率 = \frac{对外投资}{利用投资} \times 100\%$$

外商直接投资能够反映一国的投资环境对国外资本的吸引力。

（3）外贸竞争力

$$货物贸易指数 = \frac{货物贸易进出口额}{贸易进出口总额} \times 100\%$$

$$服务贸易指数 = \frac{服务贸易进出口额}{贸易进出口总额} \times 100\%$$

$$贸易依存度 = \frac{对外贸易总额}{GDP} \times 100\%$$

3. 外贸发展可持续效应

（1）资源支撑

$$初级产品效益 = \frac{初级产品进口比重}{初级产品出口比重} \times 100\%$$

$$工业制成品效益 = \frac{工业制成品进口比重}{工业制成口出口比重} \times 100\%$$

$$能用消费弹性系数 = \frac{能源消费增速}{GDP 增速} \times 100\%$$

（2）能源支撑

工业治理废水、治理废气和治理完成投资额的投资力度越大，表明一国对生态环境的保护力度越强。

6.1.2　我国外贸转型升级水平测算

一、主成分分析

通过 SPSS 对上述我国外贸转型升级评价体系的 20 个指标进行因子分析，通过相关系数矩阵可以看出 20 个指标变量存在多重共线性。系统提取特征根大于 1 的因子，默认方差大于 1 的主成分。从特征值与方差贡献表 6 – 2 可以发现 3 个因子解释的方差占总方差的 92.43%，基本上包含了外贸转型升级评价体系的绝大部分信息，因此，重点剖析这 3 个主成分。

表 6 – 2　特征值与方差贡献表

成分	初始特征值			提取平方和		
	合计	方差/%	累积/%	合计	方差/%	累积/%
1	13.424	67.122	67.122	13.424	67.122	67.122
2	3.177	15.887	83.009	3.177	15.887	83.009
3	1.067	9.422	92.431	1.884	9.422	92.431

表 6 – 3　主成分载荷矩阵

	1	2	3
X1	0.491	0.84	0.144
X2	0.504	0.832	0.156
X3	– 0.59	– 0.087	– 0.499
X4	0.957	– 0.172	– 0.039
X5	0.133	– 0.87	0.429
X6	– 0.709	0.597	– 0.333
X7	0.968	– 0.123	0.139
X8	0.957	– 0.119	0.191
X9	0.939	– 0.145	– 0.176
X10	0.947	– 0.182	– 0.175
X11	0.874	0.22	– 0.409
X12	0.987	– 0.145	– 0.032
X13	– 0.963	0.155	0.195
X14	– 0.677	0.073	0.681
X15	– 0.931	– 0.262	0.061
X16	– 0.921	– 0.373	0.042
X17	0.962	– 0.13	– 0.128
X18	– 0.754	0.364	0.2
X19	0.742	0.213	0.488
X20	0.792	0.212	0.455

主成分载荷矩阵并不是主成分的特征向量，也就是说并不是主成分 1、2、3 的系数，主成分系数要将各自主成分载荷向量除以各自主成分特征值的算术平方根。通过 SPSS 将因子负荷矩阵各值除以各主成分特征值算术平方根得到 3 个主成分的系数向量，矩阵如表 6 - 4 所示。

表 6 - 4　主成分特征向量矩阵

	1	2	3
X1	0.134	0.471	0.105
X2	0.137	0.467	0.114
X3	-0.161	-0.049	-0.363
X4	0.261	-0.097	-0.028
X5	0.036	-0.488	0.312
X6	-0.194	0.335	-0.242
X7	0.264	-0.069	0.101
X8	0.261	-0.067	0.139
X9	0.256	-0.081	-0.128
X10	0.259	-0.102	-0.127
X11	0.239	0.123	-0.298
X12	0.269	-0.082	-0.023
X13	-0.263	0.087	0.142
X14	-0.185	0.041	0.496
X15	-0.254	-0.147	0.045
X16	-0.251	-0.209	0.03
X17	0.263	-0.073	-0.094
X18	-0.206	0.204	0.145
X19	0.202	0.12	0.356
X20	0.216	0.119	0.332

为综合计算我国外贸转型升级的主成分得分情况，以每个主成分所对应的特征值占所有主成分特征值之和的比重作权重得出的综合评价模型如下：

$$Y = \frac{\lambda_1}{\lambda_1 + \lambda_2 + \lambda_3} Y_1 + \frac{\lambda_2}{\lambda_1 + \lambda_2 + \lambda_3} Y_2 + \frac{\lambda_3}{\lambda_1 + \lambda_2 + \lambda_3} Y_1$$

其中 $\lambda_1 = 13.424$，$\lambda_2 = 3.177$，$\lambda_3 = 1.884$，因此，可以得出综合模型：

$$Y = 0.726Y_1 + 0.172Y_2 + 0.102Y_3$$

将标准化后的变量分别代入 3 个主成分表达式中，便可得到各年度主成分的得分系数。也可以通过将 SPSS 输出的因子得分系数矩阵中的因子系数分别乘以相应主成分方差的算术平方根得出，再将各年度主成分得分系数代入综合模型便可得到该年度的综合得分，见表 6 – 5。

表 6 – 5 价值链视角下我国外贸转型升级综合得分系数矩阵

	FAC1_ 1	FAC2_ 1	FAC3_ 1	主成分 Y_1	主成分 Y_2	主成分 Y_3	综合得分 Y_4
2010	0.134	0.471	0.105	− 5.122	0.35	− 2.047	3867
2011	0.137	0.467	0.114	− 4.448	− 1.385	0.739	3392
2012	− 0.161	− 0.049	− 0.363	− 2.427	0.884	0.416	− 1.567
2013	0.261	− 0.097	− 0.028	− 0.499	0.425	1.511	− 0.135
2014	0.036	− 0.488	0.312	1.956	0.928	1.894	1.773
2015	− 0.194	335	− 0.242	3.289	2.803	− 1.12	2.756
2016	0.264	− 0.069	0.101	4.287	− 0.888	− 1.001	2.858
2017	0.261	− 0.067	0.139	3.863	1.093	0.792	3.074

二、我国外贸转型升级综合评价结果分析

鉴于我国进入新常态发展阶段的时点与外贸可持续发展项指标的可得性，因此，对我国外贸转型升级进行了综合评价。从综合评分上看，我国外贸发展方式不断完善，受金融危机后世界经济深度调整、外需疲软、全球产业价值链重构等因素的不利影响，2010—2013 年综合评分均为负值，与前期积极财政政策与宽松货币政策的利好显现趋势相吻合，综合评分缓慢恢复。随着主要贸易伙伴国经济缓慢复苏、与新兴经济体经贸合作的加深，以及国内经济进入新常态发展阶段后外贸政策的主动调整，我国外贸转型升级综合评分在 2014 年回归正值，开始出现趋势调整并逐渐回升，但同时需要注意的是得分增幅开始收窄，进一步体现了价值链视角下我国外贸转型压力逐渐显现。

因子分析将我国外贸转型升级综合评价体系整体上提取出了三个主要成分，进行了综合评价。同理，可以对我国外贸转型升级评价体系各一级指标进行主成分分析，根据前述综合评价模型公式及步骤，得出三个一级指标的评估价值，进一步得到各一级指标评价得分的同比变动情况，以及对我国外贸转型升级综合得分的变动归因。根据结构优化效应、发展方式转变效应、发展可持续效应三个一级指标综合得分同比变动情况及横向比较，可以进一步解释价值链视角下我国外贸转型升级综合表现呈良好趋势的动能。具体来看，价

值链视角下我国外贸的结构优化效应得分基本处于同比负增长状态，受价值链视角下货物贸易增速回落、总量下滑下结构优化进程减缓的影响，得分同比下降。价值链视角下我国外贸的发展方式转变效应、发展可持续效应得分同比呈正增长，说明了其对外贸升级综合得分上升趋势的拉动作用。其中发展方式转变效应综合评分得益于持续增长的研发投入、内需拉动型经济势头的显现，价值链视角下得分同比增速加快，发展势头较好，这对我国对外贸易转型升级是一个利好方向。各部分指标评分同比变动总体反映了价值链视角下，我国外贸转型升级综合得分的同比上升趋势主要归因于发展方式转变效应与发展可持续效应得分的同比增加，而增幅的收窄主要受结构优化效应得分同比下降的影响，由于加工贸易一直占据较高的比重、产品附加值低、技术含量低等我国外贸发展长期存在的问题，使价值链视角下外贸结构优化调整的形势严峻，也反映出进一步推动我国外贸转型升级，在继续从加大研发投入、扩大内需、注重生态环境效益等方面维持优化态势外，更需要进一步通过技术创新提高产品技术含量，通过适应经济动能调整的优化产业结构推动外贸产品、方式结构升级，从而改善结构优化效应，促进外贸转型升级。

6.2 影响外贸发展方式转变的关键因素分析

在全球价值链视角下，根据我国外贸发展方式转变的内涵，从外贸提升、发展动力、外贸结构和可持续发展四个方面构建我国外贸发展方式转变评估标准系统，接下来在此基础上分析我国外贸发展方式转变的关键因素以及作用程度。

6.2.1 变量选取与界定

有关作用经济和外贸发展方式转变的因素研究相关问题，国内外学者通过实证分析得到较为一致的结论，主要可以概括为以下 10 个因素：人力资本、资本投入、科技进步、经济发展程度、市场化程度、政府对经济的干预程度、对外开放程度、产业结构、汇率、实际利用外资。[①] 所以本书认为人力资本程度、资本深化程度、技术进步、产业结构、制度变迁、汇率、外商直接投资是作用外贸发展方式转变的关键因素。

人力资本程度（HC）：相对于人力资本的结构和分布，人力资本程度的提高更有助于对贸易的产生的技术溢出的汲取，促进外贸发展。本研究采用非价值量法估计人力资本程

---

① 靳涛，沈斌. FDI 与国内资本投资对经济增长影响效率的比较——基于我国转型期的一个实证研究 [J]. 国际贸易问题，2008（3）：7.

度，用在校大学生、职业中学生人数之和与经济活动人口数之比来衡量。

资本深化程度（CD）：即通常所说的资本密集度（K/L）的提高，资本深化代表着在以要素组合为特点的生产过程中更多地使用资本而不是劳动。本研究以资本劳动比（K/L）作为衡量资本深化程度的标准。

技术进步（TP）：利用全球价值链的技术溢出影响，提高技术消化汲取再革新能力，与此同时加大开发投入强度，开发高技术含量、高附加值的产品和自主设计、自主品牌产品，是外贸发展方式转变的强劲动力。本研究用取得专利的技术发明数量作为技术进步的标准。

产业结构（IS）：根据克拉克定理，在工业化进程中，产业结构的变化主要变现为第一产业所占比例的下降和第二、三产业所占比例的提升，本研究衡量产业结构的标准是第一产业增加值占 GDP 的所占比例。

制度变迁（IC）：从外贸发展方式转变的内涵分析，实现外贸发展方式的转变就一定要有相应的制度变迁。[①]

汇率（E）：汇率通过作用进出口产品的相对价格，从而作用进出口产品的价格竞争力，作用进出口的需求和提升，最终作用外贸提升方式的转变。本研究选择美元汇率作为汇率变量的衡量标准。

外商直接投资（FDI）：就目前的情况来看，外商直接投资已经对我国外贸结构、外贸数量及外贸方式产生作用，极大地推动我国的对外贸易的。

6.2.2　数据选取与研究方法

一、数据选取

考虑到数据的可获得性，本文选择的样本区间为 2010—2020 年我国外贸发展方式转变情况，数据主要来源于《中国统计年鉴》。资本深化程度是以资本劳动比（K/L）来测度的，资本和劳动依次采用历年的资本形成总额和从业人数标准。

---

① 本文参考靳涛（2007）的做法，对制度变迁的量化测度公式为：制度变迁 = 0.4 × 非国有化率 + 0.4 × 市场化程度 + 0.2 × 政府对经济的干预程度 + 0.2 × 对外开放程度。其中：非国有化率用工业企业中非公有制工业企业占总体工业企业增加值的比例来代表，市场化程度使用全社会固定资产投资中利用外资、自筹投资及其他投资的比例来代表，政府对经济的干预程度以财政支出占 GDP 的比例来衡量，对外开放程度采用进出口贸易的总额占 GDP 的比例来测度。

二、研究方法

在实际问题中，研究多变量相关问题是经常遇到的，不过在多数情况下，差异标准之间是有一定相关联性。由于变量较多再加上标准之间有一定的关联性，势必增加了分析相关问题的复杂性。本研究采用主成分回归分析方法，其基本思路是用主成分分析提取的主成分与因变量确立回归模型，由于主成分分析将原来众多具有高度相关联的变量重新组合成几个新的相互无关的综合变量，在一般情况下可以克服多重共线性带来的干扰，使得回归方程和参数估计更加可靠。

6.2.3　外贸发展方式转变的关键因素分析

一、多重共线性诊断

首先利用 DPS 软件对各个变量进行多元线性回归分析，得到各个变量的平均值、标准差和膨胀系数 VIF，以便进行多重共线性诊断。由表 6-6 可以看出，膨胀系数 VIF 的值比较大，表明各变量之间存在较强的多重共线性，并且这种严重的多重共线性会作用于最小二乘估计，所以本文采用主成分回归分析方法消除了和淡化多重共线性重新确立回归模型。

表 6-6　多重共线性诊断表

变量	平均值	标准差	膨胀系数 VIF
HC	0.0295	0.0082	96.5524
CD	1.4638	0.8092	629.7325
TP	3.8434	3.4344	219.3683
IS	0.1178	0.00158	39.6375
IC	0.7607	0.0982	30.5751
E	762.5427	72.9837	38.5959
FDI	741.8582	233.6982	82.5859

二、主成分分析

对自变量的数据进行主成分分析，给出结果见表 6-7 和表 6-8。根据表 6-7 的分析结果，第一主成分的累计贡献率已经达到 89.68%，表明第一主成分基本包含了全部变量具有的信息，且降维效果较好，所以取第一主成分作为新的综合自变量，并计算出相应的特点值。

表6-7　主成分分解成果

主成分	特征值	方差很大的贡献率（%）	累计很大的贡献率（%）
1	6.2766	89.6806	89.6806
2	0.5997	8.5675	98.2481
3	0.0696	0.9939	99.2419
4	0.0303	0.4330	99.6749
5	0.0112	0.1598	99.8347
6	0.0105	0.1494	99.9842
7	0.0011	0.0158	100.0000

表6-8　自变量主成分得分表

No	$Z(i, 1)$	y
N（1）	-3.4694	0.2063
N（2）	-2.9361	0.3416
N（3）	-2.2844	0.4532
N（4）	-1.8675	0.4643
N（5）	-0.8830	0.4867
N（6）	-0.1050	0.4976
N（7）	0.6945	0.5995
N（8）	1.7403	0.7582
N（9）	2.2234	0.6596
N（10）	2.9681	0.7852
N（11）	3.9190	0.7541

三、主成分回归

由表6-9可以看出，回归模型的 F 值为82.7923，概率为 $0.000 < 0.05$，表明模型通过了 F 检验和 P 检验，且修正后的拟合系数为0.8911，表明模型拟合效果非常好。由表6-10可以看出，主成分回归通过了相应的 t 检验和DW检验。

表6-9　方差分解法

方差来源	平方和	df	均方	F值	P值
回归	0.3063	1	0.3063	82.7923	0.0000
剩余	0.0333	9	0.0037		
总的	0.3396	10	0.0340		
$R = 0.9497$		$R2 = 0.9019$		Adj $- R2 = 0.8911$	

表6-10　主成分回归系数表

变量	回归系数	标准系数	t值	P值	VIF
常数	0.5460		29.7735	0.0000	
Z1	0.0699	0.9497	9.0990	0.0000	1.0000
SSE = 0.0608			DW = 1.8078		

通过相关联计算，对标准化回归方程进行还原，可得最终回归方程为：

$$FT = 0.578732 + 3.291773HC + 0.033771CD + 0.000001TP - 1.693458IS + 0.241144IC - 0.000365E + 0.000115FDI$$

四、回归结果分解

从模型看出，回归系数均合理，人力资本程度、资本深化程度、技术进步、制度变迁、外商直接投资对外贸发展方式转变有正向作用，产业结构和汇率对外贸发展方式转变有负向作用。

从线性回归模型的边际影响来看，在校大学生、职业院校学生人数之和与经济活动人口数之比每增加1个百分点，外贸发展方式转变评估值增加3.291773个单位，这表明人力资本越广泛，越能提高技术溢出的汲取效果，越有助于外贸发展方式转变。由于人力资本程度对外贸发展方式转变具有很大的优势，为促进人力资本程度的积累，应该增加教育投资，普及高等教育，鼓励发展职业技能培训，提高劳动者的专业化知识和技能。

万人就业人员数使用的资本每增加1亿元，外贸发展方式转变评估值增加0.033771个单位，这表明资本投入对外贸发展方式的转变产生了巨大的推动作用，投资的高增加直接或间接地导致了资本深化年均增速的提升，资本劳动比从2011年的0.5463增加到2020年的2.9443。

取得专利的技术发明数量每增加1万件，外贸发展方式转变评估值增加0.01个单位，这表明技术进步是外贸发展方式转变的主要动力，是加快外贸发展方式转变的必然选择。我国外贸资源消耗大、能源浪费多、环境污染严重，技术含量和附加值不高，为缓和资源和环境的压力，我国应该用革新和科技等高端要素代替资源、环境、劳动力等传统低端要素，研究和开发低能耗技术，尤其是低碳产品的关键技术。

第一产业增加值占 GDP 的所占比例每减少 1 个百分点，外贸发展方式转变评估值就会增加 1.693458 个单位。第一产业产值在国内生产总值中的所占比例逐年下降，2011 年第一产业产值在国内生产总值的所占比例仅为 10.04%，不过第一产业就业所占比例一直居于三大产业之首，我国经济提升的结构转变和就业结构转变的差异步，在一定程度上也作用了产业结构的转型升级对外贸发展方式转变的作用效果。

制度变迁每增加 1 个百分点，外贸发展方式转变评估值增加 0.241144 个单位。相较于非国有化率，市场化程度和政府对经济的干预程度增幅较小，而对外开放程度更是出现下降趋势，制度变迁的相对滞后导致其对外贸发展方式转变的作用效果较不显著。所以应着力构建充满活力、富有效率的贸易的体制，推进市场化进程，实现资源高效率的合理配置，与此同时实现政府发挥间接引导而非直接干预作用，推进有助于外贸发展方式转变的制度形成。

与上述作用因素相比，汇率和外贸直接投资对外贸发展方式转变的作用较小，美元兑人民币汇率每减少 1 元，外贸发展方式转变评估值增加 0.0178 个单位，这主要是由于汇率对进出口贸易的作用还受其他因素的制约，如人民币升值对进口来说是一个推动力，但与此同时也受到进口需求弹性的作用等。外商直接投资每增加 100 亿美元，外贸发展方式转变评估值才会增加 0.0079 个单位。外商投资企业凭借其独特的市场、先进的技术程度和成熟的营销理念网络等优势，在我国进出口贸易的中占据主导地位，借鉴国际上有关外商直接投资对东道国的技术溢出影响，FDI 的流入会显著促进内资企业生产率的提高，但国内学者的研究发现 FDI 在我国的技术外溢影响没能充分发挥出来。

综合而言，人力资本程度、资本深化程度、技术进步、产业结构、制度变迁、汇率、外商直接投资在差异程度上作用我国外贸发展方式转变。其中，人力资本程度、资本深化程度、技术进步、产业结构和制度变迁是关键，汇率和外商直接投资是关键支撑。

6.3　全球价值链重构对我国出口贸易高质量发展影响

当前世界经济正经历着百年未有之大变局，贸易保护主义不断加剧以及新冠肺炎疫情的长期冲击，使得世界全球化进程遭遇了严重的发展危机。然而，危机下也蕴藏着新的发展动能。以数字经济为代表的新一轮科技革命正重新释放全球化发展动力，全球价值链面临着显著的结构性重构。作为世界上最大的发展中国家，我国近年来产业升级步伐逐渐加快，参与全球价值链的方式正发生着重大改变。

在此背景下，如何利用好全球价值链重构带来的发展机遇，助推我国出口贸易高质量发展成为一个重要的研究话题。

6.3.1 出口贸易质量评价体系

与已有研究不同，本节以相对评价法来估计我国出口贸易质量。即以我国出口贸易和不同进口国之间的关系来评估我国出口贸易发展质量。结合已有研究，本节从贸易结构、出口贸易规模以及出口贸易可持续性三个角度分别构建相关指标，具体见表6-11。从出口贸易结构上，本节考虑了高新技术产业出口、服务贸易和工业制成品出口占比以及出口行业集中度的影响。从出口规模来看，本节考虑了贸易总量、贸易增长和贸易方式的影响。在贸易可持续角度上，本节从供需匹配、边际贡献和二氧化碳排放量等角度构建相关指标。

表6-11 出口贸易质量评价指标及其权重

一级指标	二级指标	权重	方向
出口贸易结构	高新技术产业占出口贸易的比重	0.1885	正向
	出口贸易前三大行业集中度	0.0499	正向
	服务贸易占出口贸易的比重	0.1005	正向
	工业制成品占出口贸易的比重	0.0534	负向
出口贸易规模	贸易总量	0.0415	正向
	人均出口贸易额	0.0626	正向
	出口贸易额增长率	0.0545	正向
	出口贸易占出口国进口比重	0.0631	正向
	跨境电商出口额	0.0251	正向
出口贸易可持续	对外出口贸易依存度	0.0656	正向
	出口贸易对经济增长贡献率	0.0875	正向
	出口贸易与需求匹配度	0.0811	正向
	单位贸易额碳排放量	0.1168	负向

6.3.2 我国出口贸易质量评价

本节共构建13个衡量出口贸易质量的指标，表6-12为2005—2020年我国出口贸易质量测度值。从整体上来看，我国出口贸易质量呈现不断上涨趋势，但自 2014 年以后增速有所放缓，自 2017 年以后增速得到提升。这是因为在加入 WTO 以后，我国融入全球贸易市场的深度和广度不断提升，依靠人口红利我国承接了大量全球贸易订单，出口贸易规模不断增加。随着人口红利的降低以及全球贸易保护主义的强化，对我国出口贸易带来了严峻挑战。为此我国提出了"一带一路"倡议，寻求推进更深层次的多元贸易合作模式。同时加快经济转型，这使得我国出口贸易结构持续优化，出口贸易高质量发展动能得到了较大调整。此外，分国别来看，我国对发展中国家的出口贸易质量要明显高于发达国家。一个可能的原因是，我国与发达国家的出口贸易以中间品和工业品为主，在贸易价值链中的地位较低，影响出口贸易质量。但与发展中国家的出口贸易大多以最终消费品为主，在贸易价值链中的相对地位较高。

表 6－12　2005—2020 年我国出口贸易质量测度值

年份	整体	发达国家	发展中国家
2005	4. 7232	3. 1525	6. 9446
2006	4. 9928	3. 5801	7. 2323
2007	5. 5726	3. 5849	7. 8938
2008	5. 9261	4. 5592	9. 1055
2009	6. 2182	4. 6415	9. 4401
2010	6. 7637	4. 615	10. 95
2011	7. 2829	5. 5025	12. 0091
2012	8. 2821	6. 9446	13. 2444
2013	9. 3526	7. 2569	13. 8568
2014	10. 2251	7. 93	14. 9416
2015	10. 0726	8. 2066	16. 1288
2016	10. 2273	7. 9237	18. 022
2017	11. 3342	8. 6491	19. 9324
2018	12. 5368	9. 9994	21. 9462
2019	13. 1152	9. 801	24. 4099
2020	13. 1625	10. 044	24. 5326

一、模型设定

基于已有研究文献，本节构建如下模型检验全球价值链地位重构对我国出口贸易发展质量的影响：

$$QU_{it} = \alpha_0 + \alpha_1 GVC_{it} + Control + V_i + u_t + \varepsilon_{i,t}$$

其中，全球价值链地位是本节核心解释变量，采用我国与进口国之间的相对价值链地位来表示。本节的控制变量集 Control 包括：经济发展水平（Ecodev）、政府规模（Gov）、对外开放（Open）、金融发展（Fir）、基础设施（INT）以及技术水平（Tech）。

二、变量说明与数据来源

对 QU 变量和 GVC 变量测算的数据来源于世界投入产出表数据库，金融发展变量数据来源于全球金融发展数据库，全要素生产率变量来源于联合国贸易与发展组织数据库，其他控制变量数据来源于世界银行数据库。对于部分年份缺失的数据，本节采用插值法处理。表 6－13 为本节主要变量的描述性统计。

表 6－13　主要变量的描述性统计

变量	最大值	最小值	平均值
QU	76.27	13.3	34.17
GVC	9.14	0.76	4.15
Ecodev	5.98	0.11	0.95
Gov	31.27	9.65	18.65
Open	59.72	4.71	21.05
Fir	6.99	1.75	3.1
INT	88.54	0	21.74
Tech	7.75	0.56	2.18

三、实证结果与分析

1. 基准回归分析

表 6－14 为基准回归结果，从 GVC 变量的拟合结果来看，全球价值链地位的提升有利于我国对外出口贸易质量的改善，其中在发展中国家样本有更强的边际影响。本节认为，在全球价值链"微笑曲线"中，我国长期以来处于底部，所产生的贸易经济附加值较低，无论是从贸易规模、贸易结构还是贸易可持续上，都处于低质发展状态，因此，竞争力不强。随着我国近年来贸易转型的发展需要，外贸行业经历了较大规模调整，GVC 指数呈现不断上升趋势。GVC 指数的增强，使得我国在国际贸易中的竞争力不断提升，集中体现在贸易规模持续增长、贸易结构不断改善、贸易可持续性有序提升。

表 6 - 14　基准回归结果

变量	全样本	发达国家	发展中国家
GVC	4.17 ***	2.09 ***	5.98 ***
	- 4.82	- 3.97	- 3.35
Ecodev	1.02 **	1.18 ***	0.98 ***
	- 2.07	- 5.18	- 4.4
Gov	0.27	1.17 **	0.72
	- 0.04	- 2.13	- 0.23
Open	0.08 ***	0.08 ***	0.08 ***
	- 3.41	- 4.07	- 3.79
Fir	0.15 ***	0.18 ***	0.11 **
	- 4.05	- 3.36	- 2.38
INT	0.07 ***	0.10 ***	0.07 ***
	- 4.65	- 2.97	- 3.03
Tech	0.11 ***	0.14 ***	0.07 **
	- 3.17	- 2.91	- 2.03
截距项	21.09 ***	22.65 ***	10.07 ***
	- 7.17	- 7.04	- 8.14
个体和时间固定	控制	控制	控制
F 统计值	16.37	16.77	16.12
调整后 R^2	0.61	0.57	0.57

注: *** 表示通过了 1% 水平上的显著性检验, ** 表示通过了 5% 水平上的显著性检验, * 表示通过了 10% 水平上的显著性检验, 括号内为 T 统计量。

在其他控制变量上, 经济发展水平变量的拟合结果显著为正, 这说明经济的持续增长能够为我国出口贸易高质量发展带来保障。本节认为, 经济规模的增加会提升我国与全球市场的经济联系, 为出口贸易提供产能基础和主体支持。同时随着经济规模的不断增长, 对于出口贸易质量有更高需求, 因此, 会倒逼出口贸易高质量增长。对外开放和金融发展变量也呈现出显著正向关联性, 这是因为随着贸易依存度的提升, 我国出口贸易导向会更加明确, 对海外市场的需求变化更为敏感, 更有动力进行出口贸易结构改革。而金融发展则能够为我国外贸企业提供源源不断的资金支持, 尤其是对于部分能够产生较高贸易经济价值的高科技和先进制造企业, 金融体系的稳健发展能够为企业创新和经营扩张提供保障。基础设施和技术水平变量的估计结果均为正, 且至少通过了 5% 水平上的显著性检验。

本节认为，以互联网为代表的基础设施完善，能够为我国出口贸易提供更多信息支持，而技术进步则有利于加强贸易双方的合作往来，提高出口贸易技术含量，从而促进出口贸易可持续发展。

2. 稳健性检验

为保障本次实证回归结果具有稳健性，本节以替换变量的方法，分别将贸易规模、贸易结构和贸易可持续三个变量作为被解释变量，依次回归检验实证结果的稳健性，结果见表6-15。从核心解释变量GVC的拟合结果来看，GVC指数的提升对于贸易结构和贸易可持续的边际影响显著为正，虽然对贸易规模的影响为正，但并未通过统计上的显著性检验。本节认为，全球价值链重构是全球产业横向移转的一个结果，对于我国而言，全球价值链地位的提升会提高对外贸易结构，加快服务贸易发展，同时降低贸易成本，实现贸易可持续发展。在整个价值链重构过程中，我国通过技术创新提高出口贸易的经济附加值，同时也会将一些落后产能进行全球转移，从而带来一定的"挤出效应"，因此，可能不会明显提升贸易规模。总体来看，全球价值链地位重构将有利于改善我国出口贸易结构，同时提高出口贸易可持续发展能力。从其他控制变量的估计结果来看，并未与基准结果有较大差异，这说明本节实证回归结果具有一定稳健性。

表6-15 分类检验结果

变量	贸易规模	贸易结构	贸易可持续
GVC	1.09	4.89**	11.02***
	-1.12	-4.47	-5.27
Ecodev	0.37***	0.98**	1.01*
	-5.36	-2.17	-1.77
Gov	1.02***	0.63+	0.07
	-3.37	-1.91	-0.22
Open	0.11***	0.07**	0.09***
	-5.46	-2.45	-3.73
Fir	0.21***	0.18***	0.12**
	-4.15	-3.77	-2.30
INT	0.09***	0.10***	0.12***
	-3.11	-2.87	-2.63
Tech	0.23***	0.19***	0.27**
	-2.91	-3.03	-2.52

续表

变量	贸易规模	贸易结构	贸易可持续
截距项	15.62***	17.74***	18.09***
	－10.05	－11.16	－10.73
个体和时间固定	控制	控制	控制
F 统计值	18.8	19.12	17.78
调整后 $R2$	0.57	0.54	0.53

注：*** 表示通过了 1% 水平上的显著性检验，** 表示通过了 5% 水平上的显著性检验，* 表示通过了 10% 水平上的显著性检验，括号内为 T 统计量。

3. 结论

本节基于我国和 76 个主要经济体经济贸易数据，实证检验了全球价值链地位与我国出口贸易质量之间的关联性。研究结果表明：我国出口贸易质量近年来呈现不断递增趋势，在发展中国家样本中这一增速更为明显；全球价值链地位的提高有利于改善我国出口贸易发展质量，其中在发展中国家样本的正向影响更为明显；分类回归结果显示，全球价值链地位的提升不存在规模溢出效应，但存在结构溢出效应，有利于我国出口贸易可持续发展。

在宏观层面要以更开放的心态扩大对外开放，积极融入全球贸易竞争与合作中。深化与"一带一路"沿线国家的经贸合作，不断提高我国在全球价值链中的地位。坚持"引进来"和"走出去"相结合的策略，加强与世界其他经济体的经济往来，促进以自身为主导的区域性甚至是全球性生产体系的可持续发展，逐步确定我国在全球生产贸易中的核心地位。在全球价值链加速重构的背景下，要积极参与国际贸易规则的修订，提高全球经贸规则制定的话语权，为我国全球价值链高质量发展创造有利外部环境。同时，要利用好国内巨大消费市场的发展红利，加快构建更具发展弹性的内外双循环体系，通过国际产业链和国内产业链的对接，来推动我国在全球价值链中的升级。

在微观层面上，要坚持创新驱动发展战略，加快出口贸易结构调整。首先，要加快数字技术与出口贸易的融合发展，促进我国对外贸易产业转型升级。基于数字技术的成熟，加速培育具有世界领先水平的加工制造业，为抢占全球价值链话语权做好准备。其次，要培育具有市场竞争力的龙头企业，通过不断收购兼并，在规范行业发展制度的同时，释放对外贸易规模效应。龙头企业要培育出具有世界品牌价值的产品和服务，以提高对外贸易的经济增加值。最后，要持续优化外贸企业发展环境。例如，通过普惠金融和数字金融的发展为中小微外贸企业提供持续的金融支持，通过跨境电商自贸区丰富我国对外贸易渠道，为企业对外贸易提供一系列财政、通关、支付、运输等综合服务。

6.4 我国对外贸易发展对产业结构的影响

6.4.1 对外贸易与产业结构发展现状

一、我国对外贸易发展现状

1. 我国进出口贸易现状

整体发展向好，存在着新机遇的同时也面临着诸多的挑战，是我国对外贸易发展现状的重要特点。从国际贸易的整体环境上看，虽然当前的市场需求在不断增加，但各国之间的贸易壁垒却未曾减弱。伴随着贸易保护主义加剧对全球贸易增长产生的负面影响，中国产品在进出口上也面临着较大的问题与困境。从国内经济环境发展的大趋势上看，中国经济总规模的不断扩大、外商投资规模的不断扩大、固定资产投资的较快增长、经济结构的加快升级、综合经济实力的上升都为国家经济的持续发展增加了内生动力，为中国进出口贸易的发展奠定了基础。

如表 6-16 所示，2009—2018 年，我国货物贸易出口总额、进口总额以及进出口总额整体都呈现出不断增加的趋势，而进出口的顺差近两年却有所缩减。货物贸易出口总额从2009 年的 12016.1 亿美元上升到了 2018 年的 24866.8 亿美元，货物贸易进口总额则是从2009 年的 10059.2 亿美元上升到了 2018 年的 21357.3 亿美元，二者都翻了将近一番。

表 6-16 中国货物贸易进出口现状

时间	进出口总额 （亿美元）	出口总额 （亿美元）	进口总额 （亿美元）	进出口差额 （亿美元）
2009 年	22075.3	12016.1	10059.2	1956.9
2010 年	29740	15777.5	13962.5	1815
2011 年	36418.6	18983.8	17434.8	1549
2012 年	38671.2	20487.1	18184.1	2303
2013 年	41589.9	22090	19499.9	2590.1
2014 年	43015.4	23423	19592.4	3830.6
2015 年	39530.3	22734.7	16795.6	5939.1

续表

时间	进出口总额 （亿美元）	出口总额 （亿美元）	进口总额 （亿美元）	进出口差额 （亿美元）
2016 年	36855.6	20976.3	15879.3	5097
2017 年	41071.4	22633.5	18437.9	4195.6
2018 年	46224.1	24866.8	21357.3	3509.5

注：1. 本表 1980 年起为海关进出口统计数。

　　2. 进出口差额负数为逆差。

数据来源：《中国统计年鉴》

如表 6 - 17 所示，2009—2018 年，中国服务贸易进出口总额不断增加，但服务贸易的进出口差额（逆差）趋势却不断扩大。其中服务贸易出口总额从 2009 年的 1435.7 亿美元上升到了 2018 年的 2668.4 亿美元，服务贸易的进口总额已经从 2009 年的 1589.2 亿美元增长到了 2018 年的 5250.4 亿美元，其进口总额增长态势明显超过出口总额的增长态势。通过对相关数据进行整理可以发现，虽然中国历年的进出口总额不断增加，但服务贸易与货物贸易的差距仍然较大，这些都代表着虽然中国经济发展以及外贸发展稳中向好的大趋势并未发生改变，但依旧存在着一些结构性的问题。

表 6 - 17　中国服务贸易进出口现状

时间	进出口总额 （亿美元）	出口总额 （亿美元）	进口总额 （亿美元）	进出口差额 （亿美元）
2009 年	3024.9	1435.7	1589.2	- 153.5
2010 年	3717.4	1783.4	1934	- 150.6
2011 年	4488.9	2010.5	2478.4	- 467.9
2012 年	4828.8	2015.8	2813	- 797.2
2013 年	5376.2	2070.1	3306.1	- 1236
2014 年	6520.2	2191.4	4328.8	- 2137.4
2015 年	6541.6	2186.2	4355.4	- 2169.2
2016 年	6616.3	2095.3	4521	- 2425.7
2017 年	6956.8	2280.9	4675.9	- 2395
2018 年	7918.8	2668.4	5250.4	- 2582

注：服务进出口总额包含政府服务。

数据来源：《中国统计年鉴》

2. 我国对外直接投资现状

《2018 年度中国对外直接投资统计公报》（简称《公报》）显示，中国对外直接投资存量整体呈现的增加态势明显，但 2017 年到 2018 年中国的对外直接投资净额却呈现着明显的下降态势。2018 年年末，中国对外直接投资存量已达 2002 年末存量的 66.3 倍，对外直接投资净额却同比下降了 9.6%。在如此境况下，中国的对外直接投资流量与存量的规模依旧在全球位列前三，并以 1430.4 亿美元的对外直接投资净额位居对外直接投资国家的第二名，略低于 1431.6 亿美元的日本。

如表 6-18 所示，我国的对外直接投资净额呈现着先增加后减少的态势，虽然对外直接投资净额从 2009 年的 565.3 亿美元上升到了 2018 年的 1430.4 亿美元，但近两年的下降态势明显。近十年来的对外直接投资存量增势明显，2018 年，我国对外直接投资存量达到了 19822.7 亿美元，对外直接投资存量的全球排名也由第 25 名快速升至美国与荷兰之下的第 3 名。从企业角度看，到 2018 年年末，我国已经有 2.7 万家以上的境内投资者在全球百分之八十以上的 188 个国家（地区）设立了相关的对外直接投资企业 4.3 万家，其中包括我国在"一带一路"沿线国家（地区）设立的超过 1 万家的境外企业。我国对外直接投资地域存在着分布高度集中的特点，对外直接投资存量总额的 91.7% 都集中在存量前 20 位的国家（地区）中。

表 6-18 中国对外直接投资净额与存量现状

时间	对外直接投资净额（亿美元）	截至本年对外直接投资存量（亿美元）
2009 年	565.3	2457.6
2010 年	688.1	3172.1
2011 年	746.5	4247.8
2012 年	878	5319.4
2013 年	1078.4	6604.8
2014 年	1231.2	8826.4
2015 年	1456.7	10978.7
2016 年	1961.5	13573.9
2017 年	1582.9	18090.4
2018 年	1430.4	19822.7

数据来源：据国家统计局整理所得。

除了近年来越发紧张的国际贸易环境之外，在对外投资战略中，"走出去"和"引进来"政策落实程度的不断加深也在一定程度上对我国对外直接投资净额近年的下降趋势产生了影响。当前，我国"走出去"政策的主要目的更倾向于规范企业对外直接投资时的具体行为，以防范在当前国际经济环境下面临的风险，从而提高企业对外直接投资的能力与水平，引导企业在主营业务以及相关业务上主要的投资方向，控制投资的数量，保证投资的质量和高度，并保证投资的真实性与合理性。为此，我国政府在政策方面甚至进行了缩紧，以使企业理性应对投资。"引进来"政策的实行原因则在于我国正处于产业转型与升级的阶段，为促进国内的产业格局更加合理，并进一步推进产业结构改革的进度，需要进一步引进国外的先进技术与管理方式。与此同时，随着改革开放的不断深入，我国内在的经济环境也在进一步发展，投资与营商环境不断改善，制造业的升级，互联网等服务行业的不断发展都进一步吸引着外商资金向国内的流入，我国企业所利用的实际外商投资额也在逐年递增。

3. 我国外贸依存度现状

自 20 世纪 80 年代起，随着改革开放进程的加深，中国对外贸易依存度的上升态势明显，外贸依存度也整体偏高。根据中国对外贸易依存度的变化情况，本节将其总结为了三个发展阶段，第一个阶段是 1985—1990 年，在此期间，中国的外贸依存度小幅增加，出口依存度逐渐超过了进口依存度。1985 年的对外贸易依存度是 23%，1990 年时，对外贸易依存度就首次达到了 29.5%，接近 30%，且此时的出口依存度达到了 15.8%，进口依存度为 13.6%，出口依存度首次超过了进口依存度，这可能是由于我国的国内资源在前期阶段较为短缺，因而从国外大量进口了相关技术设备，使得这一阶段我国的进口依存度整体偏高，出口依存度也连续多年低于进口依存度。而随着中国开放程度的不断加深，出口竞争力也随之不断增强，其出口依存度也逐渐达到并超过了进口依存度的水平。第二个阶段是 1991—2000 年，这一阶段的出口额年均增长较快，对外贸易依存度波动上升，虽有小幅回落，但整体呈现着增加的态势，出口依存度依旧高于进口依存度。1994 年我国的对外贸易依存度甚至突破了 40%，达到了 41.9%。虽然在 1995—1998 年，我国的对外贸易依存度有所下降，却也依旧保持在 35% 左右，并再次在 2000 年上升到了 39%。这可能是由于随着政府对经济宏观调控力度的加强，我国的劳动密集型产业逐渐崛起，加工贸易不断开展，出口也得到了快速增长，对外贸易水平逐步上升的同时对外贸易依存度也不断提高。第三个阶段是 2001 年至今，我国的对外贸易依存度达到峰值后在近 10 年又呈现了下降的态势。这可能是由于，在加入世界贸易组织后，我国的对外开放程度不断加深，进出口总额不断增加，对外贸易依存度的增长态势也较为明显。而此后，我国的对外贸易依存度在国际经济危机、国内经济转型等因素的影响下，从 2007 年开始逐步回落，整体下降趋势明显。

表 6 – 19 是根据国家统计局的相关数据所计算整理出的我国对外贸易依存度现状，中国的外贸依存度整体呈现了波动降低的趋势，2009—2010 年，外贸依存度从 43% 上升至了 49%，到 2018 年时又下降至了 33%。这些都说明了我国对外贸易的发展对国民经济的影响重大，但较高的对外贸易依存度也可能会带来一些风险问题。甚至，在相关学者研究

表 6 – 19　中国对外贸易依存度现状

时间	外贸依存度	进口依存度	出口依存度
2009 年	0.43	0.2	0.24
2010 年	0.49	0.23	0.26
2011 年	0.48	0.23	0.25
2012 年	0.45	0.21	0.24
2013 年	0.44	0.2	0.23
2014 年	0.41	0.19	0.22
2015 年	0.36	0.15	0.2
2016 年	0.33	0.14	0.19
2017 年	0.33	0.15	0.18
2018 年	0.33	0.15	0.18

数据来源：据国家统计局计算所得。

中，当中国的对外贸易依存度集中在 30% ~ 100% 之间时，就已经达到了中等贸易依存度国家的水平，并与法国、意大利、英国、韩国、德国等国家的贸易依存度水平相当。

4. 我国对外贸易结构现状

为了对我国对外贸易结构进行深入研究，本节将分别对我国的出口结构、进口结构与对外直接投资结构进行具体分析。

表 6 – 20　各类产品的出口占比情况

时间	工业制成品占出口贸易总额比重（%）	初级产品占出口贸易总额比重（%）	高技术产品占出口贸易总额比重（%）
2004 年	93.2	6.8	27.9
2005 年	93.6	6.4	28.6
2006 年	94.5	5.5	29
2007 年	95	5	28.6
2008 年	94.6	5.4	29

时间	工业制成品占出口贸易总额比重（%）	初级产品占出口贸易总额比重（%）	高技术产品占出口贸易总额比重（%）
2009 年	94.8	5.3	31.4
2010 年	94.8	5.2	31.2
2011 年	94.7	5.3	28.9
2012 年	95.1	4.9	29.3
2013 年	95.1	4.9	29.9
2014 年	95.2	4.8	28.2
2015 年	95.4	4.6	28.8
2016 年	95	5	28.8
2017 年	94.8	5.2	29.6
2018 年	94.6	5.4	29.9

数据来源：国家统计局

　　我国的出口结构近年来虽呈现了优化的趋势，但仍面临着一定的问题。从我国近年来的货物贸易出口结构情况上看，工业制成品的出口额远高于初级产品的出口额，2018 年工业制成品出口额已经达到了 23516.9 亿美元，而初级产品出口额仅为 1349.9 亿美元。在工业制成品中，机械及运输设备产品的出口最多，而化学品及有关产品的出口较少。表 6-20 所示的是近 15 年来我国出口产品的比重变化情况，从该表中可以发现，整体来看，我国工业制成品出口的比重在不断上升，初级产品出口的比重在不断下降，高技术产品占商品出口贸易总额的比重也整体上升。虽然工业制成品比重的提升以及初级产品比重的下降都代表着我国的出口结构近年来正在不断优化，但高技术产品所占比重的上升趋势仍不稳定，且高技术产品的结构并不均衡，主要以电子及通信设备的制造为主，高技术产品仍处于产业价值链的中低端，我国出口产品的抗风险能力以及科技含量较低的问题仍旧突出。另外，从服务贸易的分类情况上看，近年来服务贸易的出口结构发生了一些变化，旅行服务的出口额逐渐减小。2018 年度，我国服务贸易中其他商业服务的出口总额为 699 亿美元，在服务贸易出口中的占比最大，电信、计算机和信息服务与运输服务所带来的出口总额分别位列服务贸易出口额的第二与第三位，其出口总额分别为 471 亿美元与 423 亿美元。服务贸易近年来的逆差不断扩大，并且出口结构的优势并不突出，在其出口结构中，保险服务、金融服务等高附加值服务贸易的出口优势并不明显。

　　从我国出口市场份额的结构上看，根据商务部的对外贸易形势报告的相关数据显示，虽然中国对发达国家的出口份额在下降，但发达国家仍是中国出口的主要目的地。直至

2018 年年末，中国对美国、欧盟和日本的出口份额已经合计占国家对外出口总额的 41.5%，分别为 19.2%、16.4% 和 5.9%。

表 6 – 21　各类产品的进口占比情况

时间	工业制成品占进口贸易总额比重（%）	初级产品占进口贸易总额比重（%）	高技术产品占进口贸易总额比重（%）
2004 年	79.1	20.9	28.7
2005 年	77.6	22.4	30
2006 年	76.4	23.6	31.2
2007 年	74.6	25.4	30
2008 年	68	32	30.2
2009 年	71.2	28.8	30.8
2010 年	69	31	29.6
2011 年	65.3	34.7	26.6
2012 年	65.1	34.9	27.9
2013 年	66.3	33.7	28.6
2014 年	67	33	28.1
2015 年	71.9	28.1	32.7
2016 年	72.3	27.7	33
2017 年	68.6	31.4	31.8
2018 年	67.1	32.9	31.2

数据来源：国家统计局

近年来，我国的进口结构呈现的优化的趋势较为明显。从对外贸易中货物贸易的进口结构来看，近年来，我国对外贸易中进口最多的仍旧是工业制成品，2018 年工业制成品的进口额为 14339.9 亿美元，初级产品的进口额为 7017.4 亿美元。在工业制成品的进口比例中，机械及运输设备、化学品及有关产品所占的比重都较大。如表 6 – 21 所示，在我国的进口商品中，初级产品的进口比例不断增长，而工业制成品的进口比例反而降低了，甚至呈现不断减少的趋势。这说明了初级产品和工业制成品在我国进出口中正在缓慢实现角色的互换，我国的进口结构在一定程度上得到了优化。另外，医药、美容化妆品等高端消费品的进口增长较快，高技术产品占商品进口贸易总额的比重也呈现了不断上升的态势，这些都凸显出中国消费能力的增加以及消费等级的上升促进了进口结构的改变。从对外贸易中服务贸易进口分类的情况上看，近年来，我国旅行服务以及运输服务带来的进口额最大，加工服务带来的进口额最少，服务贸易进口结构中的知识密集型服务贸易所占的比重近年来也有所提升。在我国的对外贸易中，服务贸易的整体发展情况仍与货物贸易有着较大的差距。

从我国进口市场份额的结构上看，根据商务部的对外贸易形势报告的相关数据显示，进口来源国的结构变化并不大。我国的进口国家主要集中在日本、欧盟以及韩国中，从美国进口的比例在 2018 年再次下降，截至 2018 年年末，美国占中国进口来源的份额达到了 7.3%，在中国的进口来源国中排名第五。

从对外直接投资的结构上看，我国对外投资所涉及的门类齐全、行业广泛，其中超千亿美元行业存量规模的有 6 大行业。其中，租赁和商务服务业、金融业、制造业、批发和零售业的投资占比分别位列前 4 位，且其在涵盖了 18 个国民经济行业大类的对外直接投资净额中占到了超过一半的比例，租赁和商务服务业在 2018 年的对外直接投资净额中占比最高，为 35%，这与历年的对外直接投资情况基本相同。租赁和商务服务、批发零售、金融、信息传输、制造和采矿等 6 大领域在中国对外直接投资存量总规模中的占比为 84.6%，且存量规模均超过千亿美元。同时，流向生产制造、信息传输、科学研究和技术服务、文化教育等领域的投资也快速增长。

二、我国产业结构发展现状

1. 产业结构的历年变化情况

如表 6-22 所示，2009 年至 2018 年间我国三大产业占比的趋势呈现出较大的变化，第一产业以及第二产业的占比都呈现出整体减少的态势，第三产业占比则呈现不断增加的态势。从 2012 年开始，第三产业在国民经济中的比例超过了第二产业，第三产业的占比达到了 45.5%，成了国民经济中占比最大的组成部分，2015 年第三产业的占比更是达到了 50.8%，首次超过国民经济组成部分的一半。整体来看，相比于发达国家，我国新兴产业的发展速度依旧较慢，第三产业占国民经济总总值的比例依旧偏低且仍有较大的发展空间。表 6-23 是根据基础理论部分的具体公式对相关数据进行计算后所得到的产业结构高级化与产业结构合理化的指标，从该表的数据中可以发现，我国的产业结构历年来正在不断向高级化与合理化的方向发展，但发展的趋势有所波动。产业结构的高级化水平从 2009 年的 0.97 已经上升到了 2018 年的 1.28 左右，这代表着我国的第三产业在不断发展，其在国民经济中的占比甚至逐渐超过了第二产业的占比，产业结构不断趋向于高级化。产业结构的合理化水平从 2009 年的 0.22 已经下降到了 2018 年的 0.13 左右，这代表着我国的劳动力人口在三大产业之间的流动情况与国民经济中产业结构的变化情况越来越相符，产业结构不断趋向合理化。

表 6 – 22　我国历年的产业结构占比情况

时间	第一产业占比（%）	第二产业占比（%）	第三产业占比（%）
2009 年	9.6	46	44.4
2010 年	9.3	46.5	44.2
2011 年	9.2	46.5	44.3
2012 年	9.1	45.4	45.5
2013 年	8.9	44.2	46.9
2014 年	8.6	43.1	48.3
2015 年	8.4	40.8	50.8
2016 年	8.1	39.6	52.4
2017 年	7.5	39.9	52.7
2018 年	7	39.7	53.3

数据来源：国家统计局。

表 6 – 23　我国历年的产业结构优化情况

时间	产业结构高级化	产业结构合理化
2009 年	0.97	0.22
2010 年	0.95	0.2
2011 年	0.95	0.19
2012 年	1	0.17
2013 年	1.06	0.15
2014 年	1.11	0.13
2015 年	1.23	0.13
2016 年	1.29	0.12
2017 年	1.28	0.13
2018 年	1.28	0.13

数据来源：据国家统计局计算所得。

　　本节在此处选取并整理了世界银行数据库中的相关数据对世界部分国家与中国工、农业增加值在 GDP 中占比的整体情况进行了对比，通过对比可以发现，相比于发达国家，中国第三产业的增加值在国民经济中的占比仍然较低。表 6 – 24 所列举的是一些主要发达国家以及发展中国家的工、农业增加值的情况，在所列举的国家之中，印度的农业增加值占比最高，马来西亚和中国的农业增加值占比同样较高，美国的农业增加值在 GDP 中的占比不到 1%，且中国的工业在所列举的国家中增加值的占比最大。由此看来，相比于发达国家,中国的工、农业增加值的占比依旧较大。相关数据显示,早在 2014 年,发达国家的第三产业占 GDP 的比重就已经在 70% 左右,英国、法国、美国等国家的第三产业占比甚至更高,2018 年美国的第三产业占比超过了 75%,而中国的第三产业的占比在 2014 年还不足 50%,2018 年第三产业的占比也仅为 53.3%,中国的第三产业占比情况远低于美国、英国与法国等发达国家的水平,其产业结构的发展还有很大的调整空间。

表 6 – 24　2017 年世界部分国家工、农业的占比情况

国家	农业增加值占比（%）	工业增加值占比（%）
世界水平	3.4	25.4
美国	0.9	18.2
英国	0.7	17.6
德国	0.8	27.4
法国	1.6	17.2
日本	1.2	29.1
中国	7.6	40.5
印度	15.6	26.5
马来西亚	8.6	38.1
俄罗斯联邦	3.6	30.5

数据来源:据世界银行数据库整理所得

2. 劳动力的产业流动情况

从劳动力的产业流动情况来看,其大体符合中国三次产业结构的变化趋势,劳动力的产业流动呈现着合理性的变化趋势。表 6 – 25 中可以看到,2008—2018 年,中国第一产业的就业人数不断减少,第二产业的就业人数先增加后减少,第三产业的就业人数不断增加。2014 年,第二产业的就业人数超过了第一产业,近十年来,第三产业的就业人数也一直高于第二产业的就业人数。根据发达国家的经济发展经验,随着时间的推移,劳动力对于第一产业的重要性将会逐步减少,第二产业与三产业的劳动力需求也会随着经济总额的增加而逐步增加,劳动力的就业将会日益向第三产业转移。根据相关学者们的研究也可以发现,中国高级人力资本在三次产业间的分布具有较大的差异性,其流动的整体情况基本可概括为第三产业大于第二产业,而第二产业又大于第一产业。其中,高级人力资本在第二产业以及第三产业中所占的比重与经济增长所呈现出的正相关关系较强。

表 6 – 25　各产业就业人数的流动情况

时间	第一产业就业人数（万人）	第二产业就业人数（万人）	第三产业就业人数（万人）
2008 年	29923	20553	25087
2009 年	28891	21080	25857
2010 年	27931	21842	26332
2011 年	26594	22544	27282
2012 年	25773	23241	27690
2013 年	24171	23170	29636
2014 年	22790	23099	31364
2015 年	21919	22693	32839
2016 年	21496	22350	33757
2017 年	20944	21824	34872
2018 年	20258	21390	35938

数据来源：国家统计局。

在对外贸易发展情况以及产业结构发展情况进行分析后，本节发现，随着经济的发展，中国对外贸易的发展整体向好，产业结构向高级化与合理化变化的趋势也越来越明显。具体来看，目前中国的外贸正在稳中向好，中国进出口总额、出口总额以及进口总额整体都呈现不断增加的趋势；对外直接投资结构趋向多元化；进出口结构不断优化；进口结构中初级产品和工业制成品正在实现缓慢的角色互换，高技术产品与高端消费品在进口结构中的比例不断上升，中国的消费能力不断增加且消费等级不断提升；"走出去"规范企业对外直接投资行为的政策，与"引进来"引进高新技术以及管理方式等政策的不断落实都在进一步地推进中国产业结构改革的进度。但对外贸易的发展趋势虽然整体向好，却也同时面临着问题与困境。首先，中国目前面临的外贸环境严峻而复杂，存在着外贸壁垒与不确定、不稳定的因素，中美贸易摩擦也对中国对外贸易的发展产生了冲击，这些都影响了中国企业参与国际商务的行为。其次，中国的货物贸易的顺差以及对外直接投资净额近两年下降明显，外贸依存度虽然呈现下降态势但数值却仍然较高，对外贸易的发展易受外部环境所带来的风险冲击。再次，从中国高技术产品的出口结构上看，高技术产品的出口结构过于集中，涉及的产业链相对低下，抗风险能力以及科技含量较低等问题日益突出。另外，中国服务贸易的出口优势并不明显，且其整体发展水平与货物贸易具有较大差距。随着对外贸易的发展，中国的产业结构虽然呈现了高级化以及合理化的变化趋势，但相对比于相关发达国家以及发展中国家，中国第三产业发展的空间仍旧较大。

由于以上列举出的对外贸易发展中积极以及消极的因素会对中国产业结构的优化升级产生不同程度的影响，尤其是对外贸易领域所面临的问题与困境不仅对服务业的发展会产生一定的限制作用，也在一定程度上限制了内在生产要素向高效化的转移，为实现产业结构更好的优化升级，需要对这些外贸领域所面临的问题不断加以重视。为了对二者之间具体的影响情况进行更深入的分析，本节将继续进行实证研究。

6.4.2　实证分析

一、模型建立

在模型建立的过程中，本节根据变量的具体情况，最终选取了 VEC 模型（向量误差修正模型）来对各变量之间的关系进行研究。为对中国对外贸易的发展对产业结构的影响进行更深入的研究，本节同时结合了产业结构优化的直接性指标以及产业结构优化的间接性指标分别对产业结构不同层次的变化情况进行了代表，并在此基础上进行了由浅入深的模型建立与实证分析。

二、数据来源及处理

本节所选取的对外贸易以及产业结构优化的具体指标整理自国家统计局、《中国贸易外经统计年鉴》《中国统计年鉴》与世界银行数据库。本节将分两个层次对产业结构优化的衡量指标进行分析，即对直接指标（产业结构高级化、产业结构合理化）以及间接指标（人力资本水平、科技创新能力、能源利用效率）分别进行两个层次 VEC 模型的建立。值得一提的是在对其中的多重指标即对外贸易发展情况、人力资本水平、科技创新能力、能源利用效率的相关指标进行选取时，本节还将选用因子分析的方法和 KMO 和 Bartlett 球形检验的方法对具体指标的情况进行选取与衡量。

三、直接衡量指标的实证结果与分析

1. 直接衡量指标的选取

在直接指标的选取处，本节根据前文中产业结构优化理论部分所涉及的具体公式对产业结构高级化和产业结构合理化的具体指标进行了计算，并根据因子分析的方法对对外贸

易发展水平的相应指标进行了选取，在此基础上本节将进行具体的实证分析。

为了探究对外贸易整体水平对中国产业结构变化的具体影响，本节选取了1985—2018年34年的数据。在选取对外贸易的指标时，本节还进行了指标筛选与因子分析。在因子分析中本节具体化了三个一级指标，分别是对外贸易总额情况、对外直接投资水平以及对外贸易依赖程度。在指标筛选的过程中，本节将三个一级指标层层细化，最终利用三级指标的数据进行了因子分析，具体指标的筛选情况如表6-26所示。本节将用来自世界银行数据库中历年中国对外直接投资净流出在国民生产总值中所占的比重代表对外直接投资净流出的数额情况，该表中所涉及的数据分别整理自《中国贸易外经统计年鉴》《中国统计年鉴》以及世界银行数据库。

表6-26　对外贸易指标的选取结果

对外贸易指标		
一级指标	二级指标	三级指标
对外贸易总额情况	总体情况	出口总额
		进口总额
对外直接投资水平	投资情况	对外直接投资净流出
		实际利用外资额
		外商直接投资额
对外贸易依赖程度	依赖水平	对外贸易依存度

2. ADF 检验

由于现实中的许多经济变量往往不是平稳的时间序列，为避免"伪回归"的现象，模型建立需要在变量平稳的基础上，因此，在建立模型之前，本节将对变量的平稳性进行检验。本节采用 ADF 检验的方法对样本进行平稳性检验，结果如表6-27所示。由该表可知，各变量在5%水平上均无法拒绝原假设，即各变量均存在单位根，为非平稳序列，因此，无法对模型直接进行回归。而在对变量做完一阶差分处理后，各变量均可以拒绝原假设，故所有变量的一阶差分项是平稳的，属于同阶单整序列，接下来可以进行最优滞后阶数的选择与协整检验。

表6-27　直接指标的 ADF 检验

变量	T 统计量	1%临界值	5%临界值	10%临界值	P 值	结果
对外贸易水平 TRA	-2.230421	-4.262735	-3.552973	-3.209642	0.4581	不平稳

续表

变量	T 统计量	1% 临界值	5% 临界值	10% 临界值	P 值	结果
产业结构高级化 UP	-2.008274	-4.273277	-3.557759	-3.212361	0.5748	不平稳
产业结构合理化 RES	-0.897469	-2.63921	-1.951687	-1.610579	0.3197	不平稳
D （TRA）	-7.431519	-3.65373	-2.95711	-2.617434	0	平稳
D （UP）	-3.582257	-3.65373	-2.95711	-2.617434	0.0119	平稳
D （RES）	-3.834089	-2.63921	-1.951687	-1.610579	0.0004	平稳

3. 协整检验

如表 6-28 所示，根据 AIC、SC、HQ 准则，选择 * 最多的阶数为最优滞后阶数，并最终确定选择滞后阶数为滞后 2 阶。对于非平稳时间序列，如果各个变量同阶单整，则可以进行协整检验对变量之间是否存在经济上长期的均衡关系进行测度，本节采用 Johansen 协整检验的方法对其进行测度。检验结果如表 6-29 所示，Trace 检验结果表明，模型在 10% 置信水平下，变量之间至少存在 1 个协整关系。为衡量变量间具体的影响情况，需要建立 VEC 模型来进行刻画与度量。

表 6-28 直接指标的最优滞后阶数检验结果

Lag	LogL	LR	FPE	AIC	SC	HQ
0	46.92689	NA	0.00000871	-3.137635	-2.994899	-3.093999
1	151.9271	180.0004	9.21E-09	-9.994793	-9.423848*	-9.820249
2	163.9888	18.09262*	7.60e-09*	-10.21349*	-9.214335	-9.908038*
3	167.3077	4.267164	1.22E-08	-9.807696	-8.380334	-9.371338
4	174.213	7.398473	1.62E-08	-9.658071	-7.8025	-9.090804
5	186.3446	10.39852	1.64E-08	-9.881757	-7.597977	-9.183582
6	197.7258	7.316485	0.000000021	-10.05184	-7.339854	-9.222761

表 6-29 直接指标的协整检验结果

原假设	特征根	迹统计量 （Trace）	5% 临界值	Prob.**
None*	0.421267	28.40072	27.06695	0.0718
Atmost1	0.251927	10.89947	13.42878	0.2177
Atmost2	0.049107	1.611336	2.705545	0.2043

注：迹检验表明在 0.1 水平下有 1 个协整方程。

4. VEC 模型的构建

通过对变量利用 Johansocn 方法检验是否存在协整关系后，多变量模型间的动态关系可以通过构建 VEC 模型进行具体分析，具体表达公式如下：

$$\Delta Y_t = \beta ECM_{t-1} + X_1 \Delta Y_{t-1} + X_2 \Delta Y_{t-2} + \cdots + X_\varphi \Delta Y_{t-\varphi} + \varepsilon_t$$

在上述公式中，误差修正项体现的是偏离长期均衡的变量之间非均衡误差的情况，修正项可通过协整方程进行计算并用 ECM 模型进行表示。调整系数就是在误差修正项前面的系数，该系数是各变量从现期变化回归到长期均衡状态或消除非均衡误差后的调整速率。通过前面小节进行的协整检验可知，对外贸易发展的整体水平同产业结构高级化水平以及产业结构合理化水平之间存在着经济上的长期均衡关系，并且这种变量之间的均衡关系也可以通过模型所显示的调整速度以及调整状态进行进一步的分析。对于存在协整关系的时间序列，可以通过 VEC 模型对协整修正后的参数进行估计，从而对各个变量之间的长期均衡关系以及短期影响进行具体衡量。

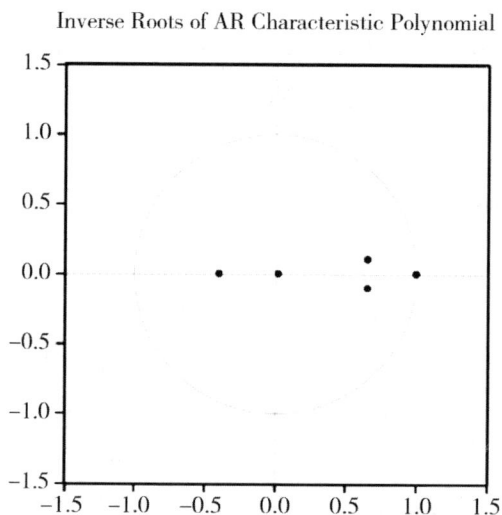

Inverse Roots of AR Characteristic Polynomial

图 6 – 1　直接指标 VEC 模型单位根的稳固性检验

在建模前，首先对模型特征根进行稳固性检验进而保证模型的稳定效果，如果特征根的倒数的模小于 1 且在单位圆的内部，那么就能证明 VEC 模型的稳固性，如图 6 – 1 所示，模型的单位根检验图中的点均保证了在圆内，证明其具有稳定性。最终根据 VEC 的相关结果得到的协整方程以及 VEC 向量误差修正模型。该模型的 AIC、SC 的值较小，模型的设计合理，且模型在 5% 水平下的显著性良好。代表着假设中国的对外贸易发展水平与产业结构高级化以及产业结构合理化的水平存在着长期均衡关系，该协整方程代表着在长期均衡关系中，中国对外贸易对产业结构高级化以及产业结构合理化的发展水平有着显著的正向带动作用。当中国对外贸易的整体水平每上升 1%，产业结构高级化水平将提升 0.25%，产业结构合理化水平将提升 0.33%。

5. 脉冲响应分析

由于建立的是向量误差修正模型，其脉冲响应函数是基于回归模型描述的一个变量对另一个变量的短期动态影响。图 6 - 2 是产业结构高级化对对外贸易的脉冲响应图，从图中可以看出对外贸易发展对我国的产业结构高级化水平的短期动态影响，其具体意义如下：如果给对外贸易一个单位的正向冲击，产业结构高级化程度也会受到较大幅度的正向冲击，并于第 10 期左右达到最大值并逐渐趋向于平稳。整体来看，中国的产业结构高级化水平随着对外贸易的发展会受到较大的正向冲击，对外贸易的发展在短期动态上促进了中国产业结构的高级化。这可能是由于在对外贸易最初发展的过程中，随着中国对外贸易的不断发展，服务业的进出口贸易水平也不断发展，服务业的结构也得到了一定程度的优化，第二产业在国民经济中的占比先上升后下降，第三产业的产值逐渐超过第二产业，经济服务化的趋势在不断加强。

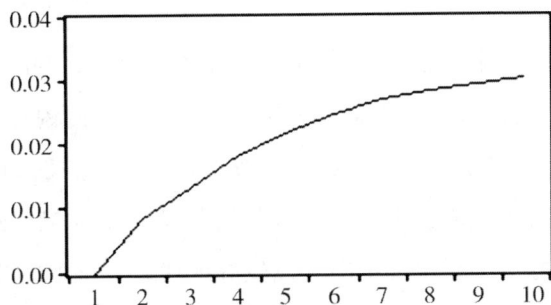

图 6 - 2　产业结构高级化对对外贸易的脉冲响应

图 6 - 3 是产业结构合理化对对外贸易的脉冲响应图，从图中可以看出对外贸易发展对中国产业结构合理化水平的短期动态影响。其具体意义如下，当对外贸易受到一个单位的正向冲击时，产业结构合理化的指标随着时间的变化便呈现出了趋向于反方向变化的趋势，并于第 10 期左右达到最低值并逐渐趋向于平稳，这是符合预期的。因为产业结构合理化水平越高对其进行衡量的指标数值就越低，这证明对外贸易的发展会促进产业结构的合理化。随着对外贸易的发展，中国的产业结构在不断趋向于合理化，这可能是由于在对外贸易的发展过程中，中国企业逐渐学习并吸收到了外来技术、资本的长处，逐步适应了外资的涌入并逐渐开始对外直接投资。同时，第三产业的增加值不断增加，各个产业之间的收入水平也产生了较大的差异，这些都提高了人们追求在服务业中从事工作的热忱，也使得在第一产业与第二产业中从事工作的人数逐渐减少。同时，劳动力在三次产业中变化

的情况也与三次产业在国民经济中所占比例的变化情况相符合，劳动力向一、二、三产业的流动更加均衡，产业结构随着对外贸易的发展不断趋于合理化。

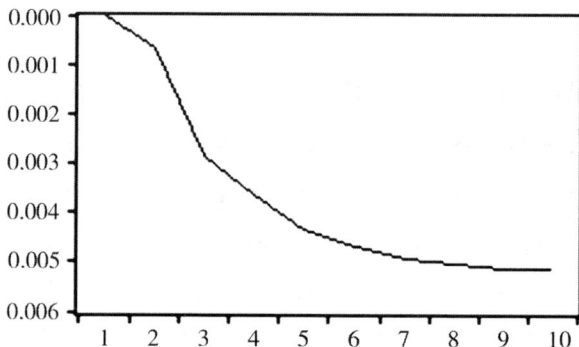

图 6 - 3　产业结构合理化对对外贸易的脉冲响应

四、间接衡量指标的实证结果与分析

1. 间接衡量指标的选取

在间接指标的选取处，本节使用因子分析的方法选取了 2000—2017 年的人力资本水平指标、科技创新能力指标、能源利用效率指标对产业结构的内在发展程度进行了衡量，并利用前面小节对外贸易一级指标的维度以及因子分析的方法对 2000—2017 年对外贸易发展程度的指标重新进行了选取，本节所选取的对外贸易指标最终通过了 KMO 和 Bartlett 检验，且方差贡献率良好，因子得分情况可以较好地代表所选取的指标，本节最终提取了 1 个公因子对外贸发展的程度进行了代表。另外，由于在对能源利用效率的指标进行选取时，本节存在着产生正向以及反向作用的指标同时存在的现象，本节对能源利用效率的指标采用了逆向指标正向化的方法对其进行了相应处理。本节涉及的间接指标的数据分别来源于国家统计局、《中国贸易外经统计年鉴》与《中国统计年鉴》。

在人力资本水平上，卢卡斯曾经认为人力资本的积累可以通过在实践中进行学习以及教育两个维度来形成，但由于"实践中学习"的指标难以用具体数据来衡量，因此，测度人力资本的指标大体被分为了收入法、成本法以及教育指标法。收入法即通过价格对人力资本水平进行衡量，成本法即通过对人力资本的投入进行计算来对人力资本水平进行衡量，教育指标法即通过选取一些教育指标来对人力资本水平进行测度。但这三种方法也存在着各自的缺陷，比如收入法对未来的预期不好把握，成本法中对人力资本的投入成本也难以确定，受主观影响较大，教育指标法忽略了教育效率以及同一教育年限对个人而言的知识积累程度。因此，使用这三种方法都难以实现精准判别。故而，在以上研究的基础上，本节在人力资本水平这一指标的选取上加入了对人力资本发展时健康情况的考量，最终选取了教育质量、健康状况和教育投入三个一级指标。具体指标的选取结果如表 6 – 30 所示，本节将一级指标层层细化，最终用三级指标的数据情况对其进行了代表。本节所选取的人力资本水平指标的相关数据均整理自国家统计局。

表 6 – 30　人力资本指标的选取情况

人力资本指标		
一级指标	二级指标	三级指标
教育质量	高等教育质量水平	普通高中师生比
		普通高校师生比
健康状况	医疗卫生条件	卫生总费用
教育投入	国家投入力度	国家教育经费投入
	社会投入力度	社会捐赠经费

从因子分析的结果上可以看出 KMO 值为 72.5%，所选取的数据通过了 KMO 和 Bartlett 检验，适合做因子分析。如表 6 – 31 所示，初始特征值大于 1 的特征值有 2 个，两个因子的累计方差贡献率为 87.73%，因此，选取两个公因子的得分情况对人力资本水平的整体发展情况进行代表是可行的。本节最终提取出了两个公因子，计算了两个公因子得分的情况，并用其对人力资本水平的整体情况进行了代表。

表 6 – 31　人力资本指标的方差贡献率

成分	初始特征值			提取平方和载入		
	合计	方差/%	累积/%	合计	方差/%	累积/%
1	3.262	65.231	65.231	3.262	65.231	65.231
2	1.125	22.499	87.73	1.125	22.499	87.73
3	0.526	10.521	98.252			
4	0.079	1.585	99.837			
5	0.008	0.163	100			

提取方法：主成分分析。

在科技创新能力的发展水平上，近年来，学者们主要是根据"欧洲创新记分牌"评价体系进行完善整合并在此基础上选取相应的指标。本节就在创新记分牌中所涉及的投入与产出两大体系的基础上适当增加了创新主体情况以及政策支持情况作为一级指标进行了具体的研究。在细化为三级指标后，具体指标的选取结果如表 6 – 32 所示。本节所选取的科技创新能力指标的数据均整理自国家统计局。

表 6 – 32　科技创新能力指标的选取情况

科技创新能力指标		
一级指标	二级指标	三级指标
创新主体	主体情况	研究与试验发展人员全时当量
创新投入	投入水平	研发经费支出
创新产出	产出水平	发明专利申请授权数
		科技成果登记数
政策支持	支持力度	科技拨款在公共财政支出中所占比重

从因子分析的结果上可以看出 KMO 的值为 81.3%，在 80% 以上，所选取的数据适合做因子分析。如表 6 – 33 所示，初始特征值大于 1 的特征值有 1 个，最终提取出了一个公因子，公因子的方差贡献率为 94.183%。因此，选取该公因子的得分情况对科技创新能力的整体发展情况进行代表是可行的。本节将用该因子得分来对科技创新能力的整体情况进行代表。

表 6 – 33　科技创新能力指标的方差贡献率

解释的总体方差						
成分	初始特征值			提取平方和载入		
	合计	方差/%	累积/%	合计	方差/%	累积/%
1	4.709	94.183	94.183	4.709	94.183	94.183
2	0.233	4.669	98.852			
3	0.041	0.816	99.668			
4	0.013	0.258	99.926			
5	0.004	0.074	100			

提取方法：主成分分析。

能源利用效率的提高意味着可以用相同或更少的能源去服务生活或者在利用相同的能源时可以产出更多的、更好的产品去服务生活。在能源利用效率指标的选取上，学者们主要选取的是能源消费弹性系数等衡量能源技术效率的具体指标。虽然这样选取指标有着可量化及直观性的优点，但在一定程度上对于不同行业能源利用效率情况有所忽略。本节就将在此基础上加入工业能源的消耗程度以及生活能源的消耗程度的相关指标作为一级指标以衡量能源利用效率的整体情况。在细化为三级指标后，具体指标的选取结果如表6－34所示。本节所选取的能源利用效率指标的数据均根据国家统计局的相关数据整理并计算所得。

表6－34　能源利用效率指标的选取情况

能源利用效率指标		
一级指标	二级指标	三级指标
能源技术水平	技术效率水平	能源加工转化总效率
		能源消费弹性系数（－）
生产耗能度	工业能源消耗水平	单位能耗 GDP 产值
		工业单位增加值能耗（－）
生活耗能度	生活能源消耗水平	单位 GDP 生活能耗（－）

从因子分析的结果上可以看出 KMO 的值为83.4%，所选取的数据适合做因子分析。如表6－35所示，最终初始特征值大于1的特征值有1个，累计方差贡献率为87.507%，因此，选取该公因子的得分情况对能源利用效率的整体发展情况进行代表是可行的。本节将用该因子得分来对能源利用效率的整体情况进行代表。

表6－35　能源利用效率指标的方差贡献率

成份	解释的总体方差					
	初始特征值			提取平方和载入		
	合计	方差/%	累积/%	合计	方差/%	累积/%
1	4.375	87.507	87.507	4.375	87.507	87.507
2	0.456	9.117	96.624			
3	0.094	1.87	98.495			
4	0.069	1.372	99.866			
5	0.007	0.134	100			

提取方法：主成分分析。

2. ADF 检验

由于现实中的许多经济变量往往不是平稳的时间序列，为避免"伪回归"的现象，模型的建立需要在变量平稳的基础上，因此，在建立模型之前应对变量的平稳性进行检验。本节采用 ADF 检验的方法对样本进行了平稳性检验，结果如表6－36所示。由该表可知，各变量在5%水平上均无法拒绝原假设，即各变量均存在单位根，为非平稳序列，因此，无法对模型直接进行回归。而在对变量做完一阶差分处理后，各变量均可以拒绝原假设，故所有变量的阶差分项是平稳的，属于同阶单整序列，接下来可以进行最优滞后阶数的选择与协整检验。

表6－36　间接指标的 ADF 检验

变量	T 统计量	1% 临界值	5% 临界值	10% 临界值	P 值	结果
对外贸易水平 TRA	－ 1.997355	－ 4.616209	－ 3.710482	－ 3.297799	0.5615	不平稳
人力资本水平 EDU	－ 3.421527	－ 4.80008	－ 3.791172	－ 3.342253	0.0888	不平稳
科技创新能力 INN	－ 3.247228	－ 4.216209	－ 3.710482	－ 3.297799	0.1085	不平稳
能源利用效率 ENE	－ 2.44666	－ 4.004425	－ 3.098896	－ 2.690439	0.1478	不平稳
D（TRA）	－ 3.426685	－ 3.92035	－ 3.056555	－ 2.673459	0.0256	平稳
D（EDU）	－ 4.600756	－ 4.80008	－ 3.791172	－ 3.342553	0.0138	平稳
D（INN）	－ 3.703519	－ 3.92035	－ 3.065585	－ 2.673459	0.0151	平稳
D（ENE）	－ 5.158765	－ 4.80008	－ 3.791172	－ 3.342253	0.0057	平稳

3. 协整检验

如表6－37所示，根据 AIC、SC、HQ 准则确定最优滞后阶数，选择最优滞后阶数为滞后1阶。由于所涉及的变量是同阶单的非平稳时间序列，本节此处仍将采用 Johansen 协整检验的方法对各个变量之间是否存在着经济上的长期均衡关系进行测度。协整检验结果如表6－38所示，Trace 检验结果表明，模型在5% 置信水平下，变量之间至少存在1个协整关系。为衡量变量间具体的影响情况，需要通过建立 VEC 模型即向量误差修正模型来进行具体的刻画和度量。

表6－37　间接指标的最优滞后阶数检验结果

Lag	LogL	LR	FPE	AIC	SC	HQ
0	－ 15.6059	NA	0.000136	2.450738	2.643885	2.460629
1	49.58263	89.63423*	3.17e－07*	－ 3.697828	－ 2.732092*	－ 3.648375
2	69.14675	17.11861	0.000000337	－ 4.143343*	－ 2.405019	－ 4.054327*

表6－38　间接指标的协整检验结果

原假设	特征根	迹统计量（Trace）	5%临界值	Prob. **
None *	0.750037	48.9642	47.85613	0.0392
Atmost1 *	0.649834	25.39469	29.79707	0.1478
Atmost2	0.357318	7.555764	15.49471	0.514
Atmost3	0.002349	0.039976	3.841466	0.8415

注：迹检验表明在0.05水平下有1个协整方程。

4. VEC 模型的构建

通过前面小节进行的协整检验可知，对外贸易发展的整体水平同人力资本水平、科技创新能力、能源利用效率之间存在着经济上的长期均衡关系，并且这种均衡关系可以从具体指标的调整速度、状态等具体维度通过模型进行进一步分析。存在协整关系的时间序列，可以先进行协整修正，即采用 VEC 模型进行参数估计，进而分析变量之间的长期均衡关系以及短期影响情况。

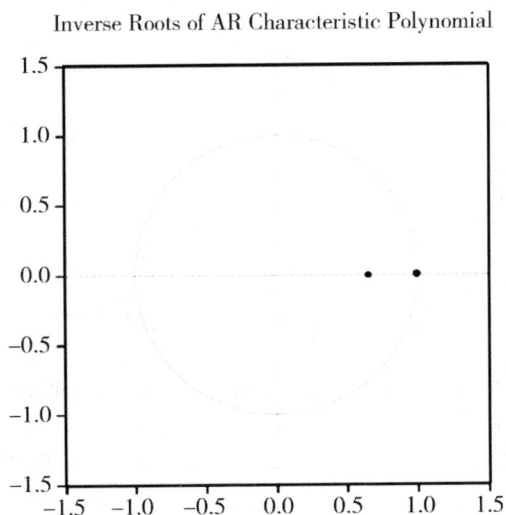

Inverse Roots of AR Characteristic Polynomial

图6－4　间接指标 VEC 模型单位根的稳固性检验

在建模前，首先对模型特征根进行稳固性检验进而保证模型的稳定效果，如果特征根的倒数的模型小于1且在单位圆的内部，那么就能证明 VEC 模型的稳固性。如图6－4所示，模型的单位根检验图中的点均保证了在圆内，证明其具有稳定性。并且最终得到协整方程及 VEC 向量误差修正模型 AIC、SC 的值较小，模型的设计合理，且模型在5%水平下的显著性良好，代表假设中国的对外贸易发展水平与人力资本水平、科技创新能力、能源利用效率存在着长期均衡关系，在长期均衡关系中，中国对外贸易的发展对人力资本水平以及能源利用效率有着显著的正向带动作用，但对科技创新能力却有一定的抑制。当我国对外贸易的整体水平提高 1% 时，人力资本水平将提升 0.80%，能源利用效率将提升 1.55%，科技创新能力将下降 1.54%。

5. 脉冲响应分析

图 6-5 是人力资本水平对对外贸易的脉冲响应图，从图中可以看出中国对外贸易的发展对人力资本水平的短期动态影响。其具体意义如下：当给对外贸易一个单位的正向冲击时，1-10 期时人力资本水平会受到较大程度的正向冲击，并于第 10 期左右达到最高点，后期逐步趋于平稳发展。这可能是由于随着对外贸易的发展，中国企业逐渐意识到教育对企业竞争力、创新能力乃至产业结构优化升级的重要性，并开始逐步加大对教育的重视程度以及投入，相关从业人员的素质水平以及高等学校的教育质量不断提高，最终促进了人力资本水平的发展。

Response of EDU to TRA

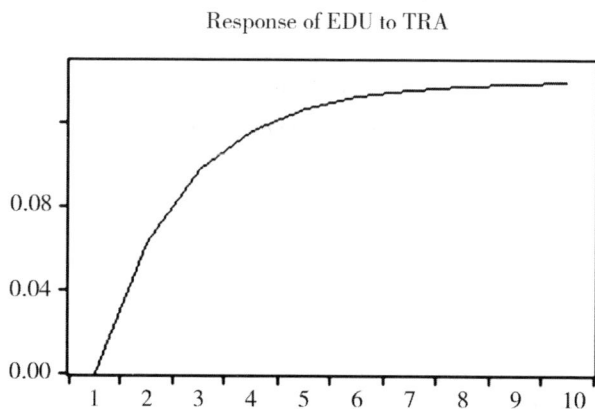

图 6-5　人力资本水平对对外贸易的脉冲响应

图 6-6 是科技创新水平对对外贸易的脉冲响应图，从图中可以看出中国对外贸易发展对科技创新能力的短期动态影响。其具体意义如下，当给对外贸易一个单位的正向冲击时，科技创新能力会在 1-10 期时受到较大程度的正向冲击，并于第 10 期左右达到最高点，后期逐步趋于平稳发展。这可能是因为对外贸易的发展带来了各国之间资本、技术流动的同时也促进了各国在教育、科研等方面的交流与学习。随着时间的推移，中国政府与企业也逐渐意识到科技创新能力、人力资本水平对企业竞争力乃至产业结构优化升级的重要性，并开始逐步加大对教育以及科研领域的重视程度和资本投入，科技创新能力的整体水平在短期内受到了对外贸易发展所带来的较大幅度的正向冲击并逐渐趋向于稳定。

Response of INN to TRA

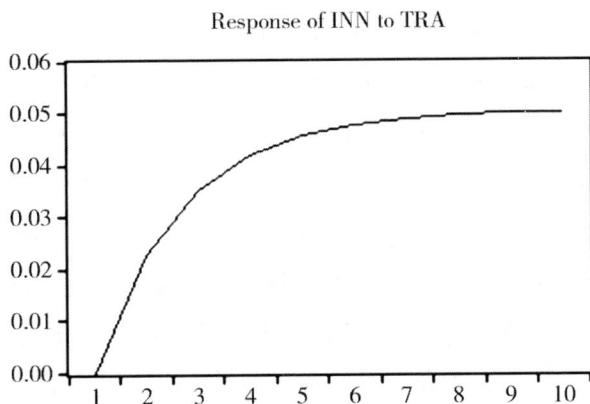

图 6 – 6　科技创新能力对对外贸易的脉冲响应

图 6 – 7 是能源利用效率对对外贸易的脉冲响应图，从图中可以看出中国对外贸易发展对能源利用效率的短期动态影响。其具体意义如下，当给对外贸易一个单位的正向冲击时，能源利用效率随着对外贸易的发展会受到较大幅度的正向冲击并在第 10 期左右达到最高值，随后逐步趋于平稳发展。这可能是由于随着对外贸易的发展与技术的进步，中国政府与企业都逐渐意识到能源与环境对企业竞争力、创新能力乃至产业结构优化升级的重要性，并开始投入资金与精力整治环境、节约能源，开始逐步加大对能源行业的投入、提高对相关从业人员的选拔标准、增强对从业人员的培训力度，从事此行业人员的素质水平逐步得到了提升。与此同时，社会范围内对能源的重视程度也不断增加，尤其是随着生活上人们节能意识的不断增强，人们在生活上对能源的利用效率也在不断提高。因而中国的能源利用效率在短期内不断提高并且逐渐趋于稳定。

Response of ENE to TRA

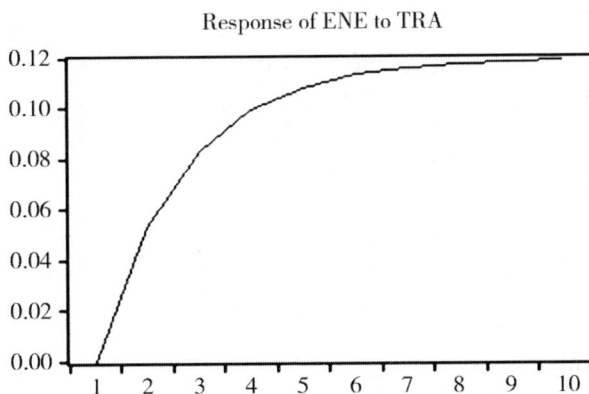

图 6 – 7　能源利用效率对对外贸易的脉冲响应

通过实证分析，本节发现，在直接衡量指标的层次上，无论是在短期动态冲击下，还是在长期均衡关系中，对外贸易的发展都带动着产业结构不断趋向于合理化与高级化发展。在受随机误差扰动影响所带来的短期动态冲击时，产业结构都会随着对外贸易的发展不断趋向于高级化与合理化。从长期均衡关系上看，中国对外贸易也对产业结构高级化以及产业结构合理化的发展水平有着显著的正向带动作用，当中国对外贸易的整体水平每上升1%，产业结构高级化水平将提升0.25%，产业结构合理化水平将提升0.33%。在间接指标的层次上，当受到短期动态冲击时，中国的人力资本水平、科技创新能力、能源利用效率的发展在动态上都受到了对外贸易发展所带来的正向冲击。而从长期均衡关系上看，中国对外贸易的发展对人力资本水平以及能源利用效率有着显著的正向带动作用，但对科技创新能力却有一定的抑制，即当我国对外贸易的整体水平提高1%时，人力资本水平将提升0.80%，能源利用效率将提升1.55%，科技创新能力将下降1.54%。这可能是由于虽然中国的外贸发展带来了技术的进步，短期内对国家的科技创新能力起到了一定的促进作用，但从长期上看，中国出口高技术产品的优势并不突出，同时对高端消费产品的进口需求不断增加，因此，可能会对高科技产品的进口产生依赖，中国的科技创新能力可能会在长期发展上受到一定程度的抑制。

五、结论与对策建议

1. 相关结论

首先，本节在对相关理论进行梳理并对历年对外贸易和产业结构变化的整体情况进行研究后发现，近年来，随着中国对外贸易水平的不断上升，产业结构也不断趋向于高级化与合理化。但在对外贸易依存度较高的情况下，中国仍面临着较大的对外贸易风险和压力，同时中国的产业结构也有着较大的发展空间。

其次，通过两个层次 VEC 模型的建立，本节分别对外贸发展对产业结构所产生的长期影响及短期冲击的程度进行了测度。本节发现，中国的对外贸易发展水平分别与不同层次的产业结构优化指标存在着长期均衡关系。

再次，本节通过对实证结果进行进一步分析后发现，随着中国对外贸易整体水平的不断提高，产业结构也正在不断优化，但从长期均衡关系上看，中国的科技创新能力可能会受到一定的抑制。

最后，在以上研究的基础上，本节还结合了中国政府以及部分相关企业在对外贸易发展以及产业结构优化发展上所做的努力，分别为政府和企业提供了通过对外贸易发展促进产业结构优化升级的相关思路，总结来看，主要包括以下几点：

（1）应促进出口整体质量水平的提升以带动对外贸易质量的提升。

（2）应通过多元化出口结构、加大创新投入与力度等方式对较高的对外贸易依存度可能带来的风险进行规避，尤其是对科研创新上的依赖风险进行规避。

（3）应不断提高对外直接投资的质量水平，并逐步引进国外企业的优质投资以提高生产力水平。

（4）应不断重视服务贸易在对外贸易中的发展情况，培育服务贸易的国际竞争优势。

（5）应提高对教育的重视程度，针对性地促进教育水平的不断发展，以促进人力资本水平以及科技创新能力的提高。

（6）应加强对能源领域的重视程度，从不同主体、不同领域进行能源建设，以促进能源利用效率水平的不断提高。

2. 对政府的建议

第一，应通过对外贸环境建设的积极参与以及对国内经济发展的多方面调整相结合的方式推进对外贸易整体质量水平的提高。对外，应推动经济全球化、国际经济新秩序的建立，推动经济区域化合作的不断深化以促进中国出口总额的不断增长。新时期还应当以新时代中国特色社会主义思想为指导，积极推进进出口贸易的发展，进一步提升贸易便利化水平，加大与周边国家的贸易往来与联系，逐步提高新兴市场进出口的占比，推动"一带一路"建设，努力促进外贸发展稳中提质。对内，应不断促进国内区域布局更加均衡，继续促进中西部合作以促进先富带后富。促进各经营主体的共同发展以及商品结构的持续升级。在上述方面虽然中国已经有所成就，但仍有较大的发展空间。

第二，应通过多元化出口结构、加大创新投入与力度等方式对较高的对外贸易依存度可能带来的风险进行规避，尤其是对科研创新上的依赖可能带来的风险进行规避。政府应当加强与各国的贸易往来，通过与更多国家进行国际贸易来为本国寻找更多的出口与进口替代国以改变进出口区域集中度较高的情况。"一带一路"倡议、中国进口博览会等世界性国际活动的开展都是中国主动向世界开放市场、支持经济全球化与贸易自由化的重要举措，这些国际贸易活动的进行不仅促进了中国与他国对外贸易的发展，也同时有利于降低中国的对外贸易依赖风险。另外，中国政府还应当不断加大自主创新力度，逐步加大科技创新投入，包括对科研经费的投入以及对科研人才培养的投入，力争在多领域进行高新技术创新并优化国家高技术产品的结构，以对科研创新上的依赖可能带来的风险进行合理规避。

第三，应不断完善新时期的"走出去"与"引进来"政策，在提升本国企业"走出去"质量的同时，也应逐步"引进来"国外企业高质量的对内投资以提高生产力水平。为达到上述目标，可以对相关企业提供关于制度规范以及提高进出口水平等相关内容的培训，也可通过政策的落实与完善对相关出口企业与引进外资的企业给予优惠措施。

　　第四，应不断培育中国国际服务贸易发展的竞争优势，通过引领发展方向、落实优惠措施、推动先发展带动后发展来促进国际服务贸易的高质量发展。国际服务贸易不仅是一国对外贸易的重要组成部分，同时具有技术以及附加值含量高、能耗低等特点与优势。虽然当前我国服务贸易的竞争优势并不突出，但国际服务贸易的发展仍是拉动国内服务贸易发展的重要方式。可以通过借鉴发达国家的发展经验来对本国国际服务贸易的发展方向进行把握，当前尤其应加大对金融、保险、咨询等知识密集型国际服务贸易领域的重视。可以通过政策的出台与完善来为相关服务行业提供便利措施，还可以通过不同区域以及不同领域服务业的先发展来带动其他区域以及其他领域服务业的后发展。

　　第五，应分别加强对校园教育以及企业教育的改进力度，针对性地继续促进教育水平的不断发展以带动本国人力资本水平以及科技创新能力的提高。相关部门应当不断落实并完善相应政策，明确教育事业的功能定位，有针对性地促进社会整体教育水平的发展。在校园教育上，政府应加强对学校教育所需要的教学配套设备的供应力度，如提供专注于开发编程以及其他不同创新领域的教学设备等，为各类学校提供开展创客教育、STEAM 教育的客观条件，培养学生的创新能力。还应在社会范围内形成教育方案的研发与探究体系，让每一套方案都可以专注于不同的核心，为学校的学生，尤其是为高校的学生在受教育的同时不断提升其专业素质与能力提供相应的方案。值得一提的是，强调开展创客教育，并不是否认过去传统教育的意义，强调成体系的教学方案，也不是无视软件以及硬件的作用，而是为了有针对性的教学并促进教育以及创新水平的提高。在企业教育上，政府应对各企业培训体系的发展方向进行引领，还应加大对相关科技型企业人才培训体系发展的支持力度，如培育华为、小米、格力等企业代表，为企业提供更有针对性的便利条件并帮助其加强与高校的联系。

　　第六，应提高对生产和生活能源的重视程度，从企业、组织、个人等不同方面落实能源节约的宣传与执行力度。作为能源高消费的国家，我国的能源工业除了要对经济发展所产生的能源需求进行满足，又要同时考虑国际组织的准则、环境保护等诸多因素。因此，对于政府来说，既要加强与企业的联系、与国际环保组织的沟通，又要改变经济体制与相关客观条件、完善并落实相关政策，将节能环保落实到每个人的实际生活中。值得一提的是，我国目前在此方面已经落实了相关措施并且已经在能源的节约和利用效率的提高上取得了一定的成效。后期，我国应当继续努力从粗放型的经济模式向集约型的经济模式转变，减少过剩产能和落后产能、推动新能源以及新动能的发展，并逐渐加快产业转型升级的步伐。另外，推进冬季的清洁取暖工作，减少煤炭消费，增加清洁能源的使用，治理重型柴油货车和散装物料运输车污染，从严查处不合格油品，推动减少公路运输量，增加铁路运输量等具体措施的落实，也是打好污染防治攻坚战、完善能源发展战略的重要方式。

3. 对企业的建议

由于部分企业在人力资本水平、科技创新能力、能源利用效率等方面的措施较为丰富，其创新能力与技术水平的发展对社会发展所带来的正向效应也较大，无论是对我国企业进行外贸活动还是对产业结构、社会经济的发展都有着重要的影响，所以本节此处就将借鉴部分企业的案例对跨国企业通过对外贸易的发展带动产业结构优化与经济发展的经验进行总结，并为相关企业提供一些具有共性的建议。

第一，应不断地在公司战略上加强对科技创新能力的重视，在实际行动上加强对科技创新的投入与开发。通过对华为的相关经验进行分析，本节发现提升企业自主创新能力的具体措施可以总结为以下几个方面，即发挥领导者的企业家精神、制定独特的目标与自主创新策略、加大科研投入力度、完善企业内部的管理体系等。首先，应选拔有企业家精神的领导者并发挥其在创新引导方向上的企业家精神。多年来，任正非以其卓越的领导才能与组织才能带动着华为不断进步，秉持着"不创新才是最大的风险"的原则，在"小灵通"火热、竞争者们都以此机会投资获利的时期，任正非便认为3G技术才是未来主流技术的发展趋势，事实证明他的判断是正确的，直至今日，其研发的5G技术不仅便利了人们的生活水平，更促进了世界科技创新水平的发展。其次，企业在为自身制定自主创新的目标与策略时，可以在结合自身特点的基础上，学习相关目标与策略。诸多企业都有着其独特的创新目标与策略，中国航天科工集团经过多年的建设以及不断完善和发展，逐步建成了较为完善的科研创新体系，其创新目标是"以创新驱动战略打造国际一流航天防务公司"，中国铝业公司的创新目标为"科技创新引领公司发展、技术突破支撑国家战略"，首钢总公司的创新策略为"自主创新与可持续发展新路径"，华为的创新策略则在于其始终将危机意识贯穿企业的发展过程之中以激发企业内在的创新活力、克服困难与挑战。这些公司独特的创新目标与策略都值得学习与借鉴。另外，加大科技创新投入并促进管理水平的同步升级也是提升企业创新能力的重要措施。从科技研发的力度上看，华为注重研发的特质对我国的企业有着很大的借鉴意义，在欧盟委员会官网上给出的《2018年欧盟工业研发投资排名》名单中，中国公司榜上有名的共有483家，进入前100名的仅有11家，而在这11家中，华为公司更是排名第一，其在世界入榜的公司排名中也位列第五。在内部管理体系上，华为也基于组织架构和运作模式设计并实施了独特的内部控制，值得一提的是，华为并不局限于"监督式"管理，更从为顾客提供服务的角度上，实行了"服务式"管理模式。

第二，应当不断推动出口产品技术水平的提升、促进进出口结构的优化升级以及企业自身出口总额的增长。这些目标可以通过增强企业参与国际商务的管理与组织能力、提升企业自身的业务能力等具体措施的落实来实现。企业应增强自身参与国际商务的管理与组织能力，尤其应增强自身的跨国文化管理能力，可以通过对产品需求进行调查、与当地优秀企业进行合作、加强对人员的管理与培训等方式来提升本企业的跨国文化管理能力。在跨国文化管理上，华为不仅在国际市场中善于利用本土化战略抓住不同国家顾客的需求改进并销售产品、善于与当地优秀的企业进行产业分工与合作，也更加注重对相关国际市场营销人员的培训、激励以及绩效管理。另外，不断提升自身的核心业务能力、拓展业务类型也是提升企业竞争力、促进出口结构优化升级的关键。华为的核心业务是智能手机业务，但华为在提升核心业务能力的同时，也在不断拓展云计算业务、个人端业务、企业业务等多种业务类型，专注于技术的发展并且为客户提供个性化的服务都已经成为华为为提升其竞争力所做出的必不可少的举措。

第三，应不断提高对外直接投资的水平以及企业"走出去"的能力，综合考虑自身的发展水平以及东道国的市场规模、竞争对手情况、资源状况、劳动力成本等多方面的因素为企业制定对外直接投资的具体战略。对于一些发展初期面临投资规模小、实力有限等问题的企业，可以在进入海外市场的初期通过低价战略以及以区位因素主导的全球化战略来提升本企业的对外直接投资能力与水平。出口海外市场的早期以低价获取竞争优势并在中后期逐步提升价格是企业在全球扩张初期可采取的主要战略之一。华为就在刚刚进入海外市场之时采取了低价战略并凭借低廉的价格在国际市场中占有了一席之地，在后期发展成功后便逐步摆脱原始的低价。其次，全球化战略同样是企业进行投资的重要战略之一，华为在对外直接投资的过程中主要考虑了投资过程中的市场规模及发展潜力、经济结构和发展水平、货币与金融状况、对外商（中国）的优惠政策等诸多影响因素，并在1996年确立了对外投资的全球化战略，从经济状况一般的国家入手进行对外直接投资，先深入亚非拉市场，后期迂回逐步占据欧美市场，具体投资过程是从俄罗斯到达亚非拉再到欧洲最后到达美国，尤其是在进入对手最多的美国市场时，为了扩大在美国市场的宽带接入、数据等相关业务的影响力，华为还采取了与其他公司进行合资的方式，与其合资的公司包括北美电力公司等。采取"侧面迂回"的区域选择战略主要是由于影响华为公司对外直接投资的主要因素在于市场因素，由于发达国家的网络通信技术较为成熟，市场竞争更为激烈，不具备强大的实力很难与欧美公司抗衡。而相比于发达国家，发展中国家的市场具有巨大的潜力，并且与发展中国家的大多竞争对手们相比，华为有着其独特的竞争力，其已经可以为全球供应相关软件体系，因此，在进入全球市场的初期选取相对不发达的国家进行投资，更有利于华为的市场扩张。近些年，华为更是通过打造高端旗舰跻身高端市场，并且尤其注重其自身在欧洲市场的高端旗舰战略。

第四，应不断完善企业自身的人力体系建设，在增强学校教育与企业自身培训体系联系的同时将提升国家整体的教育水平作为自己的企业责任。应加强与学校教育的联系，尤其是与高校的联系，为学生提供开拓视野以及培训的多种机会以促进教育体系质量的提升。为加强人力体系建设，华为在其公司管理文件中着重地强调了人力资本的重要程度。为了更好地对新员工进行培训，华为不仅建立了全球性的培训中心网络，还通过建设华为大学以及优秀的师资队伍等多项措施为人才培训提供了保障。为了引进高技术人才，华为还通过校园招聘以及签订战略协议等方式与众多高校进行了合作。

第五，应加强对能源领域资金、技术的投入，加强与相关能源企业的合作，并向能源互联网领域不断迈进，甚至可以通过打造能源服务的智慧园区等新发展方式来提高能源利用效率水平。对于中国企业来说，通过加强对能源领域的投入并与相关企业进行合作，可以带来技术的进步，而向能源互联网领域迈进则可以进一步解放人力、节约成本、实现规模经济，从而实现产业结构的优化升级。通过加大对能源领域的资金、技术投入，华为不仅受到了业界对其技术的认可，更将未来的发展空间拓展到了新能源汽车的领域。通过与国家能源投资集团有限责任公司在各具优势、互补性强的不同领域上进行合作，华为也节约了企业成本、提高了能源的利用效率。另外，华为公司还以"全联接"的方式，对电力物联网战略进行了进一步的研究，探索出了电力物联网在电力领域的全面应用方案，将"配电网"与"物联网"进行了进一步融合，通过电网智能巡检系统监测风险、解放了电网巡检的人力。通过打造基于综合能源服务的智慧园区等措施的落实，华为在为客户提供电网数字化的综合能源服务的同时，也推动了能源生态的转变。

第六，应当加大企业对于自身短板的重视程度，尤其应加强对其关键零部件产品的科技创新程度以减少对国外高科技产品的依赖。由于当前中国的诸多企业对国外高新技术产品的依赖性仍然较强，相关企业更应加强对关键零部件产品生产的重视，不断注重对核心技术的掌握程度，加强引领全球的创新产品的研发力度以降低对国外高新技术的依赖程度。相关数据显示，华为每年都要采购约 670 亿美元的零部件，其中约 110 亿美元来自美国供应商。而美国对华为实行的实体名单禁令，也迫使其从原有产业链中大量进口芯片向快速完成国产芯片替代国外芯片转变。通过多年来对自身短板的重视，华为的海思芯片也实现了不断的更新换代，并逐渐走向市场，被顾客所接受。另外，由于进入发达国家市场时发展中国家的品牌形象可能会受到质疑，因而中国企业在对外直接投资过程中应对品牌形象给予重视，通过提高产品以及服务质量、选取适当的代言人等方式来不断塑造本企业的品牌形象。与苹果等公司相比，华为的品牌形象在进入国际市场时，尤其是在进入发达国家的市场时，也是影响其整体发展的短板之一，后期仍旧需要加强对品牌形象的不断重视，通过增强科技创新能力以及产品质量、选择合适的代言人等方法推进企业品牌形象以及顾客忠诚度的提高。

第七章　环境规制对我国外贸发展的影响

改革开放以来，我国对外贸易为经济发展提供了资本、技术、就业、人力资本等多方面的支持，但是外贸快速增长也消耗了我国大量资源和能源，排放了大量污染，严重影响我国生态环境。面对严峻的环境问题和迫切的环保要求，我国政府提出需要加快经济发展方式转变，对我国外贸发展方式转变也提出了明确要求。新时期不断完善环境规制政策，合理评估环境规制贸易效应，转变原有经济贸易发展方式，已经成为我国社会各界的共识。国际社会也高度关注经济发展与生态环境问题，贸易自由化与环境保护相互协调是当今世界经济贸易发展主流趋势，同时也是自然环境承受巨大压力、贸易与环境问题步入人们视野的真实写照。虽然各国在经济和政治利益需求下，环境合作充满了博弈和斗争，但是世界各国转变经济发展方式"已在路上"，在保护环境和绿色发展要求下转变外贸发展方式是世界各国参与国际经贸合作以及竞争首要考虑的问题。如何评判环境规制强度提高对本国外贸发展影响，以及如何合理转变外贸发展方式，已经成为中国等发展中国家参与国际经济面临的必然选择。

7.1　要素禀赋理论下环境规制的贸易效应

环境规制强度提高可能产生负面贸易效应，从理论上解释就是增加环境资源要素约束，提高企业的生产成本和产品价格，削弱环境要素决定的本国贸易比较优势。本节在李嘉图的比较利益理论和赫克歇尔·俄林的要素禀赋理论中加入环境要素进行推导分析，论证环境规制影响贸易比较优势的原理，然后采用不同指标测度中国各行业贸易比较优势，构建中国工业部门细分行业的面板模型进行实证研究，验证分析中国工业部门细分行业以及污染密集型行业的环境规制与贸易比较优势关系，探索环境规制要求下中国贸易比较优势的发展变化情况。

7.1.1　纳入环境要素的贸易比较优势理论

一、纳入环境要素的李嘉图模型

在国际贸易理论中，李嘉图的比较利益理论和赫克歇尔—俄林的要素禀赋理论（H-O模型）是主流的自由贸易理论。相关结论和观点成为支持自由贸易、指导各个国家或地区利用比较优势和专业化生产参与国际贸易的理论依据。但是这些理论没有关注到环境资源禀赋的影响，伴随着社会大众对环境问题重视和部分国家环境规制强度提升，学术界开始反思传统贸易理论，考虑把环境资源禀赋纳入贸易理论之中。

大卫·李嘉图在著作《政治经济学及赋税原理》中提出了比较优势贸易理论（Theory of Comparative Advantage），大大改进了自由贸易理论倡导者亚当·斯密所提出的绝对优势贸易理论（Theory of Absolute Advantage），解释了贸易产生基础和贸易利得形成的更为普遍的原理[①]。比较优势贸易理论指出，国际贸易开展的基础是各国生产技术的相对差异以及基于此形成的生产成本相对差异。各个国家根据"两利相权取其重，两弊相权取其轻"的原则，生产并出口具有"比较优势"的产品，进口具有"比较劣势"的产品，从而利用专业化分工提高劳动生产率。

李嘉图比较优势理论的基本模型是一个 $2 \times 2 \times 1$ 的模型，作如下假设：

假设一：国际贸易关系中存在两个国家 A 和 B、两种产品 X 和 Y、一种生产要素 L。

假设二：两个国家 A 和 B 中产品与要素市场是完全竞争的，要素在一个国家内可以自由流动，但是在国际无法流动。

假设三：假设 A 国生产一单位产品 X 和产品 Y 所需要的投入要素（单位成本）分别为 L_X^A 和 L_Y^A，B 国生产一单位产品 X 和产品 Y 所需要的投入要素（单位成本）分别为 L_Y^A 和 L_Y^B。

---

① （英）大卫·李嘉图（David Ricardo）著；周洁译. 政治经济学及赋税原理 [M]. 北京：华夏出版社，2005：92.

根据如上假设，可以推导 A 国生产产品 X 的机会成本为 L_X^A/L_Y^A；B 国生产产品 X 的机会成本为 L_X^B/L_Y^B。如果 $L_X^A/L_Y^A < L_X^B/L_Y^B$，那么 A 国生产产品 X 的相对成本较低，在产品 X 上具有比较优势，而 B 国生产产品 X 的相对成本较高，在产品 Y 上具有比较优势。模型假设要素 L 无法在国家 A 和 B 之间自由流动，那么国家 A 专业化生产产品 X，国家 B 专业化生产产品 Y，通过国际贸易可以使双方均扩大收益。

在李嘉图比较优势基本模型中加入环境要素，也就是在要素投入 L 中加入环境成本。各个国家的企业从事生产的总成本 L 包含两部分：生产成本 P 和环境成本 E，假设环境成本在总成本中所占比重为 e，那么环境成本系数为 e，生产成本系数为 $1-e$。环境成本 $E = eL$，生产成本 $P = (1-e)L, L = P/(1-e)$。前述分析了不存在环境成本的情况，比较 L_X^A/L_Y^A 和 L_X^B/L_Y^B，说明 A 国在产品 X 上具有比较优势；如果考虑环境成本，需要比较 $[P_X^A/(1-e_X^A)]/[P_Y^A/(1-e_Y^A)]$ 和 $[P_X^B/(1-e_X^B)]/[P_Y^B/(1-e_Y^B)]$。可见，当 A 国的产品 X 的生产成本系数相对小于 B 国的产品 X 的生产成本系数，即 $(1-e_X^A)/(1-e_Y^A) < (1-e_X^B)/(1-e_Y^B)$，如果 A 国生产产品 X 的环境成本系数相对小于 B 国生产产品 X 的环境成本系数，即 $e_X^A/e_Y^A < e_X^B/e_Y^B$，那么 A 国生产产品 X 的比较优势得到加强。相反，如果 A 国生产产品 X 的环境成本系数相对大于 B 国生产产品 X 的环境成本系数，即 $e_X^A/e_Y^A > e_X^B/e_Y^B$，那么 A 国生产产品 X 的比较优势减弱甚至逆转。

上述不等式分析说明，一个国家环境成本系数相对低于另一个国家时，有助于增加生产比较优势，如果这个国家环境成本系数相对高于另一个国家时，则会减少生产比较优势，甚至丧失存在比较优势的状态。但是，世界各国根据自身经济社会和文化发展特点和要求不同，环境规制强度以及环境成本内在化程度也不同，所以国内外环境成本系数不可能完全相同，因此分析产品环境资源比较优势的关键是分析环境成本系数大小即环境成本内在化程度高低。各个国家提高环境规制强度引致环境成本内在化，主要体现在高污染型产业，因此实证研究对这类行业进行专门分析。

二、纳入环境要素的 H-O 模型

李嘉图模型强调一个国家通过专业化分工，生产具有"比较优势"的产品并出口，而进口具有"比较劣势"的产品，赫克歇尔—俄林模型（Heckscher-Ohlin Model，简称 H-O 模型）体现的是要素禀赋理论（Factor Endowment Theory），关注的是要素差异对比较优势的影响，以此来阐释开展贸易的基础①。经典的 H-O 模型的基本分析框架为 2×2×2 模

① （美）罗伯特·J·凯伯著. 国际经济学 第 10 版［M］. 北京：中国人民大学出版社，2011：77.

型，即两个国家（本国和外国），两种商品（劳动密集型产品和资本密集型产品），两种要素（资本和劳动）。假设两个国家采用相同的技术生产一种产品，生产技术无差异，具有相同的生产函数；生产要素在一国内部是自由流动的，但在国际无法自由流动，而且要素供给是完全富有弹性。假设各个国家消费者偏好相同，产品市场和要素市场都设定为完全竞争市场。

H-O 模型认为，各个国家对不同生产要素的丰裕度具有相对差异，比如某些国家劳动力要素丰裕但资本要素缺乏，而某些国家资本要素丰裕但劳动力要素不足。在自由贸易的背景下，一个国家选择专业化生产并出口的产品往往密集使用其相对丰裕的要素，比如劳动力相对丰裕的发展中国家往往集中生产和出口劳动密集型产品，而资本相对丰裕的发展国家则倾向于生产和出口资本密集型产品[①]。

那么，各个国家在这样的贸易模式下完成国际分工和自由贸易，结果可以促进全球范围内资源有效配置，而且各个国家国内福利水平也会增长。根据 H-O 模型可知，自由贸易将促进一个国家相对丰裕要素的收入而且减少这个国家相对稀缺要素的收入，虽然要素在国际不能自由流动，但要素价格会借助自由贸易实现价格均等化。

传统 H-O 模型没有考虑环境因素，但在生态环境愈发受到重视的情况下，企业生产过程在环境规制要求下必须考虑环境因素或排污空间，环境要素的稀缺性也逐渐被大众接受。Siebert（1990）把环境因素纳入 H-O 模型，其引入模型的基础是考虑了环境资源的稀缺性——环境能力的可供量，提出如果把环境资源作为一种生产要素影响比较优势，环境资源相对丰裕的国家可以出口环境密集型产品（一般就是污染产品），而环境资源相对缺乏的国家可以出口非环境密集型产（一般为清洁产品）。本节以经典的 H-O 模型为基础，同样采用 $2 \times 2 \times 2$ 模型来分析纳入环境要素的 H-O 模型，所作假设为：

假设一：有两个国家，分别为本国 H 和外国 F，都实行社会福利最高的环境规制措施，生产两种产品 X 和 Y；本国 H 和外国 F 具有相同的生产技术，假设具有线性齐次生产函数。

假设二：把环境资源看作一种要素 e，把资本和劳动等其他生产要素统一看成另一种生产要素 f；这两种生产要素在生产中可互相替代，但是不同国家的要素密集度不可逆转。

假设三：国际市场为完全竞争的自由贸易市场，假设不存在贸易运输成本，无任何垄断控制价格情况，经济为充分就业状态。

本国 H 和外国 F 生产产品 X 和 Y 都使用要素 e 和要素 f，本国 H 生产一单位产品 X 投入要素 e 和要素 f 分别为 X_e^H 和 X_f^H，生产一单位产品 Y 投入两种生产要素分别为 Y_e^H 和 Y_f^H。

---

① （美）罗伯特·J·凯伯著. 国际经济学 第 10 版［M］. 北京：中国人民大学出版社，2011：79.

外国 F 生产一单位产品 X 需要投入的两种生产要素为 X_e^F 和 X_f^F，生一单位 Y 需要生产要素为 Y_e^F 和 Y_f^F，如果 X 相对于 Y 对环境要素的需求更大，即假设 X 是环境密集型产品，而 Y 是另一种要素密集型产品，那么 $X_e^H / X_f^H > Y_e^H / Y_f^H$，$X_e^F / X_f^F > Y_e^F / Y_f^F$，假设本国 H 的环境要素 e 相对丰裕，而外国 F 的另一种生产要素 f 相对充裕。

在图 7-1 中，曲线 CAD 是本国 H 的生产可能性边界（Production Possibility Frontier），曲线 MBN 是外国 F 的生产可能性边界。由于本国 H 的环境要素 e 相对丰裕，而外国 F 的另一种生产要素 f 相对充裕，而产品 X 属于环境密集型产品，产品 Y 属于另一种要素密集型产品，结果就是本国 H 生产的产品 X 较多，而外国 F 生产的产品 Y 相对较多，图中曲线 CAD 较为平缓和宽阔，而曲线 MBN 相对陡峭和狭窄。

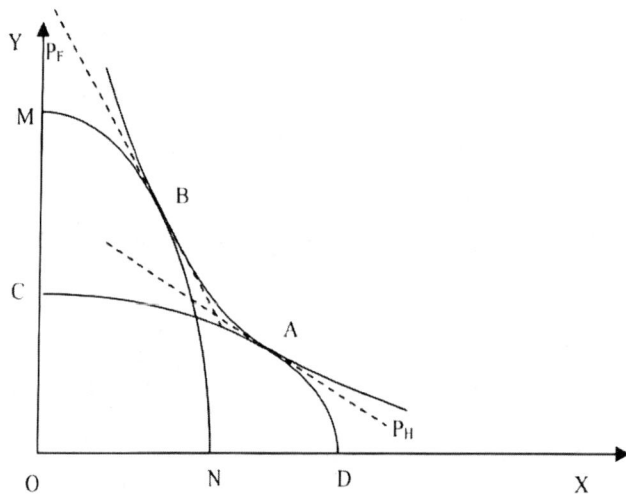

图 7-1　自由贸易前两国生产量

曲线 AB 是社会无差异曲线，是不同消费数量组合的两种商品形成相同效用的点的连线，个人无差异曲线合成社会无差异曲线，分析中假设本国 H 和外国 F 具有相同的一组社会无差异曲线，距离远点越远则无差异曲线显示的效用满足程度越大。图中 A 和 B 两点是无差异曲线 AB 与 H 国、F 国的生产可能性边界相切点，这两点所表示的 X 和 Y 的数量组合是没有开展进出口贸易情况下 H 国和 F 国的生产消费数量。图中两条虚线 P_H 和 P_F 代表的是 X 和 Y 在 H 国、F 国国内的价格线，虚线斜率反映的是边际转换率，即产品相对价格。图中 P_F 的斜率大于 P_H 的斜率，说明 F 国的边际转换率大于 H 国的边际转换率，F 国的 X 和 Y 相对价格高于 H 国的 X 和 Y 相对价格。也就是说，本国 H 是在环境密集型产品 X 上具有比较优势，即具有环境要素比较优势，而外国 F 是在另一种要素密集型产品 Y 上具有比较优势。

如果存在国际自由贸易，根据传统 H-O 理论的观点，显然本国 H 要专业化生产环境密集型产品 X，而外国 F 要专业化生产另一种要素密集型产品 Y，两个国家都专业化生产其具有相对丰裕的要素密集型产品，可以达到扩大生产和参与自由贸易的目的，而且这两个国家通过国际贸易都可以增加自身利益。两个国家各自开展专业化生产，本国 H 扩大 X 生产产量，产量点沿 DAC 曲线向 X 轴方向移动；外国 F 扩大 Y 生产产量，产量点沿 NBM 曲线向 Y 轴方向移动。最后，两个国家生产两种产品的相对价格是相同的，见图 7－2 中的价格线 P_E。图中的无差异曲线 E 与两条生产可能性边界曲线切线项切与点 C，这个切点 C 实际上就反映了两个国家的消费情况，消费量与两个国家各自生产产量的差额部分就需要通过进出口贸易来弥补。图 7－2 中无差异曲线 E 相比图 7－1 中的无差异曲线 AB 与原点 O 的距离更远，这说明这两个国家所得到的效用都相对增加了。

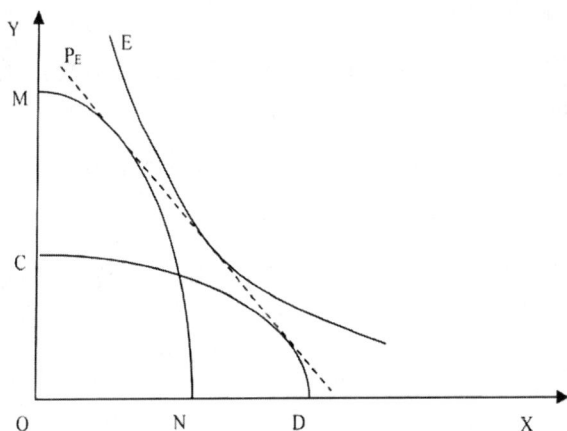

图 7－2　可自由贸易后两国生产量

把环境要素加入经典的 H-O 模型可以得到相同的结论，其分析原理实际上就是把环境资源看作一种生产要素，但是环境要素毕竟与一般的生产要素比如劳动、资本等存在差异。劳动、资本等一般性生产要素可以通过市场机制来决定价格和供求情况，但是环境要素是一种特殊生产要素，本质上具有公共物品的属性，无法严格界定初始产权，而且环境要素价格与要素报酬也不相同。所以，环境要素的价格无法通过市场供求来决定，但是环境要素又确确实实是生产过程中不可或缺的组成要素，在社会经济生活中只能通过政府行为来决定，比如政府为了保护环境可以开征环境税，政府征收的环境税实际上就生产过程中使用环境要素对应的成本即价格。

政府对环境保护强度的决策行为取决于其自身的环境偏好，政府行为常受到经济增长、就业要求等影响而对环境保护要求妥协，再加上环境信息不对称现象的作用，环境保护政策的强度通常会低于社会最优水平所要求强度，经济学意义上就是生产排污等的环境成本无法完全内在化。各个国家的环境成本内在化的程度不同，那么各个国家生产产品的环境要素的比较优势就存在差异（与最优情况存在偏差），实施较为宽松的环境保护政策的国家在环境要素密集型产品（高污染产品）上产生比较优势，因此政府决策行为和政策强度对于环境要素价格和贸易比较优势的具有重要影响。

7.1.2　中国贸易比较优势的描述性统计分析

一、贸易比较优势的测算方法

大卫·李嘉图提出了"比较优势"贸易理论后，国际贸易理论发展中比较优势思想长期占据核心地位。相对于各国的绝对差异，"比较优势"贸易理论聚焦于生产技术或生产成本的相对差异，各个国家依据"两利相权取其重，两弊相权取其轻"的原则参与国际贸易，集中生产并出口具有"比较优势"的产品，而进口"比较劣势"的产品。纵观国际贸易理论的发展历程，李嘉图模型、H-O模型、新贸易理论等重视不同因素对于贸易比较优势的决定性影响，这些因素包括劳动生产率、资源禀赋、垄断竞争等，近年来环境规制强度的差异成为国际贸易新的影响因素。关于国际贸易比较优势的度量也出现不同的方法，主要有以下三种。

显性比较优势指数（RCA）是Balassa Bela研究国际贸易模式时提出的一种度量指标，计算了一个国家某一产业出口在该国所有出口中所占比重与该产业出口在世界贸易出口所占比重之比，这个指标剔除了国家和世界贸易总量波动的影响，可以通过比较一个国家某一产业出口与世界平均水平的差异从而评判国际贸易比较优势[①]。显性比较优势指数（RCA）的计算公式为：

$$RCA_i^k = \frac{|X_i^k / X_i^z|}{|X_w^k / X_w^z|}$$

其中，X表示出口，下标i表示某一个国家，下标w表示世界总体，上标k表示某一个产业，上标z表示某个国家或世界的总出口，RCA_i^k代表国家i的产业k出口的显性比较优势指数（RCA）。

RCA这种计算方法考虑了不同国家和不同产业的出口在全球国际贸易市场上所占比重，注重分析一个国家某产业的出口绩效，$|X_i^k / X_i^z|$是产业k出口在本国所有出口中所占

---

① Balassa B. TRADE LIBERALIZATION AND REVEALED COMPARATIVE ADVANTAGE ［J］. Manchester School，1965，33（2）：99－123.

比重，产业 k 出口量越大，这个比重越大，RCA 也越大，反映这个产业的比较优势越大。当某个产业 RCA 值大于 2.50，可以判断该产业具有极强的比较优势；当某个产业 RCA 值介于 1.25~2.5 之间，可以判断该产业具有较强的比较优势；当某个产业 RCA 值介于 0.80~1.25 之间，可以判断该产业比较优势处于中等位置；当某个产业 RCA 值小于 0.8，那么判断该产业在国际贸易中处于比较劣势。

为适应本研究所采用的时间序列数据，用 X_{it} 来代表中国在 t 年的第 i 产业出口金额，用 X_{iwt} 来代表全世界在 t 年的第 i 产业所有出口金额，那么中国在 t 年的第 i 产业的比较优势指数（RCA）的计算公式为：

$$RCA_{it} = \frac{\left| X_{it} / \sum X_{it} \right|}{\left| X_{iwt} / \sum X_{iwt} \right|}$$

常用的简单判别方法是，如果 RCA 值大于 1，表示中国第 i 产业产品在本国出口占比大于该产业的世界平均出口比重，那么中国第 i 产业具有显性比较优势；如果 RCA 值小于 1，表示中国第 i 产业产品在本国出口占比小于该产业的世界平均出口比重，那么中国第 i 产业具有显性比较劣势。

显性比较优势指数（RCA）可以比较方便的对比一个国家或地区的某一个产业的出口比较优势，具有较为广泛的应用度，但是这个指数也存在不足之处，比如这个指数忽略了国际贸易中进口对于比较优势度量时的重要性，当一个国家或地区的经济规模较大时这种计算方法所得到的结果容易产生偏差。所以，有一些研究者或企业使用净出口指数（NEX）或者 Michaely 指数（MIC）来度量比较优势。

净出口指数（NEX）同时考虑一个国家或地区的进口和出口，净出口指数（NEX）的计算公式为：

$$NEX_{it} = \frac{(EX_{it} - IM_{it})}{(EX_{it} + IM_{it})}$$

其中，i 表示产业，t 表示时间，EX_{it} 表示一个国家第 i 产业在第 t 年的出口金额，IM_{it} 表示一个国家第 i 产业在第 t 年的进金额。净出口指数（NEX）计算所得值在 -1 和 +1 之间，-1 表示这个国家该产业出口为 0，只有进口；+1 表示这个国家进口为 0，只有出口。如果净出口指数（NEX）计算所得值在 0 和 +1 之间，说明这个国家该产业产品出口具有比较优势；如果净出口指数（NEX）计算所得值在 -1 和 0 之间，说明这个国家该产业产品出口具有比较劣势。

二、中国贸易比较优势测算及分析

1. 净出口指数（NEX）测算结果分析

本节利用净出口指数（NEX）计算公式来测算和分析中国工业部门各行业的外贸比较优势，净出口指数（NEX）同时考虑一个国家或地区的进口和出口，NEX 值在 – 1 和 + 1 之间，– 1 表示这个国家该产业出口为 0，只有进口；+ 1 表示这个国家进口为 0，只有出口。NEX 值在 0 和 + 1 之间，说明这个国家该产业产品出口具有比较优势；NEX 值在 – 1 和 0 之间，说明这个国家该产业产品出口具有比较劣势。中国工业部门 29 个行业的净出口指数（NEX）计算结果见表 7 – 1，表 7 – 1 限于篇幅仅仅列出 2001 年、2005 年、2009 年、2013 年和 2016 年的 NEX 值。

表 7 – 1　中国工业部门 29 个行业的净出口指数（NEX）

	行业	2001	2005	2009	2013	2016
1	煤炭开采和洗选业	0.935	0.510	– 0.644	– 0.932	– 0.909
2	石油和天然气开采业	– 0.758	– 0.885	– 0.943	– 0.980	– 0.971
3	黑色金属矿采选业	– 0.999	– 1.000	– 1.000	– 1.000	– 0.998
4	有色金属矿采选业	– 0.901	– 0.699	– 0.983	– 0.989	– 0.995
5	非金属矿采选业	– 0.026	– 0.395	– 0.416	– 0.411	– 0.387
6	食品制造业和加工业	0.272	0.179	0.089	– 0.009	0.006
7	饮料制造业	0.668	0.499	0.255	– 0.003	– 0.110
8	烟草制品业	0.703	0.638	0.543	0.688	0.150
9	纺织业和服装业	0.587	0.746	0.825	0.833	0.840
10	皮革、毛皮、羽毛（绒）及其制品业	0.642	0.695	0.720	0.727	0.694
11	木材加工及木、竹、藤、棕、草制品业	0.231	0.504	0.487	0.206	0.128
12	家具制造业	0.892	0.916	0.913	0.915	0.907
13	造纸及纸制品业	– 0.631	– 0.402	– 0.198	0.044	0.087
14	印刷业和记录媒介的复制	0.304	0.172	0.319	0.312	0.323
15	文教体育用品制造业	0.893	0.885	0.848	0.817	0.808
16	石油加工、炼焦及核燃料加工业	– 0.268	– 0.230	– 0.158	– 0.142	0.230
17	化学原料及化学制品制造业	– 0.467	– 0.424	– 0.362	– 0.284	– 0.207

续表

	行业	2001	2005	2009	2013	2016
18	医药制造业	0.204	0.275	0.214	0.019	-0.094
19	化学纤维制造业	-0.814	-0.468	-0.120	0.008	0.125
20	橡胶制品和塑料制品业	0.488	0.494	0.489	0.571	0.629
21	非金属矿物制品业	0.404	0.589	0.658	0.646	0.658
22	黑色金属冶炼及压延加工业	-0.546	-0.155	-0.056	0.437	0.507
23	有色金属冶炼及压延加工业	-0.325	-0.278	-0.524	-0.391	-0.313
24	金属制品业	0.652	0.637	0.634	0.697	0.605
25	通用和专用设备制造业	-0.395	-0.193	0.067	0.157	0.241
26	交通运输设备制造业	-0.078	0.120	0.132	-0.014	-0.025
27	电气机械及器材制造业	0.090	-0.103	0.334	0.467	0.531
28	通信设备、计算机及其他电子设备制造业	0.052	0.306	0.202	0.188	0.174
29	仪器仪表及文化、办公用机械制造业	-0.061	-0.277	-0.235	-0.159	-0.134

数据来源：工业和信息化部官方网站。

分析中国工业部门不同行业的 NEX 值变化情况，有几个行业的 NEX 值在 2001 年到 2016 年期间发生较大变化。煤炭开采和洗选业的 NEX 值从正值变为负值，从 2001 年的 0.935 逐渐降低，到 2013 年已经降低到 0.9 以下。石油和天然气开采业的 NEX 值一直为负值，但是从 2001 年到 2016 年其 NEX 值的负值越来越大；非金属矿采选业 NEX 值在 2001 年到 2016 年期间也有较为明显的下降。从行业属性可以分析中国近年来对于能源消耗情况，从原来的具有较大比较优势的出口行业变为进口行业，而且煤炭开采和洗选业的进出口变化较大，其原因可能就是近年来我国国内能源消耗量剧增的实际需求。

有一些行业的 NEX 值在 2001 年到 2016 年期间从负值变化为正值。造纸及纸制品业、石油加工炼焦及核燃料加工业、化学纤维制造业、通用和专用设备制造业等行业在 2001 年的 NEX 值为负值，到 2013 年或 2014 年都变为正值了，说明这些行业外贸出口取得了从比较劣势转变为比较优势的突破。

2. Michaely 指数（MIC）测算结果分析

本研究利用新的 Michaely 指数（MIC）计算验证。Michaely 指数的取值在 -1 到 +1 之间，如果 MIC 值在 0 和 +1 之间，说明这个国家该产业产品出口具有比较优势；如果 MIC 值在 +1 和 0 之间，说明这个国家该产业产品出口具有比较劣势。本文测算的中国工业部门 29 个行业的 Michaely 指数（MIC）见表 7-2。表格 7-2 限于篇幅仅仅列出 2001 年、2005 年、2009 年、2013 年和 2016 年的 NEX 值。

表7-2 中国工业部门29个行业的 Michaely 指数（MIC）

MIC	2001	2005	2009	2013	2016
煤炭开采和洗选业	0.0664	0.0991	−0.0048	−0.1452	−0.0662
石油和天然气开采业	0.0356	0.0505	0.0204	−0.0655	−0.0203
黑色金属矿采选业	0.0049	−0.0155	−0.0313	−0.0448	0.1935
有色金属矿采选业	0.0064	0.1421	−0.0329	−0.0900	−0.0936
非金属矿采选业	0.0191	0.0003	−0.0019	−0.0031	0.0018
食品制造业和加工业	0.0078	0.0086	0.004	−0.0127	−0.0099
饮料制造业	0.016	0.0215	0.0135	−0.0235	−0.0678
烟草制品业	0.0137	0.0133	0.0056	0.0438	−0.1423
纺织业和服装业	−0.0261	−0.0141	0.0053	0.0136	0.0168
皮革、毛皮、羽毛（绒）及其制品业	−0.0056	−0.0011	0.004	0.0103	−0.0021
木材加工及木、竹、藤、棕、草制品业	−0.0036	0.0164	0.0184	−0.0241	−0.0452
家具制造业	−0.0019	0.002	0.0013	0.0055	−0.005
造纸及纸制品业	−0.0228	−0.021	−0.0093	0.0303	0.0431
印刷业和记录媒介的复制	0.0004	−0.0088	0.0057	0.0052	0.0067
文教体育用品制造业	0.0079	0.0143	0.0041	−0.0115	−0.0198
石油加工、炼焦及核燃料加工业	−0.0029	−0.0055	−0.0007	0.0024	0.0494
化学原料及化学制品制造业	−0.0059	−0.0107	−0.0078	0.0033	0.0176
医药制造业	0.0029	0.0094	0.0152	−0.014	−0.0465
化学纤维制造业	−0.0315	−0.0302	−0.0023	0.0205	0.0398
橡胶制品和塑料制品业	−0.0021	−0.0046	−0.008	0.0084	0.0251
非金属矿物制品业	−0.0083	−0.0027	0.0066	0.0105	0.0141
黑色金属冶炼及压延加工业	−0.0254	−0.0436	−0.0369	0.0275	0.0383
有色金属冶炼及压延加工业	0.0009	0.007	−0.0241	−0.0071	0.0077
金属制品业	0.0008	0.0007	0.0006	0.0265	−0.0077
通用和专用设备制造业	−0.0125	−0.0174	0.0004	0.0174	0.0317
交通运输设备制造业	−0.0026	0.0037	0.0091	−0.0131	−0.015
电气机械及器材制造业	−0.0075	−0.0519	0.0013	0.0289	0.0432
通信设备、计算机及其他电子设备制造业	−0.0033	0.0073	−0.0003	−0.0035	−0.0061
仪器仪表及文化、办公用机械制造业	0.0028	−0.0066	−0.0042	0.0086	0.0122

从 Michaely 指数（MIC）计算结果分析，上述 NEX 值相对较大的烟草制品业、纺织业和服装业、皮革毛皮羽毛（绒）及其制品业、木材加工及木竹藤棕草制品业、文教体育用品制造业、橡胶制品和塑料制品业、非金属矿物制品业、金属制品业等行业中，除了纺织业和服装业、文教体育用品制造业、非金属矿物制品业、金属制品业外的其余行业的 MIC 值为正，说明这些行业的比较优势较为明显。NEX 值相对较大的行业中，分析 MIC 值与 NEX 值反映情况不同的行业，纺织业和服装业的 MIC 值平均值虽然为负值，但是从 2001 年的 −0.0261 到 2007 年的 0.0009 转变为正值之后一直为正值，而且不断正值扩大。非金属矿物制品业行业的 MIC 值平均值为负值，观察期间数值变化，发现其波动性较大而且近年来保持为正值且不断扩大。

同样，类似分析中国工业部门不同行业的 NEX 值变化情况，有几个行业的 MIC 值在 2001 年到 2016 年期间发生较大变化。煤炭开采和洗选业、有色金属矿采选业、饮料制造业、木材加工及木竹藤棕草制品业、医药制造业的 MIC 值从正值变为负值。说明这些行业从原来的具有较大比较优势的出口行业变为进口行业。有一些行业的 MIC 值在 2001 年到 2016 年期间从负值变化为正值，比如化学原料及化学制品制造业、造纸及纸制品业、化学纤维制造业、电气机械及器材制造业、通用和专用设备制造业、黑色金属冶炼及压延加工业等行业在 2001 年的 NEX 值为负值，到 2012 年或 2013 年都变为正值了，说明这些行业外贸出口取得了从比较劣势转变为比较优势的突破。

3. 分类行业描述性统计分析

根据"污染避难所"理论，中国作为发展中国家环境规制强度没有发达国家强，有可能成为发达国家污染密集型产业的"避难所"，即发达国家转移污染产业的目标地，所以本文试图根据已有研究以及测算行业 SO_2 排放，归纳主要的污染密集型行业，然后分析这些行业的贸易比较优势变化情况。

傅京燕和李丽莎通过标准化处理污染排放数据并进行等权加和平均，得到不同行业污染强度，基于此将工业化学品行业、造纸及纸制品业、非金属矿物制品业、有色金融冶炼及压延加工业、黑色金属冶炼及压延加工业等界定为污染密集型产业，将印刷及出版业、服装制造业、金属制品业、塑料制品业、机械电子制造业等界定为清洁行业[①]。本节测算了 2001 年到 2015 年中国工业部门各个行业的 SO_2 排放情况和工业总产值，然后计算 29 个目标行业的单位产出 SO_2 排放强度，发现排在前七位的行业是：非金属矿物制品业、造纸及纸制品业、黑色金属冶炼及压延加工业、有色金属冶炼及压延加工业、石油加工炼焦及

---

① 傅京燕、李丽莎. FDI，环境规制与污染避难所效应——基于中国省级数据的经验分析［J］. 公共管理学报，2010（3）：10.

核燃料加工业、化学纤维制造业、化学原料及化学制品制造业；排放后七位的行业是：家具制造业、交通运输设备制造业、通用和专用设备制造业、仪器仪表及文化办公用机械制造业、电气机械及器材制造业、文教体育用品制造业、通信设备计算机及其他电子设备制造业。

对比以上研究和测算结果，把非金属矿物制品业、造纸及纸制品业、黑色金属冶炼及压延加工业、有色金属冶炼及压延加工业、化学纤维制造业、化学原料及化学制品制造业等行业确定为污染密集型行业。进一步分析这些行业的 NEX 值变化情况发现，有的行业的贸易比较优势从大变为小，有的行业的贸易比较优势从小变为大。从污染密集型行业的贸易比较优势变化情况看，无法得到传统理论结论即中国污染密集型行业具有较强贸易比较优势，也无法确定环境规制强度提高情况下中国成为"污染避难所"。

7.1.3　环境规制影响中国贸易比较优势的实证研究

一、模型构建和变量说明

1. 环境规制影响贸易比较优势实证模型构建

关于环境规制是否影响贸易比较优势，目前还没有取得实证结论的证明，环境规制影响贸易效应受到的影响因素较多，国家和产业的要素禀赋比如人力资本差异，环境规制法律法规完备度及其执行力度等。中国环境规制强度变化对进出口贸易的影响也还没有得到一致结论，本文参考尝试对中国工业部门细分行业进行实证检验，构建模型如下：

$$TCA_{it} = a + b \cdot ERI_{it} + c \cdot HC_{it} + d \cdot PC_{it} + \varepsilon_{it}$$

其中，a、b、c、d 为常数，i 和 t 分别代表行业和时间；TCA_{it} 代表在时间 t 工业部门细分行业 i 的贸易比较优势，ERI_{it} 代表在时间 t 工业部门细分行业 i 的环境规制强度，HC_{it} 代表在时间 t 行业 i 的人力资本，PC_{it} 代表在时间 t 行业 i 的物质资本强度，ε_{it} 代表误差项。

可以在模型中加入变量的平方项，以考察这些变量对被解释变量的长期影响，在实际回归过程中加入平方项不改变考察变量回归系数的显著性，所以本文在上述模型中加入环境规制强度、人力资本和物质资本强度三个变量的平方项，得到新的模型：

$$TCA_{it} = a + b \cdot ERI_{it} + c \cdot HC_{it} + d \cdot PC_{it} + e \cdot ERI_{it}^2 + f \cdot HC_{it}^2 + g \cdot PC_{it}^2 + \varepsilon_{it}$$

本节尝试对贸易比较优势 TCA_{it} 的不同测度指标作为被解释变量进行实证研究，并在回归中采用不同的解释变量构建不同的回归模型，其中还加入环境规制强度和人力资本交叉项、环境规制与物质资本交叉项进行探索分析；在对中国工业行业整体进行检验分析基础上，专门针对污染密集型行业进行研究，检验环境要素相对密集的这些行业是否存在贸易比较优势，反映"污染避难所"效应。

2. 相关变量说明

实证分析中所使用的变量主要包括：业行业的贸易比较优势 TCA_{it}、环境规制强度 ERI_{it}、人力资本 HC_{it}、物质资本强度 PC_{it}，其中贸易比较优势变量的度量和计算情况在前文已经做了详细分析，以下对剩余三个变量作说明。

（1）环境规制强度（ERI）

环境规制是一种纠正制度失灵的社会管理手段，主要是由于环境污染具有负外部性，所以需要政府制定环境政策和实施环保措施，从而规范和调节企业、家庭、个人等主体的经济活动，实现保护环境以及协调发展社会经济的目标。如何度量一个国家或地区的环境规制强度到目前为止并没有统一的标准，不同的国家或地区实施不同的环境规制相关法律法规，而且相关法律法规的执行力度又有所差异。一个国家或地区的环境规制强度，不仅依赖于所在国家或地区实施的环境规制法律法规，实际上还取决于法律法规在所在国家或地区的适应度和执行效果，而且相同的环境规制法律法规在同一个国家或地区的不同行业的实施效果也可能是不同的。环境规制强度的度量出现了许多种方法，主要有以下五种。

第一种方法是计算国家或产业污染治理和控制支出占生产成本或产值的比重，即单位产出或成本对应的污染治理和控制支出（Pollution Abatement and Control Expenditure，简称 PACE），该方法常常出现在欧美国家为样本的研究文献中。

第二种方法是考虑到一个国家或地区的环境规制强度与收入水平之间存在高度相关性，计算人均收入水平来替代内生性环境规制强度。

第三种方法是利用治理污染设施运行费用或人均运行费用来度量，比如张成和于同申等测度环境规制强度指标使用废水和废气污染治理设施的当年人均运行费用，计算公式为：环境规制强度 =（年废水治理设施运行费用 + 年废气治理设施运行费用）/年平均从业人员[①]。

第四种方法是计算单位产出或增加值的污染排放强度来度量环境规制强度，这种方法不仅可以测度整个国家或者一个行业的环境规制情况，而且还可以具体度量微观经济个体对环境规制的反映程度，这是我国国内研究者较为常用的度量环境规制强度方法。

第五种方法是直接构建一个综合评价指标体系，利用各行业的污染指标建立综合指数，通过一定的方法计算综合指数从而度量各行业环境规制强度。综合指数是一个指标体

---

① 张成，于同申，郭路. 环境规制影响了中国工业的生产率吗——基于 DEA 与协整分析的实证检验 [J]. 经济理论与经济管理，2010（3）：7.

系，一般包括目标层（综合指数）、评价层（废水、废气和固废）以及单项指标层，从单项指标层开始计算，然后逐步上推，最终汇总成综合评价指标。

本文实证研究所使用的中国环境规制强度的测算方法为：利用中国工业部门各个行业的废气治理运行费用和废水治理运行费用之和占总产值的比重，即单位产出的污染治理和控制支出（PACE）。

（2）人力资本（HC）

劳动者受到教育、培训、实践经验、迁移、保健等方面的投资而获得的知识水平、个人能力和基本技能等的积累，由于知识、能力和技能可以为所有者带来工资等收益，因此形成一种特定的资本——人力资本。社会和企业经济活动中不间断把大量的资源投入生产，制造满足市场需求的商品，同时也以各种形式来发展和提高人的智力、体力与道德素质等，形成更高的生产能力，劳动者自身生产能力的形成机制与企业投入物质资本类似作用，与物质资本相比人力资本属于非物质资本。当今社会经济发展中，伴随着经济规模扩大、金融市场效率提高以及生产专业化分工加剧，物质资本越来越容易被复制和模仿，而人力资本在创新创智等方面发挥越来越重要作用。一般而言，企业的人力资本水平提高，往往会提升该企业的生产和管理效率，进而不断增强竞争力。对于国家而言具有类似的结果，中国实施改革开放后，充分利用区位优势、成本优势、商务优势等优势，积极加入国际分工体系并占据重要地位，而人力资本是我国融入国际分工体系过程中不断引进、消化、吸收再创新的动力和承载体。本研究中借鉴朱平芳与李磊的测度方法，利用中国工业部门各细分行业的科技活动人员占职工总数的比例作为人力资本变量[①]。

（3）物质资本强度（PC）

物质资本是指以机器、设备、厂房等生产物资形式长期存在的资本，在社会经济产业和企业发展中物质资本是重要的物质基础，物质资本具有不可替代性，一般情况下其他资本需要与物质资本相互配合才可以发挥作用，比如前述人力资本中高素质的劳动者需要和高质量的物质资本结合在一起才可以产生高效率生产结果，当然在实际生产中不同资本之有一定替代性。因此，物质资本对于环境规制影响贸易比较优势而言同样扮演重要角色，目前对行业分类有一种办法：一个行业物质资本指标比如人均物质资本存量相对比较大，把这类行业称为资本密集型行业，相反如果一个行业物质资本指标比如人均物质资本存量相对比较小，把这类行业称为劳动密集型行业。同类行业相比较，如果某行业人均物质资本存量比较大，那么这个行业往往拥有较大规模、较为先进的机器设备，往这个行业具有

---

① 朱平芳，李磊. 两种技术引进方式的直接效应研究——上海市大中型工业企业的微观实证 [J]. 经济研究，2006，41（3）：13.

相对先进的技术水平，因此物质资本强度与产业比较优势成正相关关系。本文以中国工业部门各细分行业的不变价资本存量与职工人数的比值来代表行业的物质资本强度，也就是说用人均物质资本存量来代表物质资本禀赋。

二、相关数据来源和处理

本研究中的职工人数、资本存量、工业总值等相关原始数据来自历年的《中国统计年鉴》《中国工业经济统计年鉴》；各个行业的废水、废气排放量以及对应的治理运行费用数据，来自历年的《中国环境统计年鉴》和《中国环境年鉴》；其他数据比如从业人员数等，来自《中国科技统计年鉴》和万德数据库。

中国各个行业的进出口数据以及全球进出口贸易数据来自联合国数据库 UNcomtrade 数据库，数据标准有 HS96 和 SITC3，经过比对、归类统一得到中国工业部门 29 个细分行业数据，比如农副食品加工业、食品制造业合并为食品制造和加工业，纺织业、纺织服装服饰业合并为纺织业和服装业，在对行业分类和处理中，把电力蒸汽热水生产供应业等具有政府垄断性行业剔除在外，29 个细分行业见上节给出的表 7 - 1。

三、实证检验结果与分析

1. 变量特征和模型选择

本文进行实证检验的对象是中国工业部门 29 个细分行业面板数据，使用分析软件是 Eviews7.2。表 7 - 3 显示的是各个变量数据的基本特征，代表贸易比较优势的净出口指数（NEX）、Michaely 指数（MIC）的均值为正。

表 7 - 3　变量的基本特征

指标	NEX	MIC	ERI	HC	PC
平均	0.083	0.000	0.005	0.014	18.840
最大	0.935	0.142	0.128	0.068	147.641
最小	- 1.000	- 0.145	0.000	0.001	2.066
标准误	0.547	0.029	0.012	0.013	18.290
样本	435	435	435	435	435

在对面板数据进行实证分析前，首先对相关数据进行平稳性检验，检验结果中 LLC 检验和 Fisher-ADF 显示各数据在 1% 的显著性水平下为非平稳面板数据，各数据在一阶差分

后检验具有平稳性。其次，本研究根据检验需要设计不同的面板模型，对各个模型中的变量组合进行协整检验，检验结果证实相关变量组合存在协整关系，因此可以采用建模回归分析。本文构建面板模型开展实证检验，是采用 Hausman Test 来判断选择固定效应还是随机效应模型，判断依据是在 10% 显著性水平下选择相对更为有效的面板模型，选择结果见各个结果统计表格。

2. 中国工业部门整体回归分析

表 7－4 是把净出口指数（NEX）作为被解释变量的回归结果，表 7－5 是把 Michaely 指数（MIC）作为被解释变量的回归结果，表格第一行列出了模型 Ⅰ、模型 Ⅱ、模型 Ⅲ、模型 Ⅳ，分别对不同变量进行实证回归分析。

表 7－4　NEX 作为被解释变量的回归结果（工业部门整体）

变量	模型 Ⅰ	模型 Ⅱ	模型 Ⅲ	模型 Ⅳ
常数项	0.049*** (3.224)	0.066** (2.304)	0.079*** (5.613)	0.013 (0.373)
ERI_{it}	4.4451* (1.788)	10.249*** (6.056)	−2.371 (−1.448)	0.964* (1.729)
ERI_{it}^2	84.946*** (3.115)		93.901*** (3.036)	76.844*** (3.1477)
HC_{it}		8.055*** (6.902)	5.360*** (7.077)	25.799*** (7.993)
PC_{it}		−0.008*** (−6.357)	−0.004*** (−6.030)	−0.012*** (−8.800)
HC_{it}^2				−297.510*** (−6.001)
PC_{it}^2				1.74E−05** (2.301)
Adjusted R-squared	0.8785	0.8931	0.9864	0.9048
模型类型	固定效应	固定效应	固定效应	固定效应

表 7 - 5 MIC 作为被解释变量的回归结果（工业部门整体）

变量	模型 I	模型 II	模型 III	模型 IV
常数项	-0.0079^{***} (-3.441)	0.009^{**} (2.158)	0.009^{**} (1.962)	-0.002 (2.345)
ERI_{it}	1.7302^{***} (3.340)	0.865^{***} (0.253)	0.875^{*} (1.712)	1.029^{**} (2.037)
ERI_{it}^2	-1.3317 (-0.325)		-0.091 (-0.023)	-1.109 (-0.290)
HC_{it}		0.799^{***} (4.573)	0.799^{***} (4.555)	2.513^{***} (4.979)
PC_{it}		-0.001^{***} (-7.246)	-0.001^{***} (-7.211)	-0.001^{***} (-7.095)
HC_{it}^2				-27.743^{***} (-3.578)
PC_{it}^2				$-1.73E-06$ (-1.460)
Adjusted R-squared	0.0443	0.1625	0.1604	0.1871
模型类型	固定效应	固定效应	固定效应	固定效应

模型 I 是回归分析环境规制强度变量 ERI，和环境规制强度平方项 ERI；与净出口指数（NEX）、Michaely 指数（MIC）的关系，从结果看环境规制强度代表变量的系数为正，意味着环境规制强度提升有助于提高中国工业部门的贸易比较优势。而且，这个结论在其他模型回归中得到验证，比如模型 II 的回归结果也显示环境规制强度代表变量的系数为正。模型 I 回归中环境规制强度平方项 ERI 的系数在净出口指数（NEX）作为被解释变量时为正，结合一次项系数检验结果为正，说明呈现正 U 型图形。环境规制强度变量随着时间累积，这反映了长期看环境规制强度提高贸易比较优势。而且，这个结论在 NEX 作为被解释变量的回归中模型 III 和模型 IV 得到验证，但是 MIC 作为被解释变量的回归结果中环境规制强度平方项系数不显著。

模型 II 是回归分析环境规制强度变量 ERI_{it}、人力资本 HC_{it}、物质资本强度 PC_{it} 与净出口指数（NEX）、Michaely 指数（MIC）的关系。人力资本系数为正且显著，说明中国工业部门研发为代表的人力资本投入增加有助于提升贸易比较优势，这一点也是比较符合人力资本在产业升级发展中作用的预判的。这个结果在模型Ⅲ和模型Ⅳ的回归结果中得到验证。模型Ⅳ回归结果显示，物质资本强度系数为负值且显著，这说明中国工业企业新建厂房、购买新机器设备等的资本投入并没有提升贸易比较优势，反而是较小幅度地降低了贸易比较优势。模型Ⅳ加入了人力资本平方项 HC、物质资本强度平方项 PC，净出口指数（NEX）和 Michaely 指数（MIC）回归结果都显示人力资本平方项系数为负值且显著，说明人力资本对贸易比较优势的促进作用先提升然后会逐渐消减。但是关于物质资本强度平方项系数，在净出口指数（NEX）作为被解释变量时候为负值且显著，而在 MIC 作为被解释变量时候不显著，这说明物质资本强度降低贸易比较优势，长期来看也有可能提升贸易比较优势，但结果不确定。

本研究还尝试在回归模型中加入交叉项进行回归分析，净出口指数（NEX）作为被解释变量的回归中，当把环境规制强度和人力资本交叉项作为解释变量时，交叉项系数为负值但不显著；当把环境规制强度和物质资本交叉项作为解释变量时，交叉项系数为负值且显著，对比环境规制回归系数为正且显著而物质资本回归系数为负且显著，说明环境规制强度提高通过物质资本强度增加对贸易比较优势带来负面影响。Michaely 指数（MIC）作为被解释变量的回归中，当把环境规制强度和人力资本交叉项作为解释变量时，交叉项系数为正值且显著，查看环境规制回归系数和物质资本回归系数都为正且显著，说明环境规制强度提高通过提升人力资本强度而增加贸易比较优势，本文人力资本变量采用研发人员占比作为度量变量，可以在一定程度上反映中国国内工业部门环境规制强度提高通过科技研发进而增加贸易比较优势。Michaely 指数（MIC）作为被解释变量的回归中，当把环境规制强度和物质资本交叉项作为解释变量时，交叉项系数为负值且显著，结果与净出口指数（NEX）作为被解释变量的回归一样，验证结果。

3. 中国工业部门污染密集型行业回归分析

环境规制强度较低的国家具有环境要素的比较优势，"污染避难所"理论提出发展中国家环境规制强度没有发达国家强，有可能成为发达国家污染密集型产业的"避难所"。前文描述性统计分析中归纳主要的污染密集型行业，分析这些行业的贸易比较优势，发现不同行业的曲线图无法反映出统一的结论。本文以下专门实证分析这些污染密集型行业即非金属矿物制品业、造纸及纸制品业、黑色金属冶炼及压延加工业、有色金属冶炼及压延加工业、化学纤维制造业、化学原料及化学制品制造业的结果。

表 7-6 列出了净出口指数（NEX）和 Michaely 指数（MIC）分别作为被解释变量的回归结果。模型 A 回归分析环境强度变量 ERI_{it} 和环境规制强度平方项 ERI_{it}^2 与贸易比较优

势的关系，结果显示环境强度的系数为负值且显著，说明中国污染密集型行业的环境规制强度降低了中国贸易比较优势，而且这个结果在其他回归模型中得到验证，比如模型 B、模型 C、模型 D 回归中该项系数也是负值。模型 A 回归的环境规制强度平方项系数为正且显著，说明中国污染密集型行业的环境规制强度对贸易比较优势的影响，长期来看是先降低然后是提升贸易竞争优势。模型 B 回归分析贸易比较优势与环境规制强度变量 ERI_{it}、环境规制强度平方项 ERI_{it}^2、人力资本 HC_{it}、物质资本强度 PC_{it}、人力资本平方项 HC_{it}^2、物质资本强度平方项 PC_{it}^2 的关系，结果显示人力资本系数为正且显著，而二次项系数为负且显著，说明中国污染密集型行业的研发为代表的人力资本投入短期内促进贸易比较优势，然后长期看又降低贸易比较优势。物质资本强度的系数则是为负且显著，而二次项系数为正且显著，中国污染密集型行业企业新建厂房、购买新机器设备等的资本投入短期内降低了贸易比较优势，然后长期看又提高了贸易比较优势。这三个模型的回归分析中国污染密集型行业所得到结果，与中国工业部门整体的回归分析结果正好相反。

表 7 -6　NEX 和 MIC 作为被解释变量的回归结果（污染密集型行业）

变量	NEX 作为被解释变量				MIC 作为被解释变量			
	模型 A	模型 B	模型 C	模型 D	模型 A	模型 B	模型 C	模型 D
常数项	0.341 ** (2.443)	0.115 (0.582)	-0.266 *** (-3.217)	-0.630 *** (-4.968)	0.025 *** (3.100)	0.016 (0.881)	-0.026 *** (-3.648)	-0.051 *** (-4.175)
ERI_{it}	-131.07 ** (-4.644)	-87.972 *** (-3.646)	-55.43 *** (-4.854)	-63.69 *** (4.805)	-8.382 *** (-3.022)	-4.486 ** (-1.992)	-3.724 *** (-3.584)	-4.354 *** (-3.551)
ERI_{it}^2	84939 *** (2.968)	93973 *** (3.065)			311.72 * (1.949)	210.83 * (1.742)		
HC_{it}		64.221 *** (5.348)	18.992 (4.358)			6.080 *** (5.424)	1.883 (4.860)	
PC_{it}		-0.043 *** (-3.222)		0.029 *** (6.144)		-0.004 *** (-3.747)		0.002 *** (5.317)
HC_{it}^2		-1128.8 *** (-4.632)				-92.935 *** (-4.086)		
PC_{it}^2		0.001 *** (-3.523)				6.67E-05 ** (3.551)		
$ERI_{it} \cdot HC_{it}$			-390.58 *** (-0.351)				-47.267 (-0.478)	

变量	NEX 作为被解释变量				MIC 作为被解释变量			
	模型 A	模型 B	模型 C	模型 D	模型 A	模型 B	模型 C	模型 D
$ERI_{it} \cdot PC_{it}$				-3.051^{***} (-3.476)				-0.257^{***} (-3.038)
Adjusted R-squared	0.2505	0.8453	0.7892	0.7973	0.0665	0.4978	0.3787	0.2975
模型类型	随机效应	固定效应	固定效应	固定效应	固定效应	固定效应	固定效应	固定效应

表 7-6 中模型 C 和 D 分析的是交叉项影响,从模型 C 回归结果看,NEX 作为被解释变量时环境规制与人力资本交叉项系数为负且显著,MIC 作为被解释变量时环境规制与人力资本交叉项系数为负且不显著,说明环境规制通过人力资本可能减少污染密集型行业的竞争优势,结果并不确定。从模型 D 回归结果看,环境规制与物质资本交叉项系数为负且显著,说明环境规制通过物质资本减少污染密集型行业的比较优势。这个结果与中国工业部门整体的回归结果相比,所得到结论并不相同的,但物质资本交叉项结果相同,中国污染密集型行业环境规制对贸易比较优势的负面影响较大。

4. 稳健性检验

本文再计算显性比较优势指数(RCA)来度量贸易比较优势,即计算中国工业部门某一行业出口在所有工业部门出口中所占比重与该产业出口在世界工业部门贸易出口所占比重之比,RCA 的计算有效消除了国家和世界贸易总量波动的影响,通过比较某一行业出口在本国与世界水平中的差异来分析贸易比较优势。计算中国工业部门 29 个行业的显性比较优势指数(RCA),然后进行平稳性检验、协整关系检验等,然后作为被解释变量加入模型进行实证回归分析。模型 I 的回归结果与之前检验结果一样,环境规制强度可以提高中国工业部门整体的贸易比较优势,而且环境规制强度提高可能在短期内会减少贸易比较优势,但是长期看会提高贸易比较优势。模型Ⅲ和模型Ⅳ的回归结果也证明,中国工业部门研发为代表的人力资本投入增加有助于提升工业部门整体的贸易比较优势,而物质资本增加可能较小幅度地降低了工业部门整体的贸易比较优势,人力资本对工业部门整体的贸易比较优势的促进作用先提升然后会逐渐消减。可见,显性比较优势指数(RCA)作为被解释变量的回归分析结果与净出口指数(NEX)、Michaely 指数(MIC)作为被解释变量的回归分析结果基本一致。

同样,本文对于显性比较优势指数(RCA)作为被解释变量也进行交叉项检验,当把环境规制强度和人力资本交叉项作为解释变量时,交叉项系数为正值且显著,对比环境规制回归系数为正且显著而物质资本回归系数为负且显著,说明环境规制强度提高通过人力资本强度增加对中国工业部门整体的贸易比较优势带来正面影响。这个结果与 Michaely 指数（MIC）作为被解释变量回归结果一致，即在一定程度上反映中国国内工业部门环境规制强度提高通过科技研发进而增加贸易比较优势。相关结论与 NEX 和 MIC 作为被解释变量的回归结果一致。

表 7 - 7 是利用显性比较优势指数（RCA）来度量贸易比较优势，专门针对中国污染密集型行业的回归分析结果。从结果看模型 A、模型 B、模型 C、模型 D 的环境规制强度的系数均为负值，中国污染密集型行业的环境规制强度有可能降低了中国贸易比较优势，但是环境规制强度平方项系数为正，说明长期来看中国污染密集型行业的环境规制强度有可能提升中国贸易比较优势，验证了 NEX 和 MIC 作为别解释变量时候的分析结果。表 7 - 6 中模型 C 和 D 分析的是交叉项影响，回归结果显示环境规制与人力资本交叉项以及环境规制与物质资本交叉项的系数为负且显著，说明环境规制有可能通过人力资本和物质资本最终结果尚处于减少污染密集型行业的比较优势。

表 7 - 7　RCA 为被解释变量的回归结果（污染密集型行业）

变量	NEX 作为被解释变量			
	模型 A	模型 B	模型 C	模型 D
常数项	1.213*** (9.730)	1.051*** (0.582)	1.087*** (8.985)	0.796*** (4.205)
ERI_{it}	-55.802* (-1.743)	46.456 (-1.020)	-14.539 (-0.903)	-4.970 (-0.286)
ERI_{it}^2	2411.12* (1.706)	2095.2 (0.856)		
HC_{it}		42.300* (1.866)	22.113*** (3.472)	
PC_{it}		-0.007 (-0.286)		0.023 (3.170)
HC_{it}^2		-795.28* (-1.729)		
PC_{it}^2		-9.90E-05 (-0.260)		
$ERI_{it} \cdot HC_{it}$			-7711.9*** (-4.752)	

变量	NEX 作为被解释变量			
	模型 A	模型 B	模型 C	模型 D
$ERI_{it} \cdot PC_{it}$				-6.039^{***} (-4.608)
Adjusted R-squared	0.9290	0.9304	0.9431	0.9366
模型类型	随机效应	固定效应	固定效应	固定效应

7.1.4 环境规制影响中国贸易比较优势研究启示

上述理论和实证研究结果，反映了中国工业部门环境规制强度影响对外贸易比较优势的行业层面的具体情况，基于中国贸易比较优势的实证研究要素禀赋理论下环境规制的贸易效应具有重要启示意义，本文总结如下两方面启示。

第一，理论逻辑推导与现有实证结果不同的启示。

李嘉图比较优势模型和赫克歇尔—俄林模型（H-O）加入环境要素后的逻辑推导，证实了环境规制对于国际贸易的重要影响，不同国家环境规制强度差异隐含环境要素的差异，可以形成国际贸易比较优势的来源，即存在"要素禀赋差异"形成贸易比较优势，这也是环境要素（环境规制强度）存在差异的不同国家扩大生产、参与自由贸易以及增加自身利益的原因。已有许多研究提出，发达国家具有较为完善的环境政策体系，实施相对较为严格的环境规制措施，而发展中国家由于处于不同经济发展和工业化阶段，环保体系以及环境政策实施相对较弱，正如"污染避难所""污染天堂"假说或理论提出的那样，发展中国家将会承接发达国家污染产业转移，那么发展中国家将会在国际贸易中应该在污染密集型产业具有比较优势。中国工业部门污染密集型行业在 2001 年到 2016 年的 NEX 和 MIC 图形并没有反映出这些行业具有统一的贸易比较优势，而是存在行业结构差异，显然这个结果与理论分析结果不一致。而且，实证检验结果显示中国环境规制强度短期内降低污染密集型行业贸易比较优势，长期来看又会提升贸易竞争优势，从时间效应来看存在结果差异。

分析理论逻辑推导与现有实证结果不同的原因，可能在于两方面。其一是贸易比较优势的决定因素不仅仅是环境规制强度差异，除了环境要素之外的其他要素也发挥影响作用。如果国内外环境成本系数相同或者相对环境成本系数很小（一般而言国内外环境规制强度及环境成本内在化程度不同，环境成本系数不可能完全相同），那么其他要素就决定了行业比较优势，比如说我国长期以来贸易比较优势集中在劳动密集型行业，我国相对更为丰富的劳动资源要素可能一直起到了决定性作用。其二是环境规制影响贸易比较优势存在时间效应，环境规制提高短期内降低我国工业部门污染密集型行业的比较优势，在一定程度上可以反映这些污染密集型行业可能存在环境要素禀赋形成的比较优势；长期来看环境规制又提升贸易比较优势，可能是中国工业部门的"波特假说"发挥作用。中国工业部门整体的实证检验并未表现出环境规制减少贸易比较优势，有可能是工业部门整体而言非环境要素发挥较大作用而掩盖了部分行业环境要素发挥的作用。

第二，贸易比较优势视角分析环境规制影响外贸发展方式的启示。

上述实证研究结果反映了我国工业部门整体以及分类行业环境规制影响贸易比较优势的现有和近期变化情况，本文尝试结合理论逻辑，从贸易比较优势视角来分析展望我国对外贸易发展方式转变。中国工业部门整体来看，提高环境规制强度可以增加贸易比较优势，而且长期来看环境规制强度提高也是有助于增加贸易比较优势，因此政府可以减少环境规制强度提高会影响对外贸易乃至经济发展的担忧，坚持绿色发展理念，进一步提高环境规制强度，实现我国对外经济发展方式朝绿色方向转型。在提高环境规制强度过程中，我国可以进一步发挥研发为代表的人力资本质量提高对增强贸易比较优势的有利作用，实现对外贸易发展方式顺利转变；同时注意规避中国工业企业新建厂房、购买新机器设备等的资本投入对贸易比较优势及外贸发展转型的负面影响。需要注意的是，我国环境规制强度提升工业部门贸易比较优势一部分原因可能在于"波特假说"作用，但是"波特假说"发挥作用需要满足一定的条件，只有合适的环境规制才不会阻碍国际竞争力，提高环境规制强度过程中需要注意贸易比较优势的实际变化，特别是需要注意环境要素之外的其他要素影响作用的变化情况，结合其他现实影响因素做出动态优化调整。

环境规制要求下转变中国外贸发展方式，需要重点关注其对污染密集型行业的影响，传统理论分析认为发展中国家在污染密集型行业具有环境要素禀赋优势，本文实证研究结果也显示中国工业部门污染密集型行业在提高环境规制强度后减少贸易比较优势。

现阶段，提高环境规制强度、转变外贸发展方式是必然选择，但需要注意几点：首先，需要优化环境规制强度提高的幅度和速度，也就是说需要根据对外贸易发展实际情况优化政策实施的进程，充分发挥环境规制对贸易比较优势的长期效应，因为实证结果显示环境规制对我国污染密集型行业长期影响是有利于提高贸易比较优势；其次，需要注意环境规制强度提高后人力资本和物质资本的影响作用，实证检验说明我国污染密集型行业的物质资本甚至人力资本有可能减少贸易比较优势，因此需要深入分析原有发展方式存在问题的内在原因，寻找激发研发投入和调整产业资本投入增加贸易比较优势的方法，实现外贸发展方式转变；第三，贸易比较优势指标测度结果的图形显示，不同污染密集型行业近年来的贸易比较优势存在较大差异，一方面可能是因为不同行业的环境规制强度差异或其他原因导致贸易比较优势变化不同，另一方面也可能是不同污染密集型行业自身也存在行业结构差异，因此提高环境规制强度可以更多地基于行业层面实际变化来分析判断和优化调整，助推外贸发展方式转变。

7.2 要素流动视角下环境规制的贸易效应

本节分析环境规制对贸易竞争力的影响，构建两要素、三部门理论模型，推导分析环境税变动对不同行业产品贸易竞争力与要素产出弹性系数联系，并通过案例解析与函数推导来求证环境税直接增加产品成本及价格，还影响总成本构成进而间接地影响产品竞争力。环境规制从要素流动上影响贸易竞争力的结论，对于我国不同行业特别是高碳行业出口贸易对碳税等环境规制政策的反应具有全新的启示意义，有待研究中不断动态优化政策。

7.2.1 环境规制影响贸易竞争力理论分析

一、环境规制影响贸易竞争力研究评析

学术界很早就关注环境规制对经济贸易的影响，目前关于环境规制是否或者如何影响一个国家贸易竞争力的研究，还未取得一致性结论，实证研究利用不同方法从不同角度进行探讨，与之相伴的理论研究在实证检验结果的启发下也不断取得突破。

环境规制对贸易竞争力影响的研究还未取得一致性结论，原因可能在于以下三方面。第一，从研究方法和设计上看，实证研究多为模拟估测，受到数据不足等的影响，与理论推导结论存在较大偏差，而理论建模推导常常设置较为严格的假设条件与经济贸易领域实际情况也存在较大差异，所以在不同条件下理论与实证研究结论无法一致，当然不一致性也有可能是分析不全面和研究遗漏而引起的。第二，从已有研究结论来分析，环境规制手段对经济贸易影响在不同时间段是不一样的，比如短期内增加成本和价格会降低产业竞争力，而长期看可能通过激发创新和收入再分配而提升竞争力，而且出口竞争力和出口贸易的决定因素并不是唯一的，也就是说除了环境规制影响外的其他因素所起的作用可能更大。除了上述两点外，笔者认为对出口竞争力概念的理解偏差是导致研究结论迥异和排斥

环境规制的重要原因之一。某一行业出口竞争力是某个国家或地区特定行业相对于其他国家或地区同一行业在生产效率、满足市场需求、持续获利等方面所体现的竞争能力。出口竞争力最终体现于产品、企业及产业的市场实现能力，而相对价格优势是最重要的隐性指标，所以竞争力是表现为竞争优势的一个相对属性的概念，简单以提高环境规制强度会提升本产品成本和价格就判断竞争力一定降低，显然缺少了比较分析使相对概念狭隘化为绝对指标，下文基于此构建环境规制下出口竞争力模型进行推理分析。

二、构建纳入环境规制的三部门模型

出口竞争力是某个国家或地区特定行业相对于其他国家或地区同一行业在生产效率、满足市场需求、持续获利等方面所体现的竞争能力，出口竞争力是表现为出口产品竞争优势的一个相对属性概念，所以本文选择使用产品相对价格作为研究和比较对象，规避简单以提高环境规制强度提升产品成本和价格来判断竞争力的不足。

通过构建两要素、三部门理论模型，推导分析环境规制对产品相对价格的影响，进而通过产品出口竞争力间接分析环境规制对外贸出口影响。构建模型过程中，不失一般性作如下假设：

假设一：假设存在三个部门（i = a，b，c），其中部门 a 和部门 b 为生产部门，提供产品 A 和 B，部门 c 是专门提供减少排污或降低污染密集度服务（产品）的部门。

假设二：三个部门生产产品或提供减排服务（产品）均需投入生产要素资本 K_i 和劳动 L_i，各部门生产函数采用 Cobb-Douglas 函数。

假设三：假定生产部门排放一单位污染需要纳税 τ，该税率由政府决定即属于模型外生，开征环境税情况下要素资源投入到生产产品部门和减排服务部门实现收益零差异。

理论模型中假定一个部门（部门 c）专门提供减排服务（产品）供生产排污部门来购买，不同于已有相关研究方法大多把排污设定为一种"虚拟"投入要素，其他资本和劳动等要素归为另一类"真实"投入要素的研究方法，规避"虚拟"投入要素对原有生产函数干扰以及可能存在的边际成本递变规律的影响。根据上述假设，得到三个部门（i = a，b，c）的生产函数为：

$$y_a = A_a L_a^{\alpha} K_a^{1-\alpha}$$

$$y_b = A_b L_b^{\beta} K_b^{1-\beta}$$

$$y_c = A_c L_c^{\gamma} K_c^{1-\gamma}$$

其中，y_i 代表部门产出（服务）；A_i 代表部门 i 的综合技术水平；K_i 和 L_i 分别代表资本和劳动要素投入；α、β 和 γ 分别代表三个部门劳动产出弹性系数，要素规模报酬不变，所以资本产出弹性系数分别为 $1-\alpha$、$1-\beta$ 和 $1-\gamma$。

假设生产部门 i（i=a, b）生产一单位产品产生的污染排放量为 λ_i 单位，生产部门可以向减排部门 c 购买服务（产品）以抵消其部分排污 $\lambda_i y_i$，为简便起见假设减排部门 c 不产生污染排放。如果生产企业排污不需要承担任何费用，在理性经济决策下不会主动购买减排服务；如果政府提高环境规制强度而开征环境税或者提高原有环境税率（本文以环境税为例），那么生产企业将在纳税与购买减排服务之间进行比较选择。

生产部门排放一单位污染需要纳税 τ，税率由政府决定，属于模型外生变量，开征环境税情况下要素资源投入到生产产品和减排服务部门将实现收益零差异，当然设置环境税也无法实现完全减排。假设部门 a 生产产品价格为 1，部门 b 生产产品价格为 $p_{b/a}$（相对于部门 a 产品的价格），部门 c 提供减排服务价格为 p_c，三个部门的利润表达式为：

$$\pi_a = y_a - \tau(\lambda_a y_a - y_{c,a}) - \omega L_a - r K_a - p_c y_{c,a}$$
$$\pi_b = p_{b/a} y_b - \tau(\lambda_b y_b - y_{c,b}) - \omega L_b - r K_b - p_c y_{c,b}$$
$$\pi_c = p_c y_c - \omega L_c - r K_c$$
$$y_c = y_{c,a} + y_{c,b}$$

其中，ω 和 r 分别代表劳动和资本的回报率；$y_{c,a}$ 和 $y_{c,b}$ 分别代表部门 a 和 b 购买的减排服务数量，两者之和为部门 c 的总产出 y_c。

生产产品企业在购买减排服务和缴纳环境税之间进行选择，依据是支出成本最小化，结果是最后单位减排服务价格 p_c 等于环境税 τ，也就是说，均衡状态下企业针对最后单位排污所支付税费 τ 或购买减排服务支付 p_c 无成本差异，对其利润无影响。当 $p_c = \tau$ 时，各部门利润函数为：

$$\pi_a = y_a(1 - \tau \lambda_a) - \omega L_a - r K_a$$
$$\pi_b = y_b(p_{b/a} - \tau \lambda_b) - \omega L_b - r K_b$$
$$\pi_c = \tau y_c - \omega L_c - r K_c$$

三、环境规制影响出口竞争力因素分析

根据生产产品部门和减排服务部门的生产函数及利润函数，可以推导产品相对价格（影响出口竞争力）对环境规制变动所作出的反应情况，本文环境规制变动以环境税变动为代表。其公式如下：

$$\frac{dp_{b/a}}{d\tau} = \Omega \frac{A_a}{A_b} \left(\frac{A_c}{A_a}\right)^{\frac{\beta-\alpha}{\gamma-\alpha}} \left[\left(\frac{\beta-\alpha}{\gamma-\alpha} - \tau \lambda_a\right) \tau^{\frac{\beta-\gamma}{\gamma-\alpha}} (1-\tau\lambda_a)^{\frac{\alpha-\beta}{\gamma-\alpha}}\right] + \lambda_b$$

$$\Omega = \left[\left(\frac{1-\gamma}{1-\alpha}\right)^{1-\gamma}\left(\frac{\gamma}{\alpha}\right)^{\gamma}\right]^{\frac{\beta-\alpha}{\gamma-\alpha}}\left(\frac{1-\alpha}{1-\beta}\right)^{1-\beta}\left(\frac{\alpha}{\beta}\right)^{\beta}$$

其中，$\dfrac{d\,p_{b/a}}{d\tau}$ 的符号代表环境税变动后两个部门产品相对价格的变化情况，符号为正说明环境税提高，产品 b 价格相对产品 a 价格提高更多，部门 b 竞争力下降；符号为负说明环境税提高，产品 b 价格相对产品 a 价格提高要少，部门 b 竞争力上升。

根据上式可以判断，$\dfrac{d\,p_{b/a}}{d\tau}$ 的符号即环境税变动对产品竞争力的影响，不仅取决于两个生产部门（i = a，b）单位产品污染排放量 λ_a 和 λ_b，而且与三个部门生产函数的要素产出弹性系数具有密切联系。因此，仅从行业排污强度来判断环境税对行业竞争力的影响是不充分的，直觉上污染密集型行业承担环境税负较重、产品价格上升较多导致竞争力下降的结论也是不准确的，忽略了要素产出弹性系数等其他因素在市场运行机制作用下对产品相对价格和竞争力的影响作用，以下从模型推导过程来分析内在化市场机制的作用路径和关键因素。

7.2.2 要素流动视角下环境规制贸易效应推导分析

一、基于跨行业要素流动的环境规制贸易效应分析

1. 环境规制下要素流动模型和图形分析

本节以污染强度为划分标准，把行业分为污染密集型行业与非污染密集型行业两大类，构建模型进行推导分析，然后借助图形对比分析环境规制强度与产出及污染排放之间的关系，所作假设如下：

假设一：存在两个污染排放强度不同的部门，e 为高污染排放部门即污染密集型行业，f 为低污染排放部门即非污染密集型行业，两个部门均投入要素生产产品，产出分别为 Q_e 和 Q_f。

假设二：无治理情况下，部门产出与污染排放存在较为稳定的比例关系，即能源消耗等生产技术水平短期内没有较大改变，部门产出与能源消耗及污染排放存在稳定的正比例关系。

假设三：由于生产投入要素是有限的，在存在环境规制要求条件下，各企业需要把部分投入要素用于环境治理即实施减排，形成环境治理成本。

假设四：所有部门投入各种生产要素生产不同的产品，符合经济学生产一般理论，存在边际收益递减规律。

用 Q_e 和 Q_f 分别表示部门 e 和部门 f 的产出，两个部门的生产函数分别为：

$$Q_e = K_{e1}^{\alpha} L_{e1}^{\beta}$$

$$Q_f = K_{f1}^{\gamma} L_{f1}^{\eta}$$

用 E_e 和 E_f 分别表示部门 e 和部门 f 的污染排放，两个部门的排放函数分别为：

$$E_e = Q_e e_e$$

$$E_f = Q_f e_f$$

用 π_e 和 π_f 分别表示部门 e 和部门 f 的利润，两个部门的利润函数分别为：

$$\pi_e = Q_e P_e - (K_{e1} r_e + L_{e1} \omega_e) - (K_{e2} r_e + L_{e2} \omega_e)$$

$$\pi_f = Q_f P_f - (K_{f1} r_f + L_{f1} \omega_f) - (K_{f2} r_f + L_{f2} \omega_f)$$

生产投入要素的约束条件为：

$$K_e = K_{e1} + K_{e2}$$

$$L_e = L_{e1} + L_{e2}$$

$$K_f = K_{f1} + K_{f2}$$

$$L_f = L_{f1} + L_{f2}$$

其中，r_i 和 ω_i（$i = e$，f）分别为要素 K 和 L 的回报率 α、β、γ、η 为要素产出弹性系数；K_{e1} 和 L_{e1} 为部门 e 用于生产的要素投入，而 K_{e2} 和 L_{e2} 为部门 e 用于减排等环境治理的要素投入，K_e 和 L_e 为部门 e 的要素约束；K_{f1} 和 L_{f1} 为部门 f 用于生产的要素投入，而 K_{f2} 和 L_{f2} 为部门 f 用于减排等环境治理的要素投入，K_f 和 L_f 为部门 f 的要素约束；e_i 表示产出污染排放系数，E_i 表示部门污染排放量，在能源消耗等生产技术没有发生重大变化情况下与产出成正比。

图 7 - 3 纵坐标是表示环境质量 $U_i = U_0 - E_i$，横坐标表示部门产出 Q_i。当横坐标为 0，没有投入生产要素进行生产，此时没有产出和污染排放，环境质量处于原始最好状态 OA、OB。逐渐增加要素投入生产一定产品，会随之产生污染排放，但在一定范围内可以实现产出增加而环境质量保持不变，因为投入要素中有一部分可以用于环境治理，比如在碳排放这种污染排放上，可以通过碳捕获与封存实现零排放，图中 A H_e 和 B H_f 处于水平状态表示环境质量不发生变化。但是由于生产投入要素存在稀缺性，因此存在要素投入总量约束，生产和环境治理的要素投入达到上限 K_e 和 L_e 以及 K_f 和 L_f 时，无法在不影响环境情况下增加产出，产量继续增加导致环境质量下降。在技术水平和投入要素稳定以及充分就业情况下，产出规模的扩大将导致环境质量的下降。

产出规模与污染排放之间存在正相关关系，原因主要在于：一方面产出扩大直接增加了污染排放量，另一方面扩大生产要素的投入，减少了环境治理的要素投入量，产出增加将导致环境质量下降。图中 H_e 和 H_f 点之后曲线随着产出增加而逐渐向右下方倾斜，用公式表示为：

$$U'(Q_i) < 0$$

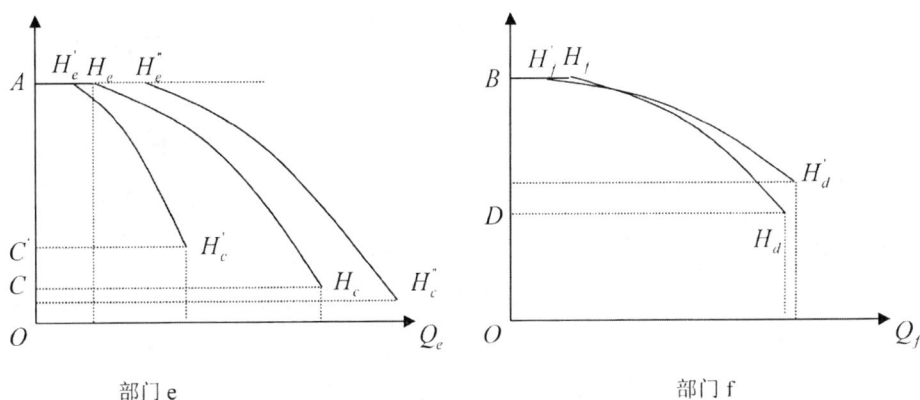

图 7 – 3　环境规制与产出变动

两个部门的生产存在边际收益递减规律，图中 H_c 和 H_d 分别表示两个部门逐渐增加生产投入要素后产量所能达到的最大值，此时投入生产的要素为 K_{e1}^* 和 L_{e1}^* 以及 K_{f1}^* 和 L_{f1}^*。在产出最大值点上两部门造成的环境质量分别为 CO 和 DO，显然所有要素投入部门 f 进行生产形成的环境质量要优于投入部门 e。$H_e H_c$ 和 $H_f H_d$ 分别表示以牺牲环境治理为代价，可以达到的生产水平，由于环境质量水平随着产量增加而其下降速度越来越快，所以 $H_e H_c$ 和 $H_f H_d$ 均是凹向原点的函数。

上述分析了投入要素总量在生产和环境治理之间的分配效果，以下首先分析环境规制强度发生变化后部门产出变化情况。环境规制强度变化对碳排放强度不同的行业部门将形成不同的影响，政府制定环境标准就是要求部门生产排污行为对环境所造成的负面影响不能突破设定的底线。

以部门 e 为例，如果政府制定环境标准（可以是污染排放总量或排放强度上限）所要求的环境质量低于 CO，那么部门最大产出点可以为 H_c''，用于生产的投入要素大于 K_{e1}^* 和 L_{e1}^*；但是如果政府制定环境标准所要求的环境质量高于 CO 为 $C'O$，那么用于环境治理的要素投入增加，用于生产的投入要素小于 K_{e1}^* 和 L_{e1}^*，部门最大产出点变小为 H_c'。环境标准提高导致用于环境治理的投入要素相应增加，同等条件下可用于生产的要素相对减少，产出也就相应减少，图中环境保持最好状态的 A 点，其产出 AH_c'' 比 AH_e 长，AH_e' 比 AH_e 短。总结一般性规律，政府提高环境标准，排污部门将投入更多要素在环境治理上，产出会相应减少，图中显示就是曲线 $H_e H_c$，左移至 $H_e' H_c'$。这种变化与行业部门的污染密集度是正相关的，污染密集度越高的产业，曲线移动幅度越大，污染密集度较低的产业，曲线移动幅度越小。

其次再分析跨部门要素流动的影响结果。利润函数和生产函数决定了部门产出还取决于要素总投入约束，本部门环境标准提高的产出减少效应引致利润减少，要素自由流动情况下部分要素资源从高排放部门向低排放部门转移。也就是说，如果政府制定环境标准所要求的环境质量提高，部门要素约束 K_e 和 L_e 变小而 K_f 和 L_f 变大，这样导致的结果是污染排放强度相对较低的部门 f 获得了更广发展空间的可能。环境规制强度提高也会增加部门 f 用于治理环境的要素投入但增幅有限，图中环境质量最优状态下 H'_f 小于 H_f，但由于获得要素流入其最终产出可以增大到 H'_d，图中曲线 $H_f H_d$ 调整为 $H'_f H'_d$。环境规制强度提高的最终结果为碳排放强度相对较低的部门产出扩大，而全社会环境质量得到改善。需要指出，还有一种在实践中经常使用的方法，政府实行减排政策最初是针对某一个部门（比如电力部门征收碳税），如果仅对部门 e 而没有对部门 f 提高环境规制强度，那么部门 f 所获得要素流入和产出将更大。

二、环境规制影响出口贸易的要素路径

开征或者提高环境税会增加产品的生产成本及价格，污染密集型行业增加的税负要高于其他非污染密集型（清洁）行业，产品成本和价格相应增幅也相对较大，这种影响污染密集型行业竞争力的渠道称为"排放强度渠道"。开征或提高环境税通过要素回报率变动对要素产出弹性系数所决定的总成本构成产生影响，从而间接地对不同行业产品相对价格发生作用，影响产品竞争力，这一影响渠道的主要依据是不同要素回报率差异，称为"要素回报渠道"。因而开征或者提高环境税对不同行业（包括污染密集型行业）竞争力的最终影响是不确定的，关键在于"要素回报渠道"是否会抵消甚至超过"排放强度渠道"的作用。

本节进一步环境规制下要素流动模型推导和图形分析，比较直观地说明环境规制强度提高以后，两个污染排放强度不同的部门以及两部门之间的不同要素分配与流动情况。从要素流动视角分析环境规制影响出口贸易路径，不仅分析环境规制强度提高对本部门成本和价格影响，而且把政策影响拓展至经济体系各部门产出变动，可以更全面地归纳环境规制对出口贸易的多重影响。某个行业环境规制提高以后，该行业要素发生两方面流动，一是本行业内部分原用于生产的要素流入到用于治污，二是部分原投入本行业的要素流入到其他相对清洁行业。要素投入决定了产出，而在技术水平没有重大改变情况下产出与碳排放成对应的正比例关系，产出规模则决定了出口贸易，所以可以得到环境规制影响出口贸易的要素路径：环境规制—要素流动—产出（污染排放）—出口贸易。

证明环境税在"要素回报渠道"影响下可能相对提高污染密集型行业的竞争力，其判断依据是各行业部门的要素产出弹性系数。我国目前还没有成熟的专门提供碳捕获、碳封

存等减排服务（产品）的企业，所以无法回归估测该行业的要素产出弹性系数，有待以后在政策推动和需求拉动下形成专门性的减排服务行业，收集相关数据进行估测和对比分析。但是，本文分析结果对于开征环境税这项影响国民经济的系统工程来说具有新的启示，有助于提高实施环境税的政治意愿和可行性，强调了全面、合理评估环境税政策的重要性。如何顺应国际经贸发展趋势，制定逐步提高环境规制的策略和实施步骤，是发挥环境规制对我国进出口贸易乃至整个经济产业发展的推动作用的关键。我国实施渐进性环境税政策已经得到充分论证和认可，所以在政策设计以及实施效果评估工作中，应该特别重视和综合评估对环境税敏感性较高行业部门的变化情况。下文分析我国竞争力现状以及推导投入产出模型测算中国各个行业部门出口贸易的国内碳排放情况，对可能成为"污染避难所"的行业部门提出规制策略，厘清行业差异和政策重点关注对象。

7.2.3　中国行业出口竞争力与碳税影响分析

一、中国行业出口竞争力描述性统计分析：以工业部门为例

1. 出口竞争力测算方法

产业国际竞争力的测度工具大都采用国际市场占有率、产业内贸易指数、贸易竞争指数和显示性比较优势指数等，现总结各种测算方法如下：

第一，国际市场占有率（MSR），是指一个国家出口某行业产品在全球该行业产品出口中的占比，也就是说是一个国家出口产品在国际市场上的份额，这直接体现该国这个行业产品的总体国际竞争力。用 X_i 表示这个国家的行业产品 i 的出口金额，$X_{\omega i}$ 表示全球 i 产品的总的出口金额，MSR_i 表示 i 产品的国际市场占有率，得到计算公式为：

$$MSR_i = \frac{X_i}{X_{\omega i}}$$

第二，产业内贸易指数（IIT），是指一个国家生产的某种产品中进口中间品所占的比重，从概念上来说，要精确计算产业内贸易程度则需要每一种产品生产的中间投入品构成，然后计算中间投入品中的进口中间品所占比重。实际使用中，投入产出表可以找到中间投入品的构成，但是投入产出表相对而言分类太粗，所以在使用产业内贸易指数（IIT）计算时候常常采用简化处理，把进口品中的中间投入比例视作相同，对进口品不区分作为中间投入还是作为最终消费品，全部记为中间投入品。用 X_{ij} 表示 i 国第 j 种产品的出口金额，用 M_{ij} 表示 i 国第 j 种产品的进口金额，那么产业内贸易指数（IIT）计算公式为：

$$IIT_{ij} = 1 - \frac{|X_{ij} - M_{ij}|}{X_{ij} + M_{ij}}$$

一般使用的判别方法是，IIT 值为 0 时候表示完全的产业间贸易，IIT 值为 +1 时候表示产业内贸易程度非常高，该产业的进口额等于出口额。需要注意的是，产业内贸易指数计算与所选商品分类标准关系密切，比如按照 SITC3 一位数分类和两位数分别计算 IIT 得到的结果差异很大，一般而言，分类越粗产业内贸易程度越高。

第三，显性比较优势指数（RCA），是一个国家相对于另一个国家所表现出来的出口比较优势，计算过程为测算一个国家某一产业出口在该国家所有出口中所占比重与该产业出口在世界贸易出口所占比重之比，本文在第三章关于贸易比较优势测度时做了详细介绍。用 X 表示出口，下标 i 表示某一个国家，下标 ω 表示世界总体，上标 k 表示某一个产业，上标 z 表示某个国家或世界的总出口，RCA_i^k 代表国家 i 的产业 k 出口的显性比较优势指数（RCA），那么显性比较优势指数（RCA）的计算公式为：

$$RCA_i^k = \frac{|X_i^k / X_i^z|}{|X_\omega^k / X_\omega^z|}$$

常用的简单判别方法是，如果 RCA 值大于 1，表示某国家第 i 产业产品在本国出口占比大于该产业的世界平均出口比重，那么该国第 i 产业具有显性比较优势；如果 RCA 值小于 1，表示该国第 i 产业产品在本国出口占比小于该产业的世界平均出口比重，那么该国第 i 产业具有显性比较劣势。如果研究目标产业的贸易方式以产业间贸易方式为主，用 RCA 来度量出口竞争力。RCA 可以比较方便的对比一个国家或地区的某一个产业的出口比较优势，具有较为广泛的应用度，但是这个指数忽略了国际贸易中进口对于比较优势度量时的重要性，当一个国家或地区的经济规模较大时这种计算方法所得到的结果容易产生偏差。

第四，国际竞争力系数（ICC），是用某行业商品的净出口额与总贸易额的比值来度量，在一定程度上可以比较好地反映这个产业由引进到发展成熟、再到向外出口的完整阶段性差异。用 i 表示产业，t 表示时间，EX_{it} 表示一个国家第 i 产业在第 t 年的出口金额，IM_{it} 表示一个国家第 i 产业在第 t 年的进金额，那么国际竞争力系数（ICC）结算公式为：

$$ICC_{it} = \frac{EX_{it} - IM_{it}}{EX_{it} + IM_{it}}$$

国际竞争力系数 ICC_{it} 计算所得值在 −1 和 +1 之间，−1 表示这个国家该产业出口为 0，只有进口，为该产业引进阶段；+1 表示这个国家进口为 0，只有出口，为该产业发展很成熟，主要向国外出口产品。如果 ICC_{it} 计算所得值在 0 和 +1 之间，说明这个国家该产业的出口大于进口，该产业产品出口具有竞争力；如果 ICC_{it} 计算所得值在 −1 和 0 之间，说明这个国家该产业的进口大于出口，该产业产品出口没有竞争力。

第五，出口结构相似指数（SSI），是指对比两个国家出口结构的相似度，两个国家的出口结构可以通过计算每个行业或产品的出口比重得到，如果两个国家每种产品出口比重基本相同，那么这两个国家的出口结构比较接近。用 $[s(ij,t)]j$ 表示 i 国所有出口产品的出口份额序列，$s(kj,t)$ 表示 i 国 j 种产品在 t 年的出口份额，那么 i 国 t 年和 k 国出口结构相似指数（SSI）的计算公式为：

$$SSI = Corr\{[s(ij,t)]j, s[kj,p]j\}$$

也可以如下可以适应不同分类方式的形式，$S(i,k)$ 表示 i 国和 k 国的出口相似指数，x_{il} 表示 i 国第 1 种商品的出口金额，X_i 表示 i 国的总出口金额，x_{kl} 表示 k 国 1 种商品的出口额，X_k 表示 k 国的总出口金额，计算公式为：

$$S(i,k) = \sum_l \left\{ \frac{x_{il}/X_i + x_{kl}/X_k}{2} \left[1 - \left| \frac{x_{il}/X_i - x_{kl}/X_k}{x_{il}/X_i + x_{kl}/X_k} \right| \right] \right\}$$

如果 $S(i,k)$ 计算值为 1，那么 i 国和 k 国的出口结构完全相同；如果 $S(i,k)$ 计算值为 0，那么 i 国和 k 国的出口结构完全不相同。

2. 中国出口竞争力测算分析

显性比较优势指数（RCA）可以比较好地反映出口产品的国际竞争力，可以使用的范围也比较广，但是 RCA 不包含进口产品的信息，国际竞争力系数（ICC）包含进口和出口产品，可以弥补 RCA 的不足。一般而言，显性比较优势指数（RCA）和国际竞争力系数（ICC）适合分析产业间贸易的情况，而 20 世纪 80 年代以来，全球产业内贸易发展很快，产业内贸易占比也是越来越高，所以产业内贸易指数（IIT）也是重要的测度指标。

表 7-8 显示了中国工业部门 29 个行业的显性比较优势指数（RCA），表 7-9 显示的是中国工业部门 29 个行业的国际竞争力系数（ICC）。由于 RCA 值大于 1，表示产业具有显性比较优势；如果 RCA 值小于 1，表示产业具有显性比较劣势。ICC 值在 0 和 +1 之间，说明这个国家该产业的出口大于进口，该产业产品出口具有竞争力；如果 ICC 值在 -1 和 0 之间，说明这个国家该产业的进口大于出口，该产业产品出口没有竞争力。从两个表格计算值可以看出，中国工业部门的各个行业的国际竞争力各有差异，两个表格反映的不同指标计算值也存在差异，但是整体上国际竞争力得到提升的较多，比如纺织业和服装业、橡胶制品和塑料制品业、金属制品业。其中，也反映有些行业的国际竞争力有所下降，比如煤炭开采和洗选业、石油和天然气开采业、非金属矿采选业。

表 7 −8　中国工业部门 29 个行业的显性比较优势指数（RCA）

行业	2001	2004	2008	2012	2015
煤炭开采和洗选业	2.574	1.598	0.519	0.090	0.037
石油和天然气开采业	0.092	0.034	0.020	0.012	0.018
黑色金属矿采选业	0.003	0.001	0.001	0.002	0.001
有色金属矿采选业	0.061	0.174	0.094	0.022	0.007
非金属矿采选业	1.423	0.669	0.561	0.408	0.334
食品制造业和加工业	0.665	0.466	0.340	0.347	0.322
饮料制造业	0.240	0.159	0.141	0.120	0.112
烟草制品业	0.255	0.189	0.117	0.141	0.158
纺织业和服装业	3.680	3.256	3.375	3.229	2.858
皮革、毛皮、羽毛（绒）及其制品业	1.352	1.076	0.785	0.837	0.632
木材加工及木、竹、藤、棕、草制品业	0.852	0.819	0.871	0.833	0.717
家具制造业	4.141	4.755	5.864	7.308	6.080
造纸及纸制品业	0.332	0.319	0.459	0.697	0.851
印刷业和记录媒介的复制	0.661	0.963	1.660	1.386	1.081
文教体育用品制造业	1.600	1.228	1.109	0.774	0.736
石油加工、炼焦及核燃料加工业	2.132	1.607	1.273	1.151	1.372
化学原料及化学制品制造业	0.564	0.473	0.561	0.508	0.526
医药制造业	0.263	0.178	0.203	0.209	0.182
化学纤维制造业	0.085	0.136	0.319	0.386	0.367
橡胶制品和塑料制品业	1.758	1.492	1.437	1.676	1.626
非金属矿物制品业	0.568	0.563	0.629	0.741	0.788
黑色金属冶炼及压延加工业	0.490	0.696	1.157	0.838	1.042
有色金属冶炼及压延加工业	3.521	4.253	3.802	3.076	2.609
金属制品业	1.255	1.111	1.213	1.792	1.408
通用和专用设备制造业	0.442	0.507	0.861	0.785	0.762
交通运输设备制造业	0.258	0.273	0.416	0.497	0.408
电气机械及器材制造业	1.471	1.666	1.643	1.626	1.609
通信设备、计算机及其他电子设备制造业	2.168	3.200	3.576	3.696	3.229
仪器仪表及文化、办公用机械制造业	0.553	0.581	0.675	0.734	0.600

表7-9　中国工业部门29个行业的国际竞争力系数（ICC）

行业	2001	2004	2008	2012	2015
煤炭开采和洗选业	0.935	0.618	0.165	-0.898	-0.925
石油和天然气开采业	-0.758	-0.915	-0.948	-0.975	-0.964
黑色金属矿采选业	-0.999	-1.000	-1.000	-0.999	-1.000
有色金属矿采选业	-0.901	-0.732	-0.912	-0.982	-0.994
非金属矿采选业	-0.026	-0.358	-0.469	-0.470	-0.384
食品制造业和加工业	0.272	0.108	0.030	0.004	0.010
饮料制造业	0.668	0.588	0.352	0.019	-0.098
烟草制品业	0.703	0.614	0.565	0.670	0.151
纺织业和服装业	0.587	0.706	0.824	0.833	0.837
皮革、毛皮、羽毛（绒）及其制品业	0.642	0.669	0.703	0.740	0.691
木材加工及木、竹、藤、棕、草制品业	0.231	0.428	0.599	0.293	0.193
家具制造业	0.892	0.881	0.922	0.917	0.918
造纸及纸制品业	-0.631	-0.540	-0.205	-0.025	0.081
印刷业和记录媒介的复制	0.304	0.212	0.353	0.316	0.294
文教体育用品制造业	0.893	0.876	0.870	0.813	0.821
石油加工、炼焦及核燃料加工业	-0.268	-0.360	-0.352	-0.221	0.106
化学原料及化学制品制造业	-0.467	-0.478	-0.256	-0.286	-0.183
医药制造业	0.204	0.243	0.280	0.080	-0.058
化学纤维制造业	-0.814	-0.635	0.058	-0.008	0.069
橡胶制品和塑料制品业	0.488	0.450	0.514	0.543	0.628
非金属矿物制品业	0.404	0.502	0.670	0.605	0.631
黑色金属冶炼及压延加工业	-0.546	-0.255	0.447	0.404	0.532
有色金属冶炼及压延加工业	-0.325	-0.262	-0.264	-0.440	-0.316
金属制品业	0.652	0.603	0.673	0.736	0.624
通用和专用设备制造业	-0.395	-0.329	0.113	0.109	0.226
交通运输设备制造业	-0.078	-0.016	0.235	0.067	0.026
电气机械及器材制造业	0.090	-0.077	0.362	0.446	0.535
通信设备、计算机及其他电子设备制造业	0.052	0.244	0.207	0.201	0.198
仪器仪表及文化、办公用机械制造业	-0.061	-0.360	-0.252	-0.169	-0.131

此外，本研究还计算了产业内贸易指数（IIT），具体数值见表 7 - 10，在全球产业内贸易发展越来越快的形势下，这个指标具有重要意义。IIT 值为 0 时表示完全的产业间贸易，IIT 值为 + 1 时候表示产业内贸易程度非常高，该产业的进口额等于出口额。从计算结果看，2001 年到 2015 年很多工业行业的产业内贸易指数（IIT）发生较大变化，比如石油和天然气开采业 IIT 从 0.242 变为 0.036，烟草制品业 IIT 从 0.297 变为 0.849，木材加工及木、竹、藤、棕、草制品业 IIT 从 0.769 变为 0.807，化学纤维制造业 IIT 从 0.186 变为 0.931，化学原料及化学制品制造业 IIT 从 0.533 变为 0.817，而且大多是产业内贸易指数（IIT）计算值变大，说明这些行业的产业内贸易趋势明显。

表 7 - 10　中国工业部门 29 个行业的产业内贸易指数（IIT）

行业	2001	2004	2008	2012	2015
煤炭开采和洗选业	0.065	0.382	0.835	0.102	0.075
石油和天然气开采业	0.242	0.085	0.052	0.025	0.036
黑色金属矿采选业	0.001	0.000	0.000	0.001	0.000
有色金属矿采选业	0.099	0.268	0.088	0.018	0.006
非金属矿采选业	0.974	0.642	0.531	0.530	0.616
食品制造业和加工业	0.728	0.892	0.970	0.996	0.990
饮料制造业	332.000	0.412	0.648	0.981	0.902
烟草制品业	0.297	0.386	0.435	0.330	0.849
纺织业和服装业	0.413	0.294	0.176	0.167	0.163
皮革、毛皮、羽毛（绒）及其制品业	0.358	0.331	0.297	0.260	0.309
木材加工及木、竹、藤、棕、草制品业	0.769	0.572	0.401	0.707	0.807
家具制造业	0.108	0.119	0.078	0.083	0.082
造纸及纸制品业	0.369	0.460	0.795	0.975	0.919
印刷业和记录媒介的复制	0.696	0.788	0.647	0.684	0.706
文教体育用品制造业	0.107	0.124	0.130	0.187	0.179
石油加工、炼焦及核燃料加工业	0.732	0.640	0.648	0.779	0.894
化学原料及化学制品制造业	0.533	0.522	0.744	0.714	0.817
医药制造业	0.796	0.757	0，720	0.920	0.942
化学纤维制造业	0.186	0.365	0.942	0.992	0.931
橡胶制品和塑料制品业	0.512	0.550	0.486	0.457	0.372
非金属矿物制品业	0.596	0.498	0.330	0.395	0.369

行业	2001	2004	2008	2012	2015
黑色金属冶炼及压延加工业	0.454	0.745	0.553	0.596	0.468
有色金属冶炼及压延加工业	0.675	0.738	0.736	0.560	0.684
金属制品业	0.348	0.397	0.327	0.264	0.376
通用和专用设备制造业	0.605	0.671	0.887	0.891	0.774
交通运输设备制造业	0.922	0.984	0.765	0.933	0.974
电气机械及器材制造业	0.910	0.923	0.638	0.554	0.465
通信设备、计算机及其他电子设备制造业	0.948	0.756	0.793	0.799	0.802
仪器仪表及文化、办公用机械制造业	0.939	0.640	0.748	0.831	0.869

二、中国高碳行业出口竞争力分析：开征碳税的预测

1. 我国开征碳税需求分析

本研究证明了提高环境规制强度除了直接增加产品绝对成本及价格外，还间接地对不同行业产品相对价格发生作用，影响产品竞争力。"要素回报渠道"和"排放强度渠道"对同一行业竞争力的影响结果可能相反，因而开征或者提高环境税对不同行业（包括污染密集型行业）竞争力的最终影响是不确定的。但是，一般而言污染密集型行业增加的税负要高于其他非污染密集型（清洁）行业，产品成本和价格相应增幅也相对较大，因此需要特别重视开征或提高环境税对污染密集型行业的影响。本文上述模型推导是以开征碳税为例，以下继续以碳税为例进行分析。

我国自"十一五"时期启动了节能减排的约束性指标考核。"十二五""十三五"和"十四五"更加明确了绿色转型与绿色发展，一系列指标中关于生态环境保护、绿色低碳发展和应对气候变化相关指标是有约束性的。党的十八大以来，以习近平同志为核心的党中央着眼于国际国内两个大局，创造性地提出生态文明建设并纳入"五位一体"总体布局，并明确以"创新、协调、绿色、开放、共享"的五大发展理念推动生态文明建设。2020年提出"3060"这一国家自主贡献目标，体现出我国应对气候变化、推进绿色低碳循环发展的决心和行动力度。我国进出口贸易总额位列世界第一，进出口贸易对国民经济平稳发展具有重要影响，出口贸易中高能耗、高碳行业产品比重较大，出口贸易隐含碳（Embodied Carbon）数量巨大。因此，开征或者提高碳税对我国出口贸易产生影响，需要重点关注出口贸易隐含碳较大的行业部门。

2. 我国各行业碳排放测算

学术界关注碳税对碳密集度较高行业的影响，原因是征税对其成本增加效应较为直接和明显，但是很多研究直接根据能源消耗和产出计算各行业碳排放强度，对于开放经济而言忽略了中间投入中进口产品在国外生产造成碳排放的实际情况，而且无法有针对性地分析可能的"污染避难所"行业。本文对单区域生命周期投入产出模型进行逻辑推导和结构分解，推导出口贸易国内碳排放的计算公式，计算各部门出口贸易形成的国内碳排放情况。为提高计算准确度，还将重估各类能源碳排放系数，体现我国能源消耗技术的实际水平。

根据投入产出法，一国总产出可以表示为：

$$X = AX + F$$

移项得到：

$$X = (I - A)^{-1} F$$

其中，$A = \{x_{ij}/x_j\}$ 是直接消耗系数矩阵；$(I - A)^{-1}$ 是里昂惕夫逆矩阵，即完全需求系数矩阵；X 是总产出（列向量）；F 是最终需求。

上述公式描述了封闭经济体没有进出口贸易的情况，而目前国际经贸领域各国或多或少均参与国际分工或进口产品用于中间投入，对于一个开放经济体而言对外贸易进口商品中一部分用于满足最终使用，另又有一部分用于国内生产中间投入。故投入产出关系表达式为：

$$X = AX + F^g + F^c - J$$

其中，X 是国内总产出；F^g 是国内最终需求，包括最终消费（居民消费、政府消费）和资本形成的投资；F^c 是满足国外需求的出口；J 是进口。

进一步分析各部门的进口情况，如果单个部门 i 的进口额用 J_i 来表示，考虑到各个部门投入与产出均一性关系，假设部门 i 进口额 J_i 与总消费 $AX + F^g + F^c$ 存在稳定的比例关系，那么可以得到进口系数 j_i 计算公式：

$$j_i = J_i/(AX + F^g + F^c)$$

计算各个部门的进口系数，得到衡量各部门对进口依赖程度的进口系数对角矩阵 $\bar{J}$，上述投入产出关系表达式修改为：

$$X = AX + F^g + F^c - \bar{J}(AX + F^g + F^c)$$

移项得到：

$$X = [I - (I - \bar{J})A]^{-1}[(I - \bar{J})F^g + (I - \bar{J})F^c]$$

上式中，$(I - \bar{J})A$ 是投入系数 A 减去了进口部分，可以视为国内产品投入系数；$(I - \bar{J})$

F^g 是国内产品用于国内最终需求部分；$(I - \bar{J}) F^c$ 是国内产品满足国内外需求的出口部分。所以，满足国外需求的国内总产出计算公式为：

$$X_c = \left[I - (I - \bar{J})A \right]^{-1} (I - \bar{J}) F^c$$

如果用 E^g 来表示国内单位产出的直接碳排放强度矩阵，可以得到满足国外需求的国内总产出形成的国内碳排放为：

$$Q_e = E^g \left[I - (I - \bar{J})A \right]^{-1} (I - \bar{J}) F^c$$

计算直接碳排放强度矩阵 E^g，利用行业部门的能源消耗量和各种能源 CO_2 排放系数（见表 7-11）计算 CO_2 排放总量，然后依据各行业部门的产出计算国内单位产出直接碳排放强度矩阵 E^g。其中，各种能源 CO_2 排放系数计算公式依据来源于联合国政府间气候变化专门委员会（IPCC），第 k 种能源的 CO_2 排放系数 θ_k 计算公式：

$$\theta_k = NCV_k \times CC_k \times COF_k \times (44/12), k = 1, 2, 3 \cdots\cdots$$

其中，NCV_k 是指平均低位发热量，单位是 kJ/kg 或 kJ/m^3；CC_k 是碳排放因子，单位 kg/GJ；COF_k 是碳氧化因子，IPCC 取缺省值 1；44 和 12 分别为 CO2 和碳的分子量。

表 7-11　各种能源的二氧化碳排放系数

能源（$kgCO_2/kg$）	碳排放系数
原煤	1.8953
洗精煤	2.3881
其他洗煤	0.7581
焦炭	3.0735
焦炉煤气	1.2381
其他煤气	0.3869
其它焦炭产品	2.6882
原油	3.0643
汽油	2.9826
煤油	3.0933
柴油	3.1571
燃料油	3.2328
液化石油气	3.1623
炼厂干气	3.3749
其他石油制品	3.0952
天然气	2.1825

从行业部门碳排放计算结果来看，各部门国内生产总排放行业分布结构与满足国外需求的国内碳排放分布结构具有相似性。农林牧渔业、交通运输及仓储邮政业、非金属矿物制品业、化学工业、金属冶炼及压延加工业五个行业的排放量之和占所有国内生产碳排放量的比重达到近70%，其中除了非金属矿物制品业之外的四个行业也居于所有行业出口贸易国内碳排放量的前五位，另外一个出口贸易国内碳排放量排名前五的行业是纺织业。部分行业部门出口贸易的国内碳排放占国内生产总排放的比重较高，其中通信设备计算机及其他电子设备制造业、仪器仪表及文化办公用机械制造业、纺织业这三个行业的占比分别达到77.63%、75.88%、71.90%，还有金属制品业、化学工业、纺织服装鞋帽皮革羽绒及其制品业、电器机械及器材制造业、造纸印刷及文教体育用品制造业、木材加工及家具制造业、金属矿采选业、金属冶炼及压延加工业等部门出口贸易碳排放占比大于40%。就单位产值的碳排放强度指标来看，排放强度较高的行业集中在农业以及金属、煤炭等矿产开采和冶炼为主的重化工业。大部分行业出口贸易国内碳排放强度要远高于国内碳排放强度，行业总体来看出口贸易国内碳排放强度是国内碳排放强度的2.5倍左右[1]。这说明我国为满足国外消费需求而导致的碳排放强度要远高于各行业国内生产碳排放强度平均值，这一点对于我国应对国际气候谈判和环境贸易壁垒具有重要意义。

三、碳税对我国高碳行业影响预测分析

张明喜对我国开征碳税的 CGE 模型进行了模拟研究，发现碳税对经济结构中各个行业的产出具有负面影响，其中对矿产采掘业的影响最大[2]。可见，我国如果开征碳税，会对我国一些污染密集型行业（主要为高碳行业）产生较大影响。

我国电力热力的生产和供应业、农林牧渔业、金属矿采选业、煤炭开采和洗选业、石油和天然气开采业、通信设备计算机及其他电子设备制造业、仪器仪表及文化办公用机械制造业、纺织业等部门的出口贸易对开征或提高碳税敏感度较高，是我国开征或者提高碳税需要重点关注的部门，在碳税政策设计和效果评估中需要重点分析。从"排放强度渠道"看，碳税可能对这些行业部门的出口竞争力产生较大的负面影响，有研究指出我国贸易比较优势集中于劳动密集型产业，环境规制强度可提升工业行业比较优势，这说明可以逐步消化碳税增加成本对这些部门产品出口竞争力的影响。另一方面，国内劳动力成本提升、原材料价格上涨、人民币升值、资源价格改革等因素都会对要素回报率产生重要甚至变革性的影响，因此需要增加从"要素回报渠道"视角评价碳税实施

---

① 颜锟华. 贸易开放、环境规制对创新影响 [D]. 广东外语外贸大学，2020：127.
② 张明喜. 我国开征碳税的 CGE 模拟与碳税法条文设计 [J]. 财贸经济，2010 (03)：61-66.

效果，提供综合评估的准确性以完善碳税制度设计和实施。针对这些行业部门要素产出弹性系数和回报率差异，可以考虑进行国内外要素回报率对比评估，设计我国行业差异化碳税策略，帮助这些行业部门消化"排放强度渠道"的负面影响，优化资源配置，增加全社会福利。

7.2.4　环境规制下要素流动影响贸易竞争力研究启示

开征或提高环境税会通过要素报酬率改变要素产出弹性系数决定的总成本构成，从而间接地对不同行业产品相对价格发生作用，影响产品竞争力，我国需要"恰当设计"环境规章制度，循序渐进发挥"要素回报渠道"作用。

第一，我国政府和行业部门对于提高环境规制强度、开征碳税等环境税政策，应该持有积极的态度。

本文研究证实开征或提高环境税影响行业部门产品竞争力，取决于两方面，一是不同行业部门单位产品污染排放量，二是行业部门生产要素的产出弹性系数。所以，我们需要改变从行业排污强度来判断环境税影响行业竞争力的直觉感受，积极实施环境税、提高环境规制强度，推动我国产业结构优化和产品结构绿化，提升我国出口产品的绿色贸易国际竞争力。

欧美等发达国家在长期实践中已经形成了较为完整的环境规制体系，从研究结论判断，他们实施严格环境规制未必一定会降低其产品国际竞争力、增强发展中国家污染密集型产业产品国际竞争力。近期，部分发达国家倡导推行包括环境标准在内的新贸易标准，施压于其他国家、巩固其国际规则制定者的地位，比如前期热议的跨太平洋伙伴关系协定（Trans-Pacific Partnership Agreement，简称 TPP），TPP 附有独立文件《环境合作协议》展示了国际贸易对环境标准的新要求。国际上碳关税已经付诸实践，从"莫斯科会议宣言"到"最后期限"的提出表明，中国绝对不可能作为旁观者。

我国需要更为积极地实施环境税、提高环境规制强度，比如尽早开征碳税。从我国国际贸易长远期发展来看，开征碳税有助于缓解我国出口行业特别是污染密集型出口行业的国际减排压力，也可以有效地规避部分国家已经或即将实施的环境贸易壁垒。另一方面，开征碳税也有助于推动我国国内经济贸易发展方式转变。根据生态环境部的消息，中国2020 年碳排放强度比 2015 年下降了 18.8%，超额完成了"十三五"约束性目标，而我国非化石能源占能源消费的比重达到 15.9%，都超额完成了中国向国际社会承诺的 2020 年目标。2020 年 9 月，中国向世界作出庄重承诺，将力争在 2030 年前实现碳达峰、2060 年前实现碳中和。而在"十四五"规划和2035年远景目标纲要中,广泛形成绿色生产生活方式、碳排放达峰后稳中有降也成为重要内容,实现减排目标迫切需要我国改变高能耗、粗放式经济贸易发展方式。开征碳税还有助于弥补碳交易平台建设试验和推广时间较长的缺陷,碳税和碳排放交易平台建设配合运作可以更好地发挥政府和市场协调减排的作用,通过实施碳税等环境税可以把污染排放负外部性内部化,进而修正被扭曲的价格信号,优化国内资源配置,调整产业结构,有效引导各行业实现发展转型,减少污染排放同时增加全社会福利。

第二,"恰当设计"环境规制度,循序渐进发挥"要素回报渠道"作用,实现最优效果。

在设计环境税等环境规章制度时,需要考虑开征或者提高环境税会增加产品的生产成本及价格,在分析"排放强度渠道"决定了污染密集型行业的税负要高于非污染密集型行业,同时还需要考虑"要素回报渠道"决定了并不是所有污染密集型行业竞争力都会下降。应该在考虑污染密集型行业承担环境税负较重、产品价格上升较多导致竞争力下降的基础上,充分分析要素产出弹性系数等其他因素在市场运行机制作用下对产品竞争力的影响作用。

"恰当设计"的环境规章制度极为重要,一方面已有研究中经常出现的观点认为,设计合理的环境规制可以推动被规制企业生产技术和工艺的创新,进而形成技术领先的绝对竞争优势,而且已有研究证实合理的税收收入再分配可以有效减少环境税对企业的影响①;另一方面,由于实施环境税提高环境规制强度,对中国行业内和行业间的要素流动产生影响,环境规制强度提升需要有阶段性"度"的控制,理性企业在环境规制强度循序渐进提高过程中进行科学分析和预判,采取针对性调解措施,而行业部门则会呈现有计划地不断优化要素投入情况。我国开征或提高环境税,需要设计一个公平合理的税收征收体系以及循序渐进地推进策略,使经济主体能够依据自身情况选择最优的转型路径。

实施环境税、循序渐进地提高环境规制强度的过程,需要注重环境规制效果的综合评估,进而进行优化调整。提高环境规制强度在"排放强度渠道"作用下,对污染密集型行业如高碳行业的直接效应是增加要素流出、提高适应性成本、降低国际竞争力,而技术创新、收入再分配以及"要素回报渠道"作用则会调整企业资源、土地、资本等要素投入、推动技术创新,改善各个行业国际竞争力。因此,实施环境规制政策过程中需要结合国内

---

① 金美滋,徐天悦,凌慧,等.环境保护税影响路径探讨[J].合作经济与科技,2019(24):2.

外经济形势、特别是出口贸易的实际情况，不断优化调整环境税制度和实施进程。我国开征或提高环境税，需要政府加强综合评估、调整优化政策制度设计和推进速度；另外，我国出口贸易中高能耗、高污染行业产品比重相对较大，而且各个地区经济贸易发展水平也不平衡，所以在实施环境税、循序渐进地提高环境规制强度的过程中还需要考虑行业差异化和地区差异化的制度设计。

第八章　全球价值链视角下加快我国外贸优势培育的对策建议

8.1　全面深化经济体制变革，改善和调整外贸政策

8.1.1　深化经济体制变革，充分调动市场的调节作用

我国就目前的情况来看存在一些制约外贸发展的体制性障碍，如政企不分现象仍然存在，政府职能转变不到位，生产要素的价格由市场决定的机制尚未确立，以及进出口贸易的主要核心是外商投资企业，内资企业在全球价值链的地位有待提高等。

要处理和解决这些问题，一定要深化经济结构改善和调整，更加尊重市场规律，更好地发挥政府作用，具体的举措如下：

首先，推动内资企业尤其是民营企业发展，促进外贸主要核心的转变。在确保国有经济的主导地位的基础上，国有企业以市场为导向，结合结构改善和调整进行重组，即国有资本逐步退出低效益的企业，继而将资本向国有优势企业集中，从而提高国有经济的整体利益。加大对民营企业尤其是中小民营企业的政策扶持力度，构建公平合理的竞争贸易环境，促进非公有制经济发展。其次，推进政府职能转变，实行政府对经济的适度干预。根据美国、日本和亚洲新兴工业化国家和地区的经验发现，政府通过财政、税收等手段对经济的适度干预有助于促进经济和外贸发展方式的转变。政府对外贸企业发挥间接引导而非直接干预作用，完善企业所有制度，实现产权多元化，确立和完善新型的政企分开的融资投资体制。最后，加大发展要素市场的力度，充分确立以市场为基础的生产要素价格形

成机制。加快推进市场化进程，充分调动市场的调节作用，促使资本与劳动力资源转向效率更高的行业，协调资本投入与劳动投入的配比，提高要素的使用效率，实现资源的合理高效率配置。

8.1.2 组织企业团队，实现规模经济

我国湘南地区规模经济发展良好，故本节以湘南地区企业发展为例，说明规模经济发展中信息技术应用价值。

对于湘南地区企业规模经济的发展，信息技术的应用价值主要体现在六个方面，包括提高企业开发者的研究能力、在企业经济发展中发挥"倍增"作用、拓展企业管理手段，为企业全球化发展提供技术支持、为企业经济发展提供新的活力，加快企业资本流动。结合实际调研可以发现，信息技术能够应对和解决企业研究人员面临的难题，保证企业及时了解市场信息，实现企业现代化管理，促进传统产品的转型，实现企业结构升级，加快各种要素的跨国流动，提高资本利用率，逐步实现生产技术的自动化。值得注意的是，为了确保信息技术更好地服务于湘南地区企业规模经济的发展，企业信息技术的利用必须与自身实力、业务流程、管理流程和人员素质相适应。

一、信息技术在企业规模经济发展中的应用现状

生产管理信息技术在湘南地区企业生产管理中得到广泛应用。例如，各企业建立的有针对性的生产管理体系。这种生产管理体系能够有效地管理企业的生产活动，根据实际情况对生产活动进行优化、改进和调整，实现生产要素的及时、适当的投入，最终实现企业科学合理的生产。生产管理涉及的信息技术主要包括通信技术、遥感技术、自动控制技术、计算机智能技术等，通过不断创新信息技术，可以建立基于企业整个产品生命周期的有机整体，加快企业生产经营内部关系的转变，继续向一体化方向发展。总的来说，信息技术可以在适应环境变化、提高生产速度、降低生产成本、提高服务水平、形成服务和产品竞争优势等方面发挥积极作用，并最终起到巩固企业规模经济发展基础的作用。

营销管理信息技术也可以在湘南地区企业营销管理中发挥积极作用，可以突破传统的角色概念、规模和模式。信息技术的支持可以提高企业处理营销信息的速度和综合决策能力，实现更有效的营销管理、交易速度和效率。

信息技术可以拓展企业的营销手段。在网络技术和信息技术下，企业可以基于信息网络技术，实现与客户、制造商和相关部门的业务联系，快速实现各种规范性文件的传递和

营销相关信息的交流。此外，基于信息技术的电子订货、计算机信息、网络广告、内联网营销管理、网络信息交换、销售产品信息数据库、客户信息数据库等，也可以为企业营销管理地更好的发展提供支撑，并提高企业营销策略改进和调整的及时性，实现消费者个性化服务、产品需求满足和方便的客户管理与跟踪。

战略管理对于竞争激烈、不可预测的市场来说，直接关系到企业的生存和发展。对于湘南地区企业的战略管理来说，信息技术可以在企业战略的制定、实施、规划、修订和评估过程中发挥积极作用。在信息技术的支持下，企业可以极大地提高获取外部环境信息的便利性，从而能够深入分析所面临的威胁和机遇，为战略转移、改进和调整提供支持。利用信息技术，可以准确、快速地分析企业盈利能力、行业吸引力和行业环境，实现企业战略和技术的改进和调整，优化发展战略、稳定战略和紧缩战略。此外，通过信息技术可以发现企业内部的弱点和优势，同时也可以实现企业核心竞争力的培育和良好的内部运营管理。必须重视基于信息技术的战略管理对提高企业竞争力的积极作用。

金字塔型组织结构的优化、改进和调整应用广泛的传统企业管理组织结构。这种组织结构存在着许多问题，如组织层次过多、响应速度慢、信息渠道过长、不同层次之间的信息容易失真、职能部门隔离等，湘南地区的企业可以简化管理层次，传统的垂直多层次组织结构可以被扁平化的网络组织结构所取代，企业工作信息化可以促进区域经济效率和信息传递效率的提高。在这种情况下，企业可以更好地抓住各种市场机遇。在运用信息技术优化、改进和调整企业组织结构的过程中，必须积极收集和投入信息资源。并在此基础上更好地进行企业管理。在信息技术下，企业还需要通过数据库存储、查询和检索相关文件，为信息的利用和传输提供支持。进一步促进企业管理的优化、改进、调整和创新。在此过程中，利用信息技术实现准确、实时、交互、共享的信息交流是关键，企业管理流程的优化调整、工作效率的提高、业务成本的降低、收入的增加都可以逐步实现。

企业管理信息技术在湘南企业规模经济发展中的应用需要全面的企业管理方法。信息技术的引入带来了许多新的管理方法，如决策树、逻辑分解、回归分解、德尔菲法、投入产出法、时间序列分解法在业务估算中的应用、决策方法、理论等人力资源管理方法。在生产管理方法上，资源规划、柔性制造、计算机集成制造、虚拟开发与制造、计算机辅助设计/制造、智能控制、零缺陷管理、质量管理中的全面质量管理、设备管理中的故障分解、设备综合管理、设备更新与选型、动态规划、财务管理现值分解、批量成本收益分解、投资风险分解、投资收益分解、投资成本效益分解也属于信息技术的应用。上述管理方法的出现与信息技术密切相关。企业管理通过与电子数据互换，能够更好地适应时代的变化，更好地服务于湘南地区企业规模经济的发展。

除了上述信息技术的应用之外，湘南地区企业规模经济的发展也需要信息技术下企业集成管理的支持，这就要求企业对信息技术有高度的应用，从而为集成管理的发展提供基础。企业应以信息技术为基础，加快促进交易、联盟和商业合作，充分利用互联网提供的信息。在信息共享和实时交互的条件下，企业可以基于信息技术进行协同业务操作，提高工作效率。

二、企业规模经济发展中信息技术应用策略

（一）加快现代制度建设

为保证信息技术更好地服务于湘南地区企业规模经济发展，当地企业一定要加快现代企业制度建设，以此保证信息技术下的企业真正成为湘南地区市场竞争主要核心。现代企业制度早已被国际和国内认可，在管理方式、责任制度、产权管理、规模经济、经营风险、筹资渠道等方面均具备规范性和科学性特点，且能够更好地满足市场经济发展要求，所以一定要重视湘南地区企业的现代制度建设。

（二）加快推进信息化建设

信息化建设同样能够为湘南地区企业规模经济发展提供支持，在具体实践中，湘南地区企业的管理层需要认识到信息化对于企业的重要性，并在信息化建设中做到亲自领导、积极参加决策、发挥协调与组织作用，只有管理层具备长远的决策和超前的预见，企业信息化建设方可取得预期效果。与此同时，企业信息化建设还需要坚持务实的发展思路，结合明确的企业信息化发展突破点，更好推进信息化建设。在具体实践中，基于信息化技术，企业首先需要确立需要以生产控制为核心，然后需要分别确立以财务管理和电子商务为核心的管理整体、投融资决策和营销整体。辅以针对性的信息化人才引进和培养策略，即可更好推进企业信息化建设。

（三）提高核心竞争力

在应用信息化技术的探索中，湘南企业的规模经济发展离不开核心竞争力的支撑，所以企业一定要设法培育和发展自己的核心竞争力。核心竞争力直接作用超额利润的获取和长期竞争优势的维持。而对于市场变化和技术发展迅速的当下环境来说，企业是否具备核心竞争力直接影响企业生存与发展。所以，湘南地区企业需基于信息化技术积极开展核心业务，并设法提高专业规模，以此获得市场竞争优势。

（四）开展虚拟运作探索

基于企业市场需求，在应用信息技术的过程中，湘南地区企业规模经济发展还应开展虚拟运作探索，以此结合企业的竞争劣势和优势，引入外部力量，整合企业内部资源与外部资源，企业竞争力提高、成本减少可由此实现。在虚拟运作下，自然、有形的组织界限可由企业突破，传统组织结构可随之弱化，企业自身某些领域存在的不足可通过对外部虚拟资源的全方位利用得到弥补，企业可以更好地适应分散的产品技术、先进的知识生产和经济运行全球化的环境特点。企业可以基于有限的资源实现核心竞争力。

综上所述，信息技术在湘南地区企业规模经济发展中能够发挥积极作用。为更好发挥信息技术优势，一定要重视、基于信息技术的企业间合纵连横，由此落实产业协同与革新，湘南地区经济可持续发展即可顺利实现。

8.1.3　深化贸易的体制变革，加快外贸发展方式

实现双边和区域的自由贸易协定战略，加快与周边国家和地区的外贸发展，鼓励外贸企业实现出口市场多元化。美国、欧盟、日本、东盟和韩国是我国货物出口的主要市场。欧盟、日本和韩国三大市场的出口所占比例也呈下降趋势。不过，对东盟出口的市场份额呈提升趋势。这是落实自由贸易区战略的结果，为应对经济全球化中的负面作用和促进区域经济一体化的迅速发展，我国对东盟新市场的开辟和渗透能力将成为我国出口市场由广度向市场深度转变的生机和动力。巩固加工贸易的优势，加快加工贸易的升级转型。从外贸发展方式转变上看来，我国在巩固加工贸易的优势的同时，要加快加工贸易的升级转型。所以，中国一定要加快高科技产业的加工贸易的，积极引进技术人员和关键技术设备，扩大全球价值链的技术溢出影响，带动国内企业对核心技术的开发和配套产业的发展，提高相关联的原材料、生产技术和制造设备的国内采购率，改善我国在生产过程中过多地依赖进口的情况，从而提高我国生产结构在国际分工中的价值链位次。

8.2　推进贸易的结构性战略改善和调整，制定适宜的贸易战略

我国自然资源和劳动力比较优势在国际贸易中越来越低，加上地区外贸发展的不平衡、产业结构与就业结构的差异和内生动力严重不足等相关问题，制约着我国对外贸易的

发展。所以，推进贸易结构战略性改善和调整，制定适宜的贸易战略，是加快中国外贸发展方式转变的主攻方向。

8.2.1 要充分发挥各类产业的各自优势，实现产业循环发展

世界正在经历一个世纪以来从未有过的巨大变化。自全球金融危机以来，世界经济一直低迷，外贸出口下降。多年来，全球贸易增长率一直低于全球 GDP 增长率。与此同时，反全球化和单边贸易的兴起，地缘政治风险也在增加。中国经济发展还面临着多重复杂的内外部环境：对外方面，中国与主要贸易伙伴的贸易诉讼不断增多，欧美发达国家拒绝承认中国的市场经济地位；从内部看，区域经济发展的不平衡以及核心技术开发能力的缺乏制约着经济的发展。面对国内外经济发展的复杂形势，我国启动并加快形成了双循环发展的新格局，这是基于国内国际形势的重大战略部署，对进一步深化国内改革，提高对外开放程度，降低经济发展面临的各种风险，将发挥关键作用。同时，新战略将引导中国在"十四五"期间朝着新的方向发展。从本质上讲，构建双循环发展新格局是中国自身经济模式的结构性改善和调整，将为中国更好地把握经济发展的主动权提供战略指导。

一、"双循环"发展模式的历史

研究表明，双循环的发展已经引起了世界各国的关注。世界历史上的主要大国，如 17 世纪的荷兰、18 世纪的英国、20 世纪的美国和二战后的日本，都凭借贸易成为世界领袖。但到目前为止，扩大国内消费需求仍是美、日等发达国家经济发展的目标，居民消费已成为推动经济改善的决定性因素。当前，中国双循环发展新格局是在总结 70 年发展经验的基础上，考虑当前和未来经济发展过程中的各种不利因素，特别是在内部发展动力不足、外部不确定性增加的情况下建立的。要正确认识新的双循环发展模式的重大意义，首先要了解我国不同时期的经济发展模式，了解国内外经济周期演变的内外条件。根据中国经济发展不同阶段的特点，我们将其分为以下四个不同阶段。

(一) 新中国成立之初：内环工业化模式

新中国成立之初，我国经济发展格局受苏联影响很大，并引进了一大批重工业机械设备。在此基础上，中国从落后的农业国转变为工业国，实现了工业化的初步积累。朝鲜战争爆发后，西方国家加快推进了对中国的政治和经济封锁，导致中国与外界接触较少。20 世纪 60 年代中苏关系日趋紧张，美国也加快推进了在东南沿海地区的攻势，从而使国家

安全面临很大挑战。出于对国家安全的考虑，中国在中西部 13 个省和自治区开展了大规模的国防、科学、技术、工业和交通基础设施建设，历史上被称为"三线建设"。"三线建设"是中国 20 世纪 60 年代的中期做出的重大战略决策，建设重点在西南、西北等内陆地区。三线建设的实践改变了中国生产力的布局结构。不过，由于三线地区社会经济相对落后，建设起来的企业和单位在相当长的一段时间内，经营和发展都遇到了困难。在国内外事务陷于困境的情况下，我国通过"内循环工业化模式"，确立了较为完整的工业系统，初步奠定了工业化的基础。但由于对外流通不足，产业结构失衡，区域投资失衡。比如，重工业、国防工业和交通运输业占 74%，农业占 14% 和轻工业只占 4.4% 的三线建设投资。内陆地区建设投资占基本建设投资总额的 66.8%，而经济相对发达的沿海地区投资仅占 30.9%。与此同时，完全内循环的工业化模式抑制了消费需求，加剧了城乡结构和区域经济发展的不平衡。

（二）中美建交后：内部循环和极其有限的外部循环

20 世纪 70 年代后，面对严峻的外部形势，中国迫切需要改变国际封锁隔离的局面。在经济发展布局中，开始强调适当倾斜基本生活资料的生产，以保证人民的基本生活需求。1971 年恢复了在联合国的合法席位，中国外交关系发展迎来了高峰，迅速与绝大多数西方国家和东南亚国家确立了广泛的外交关系，打破了新中国被西方资本主义国家尤其是发达国家确立的对中国不承认的局面。美国总统理查德·尼克松（Richard Nixon）对中国的访问迎来了中美之间长达 17 年的外交蜜月。1973 年，中国开始引进欧美等发达国家技术和设备的"四三计划"，这是中国第二次大规模引进成套技术和设备，主要用于发展食品、服装和使用相关联民用工业。在这次大型设备引进过程中，大部分进口设备布局在沿江沿海地区，如"四三计划"中用于处理和解决吃、穿、用相关问题的化肥、化纤、烷基苯等项目，在 26 个进口项目中就有 18 个，占"四三计划"总投资的 63.84%。20 世纪 70 年代对经济发展战略进行了改善和调整。经济发展应以民用工业为主，而不是重工业，实践区域应从中西部地区转移到沿海地区，这是对中国经济发展格局的有益尝试。不过，由于当时中国还没有实行全面开放政策，经济发展格局主要是以经济的内部循环为主，经济的外部循环相对有限。所以，经济提升速度仍然相对缓慢，人们的消费难以大幅提高。落后的生产和供给与人民日益提升的物质文化需要之间存在着严重的矛盾。

（三）改革开放初期：城乡良性互动

改革开放首先在农村取得突破，然后延伸到城市，从东南沿海地区延伸到内陆地区，从教育科学发展到社会生活的各个方面。改革开放极大地解放了农村生产力，为城市经济发展提供了大量剩余劳动力。这一时期，乡镇企业崛起，为我国经济转型发展做出了很大的贡献。一方面，乡镇企业的发展容纳了大量农村土地转移的剩余劳动力；另一方面，它的发展也为城市的工业化提供了物质支撑，并有利于减小城乡收入差距，形成城乡流通的良性互动格局。在这一发展阶段，中国企业主要通过跨国企业签发合同的方式直接嵌入到全球供应链和价值链中。国内企业生产主要集中在资源和产品的初级加工以及纺织服装等劳动密集型产业，并依托西方发达国家的国际市场实现一定程度的工艺升级和产品更新换代。在此期间，内外循环的经济格局得到了优化改善和调整。通过改善和调整固定资产投资规模和结构，提高了消费的所占比例和轻工业与重工业在国民经济中的所占比例。沿海地区率先对外开放，实现经济迅速提升。不过，这种长期面向国外企业的国际贴牌生产模式，不仅难以在竞争中培育自主品牌优势和技术，获得高附加值，而且在复杂多变的国际环境中容易遭遇一些国家的阻力，或者被其他国家抓住了主动权，失去了发展的自主权。

（四）加入 WTO 后：经济外循环为主内循环为辅

我国加入 WTO 后，对外贸易迅速发展壮大。与改革开放初期相比，这一时期的国内企业经常是先加入地方制造业集群，集群再抱团嵌入全球供应链和价值链。集群内的企业容易形成相对发达的生产和技术网络，并依托事业单位提供的平台，企业的集体行动在一定程度上增加了本土企业在国际大买家面前的议价能力。通过在主要经济领域采取"技术为市场"的战略，引进了先进技术，并通过技术溢出影响产业技术的发展。与此同时，中国通过采取出口导向的发展战略，积极融入全球生产网络，以"外流两端、大进大出"的方式促进外流发展。通过实践投资政策，我国吸引了大量外资，缓和了我国资本不足、技术落后的相关问题。这种依靠"国际流通"的战略，对中国"外循环"经济发展模式的形成产生了深远的影响。作为发展中国家，在经济开放和发展的初级阶段，中国"外循环"发展的经济发展方式是符合当时历史条件的。实践证明，这种对外流通的发展战略也取得了巨大成功。但伴随着我国经济发展程度的进一步提高，以及国内外经济形势的变化，外向型经济发展作为外流通发展主导方式的弊端进一步凸显。

二、新的双循环发展格局的现实逻辑

"逐步形成以国内大循环为主要核心，国内国际双循环互促"经济形势变化的战略，改革开放 40 多年来，中国经济发展格局发生了重大变化，这一重大战略的改善和调整具有很强的现实逻辑。

（一）过度依赖国际大循环导致经济发展风险较大

我国自加入 WTO 以后，以出口为导向的外向型经济得到了迅速发展，进出口总额占 GDP 的所占比例大幅增加，外贸依存度增加了近一倍，此后开始出现缓慢下降趋势。由于 2008 年全球金融危机的影响，进出口总额在 GDP 所占比例降幅较大，此后，由于世界各国着力协调处理全球金融危机，全球贸易有所恢复，我国外贸依存度也有所提高。但在世界经济长期低迷、多边谈判不利、逆全球化思潮抬头的情况下，我国外贸出口面临越来越多的贸易壁垒，但外贸依存度仍维持在较高程度。相比之下，世界其他两大经济体美国和日本的外贸依存度长期处于合理程度。即使是缺乏自然环境和物质资源的日本，对外贸的依赖也比中国少。外贸依存度高，代表着一国经济发展对外部经济环境的依赖程度高。一旦外部环境恶化，就会出现大量进出口产品，严重积压或大量短缺，严重影响一个国家的经济安全。在现如今外部因素不确定的环境下，依托国际市场"外循环"的发展模式对我国经济的潜在风险不断加大，严重影响了我国经济的平稳发展和结构性变革的有序实践。在这样的现实挑战下，加快改善和调整"双循环"新发展格局显得更为迫切，这已成为中国经济应对逆全球化抬头的必然选择。

（二）消费、投资和出口发展不平衡导致经济发展动力不足

经济学上通常会把投资、消费和出口比喻成拉动 GDP 提升的"三驾马车"，这是对经济提升原理最生动形象的表述。中国加入 WTO 以后，在 GDP 提升的组成方面，投资占 GDP 的所占比例最大，另外是消费，净出口所占比例最小。具体而言，在投资方面，投资所占 GDP 比例逐年增长，主要原因是金融危机后 4 万亿投资中大型基础设施建设项目较多。就目前的情况来看，一比例保持在 43% 左右。与此同时，资本要素对 GDP 提升的贡献率却在减少。这充分表明，通过大型基础设施建设来促进 GDP 提升的政策的效果在下降。

通过以上可以看出，我国就目前的情况来看，投资所占比例较大，不过资本的贡献率在逐年下降；净出口受国际环境的影响较大，对经济提升的贡献的波动较大，不确定性强；唯有消费对经济提升的贡献率比较稳定，且总体呈现上升趋势。由此，在未来新发展格局建构中，应提高消费占 GDP 的比例，通过消费升级拉动经济持续稳定发展。

（三）区域经济发展不平衡导致内循环效率较低

自加入 WTO 以来，我国全面融入了全球市场和世界系统。在以外向型经济为主的发展过程中，国内经济得到了较快发展。地区生产总值连续 10 多年保持两位数的高速发展

271

速度，人均收入也得到了较大提高。但与此同时，区域经济发展不平衡、人均收入差距扩大等相关问题加剧。近20年东部地区人均GDP增速在总体来看一直保持在最前列。另外是东北地区，由于该地区是国家老工业基地，重工业发达，人均GDP增速较高，但与东部地区存在较大的差距。尤其是近年来，伴随着资源枯竭，劳动力、土地价格上涨，重工业市场需求趋于饱和，东北地区的经济发展相对困难，人均GDP甚至被中西部地区反超。中部地区人均GDP一直保持稳定提升态势，不过增速比较缓慢。西部地区自从西部大开发战略实施以来，由于国家对其政策上扶持力度较大，人均GDP值也在稳步增加。不过总体而言，中西部地区与东部地区的人均GDP差距较大，近五年来东北地区人均GDP与东部地区差距越来越大。这种区域经济发展差距阻碍了各地区之间人流、物流的交换，导致内循环效率相对低下。各区域地区生产总值增速方面，东部、东北、中部地区GDP增速达到顶点，西部地区在GDP达到顶峰后，随后一路下滑。这些新发展特点，既对我国经济发展由高速提升阶段转向高质量发展阶段提出了现实要求，也为转变现如今经济循环方式提供了依据。从区域政策上的空间布局上看，双循环发展新格局的构建需要进一步改善区域经济发展的不平衡，在区域规划中根据区域发展的优势和劣势进行更加合理的生产布局，进一步促进区域产业结构升级和产业合作。在国内通过区域比较优势和高效率的流通构建较为完整的国内产业链系统。

一国经济体系在全球价值链中的地位决定了它在国际贸易谈判中的发言权。为了研究中国在全球价值链中的地位，我们使用张慧卿和翟小强的方法计算了中国在全球价值链中的地位指数。结果表明，通过GVC状态指数，考虑到科技属性，中国处于价值链的中下游。然而，考虑到科学技术的性质，中国价值链的地位有所改善，接近中等水平。美国、德国、英国和日本等主要技术大国处于全球价值链的上游。这表明中国现在是一个"制造业大国"。随着反全球化和贸易保护主义的抬头，西方发达国家，特别是美国，越来越频繁地采取一系列极端措施限制技术出口，压制中国高科技企业。工业和信息化部发布的《制造业发展报告》显示，中国在11个需要技术突破的先进制造领域拥有287个核心零部件、268个关键基础原材料、81个先进基础工艺和46项基础工业技术。核心领域薄弱的技术基础导致了产业供应质量低下，对中国核心供应链的安全也造成了很大的影响。

此外，位于全球价值链下游的墨西哥和越南等发展中国家，由于其廉价的土地和劳动力，已成为发达国家进行产业转移的新方向。未来，中国将面临发达国家上游企业重返中国和新兴经济体中下游企业分流的双重压力。为了提升我们在全球价值链中的地位，我们必须加快国内产业升级，加快全球价值链的核心技术、产品开发和基础研究，在国内供应端形成相对完整的产业链，建立以内需为驱动力的经济循环体系，提升国内产业链和全球产业链。

三、双循环新发展格局的实现路径

在构建双循环发展的新格局中，"以国内大流通为主要核心"的要求是把经济建设的立足点放在国内。"国内国际双流相互促进"要求积极参加自己力所能及的国际交流与合作。发展的新格局不是封闭国境，而是通过一切阻碍国内经济发展的环节，开通了经济发展的所有途径。为此，我们需要很多措施来构建经济发展的新结构。在居民消费方面，我们必须充分挖掘国内市场的潜力。特别是在西方国家日益兴起的反全球化趋势面前，我国面临着难以进一步开拓西方发达国家市场的困难。上述研究表明，消费对中国 GDP 的巨大贡献率总体呈上升趋势，由于稳定，未来需要通过一系列政策措施和手段来提高国内居民的收入，挖掘国内居民的消费潜力。特别是我们必须解决医疗、保险、教育和住房方面的问题，满足消费者在消费过程中的良好期待。此外，农村居民作为我国多元化消费的关键组成部分，同时也是不断提高消费的主力军，要构建顺利发展的循环，加快新型城市化发展，坚持农村振兴发展战略，扩大农村消费，利用多阶段消费市场，满足城乡居民的多种消费需求，培育新的消费提高领域。在投资方面，一方面必须防止经济从实体经济向虚拟经济发展。我们必须避开大规模的投资股票和不动产等的板块这可能会引起大量的泡沫。另一方面，投资应投向高科技产业、薄弱领域、基础研究与开发以及中西部等落后地区。要坚持稳定提高、调整结构、提高人民生活、防范风险的投资方针。加快形成统一、开放、竞争的现代市场系统，促进生产要素自由流动，促进各种投资的主要核心良性发展。政府应充分发挥宏观政策中反周期调整的作用，实施更积极的财政政策，增强需求，增加新基础设施、重点产业、重点地区的投资，在构建"内循环"过程中更好地发挥政府作用。改革开放以来，东部地区率先发展，广大中西部地区由于自然地理条件、地区等因素，发展相对较慢。因此，从区域政策的空间布局来看，迫切的需求内部循环的差异，重视各个维度的平衡和稳定发展，构建完整的内部循环系统。在以国内流通为主要核心的战略中，延长国内产业链，加强国内流通产业之间的关联影响，促进区域要素的流动和区域产业的合理分布。在促进区域经济协调发展的过程中，充分利用区域互补优势，合理规划经济布局，促进产业结构升级，加快国内价值链建设。此外，要充分发挥城市群区域经济发展模式和中心城市规模辐射影响，通过新型城市化培育经济发展新的提高，提高资源配置效率。促进革新和经济提高的空间影响，为内部循环的发展提供新的引擎。从当前经济发展的实际情况来看，产业升级是中国经济转型的基本内在力量。产业升级不仅包括战略新兴产业的发展和重要产业领域的突破，还包括产业基础进行提高技术水平、更高生产率和更高附加值的产业升级。从政策方向看，注重基础技术开发，加快核心技术突破难关，推进数字化、智能制造、生命、健康、新材料等战略性新兴产业的发展，培育完善高效的创新链，加快基础创新和应用在促进创新经济发展的同时，为新的二元系统提供新的能源。另一方面，对于构成经济主要核心的传统产业系统，提高技术进步对成熟产业部门的技术溢出的影响，使用数字化、信息化、智能化等下一代技术，促进产业链的整体升级。同时，产品革新、技术革新等技术进步创造了有效的需求，对工人收入、企业利益和内需的提高有着更广泛的普遍意义。

四、推动国内国际联动发展和积极参加全球经济治理

改革开放以来，由"外循环"主导的经济模式、生产系统长期嵌入西方发达国家主导的世界价值链系统中，中国国内产业链缺乏相关性和扩张性，"内循环"和"外循环"造成了一定程度的分裂和分离。因此，构建双循环发展的新格局，必须加快内外经济循环的联动发展、相互促进，充分利用国际国内的两个市场、两个资源，促进内外循环。加大内需培养和产业升级力度，实现"内循环"高品质发展，提高国内企业的国际竞争力，使海外产业更依赖中国的供应链和产业链，实现中国巨大的消费市场。另一方面，在增加国内经济流通的同时，要促进更高层次的对外开放，落实"一带一路"倡议，积极参加世界经济的管理，追求全方位、多层次的新框架，为促进国内外流通协调发展，注入新的动力。

通过分析"双循环"的历史经验、现实逻辑和实现路径，"以国内大循环为主要核心，加快形成国内国际双循环相互促进的新发展模式"的主要原因是：通过增加对外贸易出口，促进经济提高的方法是不可持续的，造成区域经济发展不平衡，产业长期处于世界价值链中的低水平。构建双循环发展新格局的目的不是关闭四海之门，而是发挥我国对外经济贸易和科技交流的优势，把握"外循环"发展的方向，更有效地摆脱西方各国的经济霸权和技术封锁。以经济的"内循环"为中心，基于中国对目前发展的成果和国内外环境变化的科学判断。充分利用改革开放40年来的内在优势，实现未来长期的提高和高品质的发展是必由之路。

从目前的情况来看，中国贸易部门的主要特点是比较优势和竞争优势并存。比较有优势的贸易部门主要集中在服装、纺织、能源、燃料等劳动密集型产业上。利用劳动力和自然资源的相对优势参加国际分工，在一定程度上促进社会就业扩大，但所获得的附加价值较低。

在国际分工中处于不利地位，机械地按照比较优势的战略容易陷入"比较优势的陷阱"，所以比较优势的产业发展也不是一成不变的。

及时注入先进技术，特别是引进劳动力替代技术或资源替代技术，提高劳动密集型产

业的竞争力，实现从比较优势向竞争优势的转变。以及贸易部门的竞争优势，集中于机械设备等重工业、高科技产业等资本密集型、技术密集型产业，其技术含量相对较高，有助于提高我国国际市场的竞争力。在全球价值链的视角下，按照动态比较优势发展竞争优势产业，提高自主创新、集成创新和吸收再创新能力，同时加入国际分工合作，重视共同创新。

竞争优势产业是我国未来的主导产业，计划重点扶持有国际竞争力和核心技术的产业项目，增强教育投资力度，提高工人的专业知识和技能，促进对外贸易企业人力资本积累和科技创新为主的创新型发展。传统的劳动密集型、资本密集型产业和现代知识技术密集型产业在国内经济和国际市场上具有各自的相对优势，运用平衡和稳定的发展战略，推动我国对外贸易的循环发展。

8.2.2　要充分发挥东中西地区的各自优势，实现区域协调发展

党的十九大报告指出，实践区域协调发展战略加大力度支持革命老区、民族地区、边疆地区，贫困地区加快发展，强化举措推动西部大开发形成新格局，深化变革东北老工业基地，优势促进中部地区崛起，率先实现东部地区革新引领优化改善和调整发展，确立更加有效的区域协调发展机制。东、中、西部地区人均 GDP 年均提升率依次是 7.2%、8.2% 和 8.5%。中西部地区提升速度快于东部地区。东西部发展差距呈减小态势。东部地区的资源禀赋、开放程度都显著优于中西部地区，而"一带一路"倡议的推出为中西部地区的高质量发展提供了一个契机，有助于促进国内经济一体化，促进欠发达地区扩大面向中亚、西亚乃至欧洲的开放程度，使其从开放末端逐渐走向前沿，开拓新的市场空间，吸引资金流入，促进要素流动，加速产业扩散，为地区产业发展创造契机。由此可以得出，在经济新常态下，探讨"一带一路"倡议对区域协调发展作用的内在机理，顺应了经济由高速提升向高质量发展转变的时代要求。现有研究表明，实施产业转移政策可以提高区域协调发展程度，提高产业转入地的劳动生产率，加快推进多样化集聚，提高区域经济发展程度，但差异类型产业的转移速度及其对经济提升程度的作用会略有差异。

大多数研究都是通过基尼系数、经济提升总量、泰尔指数来测度区域协调程度，而这些标准仅能够反映经济提升的差距，它不能完全满足确保平等获得基本公共服务，更平衡与稳定地获得基础设施以及差异地区之间人民基本生活保障程度大致相同的协调发展目的。

那么，在经济新常态下，中国的区域协调发展程度如何？自"一带一路"倡议推出以

来，全国的区域协调发展程度是否有所改善？是否能够增强产业转移对区域协调发展的促进作用？主要贡献体现在三个方面：

首先，《中共中央国务院有关确立更加有效的区域协调发展新机制的意见》推出的区域协调三大目的构建标准系统不同于之前单一的评估标准，更为全面地评估了中国省级之间的区域协调发展程度；另外，不仅关注"一带一路"倡议对沿线国家的作用，还分析了"一带一路"倡议对中国国内区域协调发展的作用；最后，在分析产业转移对区域协调的作用时，除了关注产业转移量的变化，还考虑了产业转移方向和产业异质性的作用，使研究更为全面。

8.2.3 密切关注国内国外市场动向，推进内外贸一体化进程

从最终消费率上看，最终消费率持续下降，消费能力不足成为阻碍外贸发展方式转变的主要因素之一。所以，转变中国的经济发展方式，就一定要改变我国过去的"低消费、高投资、高出口"的经济提升模式，坚持扩大内需尤其是消费需求的方针，改善内需结构，促进消费和投资平衡与稳定，拉动贸易的提升。

我国消费市场的发展主要包括五个方面：一是引导居民形成健康的消费观念，实行既鼓励消费又可持续消费的消费政策上；二是加大力度发展服务业，培育新的消费热点；三是确立和完善职工"带薪休假"制度，为居民旅游度假消费创造良好的制度环境；四是控制公款消费，将政府消费的挤出影响减少到最低程度；五是抓住人民币升值和家庭资产价格上涨的机遇，保持居民消费的较快提升。提振消费，既增强外贸发展方式转变的内在动力，又能应对外部环境波动，利用好国内市场，把出口产品转移到国内市场，推进内外贸一体化进程。

8.2.4 鼓励跨境电商，提高我国中小企业提高外贸竞争能力

我国跨境电商近年来呈现高速提升和蓬勃发展的态势，正成长为推动中国外贸提升的新动能、新业态。跨境电子商务的发展在很大程度上带来了国际贸易领域的巨大变化，也给外贸企业的国际竞争和发展带来了一些冲击和影响。

一、中小企业外贸物流发展相对滞后

我国国内物流层面的发展已经相当先进，与此同时，物流管理也越来越专业化。不

过，我国许多外贸企业，尤其是中小企业，在物流管理方面相对滞后。由于缺乏先进的理念和有效的控制，外贸物流管理无法有效实现。而由于规模和企业资金等相关问题，中小企业信息化人才难以引进或培养，导致企业信息化程度较低，不能开发自己的信息平台，也无法引进先进的物流技术，物流发展滞后，制约了我国许多中小企业对外贸易的发展。

二、外贸竞争力较为薄弱

首先，我国许多中小型外贸企业在品牌和产品上都缺乏自己的特色，这些企业主要集中在传统行业，相对而言，企业的经营发展和业务的开展都缺乏一定的技术含量和企业特色。除此之外，中小企业的经营规模、资本金额和人力资源与国际大企业相比，都有一定的限制，在品牌产品上并不像大型企业那样具有竞争力。尽管这些中小型企业把自身有限的财力以及人力资源都投入到最有信心的产品和业务上，但由于产品大多是技术层面含量较低的初级产品，外贸竞争力相对比较弱，很容易被其他企业所取代。

所以，难以在这样一个竞争紧张的国际外贸市场立足，也没有办法满足特色化、个性化的国际市场的需求。这些中小企业拥有的资源有限。另外，由于企业规模小，资本相对较少，所以抗风险的能力也相对更弱，更容易受到市场变化的影响，导致企业业务的波动。

在人才方面，我国中小外贸企业的竞争力相对比较弱。外贸业务的开展需要众多专业人员的配合才可以有效完成，如外贸业务员、外贸单证会员、报关报检人员和物流人员等。从事外贸的企业少不了这些人员，但中小企业由于规模小、流动资金紧张，与国际大企业相比并不具备资源优势，在人才引进和人才培养层面的开展力度也相对比较弱。

正由于中小型企业缺乏必备的专业人才，能够接到的订单相对来说规模都较小，而且较为分散，使得企业在与银行、客户和税务等进行交涉时无法进行有力的沟通和对接，从而导致企业经营效率低下，竞争力薄弱。除此之外，在中小外贸企业的经营过程中，中小企业本身很难长期坚持引进人才培养，造成人才方面的差距明显，导致进一步减少自然竞争力，这对我国中小外贸企业的发展产生了很大影响。

三、跨境电子商务前提条件下提高我国中小外贸企业竞争优势的有效举措

跨境电子商务是指分属不同海关的交易，通过电子商务平台进行网上订购、支付结算，并通过跨境物流发货，完成交易的一种国际商业活动。未来跨境电商发展的市场空间十分巨大。尤其是"一带一路"框架下，跨境电子商务贸易面对的是沿线国家境外和中国

国内的巨大市场，消费者们需求将更加多样、多层次和个性化。跨境电商的不断发展和逐渐兴起给我国中小型外贸企业的发展提供了一定的发展动力，主要原因在于中小型企业从事跨境电商工作的门槛相对较低。根据我国相关部门的数据统计，在跨境电商平台当中，注册的中小型外贸企业所占比例超过了90%，而且，新兴的跨境电商市场具有相对较高的购买力和购买欲望。在跨境电子商务的前提条件下，如何提高我国中小外贸企业的竞争优势值得研究。考虑到我国中小外贸企业在发展过程中面临的相关问题，增强竞争优势的举措主要有以下几个方面。

1. 尽量减少企业的运营成本，选择优质的国际电子商务平台

在跨境电子商务时代，解决了我国中小型传统外贸企业在客户资源和国际市场上难以发展的一个重大相关问题。

利用电子交易和电子商务完成了传统的外贸，也通过互联网完成了资金的最终分配。中小外贸企业在发展过程中，应高度重视跨境电子商务的应用，选择优质的国际电子商务平台完成产品交易。在现如今跨境电子商务的发展过程中，信息、通信等都是相当关键的方面，与此同时跨境电商也在很大程度上改变了国际贸易的发展和竞争的整体格局。在这样的前提条件之下，我国中小型外贸企业可以充分抓住跨境电商兴起和发展这一机遇，引入一些优秀的计算机和信息专业的人才，这些人才可以对国际电商平台的信息进行挖掘，通过数据挖掘等计算机技术，充分了解客户在国际市场上的需求和购买欲望，进而改善和调整企业的业务运作，从而与国际客户的需求能够更加契合。除此之外，我国中小型外贸企业还应该在原材料采购，产品生产配置以及配送等环节提供更好的管理方式，进而优化改善和调整各个环节的配置，占据更多的市场份额，从而提高企业在国际外贸市场当中的竞争力，促进企业发展。

2. 外贸企业应更加重视小而松的订单，向多种贸易的方式转变

由于产品运输和配送方面的相关问题，我国传统外贸企业普遍对海外订单的规模和金额有一定的要求。在跨境电商时代，物流企业的崛起和物流业的发展，为中小企业接单提供了一定的帮助，可以改变外贸企业不接受小单、松单的传统。在这样的前提条件下，我国中小外贸企业更应该关注小而宽松的订单，每一笔订单交易对于企业来说都是可以接受的。物流和配送方面的相关问题交由跨境电商平台和相应的物流企业考虑，这也迎合现如今出口服务系统的转变。现如今中小型外贸企业应该向多种交易模式进行转型，不再局限于传统外贸的企业对接，在跨境电商时代，它可以实现从企业到个人甚至从个人到个人的交易模式。这种交易模式对中小企业外贸业务的发展有一定的帮助，能够有效提高企业的营业额，使企业获得更好的发展。

3. 专业的跨境电商人才建设对任何企业来说都是非常重要的资源

外贸产业新业态的发展凸显了对跨境电商人才的巨大需求，但专业人才培养储备严重不足已成为我国跨境电商企业做强做大的主要障碍。

《2017 中国跨境电商人才研究报告》调查的 300 多家企业中，有 86% 认为跨境电商人才缺口严重存在，有 83% 认为招聘的员工不能按要求完成任务。据预估，未来三年中国整个跨境电商行业的人才缺口将高达 450 万。我国高等院校现有的国际贸易、国际商务、电子商务、商务英语等人才已不能满足新兴跨境电商企业的需求。电子商务知识、国际贸易、跨境及海外仓储物流知识、跨境现场操作、网络营销能力、跨境客户需求分析、跨境支付知识、跨境业务法律法规等复杂的跨境电商培训类知识的需求巨大。这同时也是教育部宣布将跨境电子商务作为普通高等学校和高职教育新专业的初衷。跨境电商专业人才队伍建设势在必行。

4. 中小外贸企业应促进产品革新和品牌发展

伴随着跨境电子商务的发展，技术密集型产品和服务将更具竞争力。产品的个性化和专业化已成为中小企业的发展趋势。所以，中小外贸企业要对自己的产品进行充分的分析，分析了自己在国际贸易市场竞争中的优势，尽量发挥自己的优势，借助跨境电商实现企业的转型升级。企业应在产品层面实现革新，尽量促进品牌发展，增强在国际电子商务环境中的竞争力，通过信息技术和互联网与客户进行有效沟通，及时了解客户需求。提供更好的产品和服务，从而提高企业的口碑和市场认可度，实现自身对外贸易，业务提升。

现如今我国中小外贸企业在发展中面临着规模小、资金链紧张、开拓市场渠道单一、物流发展程度相对滞后等瓶颈问题，这些问题在一定程度上，制约了外贸业务的发展，而跨境电商给我国中小企业的兴起和发展提供了新的机遇和注入新的动力。中国的中小企业可以通过选择优质的跨境电子商务平台，采用多种交易方式，确立跨境电子商务专业人才队伍，提高其在对外贸易中的竞争优势，促进企业转型升级，最终实现对外贸易的发展，加快推进产品革新和品牌发展等举措。

8.3　推动外贸产业升级，促进比较优势内生演进

中国对外贸易产业结构转换既要立足比较优势，又要着眼于实现不断演进升级，如何将二者有机地统一起来呢？一是要整合先天比较优势与后创比较优势，二是要促进比较优势的内生演进。

8.3.1 整合先天比较优势和后创比较优势

先天比较优势是由自然禀赋所决定的，是由自然和历史的过程所形成的比较优势。后创比较优势则是经人的努力后天所形成的比较优势。因此，先天比较优势具有静态的性质，而后天比较优势则具有动态的性质。就中国而言，其先天比较优势主要体现在劳动要素禀赋和劳动成本上，现在处于相对劣势，需要未来努力创造并使之转化为后创比较优势的主要包括资本要素及资本成本、要素生产率与技术创新、管理能力与营销网络等。中国面临一种两难选择：如果着眼于先天的或者静态比较优势，发展劳动密集型产业，扩大其出口，则其价格贸易条件难以改善，甚至可能导致贸易条件全面恶化形成对外贸易的"贫困化增长"，在国际分工与贸易体系中地位无从改善，也难以实现出口持续增长；如果着眼于后创的或动态比较优势，发展资本及技术密集型产业，扩大其出口，则会损害具有现实比较优势的劳动密集型产业发展，从而降低资源配置的效率，有损经济增长和福利改进。同时，以本国的劣势产业去与别国的优势产业竞争，不确定性大，风险高。要实现中国对外贸易机构的转换，就必须整合其先天比较优势和后创比较优势。

一、实现内部劳动资源优势与外部非劳动资源优势的动态嫁接

首先以内部劳动资源优势与外部非劳动资源优势的动态嫁接改造劳动密集型产业。

贸易结构的转换主要有两种情形：一是产业内部结构的升级，如产品品种的多样化及产品质量的提高；二是产业结构的升级，如从以劳动密集型产品出口为主转向以资本技术密集型产品出口为主。

在第一种情形下，中国具有劳动要素禀赋优势以及由此决定的劳动价格方面的优势。中国在劳动密集型产品上的比较优势主要就是基于其劳动要素禀赋和劳动价格优势。但是由于以下几方面原因，中国的这种优势被削弱了：

1. 中国的劳动生产率较低，削弱了其劳动成本优势，其效率工资上的比较优势远不如其货币工资上的比较优势大；

2. 中国在组织管理上的水平比较低，削弱了其劳动成本优势，使实现的生产成本上的比较优势小于劳动成本优势；

3. 中国的营销手段与网络的发展滞后，产生了较高的流通成本和交易费用，进一步削弱了其劳动成本优势，使产品价格上的比较优势小于其生产成本优势；

4. 中国产品的质量较低，缺少知名品牌，给消费者带来的额外效用或买方价值较低，

从而使其效用价格的比较优势小于产品的价格优势。

中国未来的出口发展仍需立足于劳动密集型产业，WTO 框架为劳动密集型产业的发展提供了空间。中国劳动密集型产业的发展有赖于做好以下几方面的工作：

1. 引进国外相对低廉的资本要素和先进技术，提高综合要素生产率，进一步降低产品的要素成本；

2. 引进先进组织方式与管理经验，减少管理费用，进一步降低产品制造成本；

3. 引入先进的营销手段，建立高效的营销网络，以降低产品的交易费用或流通成本；

4. 通过引进先进的技术与内部技术创新，提高产品质量，开发产品种类，树立知名品牌，提高产品的相对效用价格比。

通过以上措施能产生以下主要效果：

1. 劳动密集型产品的出口扩张不会导致其贸易条件进一步恶化

首先就价格贸易条件来看，由于产品的档次提高了，给买方带来的效用增加了，其向上的需求价格弹性减弱，而向下的需求价格弹性增强，产品可以获得溢价并维持在较高的价位上。价格贸易条件不但不会恶化，甚至有可能得到改善。此时的比较优势比以前更大，国际市场竞争力增强，出口仍然保持稳定增长，收入贸易条件可以得到改善。以上变化是基于本国综合要素生产率的提高，因而其要素贸易条件也朝有利的方向发展，最终可望实现出口扩张与贸易条件全面改善的良性循环。

2. 劳动密集型产品出口具有了较大的扩张空间

断言劳动密集型产品会导致贸易条件全面恶化的主要理由是，该类产品在恩格尔定理的作用下其需求收入弹性趋于下降，市场的成长性与市场发展空间越来越小。这种断言从总体上讲是有道理的，但就高档次的劳动密集型产品及更新换代的新品种而言，其需求弹性较高，因而具有较大的发展空间。

3. 可以有效地应对其他发展中国家的挑战

中国在劳动密集型产品上的比较优势主要是基于其劳动要素禀赋与劳动价格（工资率）上的巨大优势，但这种优势正面临着来自印度、印尼、泰国、越南等诸多发展中国家的挑战，他们的劳动价格（工资率）比中国更低。因此，我们如果仅仅依赖于这种正在逐步丧失的劳动要素禀赋及劳动价格优势，中国劳动密集型产业的出口就会走入一条死胡同。但如果我们能成功地实现内部的劳动资源优势与外部的非劳动资源优势的动态结合，就能形成相对效用价格比意义上的比较优势，阻止其他发展中国家蚕食中国劳动密集型产品的出口市场。

其次，以内部劳动资源优势与外部非劳动资源优势的动态嫁接发展资本技术密集产业。

贸易结构转换关键在于第二种情形，即从以劳动密集型产业出口为主转向以资本技术密集型产品出口为主。人们有时会产生一种误区，以为劳动要素禀赋的比较优势只能体现在劳动密集型产品上，而在实际情况中，劳动要素禀赋上的比较优势并不等同于在劳动密集型产品上的比较优势，这种比较优势也是可以反映在资本密集型产品中的。因为资本密集型产品的生产也需要投入劳动要素，只不过其资本劳动的投入比例较高而已。过去要素禀赋及劳动价格上的比较优势也有助于降低资本密集型产品的要素成本并进而降低其价格，当其他条件一定时，这有助于形成或强化一国在资本密集型产品上的比较优势。例如有 A、B 两个国家，其要素禀赋相同或相似，都对第三国 C 具有在资本与技术密集型产品上的比较优势。此时，A 国如果能够成功实现其资本技术等非劳动资源优势与 C 国或其他国家的劳动资源优势嫁接，如 C 国的劳动力向 A 国转移或者 A 国到 C 国进行直接投资，那么 A 国在资本技术密集型产品上的比较优势就增强，在国际市场上的竞争力就会超过 B 国。同样的道理，中国也可以立足于自己在劳动要素及劳动价格方面的优势，引进资本、技术、管理等非劳动资源优势，实现嫁接，创造出动态的比较优势。中国格兰仕的发展就是典型的这种嫁接与转换的过程。格兰仕成功的最大诀窍就是充分发挥其劳动成本方面的巨大优势，并以此为基础，实现与外部非劳动资源优势的动态嫁接，通过这种嫁接之后，格兰仕公司竞争力增强了，市场急剧扩大，获得规模经济优势，取得较高的收益，并在此基础上加大科研开发力度，自主掌握微波炉生产的核心技术。通过干中学，提升了公司的竞争优势。

二、实现欠发达地区劳动资源优势与发达地区劳动资源优势的空间重组

1. 实现发达地区劳动密集型产业向欠发达地区转移

中国是一个发展中的大国，一是具有"二元经济结构"的特征，落后农村和传统产业与现代的都市和新兴产业同时并存；二是区域经济发展极不平衡，相对落后的中西部地区与相对发达的东部地区同时并存。就东部地区来说，在经历了多年的持续发展后，正在呈现这样一种趋势：一方面其劳动的边际成本在不断攀升，在劳动资源上的比较优势正在趋于弱化；另一方面其资本要素的内部积累已经有了一定基础，再加上中西部地区以及外商投资大量涌入该地区，从而使其资本要素的稀缺程度大大降低。同时，东部地区的基础教育、高等教育和技术开放能力都较强，加上大量人才的引进以及在对外开放中的"干中学"和"技术外溢"，东部地区在技术水平、人力资本、组织管理、营销能力等方面也大有改观。此外，东部地区的商业传统及率先实行改革开放使其市场制度和市场体系（尤其

是要素市场）得到了较好的发育。总之，东部发达地区在非劳动资源方面与西方发达国家及新兴工业化国家的比较劣势正在趋于弱化。当其劳动资源上的比较优势弱化的速率小于其在非劳动资源上比较劣势弱化的速率时，东部地区在劳动密集型产品上的竞争力会加强。但如果出现相反的情况，东部地区可能会陷入一种尴尬的局面，即对国际竞争对手而言，在非劳动资源方面仍处于劣势，在劳动资源方面的优势也不突出。

为了避免这种局面，东部地区应不失时机地将其劳动密集型产业向欠发达的中西部地区转移。因为中西部地区对东部地区存在着显著的劳动资源优势。这种转移的实质是实现中西部地区劳动资源优势与东部地区资本、技术、人力、管理、营销等非劳动资源优势的嫁接。经过这种嫁接后，相对于国外竞争对手而言，在劳动资源上的比较优势得到了进一步的增强，而在非劳动资源上的比较劣势在不断缩小。这样既有利于中国劳动密集型产品出口的进一步发展，又有利于实现中国区域经济的协调发展。

2. 推进发达地区与欠发达地区的产业内垂直分工

东部地区重点发展资本技术密集型产业，中西部地区重点发展自然资源与劳动密集型产业，从而形成不同区域产业之间的垂直分工。东部地区与中西部地区间还可以发展产业内的垂直分工。东部地区的产业只需控制或开发核心技术，生产产品的核心部件，控制品牌及产品销售市场，而将技术含量较低的半成品和零配件转移至中西部地区生产。

相对于国际水平而言，东部地区在资本与技术等方面仍处于比较劣势，资本技术密集型产业充其量只是其"临界产业"或"准临界产业"，而不是比较优势产业。在按上述模式实行与中西部地区的优势重组后，会促进东部地区资本技术密集型产业加速从"临界产业"向比较优势产业的转变。因为，一方面，中西部地区在劳动要素与人工成本上的巨大优势可以显著地降低甚至逆转东部地区在资本和技术等非劳动资源上对国际水平的比较劣势。东部地区发展的资本技术密集型产品的档次越低，这种劳动成本优势的组合效果越显著；另一方面，东部与中西部地区之间分工的深化与专业化程度的提高，会促进技术进步与生产率的提高，这是产业结构与贸易结构升级的重要动因之一。

8.3.2　促进比较优势的内生演进

一、顺应要素积累的顺序，以实现比较优势结构的自然转换

迈克尔波特的竞争优势理论提出后，国内的不少学者主张，要努力创造技术、人力资本、管理、营销等高级要素，尽快实现由比较优势导向出口战略相竞争优势出口战略的转

变。但克鲁格曼等经济学家认为，发展中国家想获得持续稳定的经济增长，技术积累应该通过渐进式的学习过程而非"蛙跳式"的进步。因为蛙跳式的进步需要有一个非常有效的新技术冲击来改变落后国家的面貌，甚至超越领先国家，如英国当年赶超荷兰，美、德当年赶超英国。而这对于发展中国家是不现实的。从目前发展中国家与发达国家差距过大的现实出发，发展中国家的理性选择是，首先顺应经济发展的自然演进顺序，通过技术外溢与干中学以缩小与发达国家的差距，而不是赶超的问题。

国内也有一些学者认为，发展中国家必须顺应要素积累的演进顺序。"在发展中国家经济的初期，劳动丰裕而资本和技术短缺的要素禀赋状况决定了其比较优势在劳动密集型产业上。随着经济的发展，发展中国家的要素禀赋状况必然发生变化……发展中国家的比较优势便由劳动密集型产品的生产转移到资本和技术密集型产品的生产上来"（刘力，1999），如果背离这种自然演进的顺序，则往往欲速则不达。比较优势的高级化来源于贸易部门发展的动态效应，而贸易的发展是分阶段的：在第一个阶段，发展中国家由于资金和技术上的劣势，贸易增长的动力主要来自具有比较优势行业的贸易发展。这种比较优势是建立在自然禀赋的基础上的，如丰富的劳动力资源或自然资源。贸易增长进入第二个阶段后，推动贸易增长的动力向两个方面转换：一是比较优势的高级化，即比较优势由自然禀赋上升到技术、管理和营销网络等后天禀赋；二是建立起竞争优势，这体现在三个层次上：技术优势、规模优势和创新优势。

中国目前正处于要素积累演进的关键时期，因此应积极推进这种演进以实现比较优势的升级，但这必须立足于中国的国情与实际，要克服浮躁的"赶超情绪"，否则会事与愿违。中国在这方面的教训是深刻的，如1958年的"大跃进"、1978年都对国民经济的发展产生了很大的负面影响。20世纪90年代很多地区不顾实情，头脑发热，盲目发展高新技术产业，到处兴建"高新技术产业区"，结果是高新技术产业没有发展起来，具有传统比较优势的产业也衰落了。

二、以技术促进比较优势的内生演进

以发展中国家为例，比较优势的内生演进主要取决于以下四个主要因素：一是由内部要素积累和外部要素流动所决定的一国要素赋存结构的变动，特别是高级要素的培养与积累；二是发展中国家对发达国家的技术模仿，并接受发达国家技术转移与技术外溢；三是发展中国家内部的技术外溢与"干中学"；四是在有效制度安排下有意识的 R&D 投资及人力资本投资、分工与专业化所引致的技术进步。技术进步对比较优势的动态演进具有决定性的影响。这是因为：第一，现代经济增长主要是技术进步的贡献，技术对要素的替代能力越来越强，以技术方面的相对优势弥补要素方面的相对劣势的能力也越来越强；第二，技术进步全面推动比较优势演进。技术进步一方面提高了要素生产率，从而会降低成本或价格，另一方面又提高了产品质量或增加了产品品种，既增加了产品效用或买方价值，提高了效用价格比；第三，以技术进步促进比较优势的内生演进，有利于实现贸易结构高度化与贸易条件的全面改善国际贸易的可持续增长相统一。如果贸易结构的高度化是立足于比较优势，而这种比较优势又是由技术进步内生推进的，这意味着这种贸易结构的高度化是以相对要素生产率为基础的，这会导致产品成本或价格下降，从而导致价格贸易条件下降，但要素贸易条件却可能改善，同时技术进步提高了产品质量，开发出新产品，从而能有效地开拓市场空间，有利于实现对外贸易的持续增长。

发展中国家对发达国家的先进技术进行模仿，接受发达国家的技术转移与技术外溢，这是很有必要的，在其社会经济发展的初级阶段尤为必要，但是发展中国家绝不能仅仅满足于此，因为发达国家向发展中国家转移的是相对落后的技术、非核心技术，在转移的过程中往往附加许多限制性条款，因而单纯的技术引进并不能有效地实现其比较优势的内生演进与贸易结构的升级。即使一国通过模仿能够成功地实现其贸易结构的升级，但其技术进步最终会受到基础研究瓶颈的约束而走到尽头。接受技术转移与技术外溢只是一种外因，一国技术进步的关键取决于有意识的 R&D 投资及人力资本投资、分工与专业化及技术创新制度结构，由此构成一个完整的技术创新体系。

现代科学发展与技术进步具有以下主要特征：

1. 决定性的因素是人力资本而非实物资本；

2. 知识大爆炸导致任何国家不可能在所有的技术领域都领先；

3. 知识技术的更新与外溢加快。

这些都为发展中国家至少在某些技术方面赶超发达国家提供了可能。在科研领域也存在分工协作与比较优势的问题。尽管中国的科技总体水平目前仍然比较低，但在有些领域已经达到或者接近国际领先水平。中国的自主研究能力、技术开发潜力、人力资本的成长性是不少中小发达国家难以相比的，这就为实现中国比较优势的升级与贸易结构的转换提供了坚实的基础与广阔的空间。

第九章　结论与展望

通过分析，得出以下基本结论：

1. 从外贸结构看，出口贸易技术水平高，进出口市场多元化战略初见成效，外企在进出口贸易中仍占据主导地位，一般贸易已成为贸易的主要形式，加工贸易的增值贸易形势良好，进出口贸易结构存在明显的区域差异。从商业竞争力来看，我国在货物贸易方面仍然具有较强的国际竞争力，出口产品的技术含量正在提高。与美国、日本和最近的工业化的亚洲国家和地区相比，中国服务贸易的竞争力显示出明显的劣势，而这种劣势的改善迹象尚不清楚。从总体上看，从对外贸易改善的来源来看，保持以投入为主、提高生产率为辅的对外贸易发展模式，中国要素生产率总体呈现出改善的趋势。

2. 人力资本程度、资本深化程度、技术进步、产业结构、制度变迁、汇率和外商直接投资对中国外贸发展方式的转变起着重要作用。其中，资本参与程度、资本深化程度、技术进步、产业结构和制度变迁是关键，汇率和外商直接投资是主要支撑。

3. 从全球价值链角度加快我国外贸发展方式转变的对策建议主要包括：完善和调整外贸政策，全面深化经济改革；推动商业结构战略的完善和调整，制定相应的贸易战略；以技术创新促进产业现代化，培育动态比较优势。

对外贸易发展方式的转变是一个动态的概念，其内涵将继续广泛而不断变化，而且随着国际贸易形势的不断发展和相关经贸理论的不断更新和完善，标准评估体系也将发生变化。要继续分析研究中国外贸发展方式的转变。

2021年是中国第十四个五年计划的第一年。传统的现代化模式日益受到资源、能源、劳动力、内需和国际市场容量的制约。2021年，中国将采取有针对性的宏观调控政策，更加注重转变经济发展方式，促进工作更加全面、协调和可持续。扩大内需特别是消费需求力度，促进传统产业转型和新兴产业振兴，促进中西部地区开发开放。与此同时，需求驱动的通货膨胀和进口通货膨胀的压力将继续存在，出口商的生产和经营成本将继续增加。在保持基本稳定的基础上，人民币汇率将继续改善，并在一定程度上向上调整。国家设想的支持外贸发展的基本政策，包括出口税收减免、加工贸易、融资和保险，将继续持续下去，但对"高资源"产品出口的管理也可能继续加强。所有这些都将给2021年的外贸促进带来更大的困难和挑战。

总的来看，在克服全球金融危机，实现快速复苏后，我国外贸面临外需增长缓慢，各行业摩擦加剧，原有实力减弱，要素成本整体上升等困难。但也有许多有利条件：第一，国际经济结构的改善和调整以及新兴市场的迅速增长，将为外贸发展带来新的空间。第二，中国的国际实力有所增强。中国将继续是国际产业转移的主要受益者，因此，在处理商业保护主义方面有回旋余地。第三是出口产业构成了门类齐全、集中度高、规模经济显著的综合竞争优势；第四，宏观调控将促进对外贸易发展方式的转变，有助于开放型经济的健康发展，为对外贸易稳步改善提供坚实基础。

综上所述，预计我国对外贸易将继续增长，增速可能降至中低水平。如果全球经济和商业形势不出现重大挫折，中国的进出口总额将超过万亿美元。中国出口产业的优势依然存在，改善的潜力仍然很大。对外贸易的主要考验不是能否改善，而是能否持续。要实现持续稳定增长，必须着力解决以金融危机为突出的一系列深层次关联问题，转变对外贸易方式，优化、改善和调整进出口结构，培育外贸发展新优势。

参 考 文 献

[1] Robert Ayres. Technology, Progress and Economic Growth [J]. European Management Journal, 1996, 14 (6): 562—575.

[2] Yujiro Hayami, Junichi Ogasawara. Changes in the Sources of Modem Economic Growth: Japan Compared with the United States [J]. Journal of the Japanese and International Economies, 1999, 13 (1): 1—21.

[3] Alessandra Colecchia, Paul Schreyer. ICT Investment and Economic Growth in the 1990s: Is the United States a Unique Case? A Comparative Study of Nine OECD Countries [J]. Review of Economic Dynamics, 2002, 5 (2): 408—442.

[4] Jimmy Alani. Effects of Technological Progress and Productivity on Economic Growth in Uganda [J]. Procedia Economics and Finance, 2012, 1 (12): 14—23.

[5] Jan Fagerberg, Martin Srholec. National innovation systems, capabilities and economic development [J]. Research Policy, 2008, 37 (8): 1417—1435.

[6] Gaofeng Han, Kaliappa Kalirajan, Nirvikar Singh. Productivity and economic growth in East Asia: innovation, efficiency and accumulation [J]. Japan and the World Economy, 2002, 14 (4): 401—424.

[7] Camilla Mastromarco, Sucharita Ghosh. Foreign Capital, Human Capital and Efficiency: A Stochastic Frontier Analysis for Developing Countries [J]. World Development, 2009, 37 (2): 489—502.

[8] Alexander Cotte Poveda. Economic development and growth in Colombia: An empirical analysis with super-efficiency DEA and panel data models [J]. Socio-economic Planning Sciences, 2011, 45 (4): 154—164.

[9] Farhad Noorbakhsh, Alberto Paloni, Ali Youssef. Human Capital and FDl Inflows to Developing Countries: New Empirical Evidence [J]. World Development, 200 1, 29 (9): 1593—1610.

[10] Xiaoying Li, Xiaming Liu. Foreign Direct Investment and Economic Growth: An Increasingly Endogenous Relationship [J]. World Development, 2005, 33 (3): 393—407.

[11] Constantina Kottaridi, Thanasis Stengos, Foreign direct investment, human capital and non linearities in economic growth [J]. Journal of Macroeconomics, 2010, 32 (4): 858—871.

[12] Ying-Chyi Chou, Ying-Ying Hsu, Hsin-Yi Yen. Human resources for science and

technology：Analyzing competitiveness using the analytic hierarchy process ［J］. Technology in Society, 30（2）：141—153.

［13］ Christopher Freeman, Luc Soete. Developing science, technology and innovation indicators：What we can learn from the past ［J］. Research Policy, 2009, 38（4）：583—589.

［14］ Philippe Aghion, Paul A. David, Dominique Foray. Science, technology and innovation for economic growth：Linking policy research and practice in 'STIG Systems' ［J］. Research Policy, 2009, 38（4）：681—693.

［15］ Sefer sener, Erean Sandogan. The Effects of Science-Technology-Innovation on Competitiveness and Economic Growth ［J］. Procedia Social and Behavioral Sciences, 2011, 24（9）：815—828.

［16］ Muhsin Kar, Saban Nazlloglu, HOseyin Agm Financial development and economic growth nexus in the MENA countries：Bootstrap panel granger causality analysis ［J］. Economic Modelling, 2011, 8（3）：685—693.

［17］ Aymo Brunetti. Policy volatility and economic growth：A comparative, empirical analysis ［J］. European Journal of Political Economy, 1998, 14（6）：35—42.

［18］ Stephen M. Miller, Mukti P. Upadhyay. The effects of openness, trade orientation, and human capital on total factor productivity ［J］. Journal of Development Economics, 2000, 63（7）：399—423.

［19］ Chia-Lin Chang, S. Robin. Public policy, innovation and total factor productivity：An application to Taiwan's manufacturing industry ［J］. Mathematics and Computers in Simulation, 2008, 79（1）：352—367.

［20］ M. Brzozowski, J. S. Gorzelak. The Impact of Fiscal Rules on Fiscal Policy Volatilityl ［J］. Joumal of Applied Economics, 2010, 13（2）：205—231.

［21］ Leonel Muinelo-Gallo, Oriol Roca-Sagal6s. Joint determinants of fiscal policy, income inequality and economic growth ［J］. Economic Modelling, 2013, 30（11）：814—824.

［22］ Elias Soukiazis, Micaela Antunes. Is foreign trade important for regional growth？Empirical evidence from Portugal ［J］. Economic Modelling, 2011, 28（2）：1363—1373.

［23］ Jia lin Guan, Yu Hong. An Empirical Analysis on U. S. Foreign Trade and Economic Growth ［J］. AASRIProcedia, 2012, 2（9）：39—43.

［24］ Rlfat BanS Tekin. Economic growth, exports and foreign direct investment in Least Developed Countries：A panel granger causality analysis ［J］. Economic Modelling,

2012，29（13）：868—878.

［25］钟慧中 . 浙、粤、沪出 121 增长方式的比较研究——基于增长源视角的实证分析［J］. 国际贸易问题 . 2008，（1）：55—59.

［26］云鹤，吴江平，王平 . 中国经济增长方式的转变：判别标准与动力源泉［J］. 上海经济研究 . 2009，（2）：11—18.

［27］吴晋、龚新蜀 . 基于全要素生产率的新疆对外贸易增长方式测度与评价 . 河南商业高等专科学校学报 . 2012，25（3）：18—22.

［28］刘秉镰、李清彬 . 中国城市全要素生产率的动态实证分析：1990—2006——基于 DEA 模型的 Malmquist 指数方法［J］. 南开经济研究 . 2009，（3）：139—152.

［29］魏下海，余玲铮 . 中国全要素生产率变动的再测算与适用性研究——基于数据包络分析与随机前沿分析方法的比较［J］. 华中农业大学学报（社会科学版）. 2011，（3）：76—83.

［30］肖林兴 . 中国全要素生产率的估计与分解——DEA-Malmquist 方法适用性研究及应用［J］. 贵州财经学院学报 . 2013，（1）：32—39.

［31］薛勇军、梁勇 . 基于 SFA 模型的经济增长源泉分析——云南省与全国的比较［J］. 当代经济 . 2011，（20）：93—95.

［32］匡远风 . 技术效率、技术进步、要素积累与中国农业经济增长——基于 SFA 的经验分析［J］. 数量经济技术经济研究 . 2012，（1）：3—18.

［33］陈娟 . 全要素生产率对中国经济增长方式的实证研究［J］. 数理统计与管理 . 2009，28（2）：277—286.

［34］蒋和平，吴玉鸣 . 基于因子分析的我国外贸竞争力综合评价及提升研究［J］. 生产力研究 . 2010，（4）：134—136.

［35］魏章进，韩兆州 . 基于因子分析方法的我国对外贸易综合评价［J］. 价格月刊 . 2010，（11）：45—46，73.

［36］彭静，顾国达 . 区域对外贸易可持续发展指标体系研究——基于浙江省的实证分析［J］. 商业经济与管理 . 2010，（12）：46—50.

［37］李玲玲，张耀辉 . 我国经济发展方式转变测评指标体系构建及初步测评［J］. 中国工业经济 . 2011，（4）：54—63.

［38］王宇华 . 基于 AHP 的外贸增长方式转变实证研究——以浙江为例［J］. 国际商务研究 . 2010，（4）：3—11，30.

［39］汪素芹，余康冲 . 国外贸增长方式转变绩效的实证研究［J］. 产业经济研究 . 2011，（2）：87—94.

［40］汪素芹，孙佳佳，耿欣娟 . 中国外贸增长方式转变的评价指标体系与实证研究

［J］.成都理工大学学报（社会科学版）.2011，19（5）：26—31.

［41］阎坤、于树一.影响经济发展方式转变的因素分析：各国实践及经验［J］.涉外税务，2008，（3）：8—12.

［42］马强文、任保平.中国经济发展方式转变的绩效评价及影响因素研究［J］.经济学家，2010，（11）：58—65.

［43］杨玉华、罗斌.中国经济增长方式转型的动力源泉及其因素分解——基于中国1952—2009年的实证分析［J］.河北经贸大学学报.2011，32（4）：39—46.

［44］朱启荣.中国经济发展方式变化及其影响因素实证研究［J］.山东财政学院学报，2011，（4）：71—76.

［45］朱启荣.中国外贸发展方式转变的实证研究［J］.世界经济研究，2011，（12）：65—70.

［46］明洁，张乒.基于多元回归模型的镇江外贸转型升级影响因素的实证分析［J］.科技和产业.2012，12（7）：80—83.

［47］顾成军，龚新蜀.中国经济增长方式的转变及其影响因素研究［J］.中国科技论坛.2012，（3）：111—117.

［48］张萍.广东外贸增长方式转变的特征及其影响因素［J］.国际经贸探索，2010，26（5）：31—36.

［49］刘宇.在华外商直接投资对中国外贸的影响分析［J］.商业经济，2010，（10）：87—89.

［50］徐筑燕，鲁静芳，金莲.发展经济学［M］.北京：清华大学出版社.2012.

［51］洪银兴，沈坤荣，何旭强.经济增长方式转变研究［M］.南京：南京大学出版社.2000.

［52］Fare R.，Grosskopf S.，Norris M.，Z. Zhang. Productivity growth, technical progress, and efficiency change in industrialized countries［J］. American Economic Review, 1994, 84 (1)：66—83.

［53］霍建国.中国外贸与国家竞争优势［M］.北京：中国商务出版社.2004.

［54］靳涛.揭示"制度与增长关系之谜"的一个研究视角——基于中国经济转型与经济增长关系的实证研究［J］.经济学家，2007，（5）：18—26.

［55］Port M. Competitive Advantage：Creating and Sustaining Superior Performance［M］. New York：The Free Press, 1985.

［56］Kogut B. Designing Global Strategies：Comparative and Competitive Value-added Chains［J］. Sloan Magegement Review, 1985, 26 (4)：15—28.

［57］Gereffi Ct, Korzeniewicz M. Commodity Chains and Global Capitalism［M］. ABC·CLIO, 1994.

［58］Gary Gereffi, Raphael Kaplinsky. The Value of Value Chains ［J］. IDS Bulletin, 2001, 32（3）：1—8.

［59］陶锋. 吸收能力、价值链类型和创新绩效——基于国际代工联盟知识溢出的视角［J］. 中国工业经济. 2011，（1）：140—150.

［60］马云俊. 产业转移、全球价值链与产业升级研究［J］. 技术经济与管理研究. 2010，（4）：139—143.

［61］唐宜红，林发勤. 服务贸易对中国外贸增长方式转变的作用分析［J］. 世界经济研究. 2009，3：3—8.

［62］许树柏. 层次分析法原理：实用决策方法［M］. 天津：天津大学出版社. 1988.

［63］许培源. 贸易结构、人力资本与全要素生产率增长——基于中国数据的经济研究［J］. 科技和产业，2008，8（9）：29—34.

［64］陈勇、李小平. 中国工业行业的面板数据构造资本深化评估：1985—2003［J］. 数量经济技术经济研究，2006，（10）：57—68.

［65］宗兆礼. 转型经济增长方式及影响因素的实证研究——以山东为例［D］. 2006.

［66］于秀林，任雪松. 多元统计分析［M］. 北京：中国统计出版社. 2006.